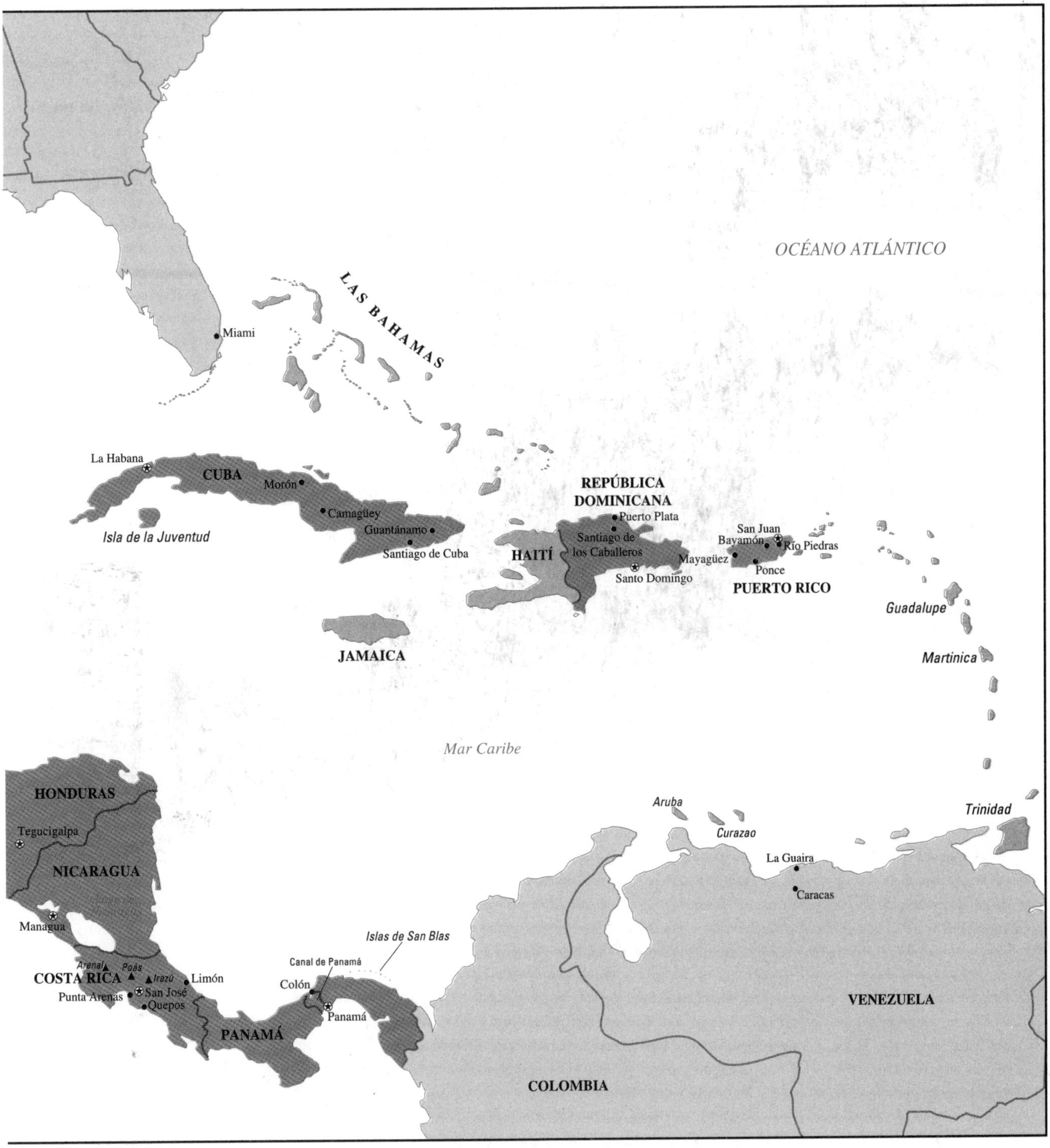

OCÉANO ATLÁNTICO
LAS BAHAMAS
Miami
La Habana
CUBA
Morón
Camagüey
Guantánamo
Santiago de Cuba
Isla de la Juventud
REPÚBLICA DOMINICANA
Puerto Plata
Santiago de los Caballeros
Santo Domingo
HAITÍ
JAMAICA
San Juan
Bayamón
Río Piedras
Mayagüez
Ponce
PUERTO RICO
Guadalupe
Martinica
Mar Caribe
Trinidad
Aruba
Curazao
La Guaira
Caracas
VENEZUELA
COLOMBIA
HONDURAS
Tegucigalpa
NICARAGUA
Managua
Arenal
Poás
Irazú
COSTA RICA
San José
Punta Arenas
Quepos
Limón
Canal de Panamá
Islas de San Blas
Colón
Panamá
PANAMÁ

¡CLARO QUE SÍ!

An Integrated Skills Approach

FOURTH EDITION

Lucía Caycedo Garner
University of Wisconsin–Madison, Emerita

Debbie Rusch
Boston College

Marcela Domínguez
University of California, Los Angeles
Pepperdine University

Houghton Mifflin Company Boston New York

Director, Modern Language Programs: Kristina E. Baer
Development Manager: Beth Kramer
Development Editor: Sandra Guadano
Editorial Associate: Lydia Mehegan
Senior Project Editor: Rosemary R. Jaffe
Senior Production/Design Coordinator: Jennifer Waddell
Senior Manufacturing Coordinator: Sally Culler
Associate Marketing Manager: Tina Crowley Desprez

Cover image by Ray Massey/Tony Stone Images
Cover design by Rebecca Fagan

Credits for texts, photographs, and realia are found following the index at the back of the book.

Printed in the U.S.A.

Student Text ISBN: 0-395-95026-0

Instructor's Annotated Edition ISBN: 0-395-95027-9

Library of Congress Catalog Card Number: 99-72042

23456789-DW-03 02 01 00

¡CLARO QUE SÍ!

SCOPE AND SEQUENCE

Nuevos horizontes	Cultura	Recycled material
	Tú vs. **usted** Use of **adiós** The **abrazo** Spanish in the world	
Reading strategy: Scanning 24 **"Solicitud de admisión"** 25	Student housing Use of two last names Customs related to asking about age Different faces of Hispanics The euro	Introductions (P)* Forms of address (P) Country names (P) Workbook *Repaso:* Geography
Reading strategy: Identifying cognates 50 **"Anuncios"** 50 **Writing strategy:** Connecting ideas 51	Salsa Borrowed words Unlucky day **(martes 13)** Famous opera singers	**Tener** (1) **Ser** (1) Question formation (1)

*References in parentheses indicate the chapter in which the topic is introduced.

Nuevos horizontes	Cultura	Recycled material
Reading strategy: Skimming 148 **"Lugares de interés turístico"** 149 **Writing strategy:** Chronological order 151	Buenos Aires Customs surrounding **el mate** Mar del Plata as a tourist destination Customs related to weddings Last names used after marriage	Clothing (5) Cardinal numbers (1) Days of the week and other time divisions (2) Present indicative (3, 4, 5) **Ir a** + *infinitive* (2)
Reading strategy: Identifying main ideas 174 **"Alojamiento"** 175 **Writing strategy:** The paragraph 176	Historical monuments in Spain Different cultures in Spanish history Making phone calls Reading telephone numbers Lodging in Spain	Large numbers (1, 6) Time expressions; **hace . . . que** + *preterit* (6) Question words (1) Preterit (6) Workbook *Repaso:* The details (Articles and prepositions)
Reading strategy: Using the dictionary 199 **"No quiero," Ángela Figuera** 200 **Writing strategy:** Pastiche 202	**El portero** Popularity of cycling What to do with second-hand belongings The Spanish Civil War The Galápagos Islands	Present indicative (3, 4, 5) Geography (P) Nationalities (3) Descriptive adjectives (3) Negative words (6, 7) Indirect-object pronouns (6) Preterit (6, 7)

Nuevos horizontes	Cultura	Recycled material
Reading strategy: Finding references, Part I 225 **"¿Para qué sirven las telenovelas?" Luis Adrián Ysita** 227 **Writing strategy:** Describing and giving your opinion 229	José Martí Mexican soap operas Courses of a meal **(platos)** Meals Recipe for **tortilla española**	**Gustar** (2) Indirect-object pronouns (6) Preterit (6, 7) Telling time (5) **Por** and **para** (5) Workbook *Repaso:* **Por** and **para**
Reading strategy: Finding references, Part II 251 **"El fútbol y yo," Adolfo Marsillach** 252 **Writing strategy:** Avoiding redundancy 253	Expressions with **"Dios"** Soccer and other popular sports Christmas customs	Indirect- and direct-object pronouns (6, 7) **Gustar** (2) Preterit (6, 7) Colors (5)
Reading strategy: Approaching literature 275 **"Tragedia," Vicente Huidobro** 276 **Writing strategy:** Narrating in the past 277	La Catedral de Sal, Colombia **Farmacia de turno** Cars and gas stations **"Cuadrados y ángulos" por Alfonsina Storni** El Yunque, Puerto Rico	Parts of the body (4) Verbs like **gustar** (10) Subjunctive used to express influence (8) Question words (1) Preterit (6, 7) Adjective agreement (3) Workbook *Repaso:* **Saber** and **conocer**

Nuevos horizontes	Cultura	Recycled material
Reading strategy: Mind mapping (when reading) 376 **"¡Pobre tierra!"** 377 **Writing strategy:** Mind mapping (when writing) 378	Indigenous cultures Animals of the Andes Ecological problems La Guaira, Venezuela Origin of country names	Indirect-object pronouns (6) **Ser** + *adjective* (3) Question formation (1) Preterit (6, 7) **Ir** + **a** + *infinitive* (2) Past participles (11, 12) Workbook *Repaso:* Narrating in the past
Reading strategy: Understanding the writer's purpose 396 **"¡Magnífico Tikal!"** 396; **"Familia Calabay Sicay"** 397 **Writing strategy:** Writing a summary 398	Geography of Venezuela More proverbs Set expressions Tikal, ancient Mayan city Salaries **La palanca**	Descriptive adjectives (3, 15) **Ir** + **a** + *infinitive* (2) Indirect-object pronouns (6) Present indicative (3, 4, 5) Present subjunctive (8, 9)
Reading strategy: Timed reading 418 **"Fernando Botero: Pinturas, dibujos, esculturas"** 418 **Writing strategy:** Describing a scene 419	The Prado, Madrid Painting as a social commentary Francisco de Goya; Hispanic artists **Fotonovelas** Alcalá de Henares Don Quijote	Uses of the subjunctive (8, 9, 13, 16) Imperfect/Preterit (10–12) **Lo** + *adjective* (16) Medical vocabulary (11) Reflexive pronouns (4) Object pronouns (6, 7, 10) Conditional (16)
Reading strategy: Reading a play 435 ***Estudio en blanco y negro,*** **Virgilio Piñera** 437	Machismo and feminism	Imperfect/Preterit (10–12) Future indicative (16) Present and past subjunctive (8, 9, 13, 16, 17) Clauses with **si** (17)

TO THE STUDENT

Learning a foreign language means learning skills, not just facts and information. *¡Claro que sí!* is based on the principle that **we learn by doing,** and therefore offers many varied activities designed to develop your skills in listening, speaking, reading, and writing in Spanish. The knowledge of other cultures is also an integral part of learning languages. *¡Claro que sí!* provides an overview of the Spanish-speaking world—its people, places, and customs—so that you can better understand other peoples and their ways of doing things, which may be similar to or different from your own.

In order to make the most of *¡Claro que sí!*, read the following description of the chapter parts, as well as the study tips provided here and at the end of the preliminary chapter.

Chapter Opener

Each chapter opens with a photograph, which helps set the scene for the chapter, and a list of objectives. The objectives describe functions (what you can do with the language, such as greet someone or state your name) that will be the linguistic and communicative focus for the chapter. It is important that you keep these functions in mind when studying, since they indicate the purpose of the material presented in each chapter.

Story Line

In *¡Claro que sí!* you will get to know a series of characters and follow them through typical events in their lives, usually by listening to a conversation. The conversations serve as a base for learning Spanish and for learning about the Spanish-speaking world. They each consist of approximately 80% material that you have already studied and 20% new material, and are accompanied by listening comprehension and speaking activities. In order to develop good listening skills, follow these tips:

- Do not read the conversation before listening to it.
- Visualize the setting of the conversation (a café, a theater, a hotel, etc.) and think of things that may be said in that setting.
- Keep in mind who is speaking and what you know about each of the speakers.
- You will usually hear the conversation twice. The first time you will be asked to listen for global understanding, and the second time for more specific information. Try to focus on the task at hand.
- It is not important to understand every word in the conversation.
- You may listen to the conversation again in the language lab. All conversations from the textbook are recorded at the end of the corresponding chapter lab activities.

Lo esencial

Developing vocabulary is essential to learning a language. In *¡Claro que sí!* vocabulary is presented in thematic groups to aid you in the learning process. Vocabulary presentations are followed by activities that give you practice using the new words in a meaningful context.

Hacia la comunicación

Grammar explanations in *¡Claro que sí!* are clear and concise. They are written in English so that you can study them at home. Questions at the beginning or end of many grammar explanations will help you analyze the information you are studying. The explanations are followed by activities, most of which ask you to interact with classmates using what you have just learned. Remember that knowledge of grammar is the key to communication. Knowing grammar rules is not an end but rather a means to be able to express yourself in another language.

Nuevos horizontes

This section has three goals: to teach you how to read and write effectively in Spanish, and to expand your knowledge of the Hispanic world. Specific techniques are discussed and practiced to develop your reading and writing skills in Spanish. Here are some tips to help you become a more proficient reader and writer in Spanish:

- Focus on the technique being taught.
- Use techniques taught in early chapters while reading selections from later chapters.
- Apply the techniques when you read and write in English.
- Write frequently in Spanish (for example, notes to yourself about what you have to do, or a journal with a few short entries each week).
- When reading, look up only those words that are essential to understanding. List these words on a separate sheet of paper for reference. Do not write translations in the text above the Spanish word.

After the *Nuevos horizontes* section, the sections from the first part of the chapter repeat, but in the following order: *Lo esencial*, story line (usually a conversation), and *Hacia la comunicación*. For easy reference, each chapter ends with a summary of the vocabulary presented that you are expected to know.

Each odd-numbered chapter and Chapter 18 ends with a section based on a video entitled *TravelTur*. The purpose of the video is to enhance your listening comprehension skills and to improve your knowledge of Hispanic culture. While viewing the video, keep the following points in mind:

- Focus on getting the information asked of you in each activity.
- Do not be concerned with comprehending every word or phrase; focus on the general message. Use visual cues to help you comprehend.
- Pay attention to how people interact with one another to gain a greater understanding of everyday Hispanic culture.

Ancillary Components

ACTIVITIES MANUAL: WORKBOOK/LAB MANUAL

The Workbook provides a variety of practice to help you develop your reading and writing skills. Each chapter in the Workbook is divided as follows:

- Mechanical Practice *(Práctica mecánica)*, Parts I and II.
  Parts I and II are to be done upon completion of the first and second grammar explanation sections, respectively. These exercises give you practice manipulating the grammar topics in isolation.
- Communicative Practice *(Práctica comunicativa)*, Parts I and II.
  This section allows you to express yourself in a less controlled way and to practice the functions of the chapter. In order to do this section, you need to use the main grammar points and vocabulary presented in the chapter. *Práctica comunicativa I* should be done after finishing *Hacia la comunicación I; Práctica comunicativa II* should be done after studying *Hacia la comunicación II* and before any chapter quizzes or exams.

The lab program develops two very important skills: pronunciation and listening. Each chapter in the Lab Manual contains the following material:

- Pronunciation *(Mejorando tu pronunciación)*. An explanation of the sound or sounds to be focused on is followed by practice exercises.
- Listening comprehension *(Mejorando tu comprensión)*. Each chapter contains eight to ten activities based on conversations in different settings, and on varied types of ads, announcements, and messages.
- The chapter conversations. Each chapter ends with the corresponding conversations from the text.

The recorded activities should be done after studying the second grammar presentation in the text, and before any quizzes or exams.

COMPUTER STUDY MODULES

The computer software program that accompanies *¡Claro que sí!* helps you practice each chapter's vocabulary and grammar, and also contains reading comprehension activities that help you become more proficient. The program gives immediate feedback so that you can check your progress in Spanish. You can use the program for extra practice as you study a chapter and for review before quizzes and exams. The Computer Study Modules are available for IBM or IBM-compatible and Macintosh computers.

Web Activities and Cultural Links

The Web site written to accompany *¡Claro que sí!* has two components:

- **Activities** The activities are designed to give you further practice with chapter vocabulary and grammar while exploring existing Spanish-language Web sites. Although the sites you will access are not written for students of Spanish, the tasks that you will be asked to do are, therefore, don't worry about understanding every word. When doing these activities remember the reading strategies you have learned to help you comprehend the contents.
- **Cultural links** The cultural links can be accessed to obtain additional cultural information about items you have read about in each chapter. These sites may be in English or Spanish.

ACKNOWLEDGMENTS

The authors and publisher thank the many users who have provided feedback on the program informally, as well as the following reviewers for their comments and recommendations:

Ester Aguilar, San Diego State University
Deborah Arteaga, University of Nevada, Las Vegas
Helen C. Brown, Community College of Philadelphia
Reyes Fidalgo, University of Massachusetts, Boston
Barbara González-Pino, University of Texas at San Antonio
Arnold Levine, State University of New York at Cortland
Marsha Mawhirter, Butler County Community College
Kathleen Regan, University of Portland
Raymond Watkins, Central Carolina Technical College

We are especially grateful to the following people and organizations for their valuable assistance during the development and production of this project: Kristina Baer and Beth Kramer for their encouragement and support; Sandy Guadano, our developmental editor, for her astute observations and sound suggestions on all aspects of the text and ancillary material; Grisel Lozano-Garcini, our copy editor, who knows where to put the quotation marks; Rosemary Jaffe, our production editor, for juggling all aspects of production with ease; numerous design, art, and production people that participated in the project; Tina Crowley Desprez for her support in marketing the program; Victoria Junco de Meyer, Olga Tedias Montero, Jorge Caycedo Dávila, and Alberto Dávila Suárez for helping assure the linguistic accuracy of the book; Adán Griego and Claudia Steiner who answered e-mails every time we had a question; Kurt Dorschel for obtaining realia and for his astute comments; the graduate students at the University of Wisconsin-Madison and Boston College for their perceptive comments and reactions.

CAPÍTULO PRELIMINAR

▲ *Students studying between classes in Lima, Peru.*

CHAPTER OBJECTIVES

- Telling your name and where you are from
- Asking others their name and where they are from
- Greeting someone and saying good-by
- Telling the names of countries and their capitals
- Recognizing a number of classroom expressions and commands

Las presentaciones

Note: **Ud.** is the abbreviation of the word **usted.**

A: ¿Cómo te llamas?
B: Me llamo Marisa. ¿Y tú?
A: Marta.

A: ¿Cómo se llama usted (Ud.)?
B: Me llamo Tomás Gómez. ¿Y Ud.?
A: Silvio Rivera.

¿LO SABÍAN?

Spanish has two forms of address to reflect different levels of formality. **Usted (Ud.)** is generally used when talking to people whom you would address by their last name (Mrs. Smith, Mr. Jones) or with the words "sir" and "madam." (What would you like, sir?) **Tú** is used when speaking to a young person and to people whom you would call by their first name.

ACTIVIDAD 1: ¿Cómo te llamas? Take three minutes to meet as many people in your class as you can by asking their names. Follow the model.

➤ A: ¿Cómo te llamas?
B: Me llamo . . .

Spanish requires that punctuation marks be used at the beginning and end of questions and exclamations.

ACTIVIDAD 2: ¿Cómo se llama Ud.? Choose the name of a president, actor, or famous athlete. Introduce yourself to three other famous personalities in your class. Follow the model.

➤ A: ¿Cómo se llama Ud.?
B: Me llamo . . .

El origen

A: ¿De dónde eres?
B: Soy de Laredo, Texas.
A: Yo soy de Madrid.

A: ¿De dónde es Ud.?
B: Soy de Los Ángeles.
A: Yo soy de Puerto Rico.

ACTIVIDAD 3: ¿De dónde eres? Ask four or five classmates where they are from. Follow the model.

Informal = **¿De dónde eres?**

➤ A: ¿De dónde eres?
B: Soy de [Cincinnati, Ohio]. ¿Y tú?

ACTIVIDAD 4: ¿De dónde es Ud.? You are a businessman/businesswoman at a cocktail party and you are talking to two other guests. Find out their names and where they are from. Follow the model.

Formal = **¿De dónde es (usted)?**

➤ A: ¿Cómo se llama Ud.?
B: . . . ¿Y Ud.?
A: . . . ¿De dónde es?
B: . . .

Do Workbook Act. 1–4.

Los saludos y las despedidas

◀ *(Left: Antigua, Guatemala) Men often shake hands or sometimes give each other a hug* **(un abrazo).** *In business situations, a handshake is commonly used to greet someone, regardless of sex. (Below: Mexico City) When two women (or a man and a woman) who are friends meet, they often kiss each other on the cheek.*

A: ¡Hola, Pedro! ¿Cómo estás?
B: Bien, gracias. ¿Y tú?
A: Bien.

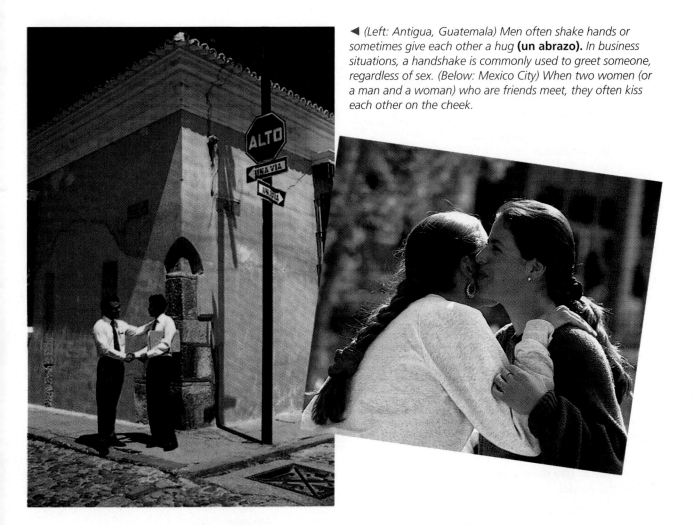

A: Hasta luego, Sra. Ramírez. ¡Buen viaje!
B: Adiós, señorita. Muchas gracias.

Informal = **¿Cómo estás (tú)?**
Formal = **¿Cómo está (Ud.)?**

Los saludos (Greetings)

Hola. Hi.
Buenos días. Good morning.
Buenas tardes. Good afternoon.
Buenas noches. Good evening.

Note: Words written in parentheses are optional. They can be used or omitted without affecting meaning.

¿Cómo estás?
¿Cómo está (Ud.)? } How are you?
¿Qué tal? *(informal)*

¡Muy bien! Very well!
Bien. O.K.
Más o menos. So, so.
Regular. Not so good.
Mal. Lousy. / Awful.

Las despedidas (Saying Good-by)

Hasta luego. See you later.
Hasta mañana. See you tomorrow.
Buenas noches. Good night. / Good evening.
Adiós. Good-by.
Chau. / Chao. By. / So long.

¿LO SABÍAN?

Adiós is also used as a greeting when two people pass each other on the street and just want to say "Hi," but have no intention of stopping to chat.

ACTIVIDAD 5: ¡Hola! ¿Cómo estás? Mingle and greet several classmates, ask how each is, and then say good-by. To practice using both **tú** and **usted**, address all people wearing blue jeans informally (use **tú**) and all others formally (use **Ud.**).

Is the greeting in this activity title formal or informal?

Países y sus capitales

Do Workbook Act. 5–7.

SALIDAS — DEPARTURES			
Iberia	508	MADRID	8:35 a.m.
VIASA	359	CARACAS	8:55 a.m.
AA	622	SAN JUAN	9:25 a.m.

LLEGADAS — ARRIVALS			
Lan Chile	203	SANTIAGO	9:00 a.m.
Aeroperú	270	LIMA	9:50 a.m.
Avianca	875	BOGOTÁ	10:20 a.m.

U.S.A. = EE.UU.

Países hispanos y sus capitales

Use the maps on the inside covers of your text to learn the names of Hispanic countries and their capitals. Follow the directions of your instructor.

Otros países y sus capitales

Alemania	Berlín
Brasil	Brasilia
Canadá	Ottawa
(los) Estados Unidos	Washington
Francia	París
Inglaterra	Londres
Italia	Roma
Portugal	Lisboa

Do Workbook Act. 8–9.

ACTIVIDAD 6: Capitales hispanas In pairs, take three minutes to memorize the capitals of the countries on either the front or back inside cover of your textbook. Your partner will memorize those on the opposite cover. Then turn to the cover that your partner has studied and take turns asking the capitals of all the countries. Follow the model.

➤ A: *(Looking at the back inside cover)* ¿Cuál es la capital de Chile?
B: Santiago.

B: *(Looking at the front inside cover)* ¿Cuál es la capital de Costa Rica?
A: . . .

The term *Hispanic* is used by the U.S. government. This term may be considered offensive by some Spanish speakers in the U.S. Many prefer *Latino* or *Latina.* NOTE: In the Spanish-speaking world, only five continents are recognized: **América** (includes North and South America), **Asia, Europa, África,** and **Oceanía** (includes Australia, New Zealand, and other islands in the Pacific Ocean).

Do Workbook Act. 10–11.

¿LO SABÍAN?

Spanish is spoken in many countries. It is the third most widely spoken language in the world, following Mandarin Chinese and English. The term *Hispanic,* as it is used in the United States, is a broad term referring to people of diverse ethnic makeup from Spain and Latin America. Spanish is spoken in the following geographical areas by people of all races:

América

Norteamérica:	Estados Unidos, México*
Centroamérica:	Belice, Costa Rica,* El Salvador,* Guatemala,* Honduras,* Nicaragua,* Panamá*
El Caribe:	Cuba,* La República Dominicana,* Puerto Rico*
Suramérica:	Argentina,* Bolivia,* Chile,* Colombia,* Ecuador,* Paraguay,* Perú,* Uruguay,* Venezuela*
Europa	Andorra, España,* Gibraltar
África	Guinea Ecuatorial*

*Nations whose official language is Spanish or where it is one of the official languages.

Expresiones para la clase

Learn the following commands **(órdenes)** so that you can react to them when they are used by your instructor.

Órdenes

When two words are given, (e.g., **Abre/Abran**) the first is an informal, singular command given to an individual and the second is a command given to a group of people.

Abre/Abran el libro en la página . . . Open your book(s) to page . . .
Cierra/Cierren el libro. Close your book(s).
Mira/Miren el ejercicio/la actividad . . . Look at the exercise/the activity . . .
Escucha./Escuchen. Listen.
Escribe./Escriban. Write.
Lee/Lean las instrucciones. Read the instructions.
Saca/Saquen papel/bolígrafo/lápiz. Take out paper/a pen/a pencil.
Repite./Repitan. Repeat.
Siéntate./Siéntense. Sit down.
Levántate./Levántense. Stand up.
[Vicente], pregúntale a [Ana] . . . [Vicente], ask [Ana] . . .
[Ana], contéstale a [Vicente] . . . [Ana], answer [Vicente] . . .
[María], repite la respuesta, por favor. [María], repeat the answer, please.
[María], dile a [Jorge] . . . [María], tell [Jorge] . . .

The following expressions will be useful in the classroom:

¿Cómo se dice . . . en español? How do you say . . . in Spanish?
¿Cómo se escribe . . . ? How do you spell . . . ?
¿Qué quiere decir . . . ? What does . . . mean?
¿En qué página, por favor? What page, please?
No entiendo./No comprendo. I don't understand.
No sé [la respuesta]. I don't know [the answer].
Más despacio, por favor. More slowly, please.
(Muchas) gracias. Thank you (very much).
De nada. You're welcome.

ACTIVIDAD 7: Las órdenes Listen to the commands your instructor gives you and act accordingly.

ACTIVIDAD 8: ¿Qué dirías tú? What would you say in the following situations?

1. The instructor is speaking very fast.
2. The instructor asks you a question but you don't know the answer.
3. You do not understand what the word **azafata** means.
4. You do not understand what the instructor is telling you.
5. You did not hear the page number.
6. You want to know how to say *table* in Spanish.

ca, co, cu: c is pronounced like *c* in *cat*

ce, ci: c is pronounced like *c* in *center*

ga, go, gu: g is pronounced like *g* in *go* or softer, as in *egg*

ge, gi: g is pronounced like *h* in *hot*

h is always silent

Listen to the CD or tape for each chapter to practice pronunciation.

Deletreo y pronunciación de palabras: El alfabeto

A	a	**A**rgentina
B	be, be larga, be grande, be de burro	**B**arcelona
C	ce	**C**anadá, **C**entroamérica
(CH)*	che, ce hache	**Ch**ile
D	de	Santo **D**omingo
E	e	**E**cuador
F	efe	La **F**lorida
G	ge	**G**uatemala, Carta**g**ena
H	hache	**H**onduras
I	i	Las **I**slas Canarias
J	jota	San **J**osé
K	ca	**K**ansas
L	ele	**L**ima
(LL)*	elle, doble ele	Mede**ll**ín
M	eme	**M**ontevideo
N	ene	**N**icaragua
Ñ	eñe	Espa**ñ**a
O	o	**O**viedo
P	pe	**P**anamá
Q	cu	**Q**uito
R	ere	Pe**r**ú
(RR)	erre, doble ere	Sie**rr**a Nevada
S	ese	**S**antiago
T	te	**T**oledo
U	u	**U**ruguay
V	uve, ve corta, ve chica, ve de vaca	**V**enezuela
W	doble uve, doble ve, doble u	**W**ashington
X	equis	E**x**tremadura
Y	i griega, ye	**Y**ucatán
Z	zeta	**Z**aragoza

***NOTE:**

1. The Spanish alphabet has more letters than the English alphabet. In 1994, the Royal Academy of the Spanish Language eliminated two letters from the alphabet: the **ch** and the **ll**. This was done so that alphabetical order in Spanish would be closer to that used in other languages and to better adapt to the international marketplace and use of computers. In older dictionaries the **ch** and **ll** appear as separate entries found after all **c** and **l** entries respectively. Note: No words begin with **rr.**

2. Because the change made by the Royal Academy of the Spanish Language is quite recent, you may use or hear **che** or **ce hache** and **elle** or **doble ele.** All are used and understood by native speakers.

3. The letter **ñ** follows **n,** so, for example, **mañana** follows **manzana** *(apple)* in dictionaries.

4. The **k** and **w** are usually used with words of foreign origin.

5. All letters are feminine, for example: **las letras son la** *a*, **la** *b*, **la** *c*, etc.

ACTIVIDAD 9: ¿Cómo se escribe . . . ? Find out the name of two classmates and ask them to spell their last names. Follow the model.

Do Workbook Act. 12.

➤ A: ¿Cómo te llamas?
B: Teresa Domínguez Schroeder.
A: ¿Cómo se escribe "Schroeder"?
B: Ese-che-ere-o-e-de-e-ere.

For more information on syllabication and accentuation, see Appendix C.

Cómo acentuar palabras *(Stressing Words)*

In order to pronounce words correctly, you will need to know the stress patterns of Spanish.

1. If a word ends in *n*, *s*, or a vowel **(vocal),** stress falls on the next-to-last syllable **(penúltima sílaba).**

re**pi**tan ↑ **lla**mas ↑ **ho**la ↑

2. If a word ends in any consonant **(consonante)** other than *n* or *s*, stress falls on the last syllable **(última sílaba).**

espa**ñol** ↑ us**ted** ↑ regu**lar** ↑

3. Any exception to rules 1 and 2 has a written accent mark **(acento ortográfico)** on the stressed vowel. The underlined syllable represents where the stress would be according to the rules, and the arrow shows where the stress actually is when the word is pronounced. When the two do not coincide, the rules have been broken, and a written accent is needed.

televi**sión** ↑ te**lé**fono ↑ **lá**piz ↑

With knowledge of the accent rules and a great deal of practice, you will always know where to stress a word when reading and, upon hearing a Spanish word, you will be able to write it correctly.

NOTE: There are two other sets of words that require accents:

1. Question words such as **cómo, de dónde,** and **cuál** always have accents.

2. Certain words have a written accent to distinguish them from similar words that are pronounced the same but have different meanings: **tú** *(you)*, **tu** *(your)*; **él** *(he)*, **el** *(the)*.

ACTIVIDAD 10: Acentos Indicate the syllable where the stress falls in each word of the following sentences. Listen while your instructor pronounces each sentence.

1. ¿Có-mo es-tá, Se-ñor Pé-rez?
2. La ca-pi-tal de Pe-rú es Li-ma.
3. ¿Có-mo se es-cri-be "Ne-bras-ka"?
4. Re-pi-tan la fra-se.
5. No com-pren-do.
6. Más des-pa-cio, por fa-vor.

ACTIVIDAD 11: Más acentos Read the following words, stressing the syllables in bold type. Underline the syllables that would be stressed according to the rules. Then place arrows under the syllables that are stressed when the words are pronounced. If they do not coincide, add a written accent.

➤ ultima **úl**tima
↑

1. **ra**pido	6. tele**gra**ma	11. **pa**gina
2. Sala**man**ca	7. ca**fe**	12. universi**dad**
3. **la**piz	8. na**cio**nes	13. pi**za**rra
4. profe**sion**	9. **Me**xico	14. **can**cer
5. profe**sor**	10. doc**to**ra	15. Bogo**ta**

Internet Do Workbook Act. 13–14, Computer Study Modules (CSM), and lab activities. For additional practice and cultural information access the *¡Claro que sí!* Web site from the Houghton Mifflin College Division homepage. Bookmark the homepage address for future reference. http://www.hmco.com/college From the homepage, go to the Spanish discipline, and click on the WWW icon next to the *¡Claro que sí!* title.

Vocabulario funcional

Las presentaciones *(Introductions)*

¿Cómo te llamas?	*What's your name? (informal)*
¿Cómo se llama (usted)?	*What's your name? (formal)*
Me llamo . . .	*My name is . . .*
¿Y tú/usted?	*And you?*

El origen

¿De dónde eres?	*Where are you from? (informal)*
¿De dónde es usted?	*Where are you from? (formal)*
Soy de . . .	*I am from . . .*

Los saludos y las despedidas

See page 5.

Expresiones para la clase

See page 7.

Países hispanos y sus capitales

¿Cuál es la capital de . . . ?	*What is the capital of . . . ?*	
Estados Unidos	Washington	América del Norte / Norteamérica
México	México D.F. (Distrito Federal)	
Costa Rica	San José	América Central / Centroamérica
El Salvador	San Salvador	
Guatemala	Guatemala	
Honduras	Tegucigalpa	
Nicaragua	Managua	
Panamá	Panamá	
Argentina	Buenos Aires	América del Sur / Suramérica
Bolivia	La Paz; Sucre	
Colombia	Bogotá*	
Chile	Santiago	
Ecuador	Quito	
Paraguay	Asunción	
Perú	Lima	
Uruguay	Montevideo	
Venezuela	Caracas	
Cuba	La Habana	El Caribe
Puerto Rico	San Juan	
República Dominicana	Santo Domingo	
España	Madrid	Europa

* The official name of the capital is Santa Fe de Bogotá (also spelled Santafé de Bogotá).

Los protagonistas

These are the main characters you will be reading about throughout *¡Claro que sí!*

1. Teresa Domínguez Schroeder, 22, Puerto Rico
2. Vicente Mendoza Durán, 26, Costa Rica
3. Claudia Dávila Arenas, 21, Colombia
4. Juan Carlos Moreno Arias, 24, Perú
5. Marisel Álvarez Vegas, 19, Venezuela
6. Álvaro Gómez Ortega, 23, España
7. Diana Miller, 25, los Estados Unidos
8. Isabel Ochoa Hermann, 24, Chile
9. Don Alejandro Domínguez Estrada, 55, Puerto Rico

Study Tips

When studying a language, always remember that the goal of language study is communication. Learning a language does not mean memorizing vocabulary lists and studying grammar points. While grammar is the key to communication, knowing grammar rules is not an end, but rather a means that enables you to express yourself in another language. In order to study effectively, always keep in mind the message that you want to convey.

Try to make your studying relevant to you as an individual. Each day ask yourself one question: What concepts can I express today in Spanish that I couldn't yesterday? For example, after studying the Preliminary Chapter you might say, "Now I can greet someone and find out where he/she is from."

¡Claro que sí! is based on the premise that **we learn by doing.** Trying to think in the language, without relying on translation, is the most effective way to learn. Try some of the following techniques to make the most of your study time.

1. **Have a positive attitude.**

2. **Study frequently.** It is better to study for a short while every day than to "cram" for an exam. If you learn something quickly, you tend to forget it quickly. If you learn something over time, your retention will improve.

3. **Focus on what function is being emphasized.** The word *function* refers to what you can do with the language. For example, *saying what you did yesterday* is a function, and in order to perform this function, you need to know how to form the *preterit tense* of verbs. Knowing the function makes it easier to see the purpose for studying a point of grammar.

- Focus on the title of each grammar explanation to understand the function being presented.
- Read examples carefully, keeping in mind the function.
- Create sentences of your own, using the grammar point presented to carry out the function emphasized.

4. **Idle time = Study time.** Try to spend otherwise nonproductive time studying Spanish. That will mean less "formal" studying and more time for other things. These spontaneous study sessions are a good way to learn quickly and painlessly while retaining a great deal.

- When learning numbers, say your friends' phone numbers in Spanish before dialing them, read license plates off cars, read numbers on houses, say room numbers before entering the rooms, etc.
- When learning descriptive adjectives (i.e., *tall, short, pretty,* etc.), describe people as you walk to class; when watching TV, make up a sentence to describe someone in a commercial; etc.

5. **Make personal flash cards that contain no translation.** Carry the flash cards with you and go through them as you ride the bus, use an elevator, watch commercials, etc. Once you learn a word, put that card on top of your dresser. At the end of each week, look through the pile of cards and take out any word you may have forgotten and put it in your active file. The growing pile of cards on your dresser will be a visual reminder of how many words, phrases, and verb conjugations you have learned.

- Draw a picture on one side of the card and write the Spanish equivalent on the other.
- Use brand names that mean something to you: If you use Suave shampoo, write Suave on one side of the card and **champú** on the other.
- Write names of people who remind you of certain words: If you think that Carl Lewis is a fast runner, write Carl Lewis on one side and **rápido** on the other.

6. **Study out loud.** Verbalizing will help you retain more information, as will applying what you are studying to your own life.

- When you wake up in the morning, talk to yourself (in Spanish, of course): "I have to study calculus and I have to go to the bank. I'm going to write a letter today. I like to swim, but I'm going to go to the library."

7. **Write yourself notes in Spanish.** You can write shopping lists in Spanish, messages to your roommate, a "things-to-do list," etc.

8. Speak to anyone who speaks Spanish.

9. Prepare for class each day. This will cut down on your overall study time. It will also improve your class participation and make class more enjoyable for you.

10. Participate actively in class.

Tips for Using the Workbook

1. Do homework when it is assigned; don't wait until the night before it is due.

2. Study before trying to do the activities.

3. Check your answers with care. Pay attention to punctuation and accents. Write the corrections above your errors in a different color ink.

4. Learn from your mistakes. Write personal notes in the margins to explain or clarify the reason for a correction.

5. Ask your instructor questions to clarify any errors you don't understand.

6. When reviewing for exams, pay specific attention to the notes you made in the margins.

Tips for Using the Lab Audio Program

1. Listen to and do the pronunciation section when you begin to study each chapter.

2. Do the rest of the lab activities after studying the second grammar explanation in each chapter.

3. Read the directions and the items in each activity in your Lab Manual before listening to the audio CD or cassette.

4. You are not expected to understand every word you hear on the audio CD or cassette. All you need to be able to do is to comprehend enough information to complete the activities in the Lab Manual.

5. Listen to the audio CD or cassette as many times as may be needed.

6. After correcting your answers in the Lab Manual, listen to the audio CD or cassette again. Having the answers will help you hear what you may have missed the first time.

Tips for Using the Computer Study Modules

1. Do the Flash exercises while studying each chapter. This can be done every day. These exercises offer mechanical practice and give you immediate feedback.

2. Do the Foundation exercises as you finish each chapter. These exercises will make you use your knowledge of Spanish and will help to improve your reading skills.

3. Before final exams, you may want to redo all or parts of the Flash and Foundation exercises for the corresponding chapters.

Tips for Using the Internet

1. After completing each chapter in the textbook, access the *¡Claro que sí!* Web site from the Houghton Mifflin College Division homepage, and do the corresponding activities. Bookmark the homepage address:
http://www.hmco.com/college
From the homepage, go to the Spanish discipline, and click on the WWW icon next to the *¡Claro que sí!* title.

2. Concentrate on the task or information requested, without trying to understand everything. You will see many words you don't know on Spanish-language sites; however, by doing the activities you will improve your reading and writing skills, acquire additional vocabulary, and learn about other peoples and their cultures.

3. In addition to activities, the Web site includes cultural links that relate to each textbook chapter. Click on these links to explore the sites and to learn more about the diversity of the Hispanic world.

4. Use the Internet to access additional information related to what you studied in class. Using Spanish when searching for a topic will give you Spanish-language sites. For example, if you are looking for information about the Prado Museum in Madrid, a search for "Prado Museum" would give you English language sites, while a search for "Museo del Prado" would give you sites in Spanish.

5. Beware of seeking language help in a chat room or by posting a question on the net. The quality and accuracy of responses is not to be trusted and, many times, the answers are simply dead wrong! If you have questions about use of language, see your instructor.

CAPÍTULO 1

▲ *Students of the Complutense University in Madrid catching a bus to campus.*

CHAPTER OBJECTIVES

- Introducing yourself
- Giving your age
- Telling where you are from
- Telling what you do
- Identifying others and telling their age, origin, and occupation

En el Colegio Mayor Hispanoamericano

▲ *Students at the Universidad Autónoma de Santo Domingo in the Dominican Republic.*

¿Cómo?	What? / What did you say?
No hay de qué.	Don't mention it. / You're welcome.

Teresa has just arrived in Madrid. She has come to Spain to study tourism and to help her uncle at his travel agency. In the following conversation, Teresa is registering at the dorm **(colegio mayor)** where she will be living.

ACTIVIDAD 1: ¿Qué escuchas? While listening to the conversation between Teresa and the receptionist, check only the phrases that you hear from each column.

Read the phrases before listening so you know what to listen for.

_____ Buenos días.	_____ Buenas tardes.
_____ ¿Cómo te llamas?	_____ ¿Cómo se llama Ud.?
_____ Sí, soy de Puerto Rico.	_____ Sí, es de Puerto Rico.
_____ ¿Cuál es su dirección?	_____ ¿Cuál es su número de pasaporte?

Is this a formal or informal conversation?

Asking for a repetition

RECEPCIONISTA Un momento . . . ¿Sí? Buenos días.
TERESA Buenos días.
RECEPCIONISTA ¿Cómo se llama Ud.?
TERESA Soy Teresa Domínguez Schroeder.
RECEPCIONISTA Domínguez . . . Domínguez . . . ¿Cómo? ¿Cómo es el segundo apellido?
TERESA Schroeder.
RECEPCIONISTA ¿Cómo se escribe?
TERESA Ese-che-ere-o-e-de-e-ere.

Discussing origin

RECEPCIONISTA	Emmm . . . Domínguez Sánchez, Domínguez Salinas, ¡ah, Domínguez Schroeder! Usted es de Puerto Rico, ¿no?
TERESA	Sí, soy de Puerto Rico.
RECEPCIONISTA	¿Cuál es su número de pasaporte?
TERESA	Cero-dos-tres-uno-cinco-tres-seis-cuatro-cuatro (023153644).
RECEPCIONISTA	Bien, su habitación es la ocho (8), señorita.
TERESA	¿Cómo?
RECEPCIONISTA	La ocho.
TERESA	¡Ah! Muchas gracias, señor. Hasta luego.
RECEPCIONISTA	Adiós. No hay de qué.

ACTIVIDAD 2: ¿Cierto o falso? After listening to the conversation again, write **C (cierto)** if the statement is true or **F (falso)** if the statement is false.

1. _____ Teresa es de Costa Rica.
2. _____ Ella se llama Teresa Schroeder Domínguez.
3. _____ El número de su habitación es ocho.
4. _____ Teresa está en la cafetería de un colegio mayor.

¿LO SABÍAN?

In Hispanic countries, it is typical for students to attend a university or college in their hometown and live with their parents. When they attend a school outside their hometown, it is customary for them to stay with relatives who live in that city. When this is not possible, they may live in a dorm **(colegio mayor, residencia)** that is usually independent from the university. Since in some countries dorms are almost nonexistent, it is possible to rent a room in a **pensión,** which is similar to a boarding house. A small number of students rent apartments. What do students in the United States do?

ACTIVIDAD 3: Teresa Domínguez Schroeder Many Spanish-speaking people use two last names, particularly for legal purposes. The first is the father's and the second is the mother's maiden name. Answer the following questions based on Teresa's family.

1. ¿El padre de Teresa es el Sr. Domínguez o el Sr. Schroeder? ¿Y cuál es el apellido de su madre?
2. ¿Teresa es la Srta. Domínguez o la Srta. Schroeder?

ACTIVIDAD 4: ¿Cómo te llamas? Meet three classmates. Introduce yourself and ask them where they are from. Follow the model.

➤ A: ¿Cómo te llamas?
B: . . . ¿Y tú?
A: . . .
B: Mucho gusto.
A: Igualmente.
B: ¿De dónde eres?
A: Soy de . . . ¿Y tú?
B: Yo también soy de . . . / Soy de . . .

ACTIVIDAD 5: ¿Cómo se llama Ud.? You are Hispanic business people visiting the United States. In pairs, introduce yourselves and ask each other where you are from, following the model. This is a formal conversation.

➤ A: ¿Cómo se llama Ud.?
B: Me llamo . . . ¿Y Ud.?
A: . . .
B: Encantado/a.
A: Igualmente.
B: ¿De dónde es Ud.?
A: De . . . ¿Y Ud.?
B: Soy de . . .

ACTIVIDAD 6: ¿Cómo se llama? In pairs, ask each other questions to see how many of the other students' names you can remember. Also, tell where they are from. Follow the model.

If you don't know, say, **No sé.**

➤ A: ¿Cómo se llama?
B: ¿Quién, él?

↙ A: Sí, él.
B: Él se llama . . .

↘ A: No, ella.
B: ¡Ah! Ella se llama . . .

↘↙ A: ¿De dónde es . . . ?
B: Es de . . .

ACTIVIDAD 7: Conversación Combine what you have learned so far and greet a classmate that you have not yet met. Find out his/her name and where he/she is from.

ACTIVIDAD 8: Tú y él/ella Write a few sentences introducing yourself and introducing a classmate. State your names and where each of you is from.

Lo esencial I

Los números del uno al cien

To help you remember: All numbers from 16 to 29 that end in **-s** have a written accent.

(0	cero)				
1	uno	11	once	21	veintiuno
2	dos	12	doce	22	veintidós . . .
3	tres	13	trece	30	treinta, treinta y uno . . .
4	cuatro	14	catorce	40	cuarenta, cuarenta y uno . . .
5	cinco	15	quince	50	cincuenta, cincuenta y uno . . .
6	seis	16	dieciséis	60	sesenta, sesenta y uno . . .
7	siete	17	diecisiete	70	setenta, setenta y uno . . .
8	ocho	18	dieciocho	80	ochenta, ochenta y uno . . .
9	nueve	19	diecinueve	90	noventa, noventa y uno . . .
10	diez	20	veinte	100	cien

ACTIVIDAD 9: Numerológica Use logic to find the next number in the series.

1. tres, seis, nueve, . . .
2. seis, doce, dieciocho, . . .
3. dos, cuatro, ocho, dieciséis, . . .
4. setenta, sesenta y tres, cincuenta y seis, cuarenta y nueve, . . .
5. cien, noventa, ochenta y uno, setenta y tres, . . .

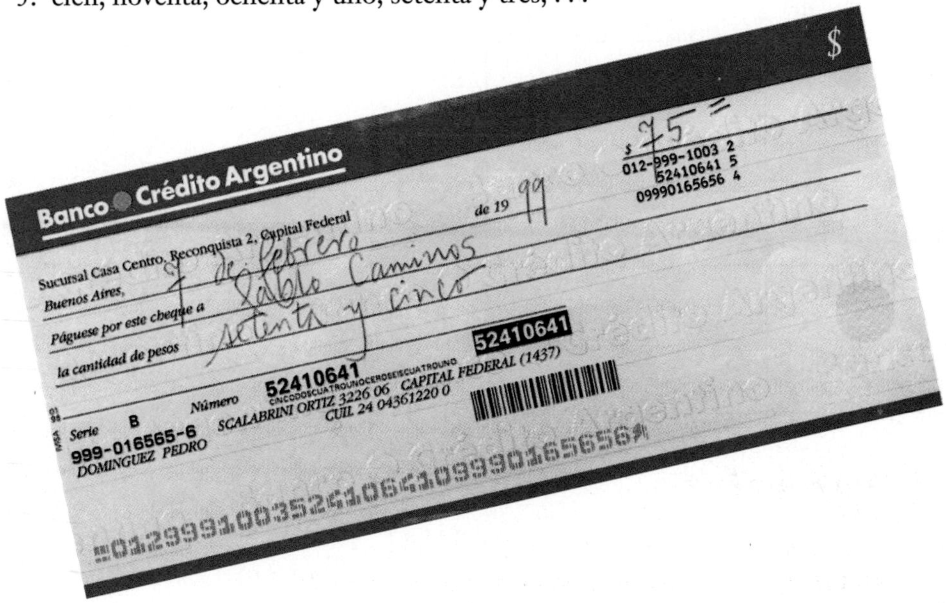

ACTIVIDAD 10: Las matemáticas **Parte A:** Answer the following math problems according to the model.

y = +
menos = −
por = ×
dividido por = ÷

➤ ¿Cuánto es catorce menos cuatro?
Es diez.

1. ¿Cuánto es cincuenta y nueve y veinte?
2. ¿Cuánto es setenta y dos dividido por nueve?
3. ¿Cuánto es diez por tres dividido por cinco?
4. ¿Cuánto es noventa y tres menos catorce?

Parte B: Now write three math problems to quiz a partner.

ACTIVIDAD 11: ¿Cuál es tu número de teléfono? Mingle with your classmates to find out their telephone numbers.

Phone numbers may have fewer than 7 digits in Hispanic countries, depending on the size of the city or town.

➤ A: ¿Cuál es tu número de teléfono?
B: Mi número de teléfono es 2-33-65-04 (dos, treinta y tres, sesenta y cinco, cero, cuatro).
A: Dos, tres, tres, siete, cinco . . .
B: No. Sesenta y cinco. Seis, cinco.
A: Ahhh. Dos, tres, tres, seis, cinco, cero, cuatro.
B: Correcto.

ACTIVIDAD 12: ¡Bingo! Complete the bingo card using randomly selected numbers in the following manner: Column B (between 1 and 19), Column I (between 20 and 39), Column N (between 40 and 59), Column G (between 60 and 79), and Column O (between 80 and 99). Cross out the numbers as you hear them.

B	I	N	G	O

Hacia la comunicación I

I. Introductions: Subject Pronouns and *Llamarse*

After having used Spanish to communicate with your classmates, answer the following questions to see what you have learned.

Answers to questions are in Appendix B.

- What is the difference between **él se llama** and **ella se llama**?
- How would you tell someone your name?
- What are two ways to ask someone his/her name?
- How would you ask the Dean of Students of your institution his/her name?

To summarize what you have learned, the singular subject pronouns are the following:

Singular Subject Pronouns	
yo	I
tú	you (familiar, singular)
usted (Ud.)	you (formal, singular)
él	he
ella	she

The singular forms of the verb **llamarse** *(to call oneself)* are the following:

llamarse	
yo	**Me llamo** Miguel.
tú	¿Cómo **te llamas**?
Ud.	¿Cómo **se llama** Ud.?
él	¿Cómo **se llama** él?
ella	Ella **se llama** Carmen.

NOTE: Subject pronouns in Spanish are optional and are generally used only for clarification, emphasis, and contrast. In most cases the conjugated verb forms indicate who the subject is. **Usted,** unlike other subject pronouns, is frequently used for politeness.

II. Stating Origin: *Ser* + *de*

Answer the following questions based on what you have practiced.

- How would you ask your new roommate where he/she is from?
- How would you ask a professor where he/she is from?
- How would you say where your mother is from? **Mi madre . . .**
- How would you say where your boyfriend/girlfriend is from? **Mi novio/novia . . .**

The singular forms of the verb **ser** + **de** *(to be from)* are the following:

ser + de	
yo	**Soy de** Ecuador.
tú	¿**Eres de** Nicaragua?
Ud.	¿**De** dónde **es** Ud.?
él	Él **es de** San Francisco.
ella	Ella **es de** Colorado.

III. Indicating One's Age: *Tener*

One of the uses of the verb **tener** is to indicate one's age. The following are the singular forms of the verb **tener** in the present indicative:

tener	
yo	**Tengo** treinta años.
tú	¿Cuántos años **tienes**?
Ud.	¿Cuántos años **tiene** Ud.?
él	Él **tiene** diecinueve años.
ella	Ella **tiene** veintiún años.*

Do Workbook *Práctica mecánica I* and corresponding Computer Study Module (CSM) activities.

*NOTE: The number **veintiuno** loses its final **-o** when followed by a masculine noun. When the **-o** is dropped, an accent is placed over the **-u.**

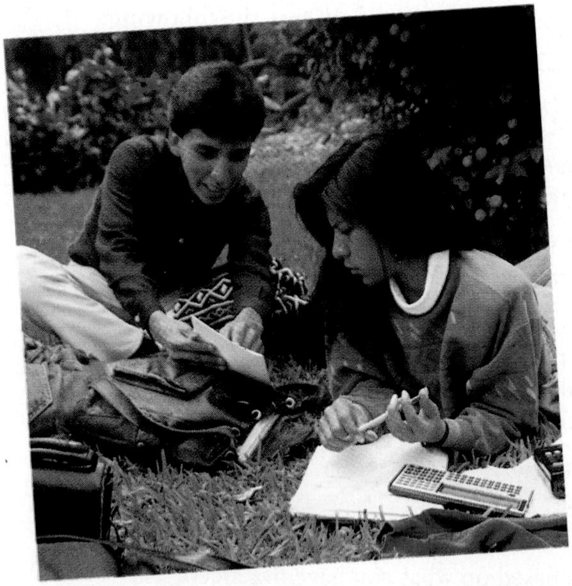

◀ *Students in Lima, Peru.*

ACTIVIDAD 13: ¿Cómo se llama y de dónde es? In pairs, take turns naming as many of your classmates and their hometowns as you can remember. Follow the model and point at each person you name.

➤ A: Ella se llama María y es de Milwaukee.
B: Él se llama Víctor. No sé de dónde es.

ACTIVIDAD 14: ¿Cuántos años tienes? **Parte A:** Ask several of your classmates their age.

➤ A: ¿Cuántos años tienes?
B: Tengo . . . años.

Parte B: In pairs, ask each other questions to find out the ages of the people in the class whom you didn't get a chance to ask in Part A of this activity.

➤ A: ¿Cuántos años tiene él?

B: Tiene . . . años.
B: No sé cuántos años tiene.

¿LO SABÍAN?

In Hispanic countries it is not proper to ask someone his or her age, especially a middle-aged or older woman. Moreover, age is not commonly given in Hispanic newspaper articles when describing brides and grooms, political candidates, or criminals; neither does it appear in obituaries. Do any of these practices apply in the United States?

UNION DE CASTRO CASTAÑEDA Y RODRIGUEZ RODRIGUEZ

Helena De Castro Castañeda y Francisco Rodríguez Rodríguez, se casaron por la religión católica, en la Capilla de Nuestra Señora del Carmen, en Campo Alegre. La encantadora novia fue conducida al altar por su padre, luciendo un bellísimo vestido confeccionado en santug de seda. Cursaron las invitaciones para la boda los padres de ambos contrayentes.
La novia es hija de Eduardo de Castro Benedetti y de Finita Castañeda de Castro, y el novio de Francisco Rodríguez Sobral y de Berta Rodríguez de Rodríguez.
La recepción fue celebrada en la Quinta Campo Claro.

ACTIVIDAD 15: ¿Qué recuerdas? In pairs, take turns saying as much as you can about several members of the class. Follow the model.

➤ Ella se llama Elvira, es de Chicago y tiene veintidós años.

ACTIVIDAD 16: Dos conversaciones In pairs, construct two logical conversations using the sentences that follow. Note: Each conversation contains two extra lines that do not belong and should not be included.

Conversación 1

_____ ¿Es de Caracas?
__2__ Me llamo Roberto, ¿y tú?
_____ No, soy de Venezuela.
_____ Sí, es de la capital.
_____ ¡Mi amigo es de Venezuela también!
_____ Se llama Marta.
_____ Felipe. ¿Eres de Colombia?
_____ No, es de Cancún.
_____ Se llama Pepe.
_____ ¿Ah sí? ¿Cómo se llama él?
__1__ ¿Cómo te llamas?

Conversación 2

_____ No, es de Bogotá.
_____ Se llama Ana.
_____ Soy la Srta. Mejía, ¿y Ud.?
_____ ¿Ah sí? ¿Cómo se llama?
_____ ¡Ah! Mi amiga es de Colombia también.
_____ No, es de Medellín.
__1__ ¿Cómo se llama Ud.?
_____ ¿Ah sí? ¿Cómo se llama él?
_____ ¿Es de la capital ella?
_____ Soy el Sr. Mendoza, de Colombia.

ACTIVIDAD 17: En el colegio mayor In pairs, select role **(papel)** A or B and follow the instructions for that role. Do not look at the information given for the role your partner plays. When you finish, role play the second situation.

Situación 1: Papel A

You are Juan Carlos Moreno Arias and you are registering at a dorm. Give the necessary information to the receptionist when he/she asks you. This is the information you will need:

Juan Carlos Moreno Arias   Perú   24 años
Número de pasaporte: 5-66-45-89

Situación 1: Papel B

You are the receptionist and you have to ask a new student questions to fill out the registration card below. Remember to address the new student using the **usted** form.

Colegio Mayor Hispanoamericano

Nombre ☐☐☐☐☐☐☐☐☐☐☐☐☐☐☐☐

Apellidos ☐☐☐☐☐☐☐☐☐☐☐☐☐☐☐☐☐☐

Edad ☐☐ País de origen ☐☐☐☐☐☐☐☐☐☐☐☐

Número de pasaporte ☐☐☐☐☐☐☐☐☐

Situación 2: Papel A

You are the receptionist and you have to ask a new student questions to fill out the registration card above. Remember to address the new student using the **usted** form.

Situación 2: Papel B

You are Isabel Ochoa Hermann and you are registering at a dorm. Give the necessary information to the receptionist when he/she asks you. This is the information you will need:

Isabel Ochoa Hermann   Chile   24 años
Número de pasaporte: 8749652-40

Do Workbook *Práctica comunicativa I.*

Nuevos horizontes

LECTURA

Estrategia: *Scanning*

Typically, you scan the phone book, stats for a ball game, etc. Can you think of other types of readings you might scan?

In this book, you will learn specific techniques that will help you to become a proficient reader in Spanish. In this chapter, the focus is on a technique called *scanning*. When scanning, you look for specific bits of information as if you were on a search-and-find mission. Your eyes function as radar, ignoring superfluous information and zeroing in on the specific details that you set out to find.

ACTIVIDAD 18: Completa la ficha Look at the registration card on page 25 to see what information is requested. Then scan Claudia's application form for the **Colegio Mayor Hispanoamericano** to find the information you need and fill out Claudia's registration card.

Colegio Mayor Hispanoamericano

Nombre ☐☐☐☐☐☐☐☐☐☐☐☐☐☐☐☐☐

Apellidos ☐☐☐☐☐☐☐☐☐☐☐☐☐☐☐☐☐☐☐☐☐

Edad ☐☐ País de origen ☐☐☐☐☐☐☐☐☐☐☐

Número de pasaporte ☐☐☐☐☐☐☐☐☐☐

Dirección ☐☐☐☐☐☐☐☐☐☐☐☐☐☐☐☐☐☐☐☐☐

Ciudad ☐☐☐☐☐☐☐☐☐☐☐☐☐☐☐☐☐

País ☐☐☐☐☐☐☐☐☐☐☐☐☐☐

Prefijo ☐☐☐ Teléfono ☐☐☐☐☐☐☐

Colegio Mayor Hispanoamericano
No. 78594
Solicitud de admisión para estudiantes extranjeros

Sr./Sra./Srta. _Claudia Dávila Arenas_ hijo/a

de _Jesús María Dávila Cifuentes_ y

de _Elena Arenas Peña_, nacido/a en la ciudad

de _Cali_, _Colombia_ el _15_ de _febrero_

de _1979_, de nacionalidad _colombiana_,

estado civil _soltera_ [1], número de pasaporte _AC 67 42 83_

de _Colombia_, con domicilio en

Calle 8 No. 15–25 Apto. 203,

de la ciudad de _Cali_, en el país de _Colombia_,

teléfono: prefijo _23_, número _67–75–52_, solicita

admisión en el Colegio Mayor Hispanoamericano con fecha de

entrada del _2_ de _octubre_ de _2000_ y permanencia hasta

el _30_ de _junio_ de _2001_.

C. Dávila A.

Firmado el día _19_ de _enero_ de _2000_

[1] Single

Lo esencial II

Las ocupaciones

1. actor/actriz
2. atleta
3. dentista
4. estudiante
5. médico, doctor/doctora
6. economista
7. ingeniero/ingeniera
8. director/directora
9. recepcionista

Otras ocupaciones

abogado/abogada lawyer
agente de viajes travel agent
ama de casa housewife
camarero/camarera waiter/waitress
dueño/dueña de un negocio owner of a business
hombre/mujer de negocios businessman/businesswoman
programador/programadora de computadoras computer programmer
secretario/secretaria secretary
vendedor/vendedora store clerk

ACTIVIDAD 19: ¿Qué hace tu padre? ¿Y tu madre? Interview several classmates and ask them what their parents do.

ACTIVIDAD 20: ¿Qué hacen tus padres? In pairs, role play the parts of Claudia and Vicente. "A" covers Column B and "B" covers Column A. You are meeting each other for the first time. Introduce yourselves and ask questions about each other's parents, asking their names, where they are from, what they do, etc. Ask questions such as shown in the model.

➤ A: ¿Qué hace tu padre?
B: Mi padre es economista.

A

Los Dávila de Colombia

Claudia—21 años
estudiante

madre—46 años
ama de casa

padre—48 años
médico

B

Los Mendoza de Costa Rica

Vicente—26 años
estudiante

madre—49 años
abogada

padre—57 años
economista

En la cafetería del colegio mayor

¿Qué hay?	What's up?
¡Oye!	Hey!
entonces	then

After settling in at the dorm, Teresa goes to the snack bar; there she joins her new friend, Marisel Álvarez Vegas, who is from Venezuela. Marisel has lived at the dorm for a while and is telling Teresa who everyone is.

ACTIVIDAD 21: ¿Quién con quién? Look at the scene in the snack bar. While listening to the conversation, find out who is talking with whom. Label the drawing. The names of the people are Juan Carlos, Diana, Marisel, Teresa, Álvaro, and Vicente.

TERESA Hola, Marisel.
MARISEL ¿Qué hay?
TERESA Oye, ¿quién es ella?
MARISEL ¿La chica? Es Diana.
TERESA ¿Es de España?
MARISEL No, es de los Estados Unidos.
CAMARERO ¿Qué toman Uds.?
TERESA Yo, una Coca-Cola.

Negating

MARISEL Yo también.
TERESA ¿Y ellos? ¿Quiénes son?
Giving information MARISEL Se llaman Juan Carlos y Vicente. Juan Carlos es de Perú y Vicente es de Costa Rica.
Expressing amazement TERESA ¡Huy! ¡Entonces todos somos de América!
MARISEL No, no. El chico que está con Diana es de España, de Córdoba.
TERESA ¿Cómo se llama?
MARISEL Álvaro Gómez.
Asking for a confirmation TERESA Todos son estudiantes, ¿no?
MARISEL Pues, sí y no; son estudiantes, pero Diana también es profesora de inglés.
CAMARERO Las dos Coca-Colas, 420 pesetas,[1] por favor.
MARISEL Gracias.
CAMARERO No hay de qué.

[1] Spanish monetary unit

ACTIVIDAD 22: Completa la información As you listen to the conversation again, complete the following chart.

Nombre	**País**
Diana	__________
__________	Perú
Álvaro	__________
__________	Costa Rica

ACTIVIDAD 23: Presentaciones From the people you have met in your class, choose two from the same city or state. Introduce them to your classmates and say where they are from.

¿LO SABÍAN?

As of January 1, 1999, selected member states of the European Union began to conduct all bank transactions between banks in a new, common currency called the euro. If all goes as planned, the euro will replace the currency in the selected countries on January 1, 2002, and there will be a six month transition period before people are expected to use only the euro. This means that, during the transition, in Spain you could pay at a store with either pesetas or euros.

Hacia la comunicación II

I. Talking About Yourself and Others

A. Subject Pronouns in the Singular and Plural

Vosotros/as is used only in Spain.

Subject Pronouns			
yo	I	**nosotros** **nosotras**	we
tú	you (informal)	**vosotros** **vosotras**	you (plural informal)
Ud. (usted)	you (formal)	**Uds. (ustedes)**	you (plural formal/informal)
él **ella**	he she	**ellos** **ellas**	they

B. Singular and Plural Forms of the Verbs **Llamarse, Ser,** *and* **Tener**

Note accents on question words.

llamarse			
yo	**Me llamo** Ana.	nosotros nosotras	**Nos llamamos** los Celtics.
tú	¿Cómo **te llamas**?	vosotros vosotras	¿Cómo **os llamáis**?
Ud.	¿Cómo **se llama** Ud.?	Uds.	¿Cómo **se llaman** Uds.?
él ella	**Se llama** Vicente. **Se llama** Diana.	ellos ellas	**Se llaman** Vicente y Diana. **Se llaman** Teresa y Marisel.

ser			
yo	**Soy** dentista.	nosotros nosotras	**Somos** de Chile.
tú	¿De dónde **eres**?	vosotros vosotras	¿De dónde **sois**?
Ud.	¿Quién **es** Ud.?	Uds.	¿Quiénes **son** Uds.?
él ella	Él **es** Vicente. Ella **es** Diana.	ellos ellas	**Son** de Perú.

NOTE: In this chapter you have seen three uses of the verb **ser:**

1. **Ser** + **de** + *city/country* — to indicate origin
2. **Ser** + *name* — to identify a person **(= llamarse)**
3. **Ser** + *occupation* — to identify what someone does for a living

tener			
yo	**Tengo** 20 años.	nosotros / nosotras	**Tenemos** 20 años.
tú	¿Cuántos años **tienes**?	vosotros / vosotras	¿Cuántos años **tenéis**?
Ud.	Ud. **tiene** 25 años, ¿no?	Uds.	Uds. **tienen** 25 años, ¿no?
él / ella	¿**Tiene** 19 años?	ellos / ellas	¿**Tienen** 19 años?

II. Asking and Giving Information: Question Formation

1. Information questions begin with question words such as **cómo, cuál, cuántos, de dónde, qué,** and **quién/es.** Note the word order in the question and in the response.

¿Question word + verb + (subject)? ⟶ (Subject) + verb.

¿De dónde es Álvaro?	(Él) es de España.
¿Cómo se llama (ella)?	(Ella) se llama Teresa.

2. Questions that elicit a yes/no response are formed as follows:

¿Es Isabel?	Sí, es Isabel.
¿Es Isabel de Chile? / ¿Es de Chile Isabel?	Sí, Isabel es de Chile.

Another possibility is to add the tag **¿no?** or **¿verdad?** at the end of a statement.

Isabel es de Chile, **¿no?** — Sí, Isabel es de Chile.

III. Negating

1. Simple negation.

Ellos **no** son de México.
No se llama Marisel.

2. Answering a question with negation.

¿Son ellas de Perú? — **No,** ellas **no** son de Perú. / **No,** ellas son de Panamá.

After reading the grammar explanations, answer these questions:

Internet Do Workbook *Práctica mecánica II*, CSM, Web, and lab activities.

- How many questions can you formulate that would elicit the following responses? (1) **Soy de Quito.** (2) **No, soy de Quito.** (3) **No, no soy de Quito.** There are several possibilities for each.
- How many different responses can you think of for the following question: **¿Son de Guatemala ellos?**

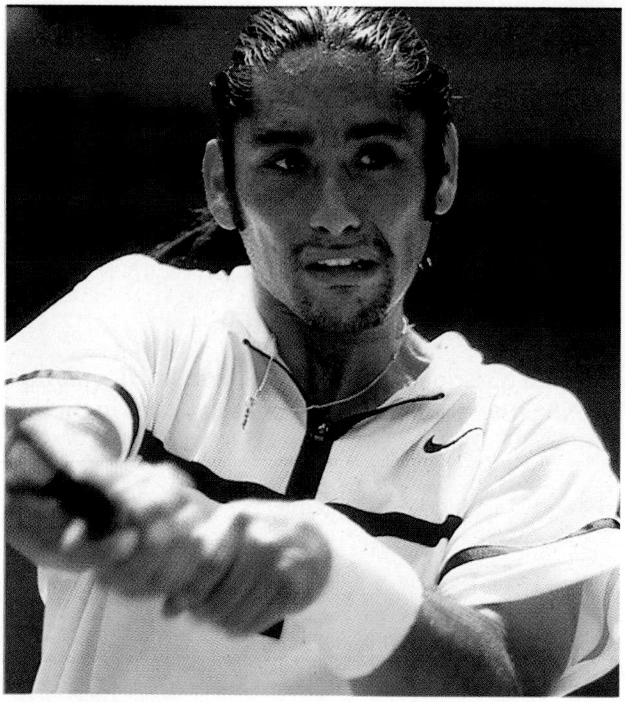

▲ *Marcelo Ríos, Chilean.*

▲ *Arantxa Sánchez Vicario, Spaniard.*

ACTIVIDAD 24: ¿De dónde son? In pairs, alternate asking and answering questions about where the following people are from. Follow the model.

➤ A: ¿De dónde es Antonio Banderas?

B: Es de España. B: No sé.

1. Enrique Iglesias y Arantxa Sánchez Vicario
2. Sting
3. Steffi Graf y Boris Becker
4. Fernando Valenzuela
5. Sofía Loren y Luciano Pavarotti
6. Isabel Allende y Marcelo Ríos
7. Gabriel García Márquez y Juan Valdés

ACTIVIDAD 25: ¿Toledo o Toledo? Vicente and Juan Carlos are talking about their friends. Choose the correct responses and practice the conversation with a partner.

Vicente	Juan Carlos
¿Quiénes son ellas?	a. Son Diana y Álvaro. b. Son Diana y Teresa. c. Es Diana.
Teresa es de Suramérica, ¿no?	a. No, no es de Puerto Rico. b. No, es de Puerto Rico. c. No. Él es de Puerto Rico.
Y Diana, ¿también es de Puerto Rico?	a. No, es de Toledo. b. No, no es de España. c. No es de Puerto Rico.
¡Ah! Es de España.	a. No, no es de los Estados Unidos. b. No es de Ohio. c. No, es de Toledo, Ohio.

ACTIVIDAD 26: ¿Y tus padres? In pairs, interview your partner to find out his/her parents' names, where they are from, and how old they are.

➤ A: ¿Cómo se llaman tus padres?
B: Mis padres se llaman . . .

ACTIVIDAD 27: Vecinos en la residencia estudiantil Assume a Hispanic name. In pairs, talk with other pairs and pretend you are with your roommate, meeting your new neighbors at the dorm. Get to know them by asking questions to elicit the following information: **nombre, origen, edad.**

➤ A: ¡Hola! Somos sus vecinos. Yo me llamo . . .
B: Y yo me llamo . . . Y Uds., ¿cómo se llaman?
C: . . .

ACTIVIDAD 28: Preguntas y respuestas In three minutes, use the question words you have learned **(cómo, cuál, cuántos, de dónde, qué, quién/es)** to write as many questions as you can about the characters you have met in this chapter (Teresa, Claudia, Juan Carlos, Vicente, Diana, Isabel, Álvaro, and Marisel). Then, in groups of four, quiz each other using the questions you have written.

Remember: ¿ . . . ? and accents on question words.

ACTIVIDAD 29: ¡Hola! Soy un estudiante nuevo In pairs, one of you is a new student who has just transferred into the class. Ask your partner questions to learn about other students. Use questions such as **¿Cómo se llaman ellos? ¿De dónde es él? ¿Quiénes son ellas?**

ACTIVIDAD 30: ¿De dónde son estas personas? Look at the following pictures and try to guess where the people are from.

Do Workbook *Práctica comunicativa II* and *Repaso* section.

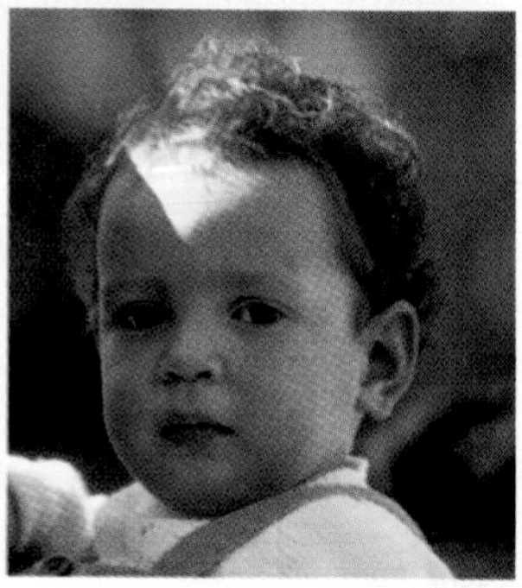

Vocabulario funcional

El origen

¿De dónde es él/ella?	*Where is he/she from?*
ser + de	*to be from*

Las personas *(People)*

el/la chico/a	*boy/girl*
la madre; la mamá	*mother; mom*
el/la novio/a	*boyfriend/girlfriend*
el padre; el papá	*father; dad*
el señor	*the man*
señor/Sr.	*Mr.*
la señora	*the woman*
señora/Sra.	*Mrs./Ms.*
la señorita	*the young woman*
señorita/Srta.	*Miss/Ms.*

Pronombres personales *(Subject Pronouns)*

See page 30.

La posesión

mi	*my*
tu	*your (informal)*
su	*his/her/your (formal)*

Las presentaciones

¿Cómo se llama él/ella?	*What's his/her name?*
Encantado/a. / Mucho gusto.	*Nice to meet you.*
Igualmente.	*Nice to meet you, too. / Same here.*
el nombre (de pila)	*first name*
el primer apellido	*first last name (father's name)*
el segundo apellido	*second last name (mother's maiden name)*
¿Quién es él/ella?	*Who's he/she?*

Los números del uno al cien

See page 18.

Expresiones relacionadas con los números

el año	*year*
¿Cuál es tu/su número de . . . ?	*What is your . . . number?*
¿Cuántos años tiene él/ella?	*How old is he/she?*
el pasaporte	*passport*
el teléfono	*telephone*
tener . . . años	*to be . . . years old*

Las ocupaciones

See page 26.

Palabras y expresiones útiles

la cafetería	*cafeteria/bar*
el colegio mayor; la residencia	*dormitory*
¿Cómo?	*What? / What did you say?*
la dirección	*address*
entonces	*then*
no; ¿no?	*no; right? / isn't it?*
No hay de qué.	*Don't mention it. / You're welcome.*
No sé.	*I don't know.*
¡Oye!	*Hey!*
por favor	*please*
—¡Qué hace él/ella?	*What does he/she do?*
—Es . . .	*He/She is a . . .*
¿Qué hay?	*What's up?*
sí	*yes*
también	*too, also*
todos	*all*
¿verdad?	*right?*
y	*and*

TravelTur

¿Yo director? / San Antonio, Texas

For additional practice based on clips from the video, do the accompanying CD-ROM activities.

Antes de ver

ACTIVIDAD 1: El mundo es un pañuelo You are going to watch a short video about a young man who works for a travel agency. Before you watch the video, work in pairs and try to decide if the following companies are based in the United States or if they are based in other nations. Follow the example:

➤ Ford es una compañía de los Estados Unidos.
BMW no es una compañía de los Estados Unidos.
No sé si Sanyo es una compañía de los Estados Unidos o no.

1. Braun
2. Phillips
3. Shell
4. Johnson & Johnson
5. Benetton
6. Knorr
7. Nestlé
8. Panasonic
9. Nike

¿LO SABÍAN?

In the new millenium, a knowledge of French, Portuguese, and/or Spanish will be a valuable asset since the other countries of the Western Hemisphere comprise the largest United States trading region. The majority of the exports and imports are to and from Canada and Mexico, members of NAFTA (North Atlantic Free Trade Association). Canada is the largest trade partner of the United States, but Mexico accounts for 10% of total exports and 7.5% of all United States imports. 75% of all Mexican exports go to the United States. Many companies are trying to expand their presence in other parts of Latin America. For example, Walmart and Home Depot have opened stores in Argentina and Chile.

Mientras ves

ACTIVIDAD 2: Algunos detalles Look at the photo and read the following questions. Then, while you watch the video, jot down an answer to each question.

VER TODO EL PROGRAMA

1. ¿Cómo se llama la agencia de viajes?
2. ¿Cómo se llama él y qué hace?
3. ¿Cómo se llama ella y qué hace?

4. ¿Cuál es el número de teléfono de la agencia de viajes en Madrid?

código internacional ____ ____ ____ España ____ ____
prefijo de Madrid ____ agencia de viajes ____ ____ ____ ____ ____ ____ ____

DESDE 2:39
HASTA 3:27

ACTIVIDAD 3: Dictado At one point in the video, Andrés tries his hand at "acting." The following is a partial script of what he said. Listen to this portion of the video again and try to complete the paragraph. Then, compare your answers with those of a partner.

Buenos ______________. Con ______________, Andrés
______________, y voy a ______________
director ______________ anuncios comerciales para ______________.
¡Sí, ______________!

Después de ver

ACTIVIDAD 4: ¿Adónde? Parte A: In order to film ads geared toward college students and Hispanics in the United States, Andrés received three tickets to three different cities. Since the tickets were issued in the United States an accent is missing on one of the names. Place the accent over the appropriate letter.

Parte B: Check the places that Andrés is going to visit based on the tickets he received.

____ Venezuela	____ Puerto Rico
____ Colombia	____ España
____ Costa Rica	____ Chile

CAPÍTULO 2

CHAPTER OBJECTIVES

- Identifying some household objects and their owners
- Discussing your classes
- Talking about likes and dislikes
- Discussing future plans
- Expressing obligation

▲ *Computer store in Argentina.*

¡Me gusta mucho!

¡Claro! **¡Claro que sí!** **¡Por supuesto!**	Of course.
¿De veras?	Really?

Marisel is studying in her room. Teresa is taking a study break and comes to Marisel's room looking for something to drink and some conversation.

ACTIVIDAD 1: ¿Qué escuchas? While listening to the conversation, place a check mark next to the topics that you hear mentioned.

_____ computadoras _____ calculadoras
_____ música salsa _____ música rock
_____ té _____ café

MARISEL Sí, pasa.
TERESA Hola. ¿Cómo estás?
MARISEL Bien. ¿Y tú?
TERESA Más o menos, tengo que estudiar mucho.
MARISEL Yo también porque mañana tengo la clase de arte moderno y tenemos examen.
TERESA Pero tienes un minuto, ¿no?
MARISEL Por supuesto.
Getting someone's attention
TERESA Oye, ¿tienes café?
MARISEL ¡Claro que sí!
Indicating possession
TERESA ¡Ah! Tienes computadora.
MARISEL Sí, es una Macintosh.

Expressing preferences

TERESA A mí me gusta más la IBM porque es más rápida.
MARISEL ¿De veras?
TERESA Sí, mi papá tiene una IBM.
MARISEL Pues a mí me gusta más la Macintosh porque es más fácil. Oye, ¿te gusta el café solo o con leche?
TERESA Solo . . . Mmm. Me gusta mucho. ¡Ah! ¡Qué música tan buena tienes!

Asking preferences

MARISEL Tengo muchos CDs de salsa. ¿Te gusta la salsa?
TERESA Por supuesto. ¿Tienes CDs de Rubén Blades?
MARISEL Claro, y de Juan Luis Guerra, Marc Anthony, Willie Colón . . .

ACTIVIDAD 2: Preguntas Listen to the conversation again, then answer the questions.

1. ¿Qué computadora le gusta a Teresa? ¿Y a Marisel?
2. ¿Tiene computadora Teresa? ¿Y Marisel?
3. ¿Cómo le gusta el café a Teresa, solo o con leche?
4. ¿Quién tiene CDs de salsa, Teresa o Marisel?

ACTIVIDAD 3: ¿Y tú? In pairs, ask your partner the following questions.

1. ¿Qué computadora te gusta?
2. ¿Tienes computadora? ¿Qué computadora tienes?
3. ¿Tienes CDs de salsa?
4. ¿Qué tipos de CDs tienes? ¿Rock? ¿Jazz? ¿Música clásica? ¿Música country? ¿Música rap?

ACTIVIDAD 4: Las asignaturas Mingle with your classmates and find out what classes they have this semester. Some possible subjects are **arte, biología, economía, historia, inglés, literatura, matemáticas,** and **sociología.** Follow the model.

➤ A: ¿Tienes historia?
B: Sí, tengo historia. / No, no tengo historia. / No, pero tengo arte.

ACTIVIDAD 5: ¡Claro! In pairs, find out whether your partner has the following things. Follow the model.

➤ A: ¿Tienes televisor?
B: ¡Claro! / ¡Por supuesto! / ¡Claro que sí! / No, no tengo.

1. calculadora
2. estéreo
3. video
4. radio
5. guitarra
6. teléfono

Lo esencial I

La habitación de Vicente

1. cama
2. teléfono celular
3. guitarra
4. planta
5. cámara
6. cepillo (de pelo)
7. reloj
8. estéreo
9. periódico
10. computadora
11. lámpara
12. silla
13. toalla
14. escritorio

To learn vocabulary, think of the word **champú** when you are washing your hair, **jabón** when you wash your hands, etc. Say the words aloud. Remember: idle time = study time.

Otras cosas

el agua de colonia cologne
la calculadora calculator
el cepillo de dientes toothbrush
la cinta/el cassette tape/cassette
la crema de afeitar shaving cream
el champú shampoo
el diccionario dictionary
el disco compacto/CD compact disc
la grabadora tape recorder
el jabón soap
el kleenex Kleenex, tissue
la máquina de afeitar electric razor
la mesa table
la novela novel
la pasta de dientes toothpaste
el peine comb
el perfume perfume
el/la radio radio
la revista magazine
el sofá sofa, couch
el televisor television set
el video VCR; videocassette

La cinta/el cassette/el casete, la computadora/el computador/el ordenador, and **el vídeo/video** are all accepted in Spanish.

La radio = radio broadcast, radio station. In some countries, **el radio** is used. **El/La radio** = radio (appliance).

ACTIVIDAD 6: Asociaciones Associate the following names with objects.

What are some Hispanic products sold in the U.S.?

➤ Pert Plus Pert Plus = champú

1. Panasonic
2. Colgate
3. Nikon
4. Memorex
5. *Time*, *Newsweek*
6. Gillette
7. Dial
8. Chanel Número 5
9. Gabriel García Márquez
10. Timex

ACTIVIDAD 7: Categorías List as many items as you can that fit these categories: **cosas para leer, cosas electrónicas, cosas en un baño.**

ACTIVIDAD 8: La habitación de Vicente In pairs, quiz each other by looking at the drawing of Vicente's room on page 41. Follow the model.

➤ A: ¿Tiene video?
B: Sí, tiene. / No, no tiene.

ACTIVIDAD 9: ¿Qué tienes en tu habitación? **Parte A:** Make a list of items that you have in your room.

Parte B: In pairs, ask your partner what he/she has in his/her room. Be prepared to report back to the class. Follow the model.

➤ A: ¿Tienes estéreo?
B: Sí, tengo estéreo. / No, no tengo estéreo.

ACTIVIDAD 10: Las habitaciones de los estudiantes In pairs, "A" covers the drawing of Vicente and Juan Carlos's room, and "B" covers the drawing of Marisel and Diana's room. Then, find out what each pair of roommates has in the room by asking your partner questions. Follow the model.

➤ A: ¿Tienen computadora Vicente y Juan Carlos?
B: No, no tienen computadora.

Marisel y Diana

Vicente y Juan Carlos

¿LO SABÍAN?

There are many words commonly used by Spanish speakers that come directly from English. You have already seen one example: **kleenex.** Other words that fall into this category are **la xerox** *(photocopy),* **jumbo** *(a jumbo jet or the largest size of a product),* **el hall, el lobby, el pub,** and **el show.** Borrowed words are normally masculine in gender. Different Hispanic countries borrow different words from English. Although they may have varying pronunciations, these words are easy to understand for a native speaker of English. English also borrows words from other languages. Some words from Spanish are **barrio, aficionado, patio,** and **taco.** Do you know other Spanish words that are used in English?

Hacia la comunicación I

I. Using Correct Gender and Number

All nouns in Spanish are either masculine or feminine (gender) and singular or plural (number). For example: **libro** is masculine, singular and **novelas** is feminine, plural. Generally, when nouns refer to males, they are masculine **(señor)** and when they refer to females, they are feminine **(señora).** The definite and indefinite articles agree in gender and number with the noun they modify.

Definite article = the

Definite Article

	Singular	Plural
Masculine	el	los
Feminine	la	las

Indefinite article = a/an, some

Indefinite Article

	Singular	Plural
Masculine	un	unos
Feminine	una	unas

Nouns have gender in many languages. Even in English we refer to a friend's new car, saying, "She runs really well."

A. Gender

1. Nouns ending in the letters **-l, -o, -n,** or **-r** are usually masculine.

el pape**l**	el jabó**n**
el cepill**o**	el televiso**r**

Common exceptions include **la mano** *(hand),* **la foto (fotografía),** and **la moto (motocicleta).**

2. Nouns that end in **-e** are often masculine **(el cine, el baile, el pie),** but there are some high-frequency words ending in **-e** that are feminine: **la tarde, la noche, la clase, la gente, la parte.**

3. Nouns ending in **-a, -ad, -ción,** and **-sión** are usually feminine.

la novel**a**	la composi**ción**
la universid**ad**	la televi**sión**

Common exceptions include **el día** and nouns of Greek origin ending in **-ma** and **-ta,** such as **el problema, el programa,** and **el planeta.**

4. Most nouns ending in **-e** or **-ista** that refer to people can be masculine or feminine in gender. Context or modifiers such as articles generally help you determine whether the word refers to a male or female.

El pianista es John. / La pianista es Mary.

el estudiant**e**	la estudiant**e**
el pian**ista**	la pian**ista**
el art**ista**	la art**ista**

NOTE: The definite article is used with titles, such as **Sr., Sra., Srta., Dr., profesora,** etc., except when speaking directly to the person:
La Sra. Ramírez es de Santo Domingo.
BUT: **¿De dónde es Ud., Sr. Leyva?**

B. Number: Plural Formation

1. Nouns ending in a vowel generally add **-s.**

el video	**los** video**s**
el presidente	**los** presidente**s**
la revista	**las** revista**s**

2. Nouns ending in a consonant add **-es.**

To review accent rules, see Appendix C.

el profesor	**los** profesor**es**	el examen	**los** exámen**es**
la mujer	**las** mujer**es**	la nación	**las** nacion**es**
la ciudad	**las** ciudad**es**		

3. Nouns ending in **-z** change **z** to **c** and add **-es.**

el lápiz	**los** lápi**ces**

II. Likes and Dislikes: *Gustar*

1. In order to express your likes and dislikes you use the construction **me gusta/n** + *article* + *noun*. The noun that follows the verb **gustar** determines whether the form of the verb is singular or plural.

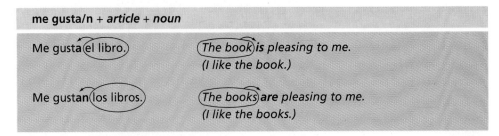

me gusta/n + ***article*** + ***noun***	
Me gusta el libro.	*The book* ***is*** *pleasing to me.* *(I like the book.)*
Me gusta**n** los libros.	*The books* ***are*** *pleasing to me.* *(I like the books.)*

Remember: Answers to questions in the *Hacia la comunicación* sections are located in Appendix B.

After having studied the preceding explanation, answer the following question:

- How would you say that you like the following things: **la revista; los periódicos de Nueva York; un video; el estéreo de Carmen**?

2. To talk about the likes and dislikes of others, you need to change only the beginning of the sentence.

(A mí)	me	+ **gusta** + **el/la** + *singular noun* / **gustan** + **los/las** + *plural noun*
(A ti)	te	
(A Ud.) / (A él) / (A ella)	le	
(A nosotros)	nos	
(A vosotros)	os	
(A Uds.) / (A ellos) / (A ellas)	les	

3. The words in parentheses in the preceding chart are optional; they are used for emphasis or clarification. When using **le gusta** or **les gusta,** clarification is especially important because **le** or **les** can refer to several people.

(A él) le gustan los CDs de Ana.
(A ellos) les gustan los CDs de Ana.
¿**(A ella) le** gusta el café?

NOTE: **A** Miguel **le** gusta el vino.
A la Sra. Ferrer **le** gusta el vino.
BUT: **Al** Sr. Ferrer **le** gusta el vino. **(a + el = al)**

After studying the grammar explanation, answer these questions:

- How would you say that Raúl doesn't like the novel? What would you have to change to say that he doesn't like the novels?
- What are all possible translations for **Le gusta el té**?
- How would you clarify that Tomás, not Elena, likes music?
- How would you say that Mr. Porta likes Coca-Cola and that Mrs. Bert does not?

III. Expressing Possession

Before studying the grammar explanation, answer the following questions:

- How would you say that you have a radio?
- How would you say that you and your roommate have a television set?
- How would you ask your instructor whether he/she has a stereo?
- How would you say that your friends don't have a VCR?

Note the absence of an article.

1. **Tener** is not only used to indicate age, but also to show possession, as in **Tengo televisor.** or **¿Tienes discos compactos?**

NOTE: In general, the use of **tener** is similar to English: **Tengo inglés y cálculo. Ella tiene discos compactos. ¿Tienes problemas?**

tener ***(to have)***
Tengo radio.
¿Tienes cintas de jazz?
Juan Carlos **tiene** dos guitarras.
Nosotros **tenemos** televisor y video.
Vosotros **tenéis** estéreo, ¿no?
Tienen calculadora.

2. The preposition **de** also indicates possession in Spanish:

El estéreo **de** Alfredo

Alfredo's stereo

¿De quién es el estéreo?
Las cintas **de** la chica son de Japón.
¿De quiénes son las revistas?
Es el televisor **de** la señora Viñals.
BUT: Es el televisor **del** señor Viñals. **(de + el = del)**

Look at the examples to help you answer. See answers in Appendix B.

Do Workbook *Práctica mecánica I* and corresponding CSM activities.

After studying the grammar explanation, answer the following questions:

- What is the Spanish equivalent of the English *'s*?
- How would you say that the CD belongs to Carlos? To Mr. González? To Miss López? To the students?
- How would you ask someone whose towel it is?
- How would you ask someone whose plants they are?

ACTIVIDAD 11: Los gustos **Parte A:** After studying the verb **gustar**, complete each of the following phrases with an appropriate word.

A mí _____	_____ ellos _____
A _____ te	A _____ me
A Juan _____	A ___________ les
A la Srta. Gómez _____	_____ Sr. García le
_____ Marta _____	A Uds. _____
A ___________ le	A Marcos y _____ Ana _____
A nosotros _____	A Marcos y a mí _____

Parte B: Now complete each of these phrases with the words **gusta** or **gustan.**

___________ la universidad	___________ las plantas
___________ los perfumes de Francia	___________ la pasta de dientes Crest
___________ la clase de español	___________ mi profesor de historia
___________ el jazz	___________ los videos de Jim Carrey
___________ los discos compactos	
___________ las novelas de Octavio Paz	

Parte C: Now, form sentences by combining a phrase from the first group with one from the second group.

◀ *Sammy Sosa hit 66 home runs in 1998.*

ACTIVIDAD 12: Tus gustos In pairs, find out your partner's preferences and jot down his/her answers. Follow the model.

➤ A: ¿Te gusta más Arantxa Sánchez Vicario o Steffi Graf?
B: Me gusta más . . .

1. Gloria Estefan o Julio Iglesias
2. Nueva York o Los Ángeles
3. Andy García o Jimmy Smits
4. Sammy Sosa o Pedro Martínez
5. el béisbol o el basquetbol
6. Oprah Winfrey o Geraldo Rivera
7. MTV o CNN
8. la televisión o la radio
9. el jazz o el rock

Basquetbol/baloncesto/basket(bol) are all used.

ACTIVIDAD 13: Más gustos Continue to find out more about your partner's preferences. Follow the model.

➤ A: ¿Te gustan más los Yanquis o los Dodgers?
B: . . .

1. las revistas o los libros
2. los perfumes de Dior o los perfumes de Chanel
3. las cintas o los discos compactos
4. las novelas de Stephen King o las novelas de Agatha Christie

5. los videos de terror o los videos románticos
6. los periódicos o las revistas
7. los conciertos de rock o los conciertos de música clásica
8. las fotografías o los videos

ACTIVIDAD 14: ¿Cuál te gusta más? In pairs, find out your partner's preferences. Follow the model.

➤ computadora IBM/Mac
A: ¿Te gustan más las computadoras IBM o Mac?
B: Me gustan más las computadoras Mac.

1. pasta de dientes Crest/Colgate
2. cámaras Nikon/Polaroid
3. jabón Zest/Ivory
4. relojes Seiko/Rolex
5. teléfonos Panasonic/ATT
6. champú Suave/Pantene

ACTIVIDAD 15: Compatibles Keeping in mind the responses given by your partner in Activities 12–14, interview a third person to see whether he/she is compatible with your partner. Be prepared to report back findings to the class. Remember to use definite articles with common nouns. Use sentences such as the following:

➤ Ellos son compatibles porque les gusta la televisión.
Ellos no son compatibles porque a él le gustan las novelas y a ella le gustan las revistas.

ACTIVIDAD 16: Las preferencias Juan Carlos and Vicente are roommates. Read about their preferences and decide what items belong to whom.

A Juan Carlos le gusta mucho la música y a Vicente le gustan los libros. Entonces, ¿de quién son estas cosas?

➤ libro de Hemingway
El libro de Hemingway es de Vicente porque a él le gustan los libros.

Have you read any books by Hemingway or Michener about Hispanic countries?

1. guitarra
2. diccionario
3. revistas
4. grabadora
5. novelas de James Michener
6. discos compactos y cintas
7. estéreo
8. periódicos

ACTIVIDAD 17: Los artículos del baño Some of the women at the dorm have left things lying about in the bathroom. In pairs, "A" covers the information in Box B and "B" covers the information in Box A. Ask your partner questions to find out who owns some of the items in the bathroom. Follow the model.

➤ A: ¿De quién es la pasta de dientes?
B: Es de . . .

B: ¿De quiénes son los jabones?
A: Son de . . .

A

You know who owns the following:
jabones – Claudia y Teresa
champú – Marisel
peines – Teresa y Diana
cepillos de dientes – Diana, Marisel, Teresa y Claudia

Find out who owns:
los kleenex, la pasta de dientes, la toalla, el perfume

B

You know who owns the following:
kleenex – Claudia
pasta de dientes – Marisel
toalla – Diana
perfume – Marisel

Find out who owns:
los jabones, el champú, los peines, los cepillos de dientes

Do Workbook *Práctica comunicativa I.*

Nuevos horizontes

LECTURA

Estrategia: *Identifying Cognates*

You may already know more Spanish than you think. Many Spanish words, although pronounced differently, are similar in spelling and meaning to English words, for example: **capital** *(capital)*, **instrucciones** *(instructions)*. These words are called cognates **(cognados).** Your ability to recognize them will help you understand Spanish.

Some tips that may help you recognize cognates are:

English	Spanish Equivalent	Example
ph	f	**f**otografía
s + consonant	es + consonant	**es**pecial
-ade	-ada	limon**ada**
-ant	-ante	inst**ante**
-cy	-cia	infan**cia**
-tion	-ción	informa**ción**
-ty	-ad	universid**ad**
-ic	-ica/-ico	mús**ica**, públ**ico**
-ion	-ión	relig**ión**
-ist	-ista	ar**tista**

Other cognates include many words written with one consonant in Spanish that in English have two. Can you identify these words in English: **imposible, oficina, música clásica**?

You will get to apply your new knowledge of cognates in the next few activities.

ACTIVIDAD 18: Anuncios Look at the following newspaper clippings and tell what each is about or what it advertises. Look for cognates to help you.

Psicoanálisis

• **CONSULTA DE PSICOANALISIS GRUPO CERO.** Tratamiento de las depresiones, angustia, obsesiones, fobias, trastornos sexuales y psicosomáticos, anorexia, obesidad, dificultades en el trabajo o estudios. **Consulta, previa petición de hora.** Tel. 559 29 05.

Su Horóscopo Personal

Enero
MIERCOLES
SIGNO DE CAPRICORNIO

CURSOS DE INGLES EN EL NORTEAMERICANO

ien instituto de estudios norteamericanos

VIA AUGUSTA, 123 · Tels.: 2 27 11 · 209 22 11

y en la filial de Badalona: AVDA. MARTI PUJOL, 198-202 · Tel.: 384 04 11

ACTIVIDAD 19: ¿Qué entiendes? The following ad was taken from the yellow pages in San Gabriel, California. Read it quickly, then try to answer the questions.

1. What is this ad advertising?
2. Why is there a picture of a family?
3. Who is Gregory Robins?
4. How many telephone numbers can you call?
5. How many offices are there? Where are they located?
6. Name two services offered.

Montebello
LLAME A
West Covina
Dentista
Familiar
• DENTISTERIA COSMETICA
• OFRECEMOS CITAS PARA EMERGENCIAS INMEDIATAMENTE
• FINANCIAMIENTO DISPONIBLE SIN INTERES
• LABORATORIO EN LA OFICINA
• ACEPTAMOS PLANES DENTALES DE SEGUROS, MUCHOS PAGAN EL COSTO COMPLETO
• ACEPTAMOS MEDICAL
• OXIDO NITROSO (GAS HILARANTE)
ABIERTO SABADOS
ABIERTO NOCHES
818
919-7707
Gregory Robins
HABLAMOS ESPAÑOL
213
721-0799

Other false cognates: **fútbol** *(soccer)*, **lectura** *(reading)*, **actual** *(current; present)*.

¡OJO! *(Watch out!)* There are some words that have similar forms in Spanish and English but have very different meanings. Context will usually help you determine whether the word is a cognate or a false cognate **(cognado falso).** Look at the following examples.

María está muy contenta porque el médico dice que está **embarazada.**	*María is very happy because the doctor says she is* ***pregnant.***
Necesito ir a la **librería** para comprar los libros del semestre.	*I need to go to the* ***bookstore*** *to buy books for the semester.*

ESCRITURA

Estrategia: *Connecting Ideas*

When writing, it is important to make what you write interesting to the reader. A simple way to do this is to include information that expands on or explains more about a topic, thus giving your writing more depth. It is also important to connect your ideas so that your sentences sound natural. The following words will help make your sentences flow better:

por eso	that's why, because of this	**pero**	but
también	also, as well, too	**y**	and

ACTIVIDAD 20: Descripción **Parte A:** Complete the following paragraph, describing yourself.

Me llamo ________________ y soy de ________________. Tengo ________________ años y me gusta ________________; por eso tengo ________________ en mi habitación. También me gustan ________________, pero no tengo ________________.

Parte B: Redo the preceding paragraph, describing another person in your class. Make all the necessary changes.

Parte C: Check both paragraphs to make sure that the verbs agree with their subjects. Also check to make sure that the meaning expressed by each sentence is logical. Make any necessary changes, staple all drafts together and hand them in to your instructor.

Lo esencial II

I. Acciones

1. comer
2. salir
3. beber
4. bailar
5. cantar
6. escuchar música
7. hablar

Otras acciones

caminar to walk
comprar to buy
correr to run
escribir to write
esquiar to ski
estudiar to study
leer to read
llevar to carry, take along; to wear
mirar to look (at)
nadar to swim
trabajar to work
visitar to visit

ACTIVIDAD 21: Asociaciones Associate the actions in the preceding lists with words that you know. For example: **leer—libro; nadar—Hawai; estudiar—estudiante.**

ACTIVIDAD 22: ¿Te gusta bailar? In pairs, use the actions in the preceding lists to find out what activities your partner likes to do. Follow the model.

➤ A: ¿Te gusta bailar?
B: Sí, me gusta bailar. / No, no me gusta bailar.

Days of the week are not capitalized in Spanish.

II. Los días de la semana *(The Days of the Week)*

lunes	jueves	sábado
martes	viernes	domingo
miércoles		

Expresiones de tiempo *(Time Expressions)*

esta mañana/tarde/noche this morning/afternoon/evening
el fin de semana weekend
hoy today
el lunes Monday; on Monday
los lunes on Mondays
mañana tomorrow
la mañana morning
la semana que viene next week

ACTIVIDAD 23: Tu agenda In pairs, alternate asking and answering the following questions.

1. ¿Tienes clase esta tarde? ¿Esta noche? ¿Mañana?
2. ¿Cuándo son tus clases de español? ¿Cuándo es la prueba *(quiz)* del capítulo dos?
3. En la universidad, ¿tienen Uds. clase los sábados? ¿Tienen clase el miércoles antes del día de Acción de Gracias *(Thanksgiving)*?
4. ¿Te gusta estudiar por la mañana, por la tarde o por la noche?
5. ¿Cuándo es tu programa de televisión favorito y cómo se llama?
6. ¿Cuándo es el próximo partido de fútbol americano o de basquetbol de la universidad?
7. ¿Cuándo son las fiestas de Uds.?

¿LO SABÍAN?

In the United States, Friday the 13th evokes feelings of anxiety in some people. In Hispanic countries, bad luck is associated with Tuesday the 13th. That is why the movie *Friday the 13th* was translated into Spanish as *Martes 13.*

There is a saying in Spanish that refers to Tuesday as being the day of bad luck: **"Martes, ni te cases, ni te embarques, ni de tu casa te apartes".** *(On Tuesdays, don't get married, don't take a trip, and don't leave your home.)*

Planes para una fiesta de bienvenida

Vale is only used in Spain.

Vale. / O.K.	O.K.
No importa.	It doesn't matter.

Marisel has decided to have a welcoming party for her new friend Teresa. She and Álvaro are now discussing some of the arrangements for a party at the dorm.

ACTIVIDAD 24: Cosas para la fiesta While listening to the conversation, match the following items with the people who are going to take them to the party. Some people are taking more than one item. When you are finished, report to the class who is taking what, using **Álvaro va a llevar . . .**

Álvaro __d__ __g__
Marisel __c__
Juan Carlos __b__
Claudia __e__ ____
Vicente __a__

a. la tortilla de patatas
b. los ingredientes para la sangría
c. la guitarra
d. la grabadora
e. la Coca-Cola
f. las papas fritas
g. las cintas

Stating an obligation

MARISEL Bueno, Álvaro, la fiesta es mañana.
ÁLVARO ¿Qué? ¿Mañana es sábado?
MARISEL Sí, claro. Tenemos que preparar todo.
ÁLVARO Bueno, entonces yo voy a llevar la música.
MARISEL ¿Tienes estéreo o grabadora?

Expressing agreement

Offering an option

Expressing agreement

Expressing future actions

ÁLVARO Tengo grabadora y muchas cintas de rock y salsa.
MARISEL ¡O.K., fantástico! Yo tengo guitarra. ¿Y de beber?
ÁLVARO ¿Qué te gusta más, la cerveza o el vino?
MARISEL ¿Qué tal una sangría?
ÁLVARO Sí, sí . . . sangría. ¿Quién va a comprar los ingredientes para mañana?
MARISEL Juan Carlos, quizás.
ÁLVARO ¿Moreno?
MARISEL Sí, Juan Carlos Moreno.
ÁLVARO Vale. Y también tenemos que comprar Coca-Cola.
MARISEL Ah sí, por supuesto. Claudia va a llevar la Coca-Cola y las papas fritas.
ÁLVARO Vale. Y Vicente va a llevar la tortilla de patatas, ¿no?
MARISEL ¡Es tortilla de PAPAS!
ÁLVARO ¡Bueno! Papas o patatas, no importa, hombre.

ACTIVIDAD 25: Preguntas Listen to the conversation again. Then, in groups of four, answer the following questions based on the conversation and common knowledge.

1. ¿Cómo se dice *potato* en España? ¿Y en Hispanoamérica?
2. ¿Tiene alcohol la sangría?
3. ¿Cuál es el ingrediente principal de la sangría?
4. ¿Cuándo es la fiesta de Marisel y Álvaro? En general, ¿qué día de la semana son las fiestas de Uds.?

ACTIVIDAD 26: La ópera What follows is a conversation between Teresa and Vicente about opera. Arrange the lines in logical order, from 1 to 13. The first two have already been done for you. When you finish, read the conversation with a partner.

_____ Me gustan los dos, pero tengo tres cintas de Domingo.
_____ Voy a comprar un disco compacto de ópera.
__1__ ¿Qué hay?
_____ El sábado.
_____ De Plácido Domingo. ¿Te gusta?
_____ Sí, pero a mí me gusta más José Carreras. ¿Y a ti?
__2__ ¡Ah! Vicente. ¿Qué vas a hacer hoy?
_____ Oye, ¿vas a mirar el recital de Monserrat Caballé en la televisión?
_____ No importa, pues yo sí.
_____ ¿De quién?
_____ ¿Cuándo es?
_____ Yo también tengo cintas de Domingo.
_____ No tengo televisor.

¿LO SABÍAN?

Plácido Domingo, Montserrat Caballé, and José Carreras are three world-renowned Spanish opera stars. Plácido Domingo, a tenor, also sings popular music. He has been living in Mexico since 1950. Montserrat Caballé is well known for the purity of her soprano voice. She became popular in the United States after singing in Carnegie Hall in 1965. José Carreras was a rising opera star when he was struck with leukemia. Luckily his illness is in remission after treatment in the United States, and he continues to appear in theaters throughout the world.

► *The three tenors: Plácido Domingo, José Carreras, and Luciano Pavarotti.*

Hacia la comunicación II

I. Expressing Likes and Dislikes: *Gustar*

The verb **gustar** may be followed by nouns with articles or by infinitives. Use the singular **gusta** if one or more infinitives follow.

A Jesús y a Ramón no les gust**a** **el jazz.**	*Jesús and Ramón don't like jazz.*
Al Sr. Moreno le gust**an** **las cintas** de jazz.	*Mr. Moreno likes jazz tapes.*
¿Qué te gust**a** **hacer**?	*What do you like to do?*
A Juan le gust**a** **esquiar.**	*Juan likes to ski.*
Nos gust**a** **bailar** y **cantar.**	*We like to dance and sing.*

II. Expressing Obligation: *Tener que*

To express obligation, use a form of the verb **tener** + **que** + *infinitive*.

Tengo que estudi**ar** mañana.	*I have to study tomorrow.*
Tenemos que compr**ar** vino.	*We have to buy wine.*
¿Qué **tienes que** hac**er**?	*What do you have to do?*
¿Cuándo **tiene que** trabaj**ar** él?	*When does he have to work?*

You can also use **tener que** to give an excuse.

III. Making Plans: *Ir a*

Before studying the grammar explanations, answer the following question based on the conversation on pages 54 and 55.

- When Álvaro says, **"¿Quién va a comprar los ingredientes para mañana?"**, is he referring to a past, present, or future action?

To express future plans, use a form of the verb **ir** + **a** + *infinitive*.

ir *(to go)*					
voy	vamos	+	a	+	*infinitive*
vas	vais				
va	van				

Internet Do Workbook *Práctica mecánica II*, CSM, Web, and lab activities.

Voy a esqui**ar** mañana.	*I'm going to ski tomorrow.*
Juan **va a** estudi**ar** hoy.	*Juan is going to study today.*
Ellos **van a** nad**ar** el sábado.	*They're going to swim on Saturday.*
¿Qué **van a** hac**er** Uds.?	*What are you going to do?*

ACTIVIDAD 27: Las preferencias In groups of four, find out which of the following things the members of your group prefer. Have one person take notes (place the initials of those who say "yes" next to each item in the list) and report the results back to the class. Use the following model.

➤ A: ¿Te gusta escuchar salsa?
B: Sí/No . . .
(To report results) A ellos les gusta escuchar salsa y a nosotros nos gusta escuchar música folklórica.

1. bailar
2. beber Coca-Cola
3. beber Pepsi
4. las computadoras
5. cantar
6. correr
7. escuchar música clásica
8. la música rock
9. esquiar
10. estudiar
11. los videos de películas violentas
12. leer novelas
13. nadar
14. trabajar

ACTIVIDAD 28: ¿Qué tienes que hacer hoy y mañana? Tell what you and others *have* to do today and what you and others are *going* to do tomorrow, using one cue from each of the columns that follow.

➤ Hoy tengo que trabajar, pero mañana voy a esquiar.

	Hoy	**Mañana**
yo	estudiar	cantar
nosotros	trabajar	bailar
Carlos y Vicente	leer el libro de economía	comer en un restaurante
tú	hacer la tarea	escuchar música
ella y yo	hablar con el profesor	nadar
Uds.	salir con Marisel	correr
Teresa		mirar un video
		esquiar

ACTIVIDAD 29: El fin de semana This is a list of Álvaro's activities for this weekend. Say what activities he *has* to do and what activities he is *going* to do.

➤ Álvaro tiene que/va a . . .

escuchar música	estudiar para un examen
escribir una composición	trabajar
esquiar	ir a una fiesta
leer una novela para la clase de literatura	comer con Vicente

ACTIVIDAD 30: La agenda de Claudia Look at Claudia's calendar for the week and form as many kinds of questions as you can about her activities. Then ask your classmates questions from your list.

➤ ¿Cuándo van a . . . Claudia y Juan Carlos?
Va a . . . el lunes, ¿no?
¿Tiene que . . . el viernes o el sábado?
¿Qué tiene que hacer el . . . ?

octubre	actividades
lunes 5	nadar, escribir una composición, comer con Álvaro
martes 6	comprar discos compactos, leer la lección 4 para historia
miércoles 7	visitar el Museo de Arte Contemporáneo
jueves 8	escribir una carta, estudiar para el examen de literatura
viernes 9	correr, comprar papas fritas y Coca-Cola, salir con Juan Carlos
sábado 10	ir a la fiesta, llevar las papas fritas y la Coca-Cola
domingo 11	ir a Toledo con Diana, visitar la catedral

ACTIVIDAD 31: Tu futuro Make a list of five things that you *have* to do next week and five things that you are *going* to do with your friends for fun. Then, in pairs, compare your lists to see whether you are going to do similar things.

ACTIVIDAD 32: ¡Hola! Soy Álvaro Read this paragraph and be prepared to answer questions.

Hola. Soy Álvaro Gómez, de Córdoba, una ciudad del sur de España que tiene muchos turistas. Me gusta mucho Córdoba, pero ahora tengo que estudiar en Madrid. Voy a ser abogado.

◀ *In Cordoba, Spain, the inner patios of houses are known for their white walls and an abundance of flowers.*

◀ *View of **La Sagrada Familia,** Barcelona, Spain. This masterpiece was designed by Antonio Gaudí (1852–1926), an innovative Spanish architect. Although not yet completed, the church is a major tourist attraction.*

ACTIVIDAD 33: ¿Qué hay? Me llamo Diana Read this paragraph. Then your instructor will read it to you with some changes. Be ready to correct him/her when the information is not accurate.

¿Qué hay? Me llamo Diana Miller. Mi padre es de los Estados Unidos, pero mi madre es de Barcelona, España. Voy a estudiar para el master de literatura en España. En los Estados Unidos soy profesora de español, pero en España tengo que enseñar inglés porque no tengo mucho dinero.

Do Workbook *Práctica comunicativa II.*

Vocabulario funcional

La posesión

¿De quién/es?	*Whose?*
tener	*to have*

Las asignaturas *(Subjects)*

el arte	*art*
la biología	*biology*
la economía	*economics*
la historia	*history*
el inglés	*English*
la literatura	*literature*
las matemáticas	*mathematics*
la sociología	*sociology*

Los gustos *(Likes)*

gustar	*to like, be pleasing*
más	*more*

Las obligaciones *(Obligations)*

tener que + *infinitive*	*to have* + infinitive *(to eat, to drink . . .)*

Los planes *(Plans)*

¿Cuándo?	*When?*
ir a + *infinitive*	*to be going* + infinitive *(to swim, to walk . . .)*

Los días de la semana *(The Days of the Week)*

See page 53.

Expresiones de tiempo *(Time Expressions)*

See page 53.

Los artículos de la habitación y del baño

See page 41.

Comidas y bebidas *(Food and Drink)*

el café	*coffee*
la cerveza	*beer*
las papas/patatas fritas	*potato chips*
la sangría	*sangria (a wine punch)*
el té	*tea*
la tortilla (de patatas)	*Spanish omelette*
el vino	*wine*

Las acciones

See page 52.

Palabras y expresiones útiles

Claro. / ¡Claro que sí!	*Of course.*
¿De veras?	*Really?*
el dinero	*money*
el, la, los, las	*the*
la habitación	*bedroom*
hacer	*to do*
mucho	*a lot*
No importa.	*It doesn't matter.*
o	*or*
pero	*but*
por eso	*therefore*
Por supuesto.	*Of course.*
¿Qué?	*What?*
la tarea	*homework*
un, una; unos, unas	*a/an; some*
Vale. / O.K.	*O.K.*

CAPÍTULO 3

▲ *Both colonial and modern architecture can be found in Quito, Ecuador, a city at an altitude of 10,000 feet above sea level.*

CHAPTER OBJECTIVES

- Describing people and things
- Identifying a person's nationality
- Talking about activities that you do every day
- Stating location and where you are going
- Expressing possession

Una llamada de larga distancia

demasiado	too much
No tengo idea.	I don't have any idea.
Me gustaría + *infinitive*	I would like to . . .

Claudia is talking long distance to her parents who have gone from Bogotá to Quito for a convention. They are talking about Claudia's classes and her new roommate, Teresa.

ACTIVIDAD 1: La familia de Teresa While listening to the conversation, complete the following chart about Teresa's family.

	¿De dónde son?	¿Qué hacen?
Teresa	______________	______________
Padre	______________	______________
Madre	______________	______________

CLAUDIA Y la convención, ¿qué tal?
PADRE ¡Fantástica! Una doctora mexicana va a hablar de medicina nuclear esta tarde.
CLAUDIA ¡Qué interesante!
PADRE Sí, muy interesante, pero ahora tengo que ir a una conferencia. Adiós, hija. Aquí está tu mamá.
CLAUDIA Adiós, papi . . . ¿Mami?
MADRE Sí, mi hijita. ¿Cómo estás?
CLAUDIA Muy bien, ¿y tú?
MADRE Muy bien aquí en Quito. Y tus clases, ¿qué tal?
Describing
CLAUDIA Muy bien. Tengo una clase de economía fabulosa y otra de historia con un profesor excelente.
MADRE ¿Y las otras clases?
CLAUDIA Pues . . . regulares.
MADRE ¿Y quién es tu compañera en la residencia?

Stating profession and origin

CLAUDIA Se llama Teresa Domínguez Schroeder; su papá es un actor famoso de Puerto Rico y su mamá es de los Estados Unidos.
MADRE ¿Y qué hace su mamá?
CLAUDIA Es abogada.
MADRE Si su padre es de Puerto Rico y su madre es de los Estados Unidos, ¿de dónde es Teresa?
CLAUDIA De Puerto Rico . . . es de Ponce.
MADRE ¿Y qué estudia en España?
CLAUDIA Estudia turismo y trabaja en una agencia de viajes. Pero, y Uds., ¿qué van a hacer en Quito?

Discussing the future

MADRE Bueno . . . vamos a visitar la parte colonial esta noche y el sábado vamos al pueblo de Santo Domingo de los Colorados.
CLAUDIA Uds. viajan y yo estudio . . . Bueno mami, tengo que ir a la biblioteca.
MADRE Claudia . . . ¡Tú estudias demasiado!

Asking about plans

CLAUDIA Es que tengo examen de economía mañana. ¿Cuándo regresan Uds. a Bogotá?
MADRE No tengo idea, pero me gustaría regresar la semana próxima.
CLAUDIA Bueno mami, entonces hablamos la semana próxima.
MADRE Bueno, hija, un beso. Adiós.
CLAUDIA Adiós.

ACTIVIDAD 2: La familia de Claudia After listening to the conversation again, answer these questions.

1. ¿Qué crees tú que hace el padre de Claudia?
2. ¿Qué estudia Claudia?
3. ¿Qué van a visitar los padres de Claudia?
4. ¿Adónde tiene que ir hoy Claudia?
5. ¿Qué tiene Claudia mañana?

ACTIVIDAD 3: Una invitación y una excusa In pairs, invite your partner to do something. Your partner should decline, giving an excuse. Then switch roles. Follow the model.

➤ A: ¿Te gustaría ir a bailar esta noche?
B: Me gustaría, pero tengo que . . .

Posibles invitaciones	Posibles excusas
salir	trabajar
correr esta tarde en el parque	leer una novela
escuchar música	escribir una composición
esquiar el sábado	visitar a mis padres

ACTIVIDAD 4: ¿Estudias arte? Mingle and ask people in the class what subjects they are studying **(química, filosofía, religión, economía, cálculo, literatura).** Follow the model.

➤ A: ¿Estudias arte?
B: Sí, estudio arte. / No, no estudio arte. / No, estudio historia.

¿LO SABÍAN?

The setting of Quito, the capital of Ecuador, is breathtaking. The city lies in a beautiful valley at the base of a volcano. Even though it is close to the equator, Quito enjoys a moderate climate all year round since it is almost 10,000 feet above sea level. The combination of colonial and modern architecture creates a fascinating contrast in the city.

A large percentage of Ecuador's population is of native Andean origin. West of Quito is the town of Santo Domingo de los Colorados. The indigenous group of the Tsa'tchela, or Colorados, lives on the outskirts of this town. The men are well known for their hair, which they cover with red clay and shape in the form of a leaf. The Otavalos, another indigenous group, are renowned for their success in cottage industry and textile commerce.

▲ *Otavalo child sitting between two adults.*

Lo esencial I

I. Las nacionalidades *(Nationalities)*

Adjectives of nationality are not capitalized in Spanish.

Practice using word associations: **Salvador Dalí** = **español**; **Monty Python** = **inglés** (etc.)

Make flash cards of things you associate with each country: **tangos argentinos, enchiladas mexicanas,** etc.

Soy español. Soy mexicana. Somos bolivianos. Somos argentinas.

Otras nacionalidades y adjetivos regionales

africano/a	dominicano/a	indio/a	puertorriqueño/a
asiático/a	ecuatoriano/a	italiano/a	ruso/a
brasileño/a	europeo/a	panameño/a	salvadoreño/a
chileno/a	guatemalteco/a	paraguayo/a	uruguayo/a
colombiano/a	hondureño/a	peruano/a	venezolano/a
cubano/a			

NOTE: Adjectives of nationality ending in **-o** and **-a** form their plural by adding **-s.** For example: **african*os*, african*as*.**

alemán/alemana	inglés/inglesa	portugués/portuguesa
francés/francesa	irlandés/irlandesa	

Review accent rules. See Appendix C (Stress).

NOTE: Adjectives of nationality ending in a consonant add **-es** to form the masculine plural. The feminine singular form adds **-s** to form the plural. For example: **aleman*es*/aleman*as*.** Note that only the masculine singular form has a written accent: **ingl*és*/ingl*esa*; ingl*eses*/ingl*esas*; franc*és*/franc*esa*, franc*eses*/franc*esas*.**

árabe canadiense costarricense estadounidense nicaragüense

NOTE: Adjectives of nationality ending in **-e** can be masculine or feminine. The plural is formed by adding **-s.** For example: **árabe*s*.**

¿LO SABÍAN?

How people from the United States are referred to varies in Hispanic countries. **Americanos** is a misnomer, since all people from the Americas are Americans. In some Hispanic countries, such as Colombia, Venezuela, Peru, and Chile, Americans may be called **gringos,** which is not necessarily a derogatory term. But in Mexico, for example, **gringo** has a negative connotation. In countries such as Spain, Mexico, and Argentina, Americans are called **norteamericanos.** These terms are used since the word **estadounidenses** is somewhat cumbersome. **Estadounidense** is used primarily in formal writing, when filling out forms, or in formal speech, such as newscasts.

ACTIVIDAD 5: ¿De qué nacionalidad son estas personas? In pairs, alternate asking and answering questions about the nationalities of these people.

➤ A: ¿De qué nacionalidad es Bill Cosby?
B: Es norteamericano.

1. Elton John y Fergie
2. Henry Kissinger
3. Kristi Yamaguchi y Michelle Kwan
4. Gérard Dépardieu
5. Paloma Picasso
6. Plácido Domingo y Monserrat Caballé
7. Michael J. Fox y Paul Shaffer
8. Boris Yeltsin y Mikhail Baryshnikov
9. Sammy Sosa

ACTIVIDAD 6: ¡Qué memoria! In groups of three, have a competition by trying to remember the characters you have met so far in the book. State the country they are from and their nationality. Follow the model.

➤ Teresa es de Puerto Rico; entonces es puertorriqueña.

Page through the book if necessary.

ACTIVIDAD 7: El origen de tu familia In groups of five, find out the ancestry of your group members. Follow the model.

➤ A: ¿Cuál es el origen de tu familia?
B: Mi familia es de origen alemán e italiano.

Remember: **Origen** refers to one's heritage, not to where one was born.

Note: **Y** becomes **e** before words beginning with **i** or **hi: historia** *y* **español** but **español** *e* **h***istoria*.

II. Lugares *(Places)*

Identify places while walking or riding through town: **el parque, el cine,** etc. Idle time = study time.

1. el cine
2. la escuela/el colegio
3. la iglesia
4. la playa
5. el supermercado
6. la librería

Otros lugares

la agencia de viajes travel agency
el banco bank
la biblioteca library
la casa house, home
la farmacia pharmacy, drugstore
el hospital hospital
el museo museum
la oficina office
el parque park
la piscina pool
la plaza plaza, square
el restaurante restaurant
el teatro theater
la tienda store
la universidad university

ACTIVIDAD 8: Asociaciones Say which places you associate with the following words: **educación, diversión, trabajo.**

ACTIVIDAD 9: Acción y lugar Choose an action from Column A and a logical place in which to do this action from Column B. Form sentences, following the models.

➤ Me gusta nadar; por eso voy a la piscina.
Tienen que comer; por eso van al restaurante.

Remember: **a** + **el** = **al**

A	B
Me gusta nadar	la piscina
Tienen examen	el parque
Tiene que estudiar	la biblioteca
Necesito dinero	el restaurante
Tenemos que comprar papas	la universidad
Tienen que comer	la farmacia
Me gusta caminar	el banco
Tienes que comprar aspirinas	el supermercado
Me gusta el arte	el museo
	la playa
	la cafetería

Hacia la comunicación I

I. Expressing Destination: *Ir* + *a* + place

To say where you are going, you need to use a form of **ir** + **a** + *destination.* Remember to use **al** when the destination noun is masculine.

Practice **ir a** and **estar en** by reporting your actions to yourself as you do them.

Note that prepositions precede the question word.

Vamos al Museo de Antropología.	*We're going to the Museum of Anthropology.*
Voy a la farmacia. ¿Necesitas aspirinas?	*I'm going to the drugstore. Do you need aspirin?*
¿Adónde **vas**?	*Where are you going (to)?*
¿Con quién **vas a la** fiesta?	*Who are you going to the party with?*

II. Indicating Location: *Estar* + *en* + place

To say where you are, use a form of **estar** + **en** + *place.*

estar			
yo	**estoy**	nosotros/as	**estamos**
tú	**estás**	vosotros/as	**estáis**
Ud. / él/ella	**está**	Uds. / ellos/ellas	**están**

La directora no **está en** la oficina hoy.*	*The director isn't in the office today.*
Mamá, **estoy en** el hospital.	*Mom, I'm in/at the hospital.*

***NOTE:** The preposition to express being *in* or *at* a place is **en: Estamos en el cine.** *(We're at the movies.)*

Memorize infinitives. Make lists of **-ar**, **-er**, and **-ir** verbs and quiz yourself on forms and meanings, for example: **Yo estudio mucho. Mi amigo Paul no estudia. Paul y yo bebemos Pepsi. Mary bebe Coca-Cola.**

Practice automatic pairs: **¿Trabajas? Sí, trabajo. / ¿Trabaja ella? Sí, ella trabaja. / ¿Trabajan Uds.? Sí, trabajamos.**

III. Talking About the Present: The Present Indicative

1. In order to talk about daily or future activities or about actions in progress, use the present indicative. In Spanish, there are three classes of verbs depending on the ending of the infinitives: **-ar (trabajar), -er (beber),** and **-ir (escribir).** The stems **(trabaj-, beb-, escrib-)** of regular verbs do not change. The endings vary according to the subject of the sentence, which can be expressed or not: **(yo) trabajo, (tú) trabajas,** etc. In order to form the present indicative of regular verbs, use the following endings:

trabajar *(to work)*			
yo	trabaj**o**	nosotros/as	trabaj**amos**
tú	trabaj**as**	vosotros/as	trabaj**áis**
Ud. / él/ella	trabaj**a**	Uds. / ellos/as	trabaj**an**

Mañana **yo** trabaj**o.** — *I work tomorrow.*
Mi madre habl**a** español. — *My mother speaks Spanish.*

beber *(to drink)*			
yo	beb**o**	nosotros/as	beb**emos**
tú	beb**es**	vosotros/as	beb**éis**
Ud. / él/ella	beb**e**	Uds. / ellos/as	beb**en**

¿Beb**es** vino o cerveza? — *Do you drink wine or beer?*
Nosotros com**emos** en la cafetería. — *We eat in the cafeteria.*

escribir *(to write)*			
yo	escrib**o**	nosotros/as	escrib**imos**
tú	escrib**es**	vosotros/as	escrib**ís**
Ud. / él/ella	escrib**e**	Uds. / ellos/as	escrib**en**

Isabel Allende escrib**e** novelas. — *Isabel Allende writes novels.*
Nosotros viv**imos** en Lima. — *We live in Lima.*
¿Recib**es** tus cartas aquí? — *Do you receive your letters here?*

In order to choose the correct ending for a verb, you need to know two things: (1) the infinitive of the verb **(-ar, -er, -ir),** and (2) the subject of the sentence. For example:

(1) beb**er** (2) nosotros = Nosotros beb**emos** Coca-Cola.

2. The following verbs, and most of those you learned in Chapter 2, are regular verbs and therefore follow the pattern of **trabajar, beber,** and **escribir.**

aprender to learn	**regresar** to return
desear to want; to desire	**tocar** to play (an instrument); to touch
llevar to take; to wear	**usar** to use
necesitar to need	**vender** to sell
recibir to receive	**vivir** to live

3. The following verbs have irregular **yo** forms, but follow the pattern of regular verbs in all other present-indicative forms.

hacer	to do; to make	yo ha**go**
poner	to put, place	yo pon**go**
salir (con)	to go out (with)	yo sal**go**
salir de	to leave (a place)	
traer	to bring	yo trai**go**
saber	to know (facts/how to do something)	yo **sé**
ver	to see (a thing)	yo **veo**
ver a	to see (a person)	
conocer*	to know (a place/thing)	yo cono**zco**
conocer a	to know (a person)	
traducir*	to translate	yo tradu**zco**

Ha**go** la tarea todos los días.	*I do my homework every day.*
¿Qué hac**en** Uds.?	*What are you doing?*
Sal**go con** Ramona.	*I go out with Ramona.*
Ella sal**e de** la tienda.	*She is leaving the store.*
No **sé** la respuesta.	*I don't know the answer.*
No cono**zco a** tu profesora.	*I don't know your teacher.*

Do Workbook *Práctica mecánica I* and corresponding CSM activities.

***NOTE:** Most verbs that end in **-cer** and **-ucir** follow the same pattern as **conocer** and **traducir: ofrecer** *(to offer)*, **establecer** *(to establish)*, **producir** *(to produce)*.

ACTIVIDAD 10: ¿Adónde vas? Imagine that this is your schedule for the week. State what you have to do or are going to do and where you are going to go.

➤ El lunes tengo que estudiar para un examen; por eso voy a ir a la . . .

lunes	estudiar para un examen
martes	comprar discos compactos
miércoles	nadar
jueves	comprar libros para la clase de literatura
viernes	comer con Ana
sábado	comprar papas fritas, hamburguesas, café y Coca-Cola
domingo	ver la exhibición de Picasso

ACTIVIDAD 11: Después de clase Mingle with your classmates and find out where **(adónde)** others are going after class and with whom **(con quién)** they are going. Follow the model.

➤ A: ¿Adónde vas?
B: Voy a casa.
A: ¿Con quién vas?
B: Voy solo/a. / Voy con . . .

ACTIVIDAD 12: ¿Dónde están? In pairs, ask and state where the following people or things are.

1. el presidente de los Estados Unidos
2. la Torre Eiffel y el Arco de Triunfo
3. la Estatua de la Libertad y Woody Allen
4. Bogotá
5. el Vaticano
6. Machu Picchu y Lima

ACTIVIDAD 13: El verano In pairs, discuss what you and your partner do during the summer **(el verano).** Use the following actions: **bailar, comer en un restaurante, escuchar música, esquiar, estudiar, mirar televisión, nadar, salir con amigos.** Follow the model.

Remember the endings for **-ar, -er,** and **-ir** verbs and subject-verb agreement.

➤ A: ¿Nadas?
B: Sí, nado todos los días.
A: ¿Dónde nadas?
B: En la piscina de la universidad.

ACTIVIDAD 14: ¡Una carta de Miguel! This is a letter from a Honduran student who is studying in the United States. He is describing his daily activities to his parents. Complete the letter with the appropriate conjugated forms of the following verbs: **bailar, correr, escribir, estudiar, hablar, ir, salir, ser, tener.**

Chicago, 20/9/2000

Queridos papás:

¿Cómo están? Yo, bien. Me gusta la universidad y __________ muchos amigos. Voy a clase, __________ composiciones para mi clase de francés y __________ mucho porque __________ demasiados exámenes; el jueves tengo un examen importante de biología. Los viernes y los sábados yo __________ en la biblioteca y por la noche __________ con un grupo de amigos. Ellos __________ mexicanos, venezolanos y de los Estados Unidos. Los mexicanos siempre __________ de política con los venezolanos.

Why is **exámenes** written with an accent and **examen** without? See Appendix C for explanation.

Yo también __________ a una discoteca los martes porque ponen música salsa; allí yo __________ con Santa, una chica puertorriqueña. Ella __________ bien porque es bailarina profesional.

Bueno, tengo que terminar la carta porque voy a correr. ¡__________ ocho kilómetros al día!

Besos y abrazos,

Miguel

P. D. Gracias por los $$$dólares$$$.

P. D. = Posdata

ACTIVIDAD 15: Gente famosa In groups of three, name famous people who do the following things: **bailar, cantar, conocer a David Letterman, correr, escribir novelas, esquiar, nadar, saber el número de teléfono del presidente, tocar la guitarra.** Follow the model.

➤ Gabriel García Márquez escribe novelas.

ACTIVIDAD 16: ¿Qué hacen ellos? Describe what these people do by forming sentences with phrases from the three columns. Make any changes necessary. For example: **Ellos saben tu número de teléfono.**

ellos	traducir	tu número de teléfono
Spike Lee	ofrecer	Alaska
yo	producir	libros del inglés al español
mi amigo bilingüe	(no) conocer (a)	películas
muchas universidades	saber	clases de arte
	salir con	programas de televisión
	llevar	Kim Basinger
	ver (a)	música a la fiesta

ACTIVIDAD 17: Nosotros y nuestros padres In groups of three, discuss what students and parents do in a typical week. Think of at least five examples. Follow the model.

➤ Nosotros bailamos los fines de semana y nuestros padres van al cine.

ACTIVIDAD 18: El cuestionario You work for an advertising agency and have to conduct a "person-on-the-street" interview on people's likes and dislikes. Work in pairs and use the following questionnaire. The interviewer should use the **Ud.** form and complete questions to elicit responses: **¿Es Ud. estudiante? ¿Qué periódico lee Ud.?** The "person on the street" should not look at the book. When finished, exchange roles. Be prepared to report back to the class.

Cuestionario

Nacionalidad: ____________________
Edad: _____
Sexo: Masculino _____ Femenino _____
Estudiante: _____ Si contesta que sí:
¿Dónde? ____________________
Trabajador/a: _____ Si contesta que sí:
Ocupación ____________________
Vive (con): Familia _____ Amigo/a _____ Solo/a _____

Gustos:
Leer _____ Si contesta que sí: ¿Qué lee? ____________________
Ver la televisión _____ Si contesta que sí:
¿Qué tipo de programas? ____________________
Escuchar música _____ Si contesta que sí:
¿Qué tipo de música? ____________________
Usar: Perfume _____ Agua de colonia _____ Nada _____
Salir mucho: al cine _____ a bailar _____
al teatro _____ a comer en restaurantes _____

Do Workbook *Práctica comunicativa I.*

Nuevos horizontes

LECTURA

Estrategia: *Dealing with Unfamiliar Words*

In Chapter 2 you read that you can recognize many Spanish words by identifying cognates (words similar to English words). However, other words will be completely unfamiliar to you. A natural tendency is to run to a dictionary and look up a word, but you will soon tire of this and become frustrated. The following are strategies to help you deal with unfamiliar words while reading.

1. Ask yourself if you can understand the sentence without it. If so, move on and don't worry about it.

noun = **sustantivo**
Note: A noun may be preceded by articles **(el/la; un/una)**
verb = **verbo**
adjective = **adjetivo**

2. Identify the grammatical form of the word. For example, if it is a noun, it can refer to a person, place, or thing; if it is a verb, it can refer to an action or state; if it is an adjective, it describes a noun.

3. Try to extract meaning from context. To do this, you must see what information comes before and after the word itself.

4. Check whether the word reappears in another context in another part of the text or whether the writer explains the word. An explanation may be set off by commas.

Note: If you look up a word, don't write the translation above the Spanish word in the text. (If you reread the text, you will only see the English and ignore the Spanish.) If you must write it down, do so separately in your own personal vocabulary list.

5. Sometimes words appear in logical series and you can easily understand the meaning. For example, in the sequence *first, second, "boing," and fourth* the meaning of *boing* becomes obvious.

These strategies will help you make reasonable guesses regarding meaning. If the meaning is still not clear and you *must* understand the word to get the general idea, the next step would be to consult a dictionary.

ACTIVIDAD 19: El tema Before reading the article that follows, look at the title, the format, and the pictures to answer the following question.

1. ¿Cuál es el tema *(theme)* del artículo?
   a. el número de hispanos en los Estados Unidos
   b. el futuro político de los hispanos
   c. los hispanos como consumidores

ACTIVIDAD 20: Los cognados Before reading the article, go through it and underline any word that you think is a cognate.

ACTIVIDAD 21: En contexto Read the article without using a dictionary and try to determine what the words shown in bold type in the following sentences mean.

1. El español es el idioma oficial de veinte países del **mundo.**
2. . . . la población hispana es un **mercado consumidor** doméstico muy significativo . . .
3. . . . hay compañías como Amazon.com y Booksellers que venden libros al mercado hispano **a través de** Internet.
4. Otra parte esencial de la **vida** diaria de muchos hispanos . . .
5. . . . hay muchos **teleadictos,** gente que pasa horas y horas en el sofá hipnotizada enfrente de la tele.
6. Los hispanos tienen sus propios programas de noticias, música, comedias y **telenovelas** . . .

Note: The word **mundo** also appears near the end of the article.

EL MERCADO HISPANO EN LOS EE.UU.

▲ *Cristina Saralegui, TV talk show host.*

▲ *Isabel Allende, Chilean author.*

El español es el idioma oficial de veinte países del mundo. En total, hay aproximadamente 266 millones de personas de habla española. Este número incluye unos 31 millones en los Estados Unidos (más del 11% de la población total de este país); por eso, la población hispana es un mercado consumidor doméstico muy significativo para los Estados Unidos. Las grandes compañías comprenden la importancia económica de este grupo y usan los medios de comunicación tanto en inglés como en español para venderle una variedad de productos.

LIBROS, PERIÓDICOS Y REVISTAS

En los Estados Unidos se publican muchos periódicos y revistas en español. Hasta la revista *People* tiene una versión en español. También hay compañías como Amazon.com y Booksellers que venden libros al mercado hispano a través de Internet. Autores como la chilena Isabel Allende y el mexicano Carlos Fuentes son muy populares. Pero, las personas de habla española también leen libros en inglés o traducidos al español de autores como Tom Clancy y Toni Morrison.

La radio

La radio y su música es una parte importante de la vida de los hispanos. A los hispanos les gustan diferentes tipos de música: la folklórica, la clásica, la tejana, el rock, el jazz, etc. La música hispana que más escucha la gente en los Estados Unidos es la salsa y a muchos hispanos les gustan los cantantes como Marc Anthony, Gloria Estefan, Celia Cruz y Juan Luis Guerra. Generalmente escuchan emisoras de radio en inglés y en español y, hoy en día, con una computadora y acceso a Internet también pueden escuchar la radio de otros países.

La televisión

Otra parte esencial de la vida diaria de muchos hispanos es la televisión y hay muchos teleadictos, gente que pasa horas y horas hipnotizada enfrente de la tele. Los hispanos tienen sus propios programas de noticias, música, comedias y telenovelas, pero también hay muchos programas en inglés traducidos al español. Hasta Fox Mulder y Dana Scully hablan español en "Los expedientes X". También hay varios canales de televisión en español. Las tres cadenas hispanas de televisión más importantes que transmiten en los Estados Unidos y a otros países son Univisión, Telemundo y Galavisión.

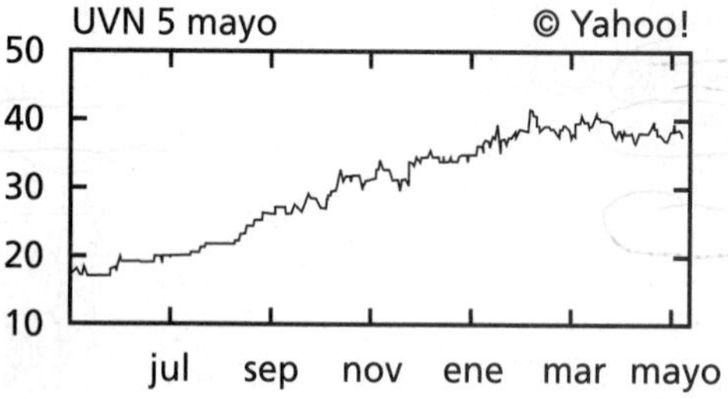

Los periódicos, la televisión y la radio forman parte de la vida diaria de los hispanos que viven en los Estados Unidos. Cuando ellos leen el periódico, miran la televisión, escuchan la radio o se conectan a Internet, las grandes compañías están allí para venderles sus productos.

ACTIVIDAD 22: Después de leer Answer the following questions based on the article.

1. ¿En cuántos países es el español la lengua oficial?
2. ¿Cuántas personas hablan español en el mundo?
3. ¿Qué leen, qué escuchan y qué miran los hispanos?
4. ¿Cuántas cadenas de televisión en español hay en los Estados Unidos y cómo se llaman?
5. ¿Qué medios de comunicación usan las grandes compañías para presentar sus anuncios comerciales? Menciona *(mention)* un mínimo de tres posibilidades.

ESCRITURA Estrategia: *Using Models*

When beginning to think and write in a new language, a model can provide a format or framework to follow and give you ideas for organizing what you write. It is also useful for learning phrases and other ways to express yourself. Some phrases can be used without understanding the intricate grammatical relationship between all of the words. For example, by using such phrases along with what you already know in Spanish, you can raise the level of what you write.

ACTIVIDAD 23: Una carta **Parte A:** Look at Miguel's letter in Actividad 14 and answer these questions about the letter's format.

1. What comes before the date? What is written first, the day or the month?
2. The letter is informal because it is addressed to Miguel's parents. What punctuation is used after the salutation, a comma or a colon?
3. What does he say in the closing of the letter? Look in the dictionary and translate what these words mean.
4. How do you write P.S. in Spanish?

Parte B: Using Miguel's letter as a guide, write a letter to your parents about your life at the university. Note the use of the expressions **bueno** and **gracias por los dólares** (**gracias por** + *article* + *noun*).

Parte C: In your letter, underline each subject pronoun (**yo, tú, él, ella,** etc.). Edit, omitting all of the subject pronouns that are not needed for clarity or emphasis, especially the pronoun **yo.**

Parte D: Rewrite your final draft, staple all drafts and your answers to Part A together, and hand them in to your instructor.

Lo esencial II

I. Las descripciones: *Ser* + adjective

1. Ella es **alta.**
2. Ella es **baja.**
3. Ellos son **gordos.**
4. Ellos son **delgados.** (Ellos son **flacos.**)
5. Él es **joven.**
6. Él es **mayor.**
7. Ellas son **morenas.**
8. Ellas son **rubias.**

Adjectives, including adjectives of nationality, agree in number and in many cases gender with the noun modified.

Mayor is generally used when describing people. **Viejo** is also used, but may have a negative connotation.

Otros adjetivos

simpático/a nice	**antipático/a** unpleasant; disagreeable
guapo/a good-looking **bonito/a** pretty	**feo/a** ugly
bueno/a good	**malo/a** bad
inteligente intelligent	**estúpido/a, tonto/a** stupid
grande large, big	**pequeño/a** small
largo/a long	**corto/a** short (in length)
nuevo/a new	**viejo/a** old

ACTIVIDAD 24: ¿Cómo son? Describe the following people using one or two adjectives.

1. el/la profesor/a
2. Barbara Walters
3. Matt Damon y Ben Affleck
4. Frankenstein
5. Marilyn Manson
6. Michele Pfeiffer y Julia Roberts
7. tu madre o tu padre

ACTIVIDAD 25: ¿Cómo eres? The following descriptive adjectives are cognates. Circle the four that best describe you and underline the four that least describe you. When finished, compare your answers with those of a classmate.

activo/a	idealista	nervioso/a	reservado/a
artístico/a	impaciente	optimista	responsable
atlético/a	indiferente	paciente	serio/a
cómico/a	informal	pesimista	sociable
conservador/a	intelectual	realista	tímido/a
formal	liberal	religioso/a	tradicional

ACTIVIDAD 26: ¿A quién describo? In pairs, take turns describing people in your class and have the other person guess who is being described. You may use adjectives that describe physical characteristics and personality traits.

II. Las descripciones: *Estar* + adjective

1. Ella está **enferma.**
2. Ella está **aburrida.**
3. Él está **contento.**
4. Él está **enojado.**
5. Ellos están **enamorados.**
6. Ella está **triste.**

Otros adjetivos

borracho/a drunk
cansado/a tired
preocupado/a worried

ACTIVIDAD 27: ¿Cómo estoy? In pairs, act out the different adjectives and have your partner guess how you feel; then switch roles.

ACTIVIDAD 28: ¿Cómo estamos? Discuss in what situations you and other people have the following feelings.

➤ Estoy preocupado cuando tengo exámenes.

1. Estoy aburrido/a cuando . . .
2. Estoy triste cuando . . .
3. Estoy cansado/a cuando . . .
4. Una persona está borracha cuando . . .
5. Mis amigos están enojados cuando . . .
6. Estoy contento/a cuando . . .

ACTIVIDAD 29: ¿Cómo están ellos? Look at the drawing and answer the following questions.

1. ¿Cómo es él?
2. ¿Cómo es ella?
3. ¿Cómo está él?
4. ¿Cómo está ella?

Hay familias . . . y . . . FAMILIAS

¿Por qué? Porque . . .	Why? Because . . .
No te preocupes.	Don't worry.

Teresa and Vicente have started going out together. Don Alejandro, Teresa's uncle, wants to meet Vicente to "check him out." Teresa is trying to convince Vicente to meet her uncle.

ACTIVIDAD 30: ¿Cómo es el tío de Teresa? Read through the following list. Then, while listening to the conversation, place a check mark beside the adjectives that apply to Teresa's uncle.

El tío de Teresa es:

__✓__ alto	_____ bajo
__✓__ moreno	_____ rubio
_____ delgado	__✓__ gordo
__✓__ simpático	_____ antipático
_____ pesimista	__✓__ optimista
_____ cómico	__✓__ serio
__✓__ liberal	_____ conservador

Inviting

VICENTE Oye, Teresa. ¿Te gustaría ir al cine el jueves?
TERESA Me gustaría, pero antes tenemos que tomar un café con mi tío.
VICENTE ¡¿Tu tío . . . ?! Pero, ¿por qué?

Giving a reason

TERESA Porque es mi tío y por eso, es como mi papá en España.
VICENTE Estoy nervioso. ¿Cómo es?

Giving physical description

TERESA No te preocupes. Es alto, moreno, un poco gordo . . .
VICENTE ¡No, no! Pero, ¿cómo es? ¿Simpático? ¿Antipático?

Describing personality traits

TERESA Es muy simpático, y qué más . . . es un hombre muy optimista y siempre está contento.
VICENTE Pero . . . es tu familia . . . y las familias . . .
TERESA Y las familias, ¿qué?

Expressing feelings

VICENTE No sé, pero, estoy nervioso. ¿Es tradicional tu tío?
TERESA No, hombre. Es un poco serio, eso sí. Mi tío es serio, pero muy liberal.
VICENTE Bueno, voy, pero después vamos al cine, ¿O.K.?
TERESA Sí, por supuesto, pero con mi tío, ¿no?
VICENTE ¿Cómo? ¿Estás loca?

ACTIVIDAD 31: Preguntas Listen to the conversation again, then answer the following questions.

1. ¿Adónde van a ir Teresa y Vicente el jueves?
2. ¿Con quién van a ir?
3. ¿Cómo está Vicente?
4. Vicente le dice a Teresa: "¿Estás loca?"; ¿por qué?

ACTIVIDAD 32: Justifiquen In pairs, alternate asking each other questions and justifying your responses. Follow the model.

➤ A: ¿Por qué estudias aquí?
B: Porque es una universidad buena. / Porque me gusta donde está. / Porque aquí tengo muchos amigos. / Porque es pequeña.

1. ¿Por qué estudias español?
2. ¿Por qué compras CDs de rock?
3. ¿Por qué tienes computadora?
4. ¿Por qué trabajas?
5. ¿Por qué vas a la biblioteca?

¿LO SABÍAN?

Since Teresa's parents are in Puerto Rico and her uncle is in Madrid, it is normal for him to consider her welfare an important responsibility. Teresa's duty is to respect him as if he were her father.

The word *family* has different connotations in different cultures. For Hispanics, the word **familia** suggests not only the immediate family, but also grandparents, uncles and aunts, as well as close and distant cousins. What does the word *family* mean to you?

▲ *A woman and her grandchild in Chapultepec Park, Mexico City.*

Hacia la comunicación II

I. Describing Yourself and Others: Descriptive Adjectives

Before studying the grammar explanation, answer these questions:

- What would you have to change in the sentence **Eduardo está cansado** if the subject were **Carmen** instead of **Eduardo**?
- Since both **ser** and **estar** mean *to be* in English, what is the difference between **¿Cómo es ella?** and **¿Cómo está ella?**
- Even though you may not know these adjectives in Spanish, would you use **ser** or **estar** to say that a person is generous? Courageous? Interesting? Upset? Honest? Elated? Explain your choices.

A. Agreement of Adjectives

1. Adjectives that end in **-o** agree in gender (masculine/feminine) and in number (singular/plural) with the nouns they modify.

Francisco es baj**o** pero **Francisca** es alt**a.**
Ellos son delgad**os** y **ellas** son delgad**as.**

2. Adjectives that end in **-e** and in a consonant agree in number (singular/plural) with the nouns they modify.

Ella está trist**e** y **ellos** también están trist**es.**
Camilo no es libera**l. Ana** y **Elisa** tampoco son liberal**es.**

NOTE: **jo**ven—**jó**venes

Remember: Professions and other nouns that end in **-ista** also have two forms only: **artista/s.**

3. Adjectives that end in **-ista** agree only in number with the nouns they modify.

Rafael es real**ista** y **Emilia** es ideal**ista.**
Ellos son optim**istas.**

B. ***Ser*** *and* ***estar*** *+ adjective*

1. **Ser** + *adjective* is used to describe *the being:* what someone or something *looks like* or *is like*. You use **ser** when describing someone's personality (**Él es inteligente, optimista,** etc.), or when describing a person physically (**Ella es alta, delgada,** etc.).

2. **Estar** + *adjective* is used to describe the *state of being;* it indicates how people are feeling or describes a particular condition: **Él está enfermo.**

3. Certain adjectives convey different meanings depending on whether they are used with **ser** or **estar.**

Ser	Estar
El político **es aburrido.** *The politician is boring.*	Ellos **están aburridos.** *They are bored.*
Ella **es lista.** *She is clever.*	Ella **está lista.** *She is ready.*
La fruta **es buena.** *Fruit is good (for you).*	La fruta **está buena.** *The fruit tastes good.*
El café **es malo.** *Coffee is bad (for you).*	El café **está malo.** *The coffee tastes lousy.*
Verónica **es bonita.** *Veronica is pretty.*	¡Verónica **está bonita**! *Veronica is especially pretty today!*

¿Cómo son estas personas?
¿Cómo están estas personas?

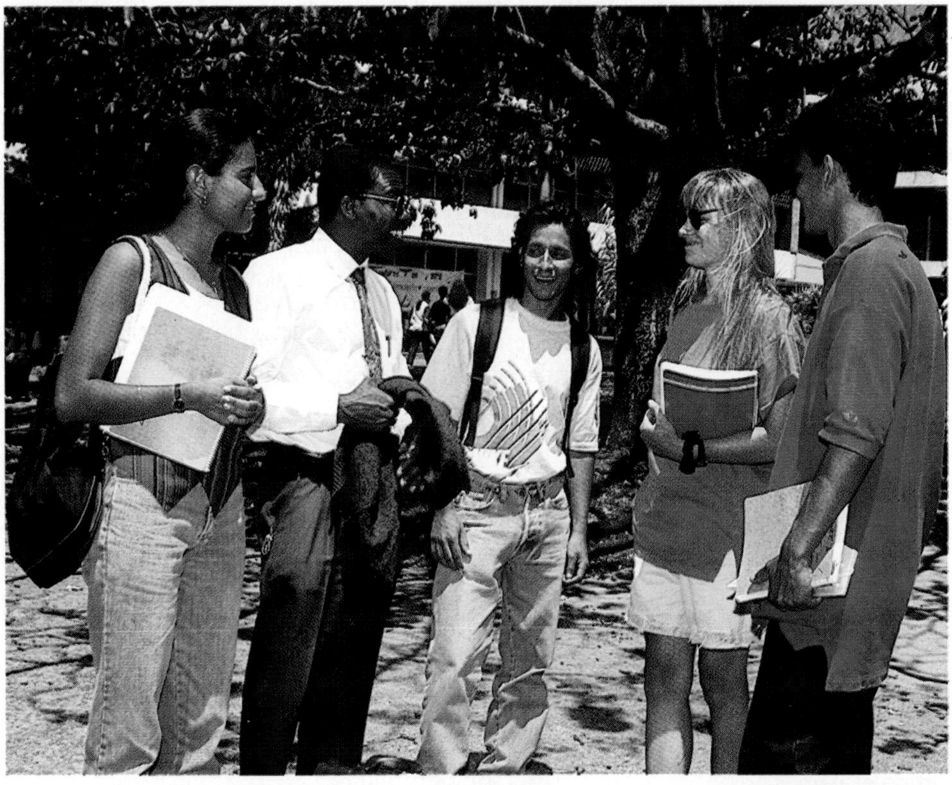

Students speaking with an instructor after class, Costa Rica. ▶

II. Expressing Possession: Possessive Adjectives

You already know two ways of expressing possession: **de** + *noun* **(el video es de Juan Carlos/es el video de Juan Carlos)** and **tener** + *noun* **(tengo calculadora).** You can also express possession by using possessive adjectives (*her, their, our,* etc.). In Spanish, **mi, tu,** and **su** agree in number with the thing or things possessed; **nuestro** and **vuestro** agree in gender and number with the thing or things possessed.

Possessive Adjectives

mi/s	my	**nuestro/a/os/as**	our
tu/s	your (familiar)	**vuestro/a/os/as**	your (familiar/formal)
su/s	{ your (formal) his, her	**su/s**	{ your (in/formal) their

—¿Son los CDs de Mario? —No, no son **sus CDs,** son **mis CDs.**
—¿De quiénes son las guitarras? —Son **nuestras guitarras.**
—¿Es el televisor de Ana y Luis? —Sí, es **su televisor.**

III. Position of Adjectives

1. Possessive adjectives and adjectives of quantity (including indefinite articles) precede the noun they modify.

Mi madre es arquitecta.* — *My mother is an architect.*
Tengo **tres televisores.** — *I have three TV sets.*
Bebo **mucha Coca-Cola.** — *I drink a lot of Coca-Cola.*
¿Tienes **pocos** o **muchos amigos**? — *Do you have few or many friends?*

Do Workbook *Práctica mecánica II,* CSM, Web, and lab activities.

*NOTE: The indefinite articles (**un, una, unos, unas**—a/an, some) are used with occupations only when they are modified by an adjective:

Mi padre es *ingeniero.*
BUT: **Mi padre es *un* ingeniero *fantástico.***

2. Descriptive adjectives normally follow the nouns they modify.

Tenemos un **examen importante** en la clase de literatura.

We have an *important exam* in literature class.

ACTIVIDAD 33: ¿Adónde vas cuando . . . ? In pairs, ask your partner where he/she goes when in the following moods or situations. Follow the model.

➤ A: ¿Adónde vas cuando estás enojado/a?
B: Cuando estoy enojado/a voy a mi habitación.

1. estar aburrido/a
2. tener que comprar café
3. tener que trabajar
4. estar enfermo/a
5. tener que estudiar
6. desear correr
7. estar contento/a
8. tener que comprar un periódico
9. estar preocupado/a
10. estar con tu novio/a

ACTIVIDAD 34: Una conversación In pairs, "A" covers Column B and "B" covers Column A. Carry on a conversation with your partner. You will need to enunciate very clearly and listen closely to select the appropriate response.

Listen, select the appropriate sentence, look your partner in the eye, and say the line.

A	B
¿Estás triste?	No, estoy preocupado/a. Sí, hoy no tengo problemas en la oficina.
¿Por qué? ¿Tienes problemas? ¿Cuándo?	Sí, me gustaría. Sí, es mi padre.
¿Está enfermo? ¿Está enferma?	No, es simpático, joven y muy inteligente. Sí, está en el hospital y está solo.
¿Dónde está? ¿Va a ir al hospital?	En Miami y yo voy mañana. De Guadalajara.

ACTIVIDAD 35: Un compañero de clase As a class, write a description of one of your classmates. Say what the person's name is, where he/she is from, what he/she looks like, what activities he/she likes to do, etc.

ACTIVIDAD 36: ¿Quién es? In groups of five, each person prepares descriptions of a famous man and a famous woman. When you finish writing your descriptions, read them aloud and have the rest of the group identify who is being described.

➤ Es político.
Es un político famoso.
Es un político famoso de Massachusetts.
Está en Washington.
Su familia es de origen irlandés.

ACTIVIDAD 37: Tu amigo y su amiga Read the following paragraph, then invent a story about a friend of yours and his girlfriend by completing the paragraph with the types of words indicated in parentheses. Remember that adjectives agree with the nouns they modify.

Mi amigo ________ (nombre) es ________ (nacionalidad) y es ________ (ocupación). Él tiene ________ (número) años y es ________ (adjetivo), ________ (adjetivo) y ________ (adjetivo). ________ (adjetivo posesivo) amigo tiene una amiga que se llama ________ (nombre). Ella es ________ (adjetivo) y ________ (adjetivo). Ellos son muy ________ (adjetivo), pero están ________ (adjetivo) porque ________ (?).

ACTIVIDAD 38: Los gustos In pairs, discuss what TV programs, music, movies, etc., young kids like, and compare their preferences with yours. Use as many descriptive adjectives as you can. Follow the model.

➤ Sus programas favoritos son . . . , pero nuestros programas favoritos son . . .

ACTIVIDAD 39: La persona ideal In groups of five, describe the ideal roommate. When finished, share your description with the other groups.

➤ Nuestro/a compañero/a ideal es . . .

ACTIVIDAD 40: Autobiografía Write an autobiographical sketch. Use these questions as a guide.

Pay attention to accents and punctuation.

Párrafo *(Paragraph)* 1

1. ¿Cómo te llamas, de qué nacionalidad eres y cuántos años tienes?
2. ¿Dónde estás y por qué estás allí *(there)*?

Párrafo 2

1. ¿Tienes muchos o pocos amigos? ¿Cómo son?
2. Si son estudiantes, ¿qué estudian? ¿Estudian mucho o poco?
3. Si trabajan, ¿qué hacen? ¿Dónde trabajan? ¿Trabajan mucho o poco?

Do Workbook *Práctica comunicativa II* and the *Repaso* section.

Párrafo 3

1. ¿Qué te gusta hacer y con quién?
2. ¿Qué hacen Uds. los viernes y los sábados? ¿Adónde van?
3. ¿Estás contento/a cuando estás con tus amigos?

Vocabulario funcional

Las nacionalidades

See pages 64–65.

¿Cuál es el origen de tu/su familia?	*Where is your family from?*
¿De qué nacionalidad eres/es?	*What nationality are you?*

La descripción

Adjetivos con **ser: ¿Cómo es?**

aburrido/a	*boring*
alto/a	*tall*
antipático/a	*unpleasant, disagreeable*
bajo/a	*short (in height)*
bonito/a	*pretty*
bueno/a	*good*
corto/a	*short (in length)*
delgado/a	*thin*
estúpido/a	*stupid*
feo/a	*ugly*
flaco/a	*skinny*
gordo/a	*fat*
grande	*large, big*
guapo/a	*good-looking*
inteligente	*intelligent*
joven	*young*
largo/a	*long*
listo/a	*clever*
malo/a	*bad*
mayor	*old* (literally *older*)
moreno/a	*brunet/te; dark skinned*
nuevo/a	*new*
pequeño/a	*small*
rubio/a	*blond/e*
simpático/a	*nice*
tonto/a	*stupid*
viejo/a	*old*

Adjetivos con **estar: ¿Cómo está?**

aburrido/a	*bored*
borracho/a	*drunk*
cansado/a	*tired*
contento/a	*happy*
enamorado/a	*in love*
enfermo/a	*sick*
enojado/a	*angry, mad*
listo/a	*ready*
loco/a	*crazy*
preocupado/a	*worried*
solo/a	*alone*
triste	*sad*

Los adjetivos posesivos

See page 81.

Lugares

See page 66.

¿Adónde vas/va?	*Where are you going?*
¿Con quién vas/va?	*With whom are you going?*
¿Dónde estás/está?	*Where are you?*
estar en + *lugar*	*to be in/at* + place
el cine	*movie theater*
la escuela/el colegio	*school*
la iglesia	*church*
la librería	*bookstore*
la playa	*beach*
el supermercado	*supermarket*

Verbos

-ar

desear	*to want; to desire*
necesitar	*to need*
regresar	*to return*
tocar	*to play (an instrument); to touch*
usar	*to use*

-er

aprender	*to learn*
conocer	*to know (a place/thing)*
conocer a	*to know (a person)*
establecer	*to establish*
hacer	*to do; to make*
ofrecer	*to offer*
poner	*to put, place*
saber	*to know (facts, how to do something)*
traer	*to bring*
vender	*to sell*
ver	*to see (a thing)*
ver a	*to see (a person)*

-ir

producir	*to produce*
recibir	*to receive*
salir (con)	*to go out (with)*
salir de	*to leave (a place)*
traducir	*to translate*
vivir	*to live*

Palabras y expresiones útiles

la clase	*lesson; class*
con	*with*
demasiado	*too much*
después	*after*
la familia	*family*
me gustaría	*I would like*
muy	*very*
No te preocupes.	*Don't worry.*
No tengo idea.	*I don't have any idea.*
el origen	*origin*
otro/a	*other; another*
la película	*movie*
poco/pocos	*a little/few*
¿Por qué?	*Why?*
porque	*because*
si	*if*
siempre	*always*
el tío	*uncle*
todos los días	*every day*

TravelTur

For additional practice based on clips from the video, do the accompanying CD-ROM activities.

España de mis sueños / Madrid, España

Antes de ver

ACTIVIDAD 1: Predicción In this video segment, you will see Andrés arrive in Madrid, where he will be met by his aunt **(tía)** and uncle **(tío).** Before viewing the segment, take a guess at the answers to the following questions.

1. Los tíos de Andrés tienen más o menos . . .
   a. 20 años b. 45 años c. 65 años d. 80 años
2. "Miguelito" es un nombre para . . .
   a. un niño pequeño b. un adolescente c. un adulto
3. Después de salir del aeropuerto, Andrés y sus tíos van a ir a . . .
   a. casa b. un bar c. una cafetería d. un restaurante
4. Andrés va a filmar anuncios comerciales para TravelTur en . . .
   a. Madrid y Barcelona b. Madrid y Sevilla c. sólo en Madrid

Mientras ves

VER TODO
EL PROGRAMA

ACTIVIDAD 2: ¿Qué pasó? Before watching the video to confirm your predictions from Activity 1, read the following questions. Then, watch the video to find the answers.

1. En el carro: ¿Quién es Miguel? ¿Cuántos años tiene? ¿Cómo se llama su novia?
2. En el bar: ¿Qué va a hacer Andrés en España?

DESDE 9:06
HASTA 9:50

ACTIVIDAD 3: Descripción e imaginación View the description of Miguel and his girlfriend Magdalena again. As you view the segment, jot down everything you can about each of them.

Después de ver

ACTIVIDAD 4: Descripción In pairs, describe the people in the following photograph. Say who they are, what they look like, where they live, and any other information you may know about them.

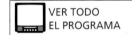

ACTIVIDAD 5: El significado In the video Andrés had a hard time understanding a few words used by his aunt and uncle. This is normal since he is not from Spain and, therefore, was unfamiliar with certain terms. Consequently, he had to ask what they meant. In pairs, try to remember what these terms mean and define them in Spanish: **COU, una caña.**

ACTIVIDAD 6: Más allá In pairs, take turns pretending one of you is a Chilean visiting the USA who does not understand a few terms. Ask an American to explain what the following items mean: a "convenience" store, coffee "to go," a "term" paper, a fraternity.

➤ A: ¿Qué quiere decir *convenience store*?
B: *Convenience store* es. . .

CAPÍTULO 4

▲ *Unos arqueólogos trabajan en las ruinas precolombinas de Honduras. ¿Sabes en qué países hay ruinas aztecas, mayas o incaicas?*

CHAPTER OBJECTIVES

- Describing what someone is doing
- Discussing daily routines
- Identifying parts of the body
- Talking about who and what you and others know and don't know
- Telling what the weather is like

Noticias de una amiga

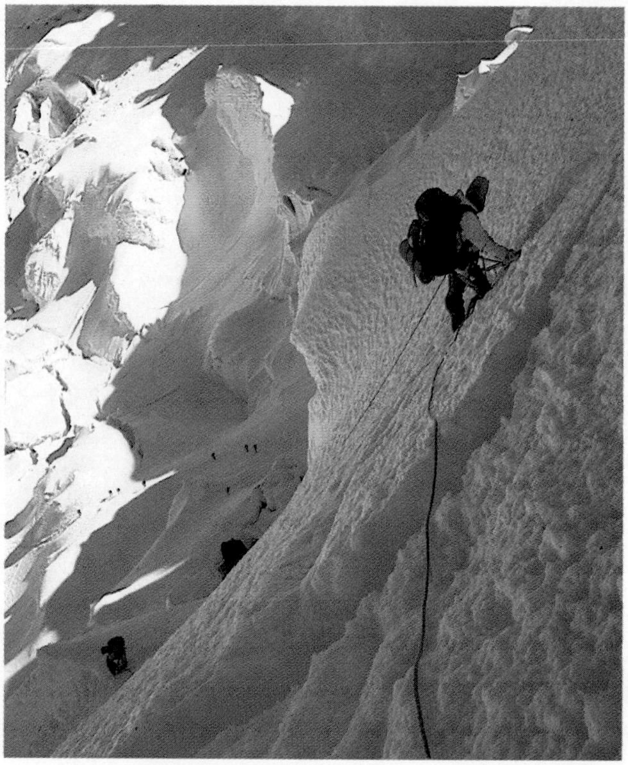

Un hombre hace andinismo en una montaña muy rocosa de los Andes peruanos. ¿Te gustaría hacer andinismo?

¡Qué + *adjective*!	How + *adjective*!
¡Qué inteligente!	How intelligent!
hay	there is/there are
deber + *infinitive*	ought to/should + *verb*
debes conocer	ought to/should know

José Manuel, un arqueólogo venezolano que está en Perú, recibe una carta de España de su amiga Marisel. José Manuel comenta con Rafael, otro arqueólogo venezolano.

ACTIVIDAD 1: Cierto o falso Lee las siguientes oraciones. Mientras escuchas la conversación, escribe **C** si la oración es cierta y **F** si la oración es falsa.

1. _F_ Rafael no conoce a Marisel.
2. _F_ Marisel es arqueóloga.
3. _C_ Marisel tiene una foto de José Manuel.
4. ____ José Manuel practica andinismo.

Being curious	RAFAEL	Hola, José Manuel. ¿A quién conoces en Madrid?
	JOSÉ MANUEL	¿Por qué?
	RAFAEL	Pues . . . Porque hay una carta de Madrid para ti.
Showing excitement	JOSÉ MANUEL	¡Ay qué bueno! Es de Marisel.
	RAFAEL	¿De quién?
Talking about who you know	JOSÉ MANUEL	De Marisel. Tú debes conocer a Marisel; es venezolana.
	RAFAEL	Ah, sí. Es una estudiante muy buena. Estudia geología, ¿no?
	JOSÉ MANUEL	Exacto.
	RAFAEL	Y . . . ¿Qué dice?[1]
	JOSÉ MANUEL	A ver . . . Pregunta mucho sobre el proyecto en Machu Picchu: qué hago en el trabajo, cómo son las ruinas incaicas, si hablo con los indígenas sobre su cultura. Tú sabes, preguntas.
	RAFAEL	¿Y qué más?
Reporting	JOSÉ MANUEL	Ah . . . Dice que tengo que afeitarme porque estoy feo con la barba que tengo.
Talking about what you know	RAFAEL	Es verdad que estás feo, pero ¿cómo sabe que tienes barba?
	JOSÉ MANUEL	Porque tiene una foto.
	RAFAEL	¡Ahh!
	JOSÉ MANUEL	También dice que estoy loco y que voy a tener un accidente.
	RAFAEL	¿Y por qué dice que vas a tener un accidente?
	JOSÉ MANUEL	Porque en la foto hago andinismo . . . subo una montaña totalmente vertical.
	RAFAEL	¡Qué inteligente es Marisel! Porque, en realidad, tú estás loco.

[1] *What does she say?*

ACTIVIDAD 2: La carta Después de escuchar la conversación otra vez, contesta estas preguntas.

1. ¿De dónde es y dónde está Marisel?
2. ¿Qué estudia Marisel?
3. ¿Por qué dice Marisel que José Manuel tiene que afeitarse?
4. ¿Por qué dice Marisel que José Manuel va a tener un accidente?
5. En tu opinión, ¿está loco José Manuel?
6. ¿Te gustaría hacer andinismo?

ACTIVIDAD 3: La habitación de tu compañero/a **Parte A:** En parejas *(pairs)*, hagan *(make)* una lista de un mínimo de diez cosas que generalmente tienen los estudiantes en su habitación.

Parte B: En parejas, averigüen *(find out)* cinco cosas que su compañero/a *(partner)* tiene en su habitación. Sigan *(follow)* el modelo.

➤ A: ¿Hay video en tu habitación?
B: Sí, hay. / No, no hay.

ACTIVIDAD 4: Los comentarios Caminas por la calle *(street)* y ves a diferentes personas. Haz un comentario *(Make a comment)* sobre ellas.

➤ Brooke Shields ⟶ "¡Qué bonita!"

Celine Dion, Ricki Lake, Michael Jordan, Matt Damon, David Letterman, Whoopi Goldberg, Danny DeVito

Lo esencial I

I. Las partes del cuerpo *(Parts of the Body)*

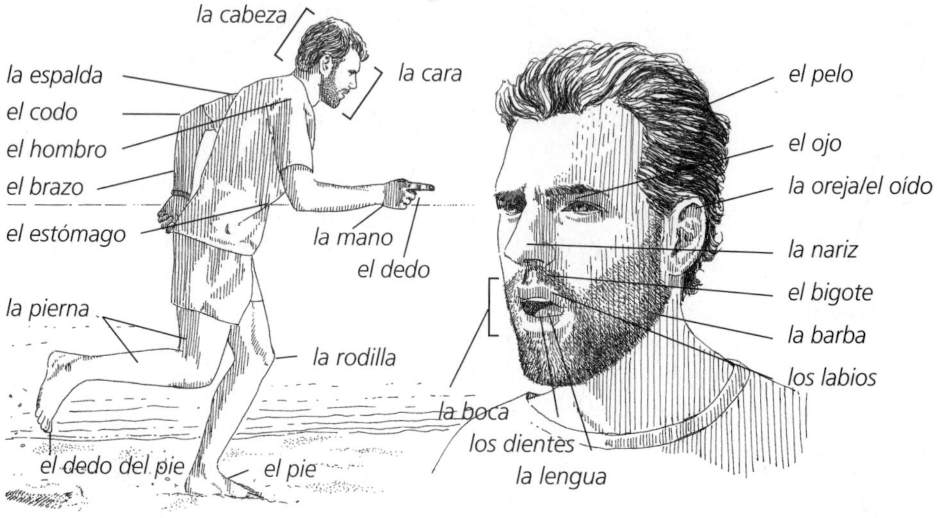

ACTIVIDAD 5: Asociaciones En grupos de tres, digan qué partes del cuerpo asocian Uds. con estas personas o productos.

No Nonsense	Kleenex
Vidal Sassoon	Venus de Milo
el príncipe Carlos de Inglaterra y Ross Perot	Crest
Visine	Reebok
Fidel Castro	Mick Jagger

ACTIVIDAD 6: Adivina quién es En parejas, "A" describe a una persona de la clase y "B" tiene que adivinar *(guess)* quién es. Después cambien de papel *(switch roles)*.

➤ A: Esta persona tiene piernas largas, ojos grandes, pelo corto y rubio y tiene barba.
B: Es . . .

¿LO SABÍAN?

Cada idioma *(language)* tiene sus dichos *(sayings)* y proverbios, y el español tiene muchos. Algunos están relacionados con las partes del cuerpo.

¡Ojo!	*Watch out!*
Ojo por ojo, diente por diente.	*An eye for an eye and a tooth for a tooth.*
Tengo la palabra en la punta de la lengua.	*I have the word on the tip of my tongue.*
Habla hasta por los codos.	*He/She runs off at the mouth.*

ACTIVIDAD 7: Los dichos Lee las situaciones que están a continuación y decide qué dicho relacionas con cada situación.

1. Tienes un amigo que habla y habla y habla.
2. Estás en un carro con un amigo y ves a un policía.
3. Un criminal tiene que pagar 20.000 pesos y pasar tres años en la prisión.
4. Sabes qué palabra debes usar, pero no puedes recordarla *(can't remember it)* en este momento.

II. Acciones reflexivas

1. lavarse las manos
2. afeitarse
3. cepillarse los dientes
4. cepillarse el pelo
5. ducharse
6. peinarse
7. quitarse la ropa
8. ponerse la ropa

As you do these activities every day, practice Spanish by saying what you are doing: **Me lavo las manos con jabón.** etc. Remember: idle time = study time.

Otras acciones reflexivas

bañarse to bathe
levantarse to get up
maquillarse to put on make-up

NOTE: The verb **desayunar** *(to have breakfast)* is reflexive in some countries: **desayunarse (con).** The reflexive or nonreflexive can be used without affecting meaning.

ACTIVIDAD 8: ¿En qué orden? En parejas, digan *(tell)* en qué orden *(order)* hacen estas acciones.

peinarse, bañarse, afeitarse, levantarse, desayunar, cepillarse los dientes, ponerse la ropa

ACTIVIDAD 9: Relaciones Relaciona cada *(each)* acción reflexiva con una o más partes correspondientes del cuerpo.

afeitarse	los ojos
lavarse	las manos
peinarse	la barba
maquillarse	el pelo
cepillarse	los dientes
	las piernas
	la cara
	la boca

Hacia la comunicación I

I. The Personal *a*

Remember to use **el, la, los,** or **las** with titles such as **Sra., Dr.,** etc. when speaking about the person.

When a person receives the action of the verb directly (when he/she acts as a direct object), you need to use the personal **a.**

Maricarmen mira **a** Juan.
Maricarmen mira **al** Sr. López.
Maricarmen mira **a** la profesora.
BUT: Maricarmen mira la televisión.*

*NOTE: **Televisión** is not a person, therefore it does not take the personal **a.** **Tener** does not normally take the personal **a: Tengo un amigo.**

II. Describing Daily Routines: Reflexive Verbs

A reflexive verb is used when the subject performs and receives the action of the verb. Study the difference between these three drawings:

Ella lava el carro.
(She performs the action.)

Él se ducha.
(He performs and receives the action.)

Él se lava las manos.
(He performs and receives the action.)

As a general rule, use definite articles with parts of the body: *He washes his hands* = **Él se lava las manos.**

1. In order to use reflexive verbs, you need to know the reflexive pronouns.

levantarse *(to get up)*	
(yo) me levanto	**(nosotros/as) nos** levant**amos**
(tú) te levant**as**	**(vosotros/as) os** levant**áis**
(Ud., él, ella) se levant**a**	**(Uds., ellos, ellas) se** levant**an**

Me levant**o** temprano.	*I get up early.*
Él **se** cepill**a** los dientes después de comer.	*He brushes his teeth after he eats.*
Nos duch**amos** por la mañana.	*We take a shower in the morning.*

2. The reflexive pronoun precedes a simple conjugated verb form.

Todos los días **me levanto** temprano. *I get up early every day.*

3. When there is a conjugated verb + *infinitive*, the reflexive pronoun either precedes the conjugated verb or follows attached to the infinitive.

Mañana **me voy** a levantar tarde.
Mañana voy a **levantarme** tarde. } *Tomorrow, I'm going to get up late.*

III. *Saber* and *conocer*

Both **saber** and **conocer** mean *to know*, but they are used to express very different kinds of knowledge in Spanish.

A. *Saber*

1. saber + *infinitive* = to know how to do something

Claudia **sabe** tocar el saxofón.	*Claudia knows how to play the saxophone.*
Juan Carlos **sabe** esquiar.	*Juan Carlos knows how to ski.*

2. saber + *factual information* = to know something (by heart)

Teresa **sabe** el número de teléfono de Vicente.	*Teresa knows Vicente's telephone number.*
¿**Sabes** dónde está La Casa del Libro?	*Do you know where the "Casa del Libro" is?*
¿**Sabes** quién es Cameron Díaz?	*Do you know who Cameron Díaz is?*

Do Workbook *Práctica mecánica I* and corresponding CSM activities.

B. *Conocer*

1. conocer a + *person* = to know a person

Claudia **conoce al** tío de Teresa.	*Claudia knows Teresa's uncle.*
¿**Conoces a** Marisel?	*Do you know Marisel?*

2. conocer + *place/thing* = to be familiar with places and things

Teresa no **conoce** Buenos Aires.	*Teresa doesn't know Buenos Aires.*
¿**Conoces** el libro *Cien años de soledad* de Gabriel García Márquez?	*Do you know the book* One Hundred Years of Solitude *by Gabriel García Márquez?*

Gabriel García Márquez, Colombian, Nobel Prize for Literature in 1982.

ACTIVIDAD 10: El amor de Juan Carlos Completa esta historia *(story)* sobre Claudia y Juan Carlos con **a, al, a la, a los** o **a las** sólo *(only)* si es necesario.

__A__ Juan Carlos le gusta mucho Claudia y desea salir con ella, pero no sabe si ella va __a__ salir con él. Está nervioso y llama __a__ Teresa porque ella conoce bien __a__ Claudia. Teresa sabe cómo es Claudia y le explica que __a__ Claudia le gusta ir __al__ cine, que los sábados por la noche baila _____ rock con sus amigos en una discoteca y que toca el saxofón y por eso va __a los__ bares donde tocan _____ jazz. También dice que ahora Claudia está visitando __a los__ amigos de sus padres que viven en Ávila y que regresa mañana. Entonces Juan Carlos decide llamar __a__ Claudia mañana por la tarde.

ACTIVIDAD 11: La familia Rosado Di qué hace por la mañana la familia Rosado un día típico.

ACTIVIDAD 12: ¿Qué vas a hacer? Di qué vas a hacer con estas cosas.

1. un peine
2. una bañera
3. un cepillo de dientes
4. una ducha
5. café y yogur
6. un jabón

ACTIVIDAD 13: Nuestra rutina En parejas, digan qué tienen que hacer Uds. un día típico por la mañana.

➤ Nosotros tenemos que levantarnos . . . / Nosotros nos tenemos que levantar . . .

ACTIVIDAD 14: La rutina Pregúntales a tus compañeros si hacen las siguientes actividades. Tienes que encontrar *(find)* dos personas para cada acción.

1. desayunar todos los días en una cafetería
2. levantarse temprano los domingos
3. lavarse el pelo por la noche
4. hacer gimnasia un mínimo de tres días por semana
5. correr todos los días
6. ir al cine todas las semanas
7. ducharse dos veces *(times)* por día
8. estudiar los sábados
9. cepillarse los dientes tres veces al día

ACTIVIDAD 15: ¿Sabes esquiar? En parejas, túrnense para hacerse preguntas y ver cuántas de las siguientes cosas saben hacer.

➤ A: ¿Sabes esquiar?
B: Sí, sé esquiar. / No, no sé esquiar.

1. bailar tango
2. tocar la guitarra
3. hablar francés
4. nadar
5. usar computadora
6. leer música

ACTIVIDAD 16: Sí, lo sé de memoria En parejas, túrnense para averiguar cuánto saben.

➤ cuántos años tiene tu profesor/a
¿Sabes cuántos años tiene tu profesor/a?
↙ ↘
Sí, lo sé. Tiene . . . años. No, no sé.

1. cómo se llama el presidente o la presidenta de la universidad
2. quién es el jefe o la jefa del departamento de español
3. dónde está la oficina de tu profesor/a
4. cuándo es el próximo examen de español
5. de dónde es tu profesor/a
6. cuál es el número de teléfono de tu profesor/a

ACTIVIDAD 17: ¿Conoces San Juan? En parejas, túrnense para preguntar si su compañero/a conoce diferentes ciudades. Sigan el modelo.

➤ A: ¿Conoces San Juan?

B: Sí.	B: No.
A: ¿Cómo es?	A: ¿Te gustaría conocer San Juan?
B: Es muy bonita.	B: Sí, me gustaría. / No, no me gustaría.

1. Barcelona
2. Caracas
3. Hong Kong
4. París
5. Nueva York
6. Tokio
7. Jerusalén
8. Detroit
9. Quito

► *Gente paseando en Caracas, Venezuela.*

ACTIVIDAD 18: ¿Conoces a . . . ? Parte A: Escribe una lista de cinco nombres de personas que conoces personalmente en la universidad. Incluye a profesores, decanos *(deans)*, personas que trabajan en la cafetería, atletas o estudiantes.

➤ Conozco a . . .

Parte B: En parejas, averigua si tu compañero/a sabe quiénes son las personas de tu lista. Sigue el modelo.

➤ A: ¿Sabes quién es [Peter Smith]?

B: Sí, es profesor de historia, ¿no?	B: No, no sé. ¿Quién es?
A: Sí.	A: Es mi profesor de historia y es excelente.

ACTIVIDAD 19: Una persona que . . . Busca *(Look for)* a las personas de tu clase que saben o conocen:

Do Workbook *Práctica comunicativa I.*

1. bailar salsa
2. San Francisco
3. la película E.T.
4. tocar el piano
5. el número de teléfono de la policía
6. cantar "La bamba"
7. Nueva York
8. una persona importante

Nuevos horizontes

LECTURA

Estrategia: *Predicting*

Predicting helps you start to think about the theme of a selection before you read it. You can predict or guess what a selection will be about by looking at the title, photos or illustrations, and subtitles, as well as by recalling what you know about the topic itself before you actually read the text.

In the following exercises, you will read some information about Peru. Many words or expressions will be used that you may not understand, but by predicting, guessing meaning from context, and using your knowledge of cognates and the world, you will comprehend a great deal of information.

ACTIVIDAD 20: ¿Qué sabes de Perú? Antes de *(before)* leer sobre Perú, contesta las siguientes preguntas sobre Perú. Si es necesario, mira el mapa de Suramérica al final del libro.

The purpose of this activity is to get you to think about the topic. Do it prior to reading.

1. ¿Dónde está Perú?
2. ¿Cuál es la capital de ese país?
3. ¿Qué países limitan con *(border)* Perú?
4. ¿Qué es Machu Picchu?
5. ¿Quiénes son los incas?

ACTIVIDAD 21: Lee y adivina Marisel recibe este libro con una nota de José Manuel. Contesta las preguntas que siguen.

1. Lee la nota de José Manuel. ¿Qué tipo de libro es? ¿Cuál es la parte que tiene que leer Marisel?
2. Lee el título de la siguiente página de la guía *(guidebook)*. Contesta esta pregunta: ¿de qué habla la sección?
3. Ahora lee los cuatro subtítulos. ¿De qué habla cada sección?

Querida Marisel:
Aquí tienes una guía turística de Perú que incluye Machu Picchu, la ciudad misteriosa de los incas. ¿Te gustaría visitarme? Los Andes son increíbles y a ti te gustaría mucho Lima y ¡por supuesto, Cuzco y Machu Picchu!
DE PERÚ

Machu Picchu: El lugar misterioso de los incas

▲ *Machu Picchu, la ciudad sagrada de los incas del Perú.*

Historia de Machu Picchu

En los Andes, a unos 2.400 metros está la ciudad sagrada[1] de los incas, Machu Picchu, que Hiram Bingham, arqueólogo norteamericano de la Universidad de Yale, descubrió en 1911. Según una versión de la historia de Machu Picchu, los incas construyeron la ciudad en una montaña para defender a las Mujeres Sagradas, esposas de su dios[2] el Sol. En este refugio de vírgenes, Bingham y otros arqueólogos descubrieron diez esqueletos de mujer por cada esqueleto de hombre.

Arquitectura

▲ *Una indígena peruana con su bebé.*

Machu Picchu es la construcción más perfecta de los incas. Las ruinas de la ciudad sagrada tienen bloques enormes de granito blanco colocados perfectamente y sin[3] cemento. Los arqueólogos no comprenden cómo los incas construyeron esta ciudad tan perfecta sin tener la rueda,[4] el hierro[5] ni el cemento.

Cuzco, ciudad imperial

Para visitar Machu Picchu muchos turistas pasan por Cuzco, la capital del Imperio Incaico. Cuzco fue construida por Manco Cápac, el primer emperador de los incas. Todavía hoy en día, muchos de los habitantes de Cuzco son descendientes de los incas; mantienen sus costumbres y hablan quechua, la lengua incaica.

Cómo llegar a Machu Picchu

Cuzco es la ciudad más cercana a Machu Picchu. Por eso, la mayoría de los turistas visita la ciudad primero y después va a Machu Picchu. Para ir de Cuzco a Machu Picchu hay tres opciones:

[1] *sacred*
[2] *god*
[3] *without*
[4] *wheel*
[5] *iron*

• Salir en tren y hacer un viaje de unos 120 kilómetros y después tomar un autobús a Machu Picchu. El viaje dura más o menos cuatro horas. Esta opción es la más usada por los turistas.

• Hacer trekking por la ruta de "Caminos del Inca". Si uno camina por esta ruta, tarda cuatro días en llegar.

La experiencia es increíble, pero sólo es para personas a quienes les gustan las aventuras.

• Ir en helicóptero y después en autobús. El viaje es de un poco más de una hora y es posible ver vistas magníficas, pero no es posible ver Machu Picchu desde el helicóptero.

ACTIVIDAD 22: ¿Cierto o falso? **Parte A:** Después de leer sobre Machu Picchu, escribe **C** si la información es cierta y **F** si es falsa.

1. _____ Machu Picchu es la capital de los incas.
2. _____ Machu Picchu está en Lima.
3. _____ Un arqueólogo de los Estados Unidos descubrió Machu Picchu en 1911.
4. _____ Las construcciones de la ciudad tienen cemento.
5. _____ La lengua de los incas es el quechua.
6. _____ Las personas de Cuzco no hablan quechua.
7. _____ Para visitar Machu Picchu, muchos turistas van a Cuzco primero.

Parte B: Contesta estas preguntas en español.

1. Hay tres maneras de viajar de Cuzco a Machu Picchu. ¿Cuáles son?
2. ¿Cuál de las tres formas te gustaría utilizar y por qué?

You will read excerpts from Spanish-language Internet pages about Machu Picchu and Peru at the end of Ch. 4 in your workbook.

ESCRITURA Estrategia: *Brainstorming and Outlining*

Brainstorming and outlining can help you better organize and plan your writing. The first step is to *brainstorm* ideas; you should jot down everything that comes to mind. The next step is usually *outlining*. An outline is an organized list of what you plan to write. When you brainstorm and outline, it is important to write in Spanish so that you don't try to say things that you have not studied yet. An outline for the first two parts of the guidebook selection on Machu Picchu may be as follows:

Historia de Machu Picchu
  2.400 metros; Bingham; 1911; Mujeres Sagradas

Arquitectura de Machu Picchu
  granito blanco; sin cemento; sin la rueda; sin hierro

ACTIVIDAD 23: Un día típico **Parte A:** Brainstorm a list of things you do in a typical day. Remember to write in Spanish.

Parte B: Create an outline in Spanish, using the following headings. Add specific details under each one using items you brainstormed in Part A and any other details you want to add.

1. descripción de quién eres
2. qué haces un día típico
3. descripción de tus amigos
4. qué haces en tu tiempo libre

Parte C: Write a four-paragraph composition based on your outline.

When several items are listed in Spanish, there is no comma before y: **Estudio historia, sociología y español.**

Parte D: Double check to see if:

- you use words like **por eso, y, también,** and **pero** to connect ideas and enrich the interest level. If you don't, add them now.
- all verbs agree with their subjects, all adjectives agree with the nouns they modify, all articles (**el/la, un/una,** etc.) agree with the nouns they modify. If they don't, fix them now.

Parte E: Rewrite your description, staple it to your rough draft and the brainstorming and outline created in Parts A and B, and hand them in to your instructor.

Lo esencial II

I. Los meses, las estaciones y el tiempo *(Months, Seasons, and the Weather)*

Un año en la provincia de Mendoza, Argentina

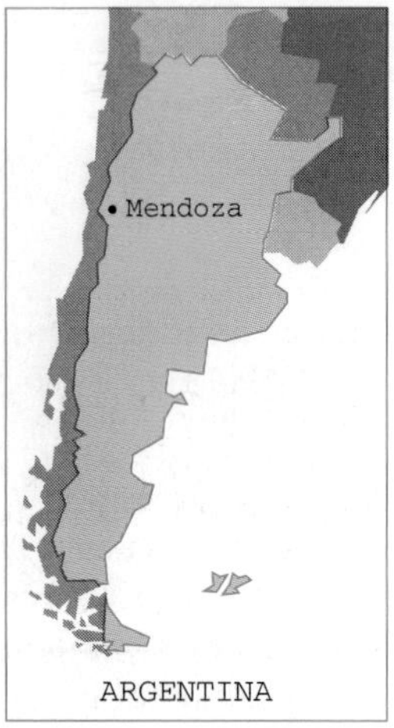

El verano

En diciembre hace sol.

En enero hace calor.

En febrero llueve

El otoño

Treinta días trae noviembre, con abril, junio y septiembre; de veintiocho sólo hay uno y los demás de treinta y uno.

En marzo está nublado.

En abril hace fresco.

En mayo hace mal tiempo.

El invierno

En junio hace frío.

En julio nieva.

En agosto hace viento.

La primavera

En septiembre hace fresco.

En octubre hace buen tiempo.

En noviembre hace sol.

Expresiones relacionadas con el tiempo

centígrados centigrade/Celsius
Está a ____ grados (bajo cero). It's ____ degrees (below zero).
¿Qué tiempo hace? What's the weather like?
la temperatura temperature

¿LO SABÍAN?

En los países que están al sur de la línea ecuatorial *(equator)*, las estaciones no son en los mismos meses que en los Estados Unidos. Por ejemplo, cuando es invierno en este país, es verano en Uruguay; por eso, en el hemisferio sur hace calor en la Navidad *(Christmas)*. Hay clases desde el otoño, en marzo, hasta noviembre o diciembre, el final de la primavera.

II. Las fechas *(Dates)*

—**¿Cuál es la fecha?** What is the date?
—**Hoy es el 20 de octubre.*** Today is October 20th.

—**¿Cuándo es la fiesta?** When is the party?
—**Es el 21 de marzo.*** It's on March 21st.

*NOTA: El **primero** de enero, pero **el dos/tres/cuatro** . . . de enero.

ACTIVIDAD 24: El pronóstico Trabajas para la radio. Lee el pronóstico del tiempo para Santiago, Chile, y luego prepara el pronóstico para Bariloche, Argentina.

To give a weather forecast, use the present tense to discuss present conditions and use **ir a** + *infinitive* to forecast future weather conditions.

➤ Hoy en Santiago, hace calor y hace sol. La temperatura está a 27 grados. El martes la temperatura máxima va a estar a 28 grados y la mínima a 20. ¡28 grados! Va a hacer calor y no va a hacer viento. El miércoles va a llover y va a hacer fresco.

Bariloche		
hoy	mañana	pasado mañana

Viento 18 Km/h Precipitaciones — Temperatura máx. 14° Temperatura mín. 3°	Viento 5 Km/h Precipitaciones — Temperatura máx. 10° Temperatura mín. −2°	Viento 20 Km/h Precipitaciones 70% Temperatura máx. 4° Temperatura mín. −5°

ACTIVIDAD 25: El informe En grupos de cuatro, escriban un informe *(report)* sobre el tiempo que va a hacer mañana en diferentes partes del país. Usen expresiones como **va a nevar/llover/hacer sol/estar nublado/**etc. Al terminar, léanle el informe a la clase, siguiendo el modelo de la Actividad 24.

Estudiante A: Honolulú
Estudiante B: Nueva York
Estudiante C: Denver
Estudiante D: Seattle

ACTIVIDAD 26: Las celebraciones En parejas, pregúntenle a su compañero/a en qué mes o fecha específica son estas celebraciones.

For practice, say dates that are important to your family: birthdays, anniversaries, etc.

➤ A: ¿Cuándo es el Día de San José?
B: Es el 19 de marzo.

1. el Día de San Valentín
2. el Día de la Independencia de los Estados Unidos
3. el Día de San Patricio
4. Navidad
5. Año Nuevo
6. las próximas *(next)* vacaciones de la universidad
7. su cumpleaños

In Spanish, **vacaciones** is almost always plural.

ACTIVIDAD 27: Feliz cumpleaños **Parte A:** Averigua el cumpleaños de un mínimo de diez compañeros y apunta *(jot down)* la fecha de cada uno.

Parte B: Contesta estas preguntas sobre tus compañeros.

1. ¿Quién cumple años en la primavera? ¿Y en el otoño?
2. ¿Quién cumple años en octubre? ¿Y en agosto?
3. ¿Quién de la clase va a celebrar su cumpleaños pronto?
4. ¿Quién celebra su cumpleaños cuando hace frío? ¿Y cuando hace calor?
5. ¿Quién es del signo del zodíaco Virgo? ¿Y Acuario?

El memo

▲ *Libros a la venta en una librería en Costa Rica. ¿Conoces algunos de los escritores o títulos?*

¿podrías + ***infinitive*****?**	could you . . . ?
¿Podrías ir tú?	Could you go?
Un millón de gracias.	Thanks a lot.

Teresa va a la agencia de viajes de su tío para trabajar y recibe un memo.

ACTIVIDAD 28: Lee y contesta Mira la primera parte del siguiente memo y contesta estas preguntas.

1. ¿Quién escribe el memo?
2. ¿Quién recibe el memo?
3. ¿Cuál es el tema del memo?
4. ¿Cuál es la fecha del memo?

A: Teresa
DE: tu tío Alejandro
FECHA: 20/VI/00
EN RELACIÓN A: información sobre un viaje a Argentina

Tengo que ir a la librería La Casa del Libro, pero no tengo tiempo porque me estoy preparando para un viaje muy importante. ¿Podrías ir tú? ¿Sabes dónde está? En la Gran Vía. Tomas el metro o el autobús número dos. Tienes que llevar este paquete de información sobre vacaciones. El señor se llama Federico de Rodrigo y desea ir a esquiar con su familia a Mendoza, Argentina, el mes de agosto. Tú conoces al Sr. de Rodrigo, ¿no? Es bajo, rubio, un poco gordo y tiene la nariz larga. Trabaja en el segundo piso[1] en la sección de arte; en ese piso también venden mapas. ¿Podrías comprar una guía urbana de Madrid de este año? Un millón de gracias.

Which is written as a Roman numeral, the day or the month?

[1] *floor*

ACTIVIDAD 29: Preguntas Después de leer el memo, contesta estas preguntas.

1. Teresa tiene que hacer dos cosas; ¿cuáles son?
2. ¿Dónde está la librería y cómo se llama?
3. Teresa tiene dos opciones para ir a la librería; ¿cuáles son?
4. ¿Qué venden en el segundo piso de la librería?
5. ¿Adónde desea ir el Sr. de Rodrigo, con quiénes y por qué?

ACTIVIDAD 30: Los favores En parejas, pídanle *(ask)* favores a su compañero/a, usando la expresión **podrías** + *infinitivo.*

➤ A: ¿Podrías comprar champú?
B: Con mucho gusto. /
¡Por supuesto! /
No puedo, tengo que estudiar.

Hacia la comunicación II

I. Discussing Actions in Progress: *Estar* + *-ando / -iendo*

While watching TV, think about the actions taking place: **Están cantando,** etc.

To discuss actions in progress, you can use the present indicative, as you saw in Chapter 3, or the present progressive. In Spanish, the present progressive is used for actions that are taking place at the moment of speaking.

—¿Qué haces?	*What are you doing?*
—**Estoy** trabaj**ando.**	*I'm working.*
—¿**Está** com**iendo** ella?	*Is she eating?*
—No, **está** escrib**iendo** una carta.	*No, she's writing a letter.*

1. To form this construction, use a form of the verb **estar** and the present participle *(the form ending in -ing)* of another verb. The present participle is formed by adding **-ando** to the stems of **-ar** verbs and **-iendo** to the stems of **-er** and **-ir** verbs.

estoy estás está estamos estáis están	+	trabaj**ando** com**iendo** escrib**iendo**

NOTE: -er and **-ir** verbs whose stems end in a vowel substitute a **-y-** for the **-i-**: **leer ⟶ le*y*endo.**

2. When you use a reflexive verb in the present progressive, the reflexive pronoun either precedes the conjugated form of **estar** or follows attached to the present participle.

Review accent rules. See Appendix C.

Ella **se** está bañando.
Ella está bañándo**se.*** } *She is bathing.*

*NOTE: When the pronoun is attached to the present participle, an accent is needed on the stressed vowel of the verb.

II. Pointing Out: Demonstrative Adjectives and Pronouns

A. Demonstrative Adjectives

Demonstratives are frequently used with phrases containing **aquí** *(here)*, **allí** *(there)*, and **allá** *(there / way over there)*.

Este has a *t* and you can touch it, **ese** is over there, and **aquel** is so far away you have to *yell*.

Estos discos compactos (que están aquí) son de jazz,
esos discos compactos (que están allí) son de música clásica y
aquellas cintas (que están allá) son de rock.

In English there are two demonstrative adjectives: *this* and *that*. In Spanish there are three: **este** *(this)*, which indicates something near the speaker; **ese** *(that)*, which indicates something farther from the speaker; and **aquel** *(that)*, which usually indicates something far away from the speaker and the listener. Many native speakers make no distinction between **ese** and **aquel;** they use them interchangeably. Since **este, ese,** and **aquel** are adjectives, they must agree with the noun they modify in gender and in number.

este libro	estos libros
esta grabadora	estas grabadoras
ese, esa	esos, esas
aquel, aquella	aquellos, aquellas

B. Demonstrative Pronouns

1. To avoid repetition of a noun with a demonstrative adjective, use a demonstrative pronoun. The pronoun forms are the same as demonstrative adjectives (**esta, ese, aquellas,** etc.), but may have a written accent placed over the stressed vowel: **éste, ésas, aquél,** etc. These accents are optional.

Este disco compacto es bueno, pero **ése** que está allí es fantástico.	*This CD is good, but that (other) one over there is fantastic.*

2. Esto, eso, and **aquello** are neuter demonstrative pronouns that refer to abstract concepts; they do not have accents.

—Voy a estudiar otorrinolaringología.	*I'm going to study otolaryngology.*
—¿Otorrinolaringología? ¿Qué es **eso**?	*Otolaryngology? What's that?*

Internet Do Workbook *Práctica mecánica II,* CSM, Web, and lab activities.

ACTIVIDAD 31: ¿Está Diana? En parejas, "A" llama por teléfono para hablar con una persona, pero la persona está ocupada; "B" dice qué está haciendo esa persona. Después, cambien de papel.

➤ B: ¿Aló?
A: Buenos días. ¿Está Diana?
B: Sí, está, pero está duchándose.
A: Ah, muchas gracias, adiós. / Ah, entonces llamo más tarde.

ACTIVIDAD 32: Imagina En parejas, cada persona selecciona tres dibujos y usa la imaginación para explicarle a su compañero/a quiénes son las personas, qué están haciendo y dónde están.

➤ Son mis amigos Mike y Eric. Mike es de Miami y Eric es de Chicago. Ellos están esquiando en Vail. Mike esquía muy bien. Eric está aprendiendo y le gusta mucho esquiar.

ACTIVIDAD 33: ¿Este disco o ése? Completa esta conversación entre dos vendedores de una tienda de música en Puerto Rico.

BRUNO ¿De quién es el disco compacto que tienes en la mano?

PACO ____________________ disco compacto es de Juan Luis Guerra. Es nuevo.

BRUNO Me gusta Juan Luis Guerra. Paco, ¿sabes cuánto cuestan ____________________ cintas de Luis Miguel que están allá?

PACO ____________________ cuestan cinco dólares con noventa y cinco centavos porque son viejas y ya no son muy populares.

BRUNO ¿Y ____________________ discos compactos que veo allí, de música clásica?

PACO ¿Cuáles? ¿____________________? ¿Aquí?

BRUNO No, ____________________ de Plácido Domingo.

PACO Ah, Plácido Domingo. No sé. Un momento. Tengo que mirar uno . . . Sí . . . aquí está . . . ____________________ cuestan once dólares.

ACTIVIDAD 34: ¿Éste, ése o aquél? En parejas, "A" cubre *(covers)* la información de B y "B" cubre la información de A. Uds. están en una fiesta y conocen a muchas personas, pero no a todas. Pregúntale a tu compañero/a si conoce a las personas que tú no conoces. Usa oraciones como, **¿Conoces a ese señor alto que está bailando?**

Remember to use the personal **a** with **conocer** when followed by a person.

A

1. Ramón Paredes, hombre de negocios, el novio de Carmen
3. Carmen Barrios, estudiante universitaria, estudia biología
4. Miguel Jiménez, médico, 31 años, no tiene novia
6. Germán Mostaza, periodista, trabaja para *El Diario*, 27 años

Do Workbook *Práctica comunicativa II.*

B

2. Ramona Carvajal, dentista, argentina, amiga de Laura
5. Laura Salinas, economista, trabaja en el Banco Hispanoamericano
7. José Peña, geólogo, el novio de Begoña
8. Begoña Rodríguez, programadora de computadoras

Vocabulario funcional

Las partes del cuerpo

Ver página 90.

Verbos reflexivos

Ver página 91.

Adjetivos y pronombres demostrativos

Ver página 105.

El tiempo

centígrados	*centigrade/Celsius*
Está a ____ grados (bajo cero).	*It's ____ degrees (below zero).*
está nublado	*it's cloudy*
hace buen/mal tiempo	*it's nice/bad out*
hace calor/frío	*it's hot/cold*
hace fresco	*it's chilly*
hace sol	*it's sunny*
hace viento	*it's windy*
llover/llueve	*to rain/it's raining*
nevar/nieva	*to snow/it's snowing*
¿Qué tiempo hace?	*What's the weather like?*
la temperatura	*temperature*

Los meses

Ver páginas 100–101.

Las estaciones

el invierno	*winter*
el otoño	*fall*
la primavera	*spring*
el verano	*summer*

Expresiones de tiempo y fechas

el año	*year*
el cumpleaños	*birthday*
la fecha	*date*
el mes	*month*

Palabras y expresiones útiles

allá	*over there*
allí	*there*
aquí	*here*
la carta	*letter*
cumplir años	*to have a birthday*
deber + *infinitive*	*ought to/should* + verb
la guía	*guidebook*
hay	*there is/there are*
Un millón de gracias.	*Thanks a lot.*
ocupado/a	*busy*
¿podrías + *infinitive?*	*could you . . . ?*
¡Qué + *adjective!*	*How* + adjective!
subir	*to go up, climb*
temprano	*early*
las vacaciones	*vacation*

CAPÍTULO 5

▲ *Un cine en Buenos Aires, Argentina. ¿Qué películas dan? ¿Sabes cómo se llaman en inglés?*

CHAPTER OBJECTIVES

- Expressing feelings
- Telling time
- Discussing clothing
- Indicating purpose, destination, and duration
- Specifying the location of people, things, and events
- Discussing present and future events

Esta noche no estudiamos

▲ *Un cine en Morelia, México. En tu ciudad, ¿hay muchas películas de otros países? ¿Son dobladas o con subtítulos?*

¡Me fascina/n!	I love it/them.
se + *third person singular of verb*	they/people + *verb*
se dice que . . .	they/people say that . . .
¡No me diga/s!	No kidding!

Juan Carlos y Claudia están en una cafetería haciendo planes para esta noche.

ACTIVIDAD 1: Marca las películas Mientras escuchas la conversación, marca sólo los títulos de las películas que mencionan Juan Carlos y Claudia. ¡Ojo! Algunos no son películas.

_____ Vértigo	_____ Matador
_____ Groucho	_____ Almodóvar
_____ Casablanca	_____ Psicosis

Inviting

JUAN CARLOS	Bueno, entonces ¿qué te gustaría hacer?
CLAUDIA	Pues . . . No sé.
JUAN CARLOS	¿Te gusta el jazz?
CLAUDIA	¡Huy! Me fascina, pero esta noche no.
JUAN CARLOS	¿Y entonces? ¿Prefieres ir al cine?
CLAUDIA	Sí, me gustaría ver una película vieja.

JUAN CARLOS	Bueno, puedo mirar en un periódico. ¡Camarero! ¿Tiene por casualidad un periódico de hoy?
CAMARERO	¿Qué sección quiere?
JUAN CARLOS	La sección de espectáculos.
CAMARERO	Es posible. Un momento . . . Sí. Aquí está.
JUAN CARLOS	Gracias, y por favor, otra cerveza que tengo sed . . . Vamos a ver . . . En el Alphaville podemos ver *Vértigo* de Hitchcock.
CLAUDIA	Se dice que *Vértigo* es una película muy buena, pero . . . no sé . . . ¿qué más hay?
JUAN CARLOS	*Matador* está en el Cinestudio Groucho.
CLAUDIA	¡Ay! Tiene mucha violencia. Me gusta el director, Pedro Almodóvar, pero esta noche no.
JUAN CARLOS	También está *Casablanca*.
CLAUDIA	¡No me digas! ¡*Casablanca*! ¡Qué bueno! Vamos a ésa.
JUAN CARLOS	¿Te gusta Humphrey Bogart?
CLAUDIA	Sí, y me fascina Ingrid Bergman.
JUAN CARLOS	Bueno. La película empieza a las 9:35 en el Cine Luna.
CLAUDIA	¡Huy! Y son las 8:30. Voy a llamar a Vicente y a Teresa para salir a comer después. Ellos también van al cine esta noche.
JUAN CARLOS	O.K. Podemos ir a un restaurante a comer comida china.
CLAUDIA	¡Perfecto!

Offering an option (margin note)

Discussing future time (margin note)
Telling time (margin note)

ACTIVIDAD 2: Preguntas Después de escuchar la conversación otra vez *(again)*, contesta estas preguntas.

1. ¿Qué van a hacer esta noche Juan Carlos y Claudia?
2. ¿Dónde buscan información?
3. ¿Qué película van a ver? *la película Casablanca*
4. ¿Conoces esa película? ¿Qué tipo de película es, violenta o romántica? ¿Es un drama o una comedia?
5. ¿Qué van a hacer Juan Carlos y Claudia después del cine? *Van a comer en restaurante*

ACTIVIDAD 3: Una entrevista **Parte A:** Clasifica *(Rate)* los siguientes tipos de películas con esta escala de uno a cinco.

1 no me gustan nada
2 no me gustan
3 me gustan
4 me gustan mucho
5 me fascinan

3 románticas *4*	_2_ documentales	_3_ de Disney *3*			
3 de terror	_5_ cómicas *5*	_4_ de suspenso			
3 de ciencia ficción *3*	_3_ dramáticas	_3_ de violencia			

Parte B: Ahora, en parejas, entrevisten a su compañero/a para ver qué tipo de películas le gusta y cuáles son sus películas, actores, actrices y directores favoritos.

➤ A: ¿Te gustan las películas de terror?
 B: No, no me gustan nada.
 A: . . .

ACTIVIDAD 4: Información En parejas, "A" es una persona nueva en esta ciudad y "B" vive aquí. "A" necesita información sobre la ciudad y le pregunta a "B".

➤ A: ¿Dónde se come bien?
B: Se come bien en . . .

1. comer bien
2. nadar
3. correr
4. bailar
5. caminar por la noche
6. vivir con tranquilidad

Lo esencial I

I. La hora, los minutos y los segundos

When you look at your watch try to think of the time in Spanish.

The hour may be written 4 different ways depending on the country: **10.00/10,00/10'00/10:00.**

Es la una y cuarto.

Son las ocho menos diez.

Son las cinco y media.

Es (el) mediodía.

Es (la) medianoche.

En el aeropuerto

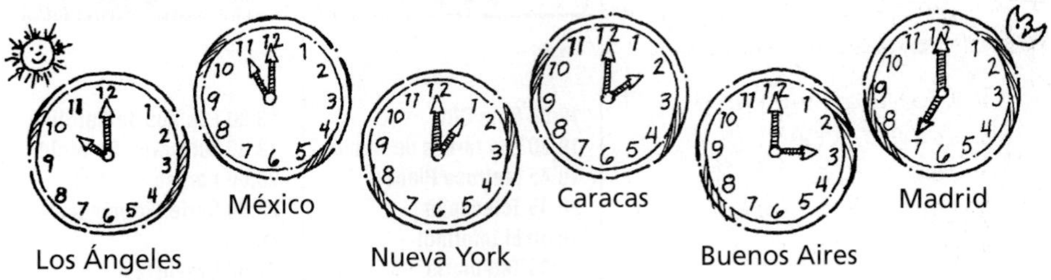

¿Qué hora **es** en Los Ángeles?	**Son las diez** de la mañana.
¿Qué hora **es** en Nueva York?	**Es la una** de la tarde.
¿Qué hora **es** en Buenos Aires?	**Son las tres** de la tarde.

¡OJO! Son las once *de* la noche/mañana. *(specific time)*
Nunca estudio *por* la noche/mañana. *(general time period)*

NOTE: To say at what time something occurs, use the following construction:

¿**A** qué hora es la clase?

La clase es **a la una.** ↙ ↘ La clase es **a las dos.**

ACTIVIDAD 5: La hora en el mundo En parejas, Uds. están en el aeropuerto de México. Miren los relojes de la sección *En el aeropuerto* en la página 113, y túrnense para preguntar la hora de las diferentes ciudades.

➤ 6:15 a.m. ¿Madrid?

A: Si en México son las 6:15 de la mañana, ¿qué hora es en Madrid?
B: En Madrid son las 2:15 de la tarde.

Hora en México		Hora en México	
1. 1:15 a.m.	¿Nueva York?	5. 7:16 a.m.	¿Caracas?
2. 5:50 a.m.	¿Caracas?	6. 10:20 p.m.	¿Madrid?
3. 4:25 p.m.	¿Los Ángeles?	7. 8:45 a.m.	¿Nueva York?
4. 3:30 p.m.	¿Buenos Aires?	8. 2:12 p.m.	¿Madrid?

¿LO SABÍAN?

El uso de "buenas tardes" o "buenas noches" varía entre los países hispanos. En países como Ecuador, Colombia y Venezuela hay unas doce horas de día y doce horas de noche, porque estos países están cerca de la línea ecuatorial. Por eso, la tarde para ellos empieza más o menos después de las 12:00 y termina más o menos a las 6:00, cuando ya casi no hay sol; después de esa hora, generalmente se dice "buenas noches". En cambio, en España, por ejemplo, la tarde empieza como a las 3:00 después de comer y termina a las 10:00, cuando muchos españoles cenan. Por lo tanto, los españoles generalmente empiezan a decir "buenas noches" a partir de las 10:00.

ACTIVIDAD 6: Programas de televisión En grupos de tres, miren esta página de una guía de televisión y túrnense para preguntar a qué hora son los diferentes programas.

➤ A: ¿A qué hora es "Urgencias"?
B: Es a la/las . . .

TVE-1

NOCHE

19:00 Spin City
19:30 Las tardes de Alicia
19:45 Melrose Place
20:45 Telecupón
20:50 El informal
21:00 Telediario
21:15 El tiempo
21:20 Deportes
21:30 Cine***
El invisible Harvey, comedia clásica de James Stewart y Josephine Hull.
23:45 Cine*****
El sueño eterno, cine policíaco con Humphrey Bogart y Lauren Bacall, dirigido por Howard Hawks.

TVE-2

NOCHE

19:00 Los líos de Caroline
19:30 Teleserie: Seinfeld
20:00 Parece mentira
20:30 Serie: Fernández y familia
21:00 Urgencias
Episodio 39. La enfermera despierta al Dr. Green para que atienda a una paciente que traen los paramédicos, resulta ser su ex mujer. Nace el hijo prematuro de Benton, recibe la noticia durante una operación y llora de alegría.
21:55 Lotería
22:00 Las noticias
22:30 Pepa y pepe
23:00 Locos de remate
1:00 Infocomerciales

@ Note: **Son las 7:00** = It is 7:00; **El concierto es a las 7:00** = The concert is at 7:00. Practice this latter construction when reading movie schedules, TV guides, etc.

ACTIVIDAD 7: Los teleadictos **Parte A:** Escribe los nombres de cuatro programas de televisión que te gustan.

Parte B: Ahora, habla con otra persona para ver si conoce los programas y si sabe qué día y a qué hora son.

➤ A: ¿Conoces el programa . . . ?

B: Sí, conozco ese programa.
A: ¿Qué día y a qué hora es?
B: Es los . . . a la/s . . .

B: No, no conozco ese programa.
A: Es un programa muy bueno.
Es los . . . a la/s . . .

ACTIVIDAD 8: Adivinanzas En grupos de tres, completen estas adivinanzas *(guessing games)* sobre la hora y los meses.

➤ 60 s. en un m. ⟶ 60 segundos en un minuto

1. 60 m. en una h.
2. 52 s. en un a.
3. 24 h. en un d.
4. 28 d. en f.
5. 2 d. en un f. de s.
6. 12 m. en un a.
7. 7 d. en una s.
8. 4 s. en un m.
9. 30 d. en n., a., j. y s.

II. Las sensaciones

1. Tienen frío.
2. Tiene calor.

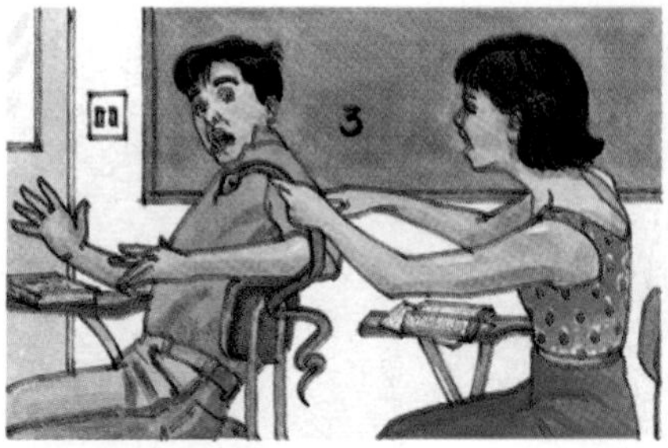

3. Tiene miedo.

4. Tienen hambre.
5. Tienen sed.

6. Tiene sueño.

7. Tiene vergüenza.

ACTIVIDAD 9: ¿Cómo se sienten? **Parte A:** Di qué sensaciones tienen estas personas en las siguientes situaciones.

➤ Si veo una serpiente, tengo miedo.

1. Si estás en la playa, . . .
2. En el mes de enero, nosotros . . . tenemos frío
3. Después de correr cuatro kilómetros, yo . . . tengo sueño
4. Si tu amigo ve una película de terror, . . . tiene miedo
5. Si estudias toda la noche, . . .
6. Si voy al dentista, . . .
7. Si deseamos beber Coca-Cola, . . .
8. Si no comes durante *(during)* ocho horas, . . .

Parte B: En grupos de tres, inventen más oraciones como las de la Parte A.

Hacia la comunicación I

Expressing Habitual and Future Actions and Actions in Progress: Stem-changing Verbs

Drill yourself on these forms.

1. Stem-changing verbs, like regular **-ar, -er,** and **-ir** verbs in the present indicative, express habitual actions as well as actions in progress and future actions. They have the same endings as regular **-ar, -er,** and **-ir** verbs, but there is a vowel change in the last syllable of the stem. You have already seen an irregular verb that has a stem change: **tener (tienes, tiene, tienen).** Stem-changing verbs are often referred to as *boot verbs* (since the conjugations resemble a boot). This should help you remember in which persons the changes occur.

entender (e > ie)	
entiendo	entendemos
entiendes	entendéis
entiende	entienden

poder (o > ue)	
puedo	podemos
puedes	podéis
puede	pueden

pedir (e > i)	
pido	pedimos
pides	pedís
pide	piden

jugar (u > ue)	
juego	jugamos
juegas	jugáis
juega	juegan

¿Ent**ie**ndes la explicación? *Do you understand the explanation?*
Mañana no p**ue**do ir. *I can't go tomorrow.*
Siempre pedimos agua. *We always order (ask for) water.*
Los chicos j**ue**gan al fútbol. *The kids play soccer.*

Note changes in meanings when some verbs become reflexive.

Stem-changing Verbs

e > ie

cerrar to close
comenzar to begin
despertar to wake someone up
despertarse* to wake up
divertirse* to have fun
empezar to begin
entender to understand
pensar (en) to think (about)
pensar + *infinitive* to plan to
perder to lose
preferir to prefer
querer to want
querer a alguien to love someone
sentarse* to sit down
venir** to come

o > ue

acostar to put someone to bed
acostarse* to go to bed
almorzar to have lunch
costar to cost
dormir to sleep
dormirse* to fall asleep
encontrar to find
morirse* to die
poder to be able, can
probar to taste
probarse* to try on (clothes)
volver to return, come back

Use **creer que,** not **pensar que,** to express an opinion: ***Creo que la clase de filosofía es difícil porque tengo que pensar mucho.*** *I think philosophy class is hard because I have to think a lot.*

For things you are physically able/unable to do, use **poder;** for things you know/don't know how to do, use **saber.**

e > i

decir** to say; to tell
pedir to ask for
servir to serve
vestirse* to get dressed

u > ue

jugar to play (a sport or game)

*NOTE: Verbs with an asterisk are reflexive verbs; for example, **sentarse: Yo me siento.**

NOTE: Verbs with two asterisks are conjugated the same as stem-changing verbs in the present indicative, except for a different **yo form: **digo, vengo.**

2. Stem-changing verbs that end in **-ir** also have a change in the present participle.

o > ue > **u**	dormir ⟶ **durmiendo**
e > ie > **i**	divertirse ⟶ **divirtiéndose**
e > i > **i**	servir ⟶ **sirviendo**

El niño está d**u**rmiendo. — *The child is sleeping.*
Nos estamos div**i**rtiendo mucho. — *We're enjoying ourselves a lot. / We're having a lot of fun.*
Ahora estoy s**i**rviendo la comida. — *I'm serving the meal now.*

Do Workbook *Práctica mecánica I* and corresponding CSM activities.

ACTIVIDAD 10: Preferencias **Parte A:** Marca cuáles de las siguientes cosas prefieres.

1. beber	Coca-Cola ____	Pepsi ____
2. escuchar	cintas ____	discos compactos ____
3. comer	papas fritas ____	Doritos ____
4. comer	un sándwich ____	una hamburguesa ____
5. almorzar	en casa ____	en una cafetería ____
6. nadar	en una piscina ____	en una playa ____
7. estudiar	en casa ____	en una biblioteca ____

Parte B: En parejas, túrnense para averiguar si tienen las mismas preferencias.

➤ A: ¿Prefieres beber Coca-Cola o Pepsi?
B: Prefiero beber Pepsi.

Parte C: Ahora digan qué cosas prefieren Uds. dos.

➤ Nosotros preferimos beber . . .

ACTIVIDAD 11: Planes **Parte A:** Escribe tres cosas que piensas hacer este fin de semana.

Remember that **pensar** + *infinitive* = to plan to do something.

➤ El sábado pienso ir . . .

Parte B: Ahora compara tu lista con la lista de otra persona y dile a la clase si piensan hacer las mismas cosas o si tienen actividades diferentes.

➤ Nosotros pensamos escribir composiciones el domingo. El sábado ella piensa visitar a sus padres y yo pienso salir con mis amigos.

ACTIVIDAD 12: Los deportes Habla con un mínimo de cinco estudiantes y pregúntales si juegan al béisbol, al basquetbol, al fútbol americano, al fútbol, al tenis o al voleibol, y cuándo juegan estos deportes.

Fútbol americano = football; **fútbol** = soccer.

➤ A: ¿Juegas al béisbol?
B: Sí, juego muy bien. / No, juego al golf. / No, prefiero jugar al tenis.
A: ¿Cuándo juegas?
B: En el verano. / Todos los días. / Los sábados. / (etc.)

ACTIVIDAD 13: La vida de Gloria Completa la historia sobre un día en la vida de Gloria con la forma correcta del verbo indicado; después pon *(put)* los párrafos en orden.

A la 1:30 yo ______________ (almorzar) en una cafetería. Después voy a la universidad para estudiar. A las 6:00 ______________ (volver) a casa y mi hijo y yo ______________ (divertirse) un poco. A las 7:00 ______________ (servir) la comida y

At home, analyze why the following words do or don't have accents: **así, café, después, hambre, oficina, minutos.**

el niño ________ (acostarse) a las 8:30. Por fin yo ________ (sentarse) y estudio y a veces ________ (dormirse) con el libro en la mano. Así es mi vida. ¿Te gusta? A mí, ¡me fascina . . . !

En las películas las personas siempre están contentas y tienen una vida ideal.

¡Pero mi vida no es así! Yo ________ (dormir) poco, ________ (despertarse) a las 5:30 de la mañana, ________ (ducharse) y ________ (vestirse) rápidamente. Después yo ________ (despertar) a mi hijo de tres años y él ________ (pedir) el desayuno porque ese niño siempre ________ (tener) hambre. A las 7:00 ________ (venir) mi hermana para estar con el niño. Luego yo ________ (salir) de la casa y ________ (cerrar) la puerta con mucho cuidado porque si mi hijo ________ (saber) que yo salgo, ________ (empezar) a protestar porque ________ (querer) estar con su mamá.

Al llegar a la oficina, la directora me ________ (decir) qué tengo que hacer. Siempre ________ (pedir) cosas imposibles y ________ (querer) todo en cinco minutos. Nosotros, los empleados, no ________ (poder) beber café ni usar el teléfono para llamadas personales. ________ (creer) que la directora no es una directora mala sino una dictadora terrible.

ACTIVIDAD 14: Invitación y excusa En parejas, túrnense para invitar a su compañero/a a hacer dos o tres actividades diferentes. La otra persona da excusas *(gives excuses)* diciendo por qué no puede.

➤ A: ¿Quieres ir a esquiar?
B: Me gustaría, pero no puedo porque
- no tengo tiempo.
- no tengo dinero.
- necesito estudiar.
- vienen mis padres.
- (etc.)

ACTIVIDAD 15: ¿Verdad o mentira? Parte A: Escribe tres oraciones usando los verbos **poder, querer** y **preferir.** Dos deben ser verdad *(true)* y una debe ser mentira *(lie).*

➤ Prefiero estudiar los viernes por la noche porque no hay muchas personas en la biblioteca.

Parte B: En grupos de tres, lean las oraciones y decidan cuáles son mentira.

➤ A: Quiero ser médico.

B o C: Estás diciendo la verdad. B o C: No estás diciendo la verdad.

ACTIVIDAD 16: Acciones habituales **Parte A:** En la primera columna escribe a qué hora haces las siguientes actividades.

	tú	compañero/a
1. levantarse	_____	________________
2. empezar la primera clase los lunes	_____	________________
3. terminar la última clase los lunes	_____	________________
4. almorzar	_____	________________
5. volver a casa (o a la residencia)	_____	________________
6. acostarse	_____	________________

Parte B: Pregúntales a tus compañeros a qué hora hacen ellos las mismas actividades. Si una persona hace una actividad a la misma hora que tú, escribe su nombre en la segunda columna.

➤ A: ¿A qué hora te levantas?
B: Me levanto a las ocho.

Remember: **¿A qué hora . . . ?** refers to the time at which something takes place. **¿Qué hora es?** refers to present time.

Parte C: Di a qué hora hacen Uds. las actividades de la Parte A.

➤ Michelle y yo nos levantamos a las ocho.

ACTIVIDAD 17: Y en Japón, ¿qué? Di qué hora es en los siguientes lugares y usa una de las acciones de la segunda columna para decir que están haciendo las personas en esos lugares.

➤ En Santiago de Chile son las nueve de la noche y están mirando la televisión.

1. Japón	a. dormir
2. Alemania	b. levantarse
3. la India	c. almorzar
4. Hawai	d. trabajar
5. Toronto	e. acostarse

Do Workbook *Práctica comunicativa I.*

Nuevos horizontes

LECTURA

Estrategia: *Activating Background Knowledge*

We read for many different reasons, but they all fall into two broad categories: pleasure-reading and information-seeking. We employ different reading strategies depending on our purpose and the type of text. When we read we interact with the text depending on the background knowledge we have on the topic. It is for this reason that two readers might interpret the same text differently. For example: a lawyer and a lay person may not have the same perceptions when reading a legal document.

Before reading an article in Spanish, you will do a prereading activity that will help you activate your background knowledge by focusing on two topics: the world of film and Latin American politics. This activity will help prepare you to obtain a global understanding of the reading selection. Remember: it is not important to understand every word when reading; just try to capture the general idea.

ACTIVIDAD 18: ¿Cuánto sabes? **Parte A:** Antes de leer el artículo, contesta estas preguntas.

Individually, you may not be able to answer each question, but as a group you should be able to answer many of them. By learning from your peers, you will be better prepared to understand the reading selection.

1. ¿Sabes qué países hispanoamericanos tienen democracia?
2. ¿Hay dictaduras hoy en día en Hispanoamérica?
3. ¿Sabes qué gobiernos hispanoamericanos son estables o inestables?
4. Hay muchos países del mundo que no respetan los derechos humanos *(human rights);* ¿sabes algo sobre violaciones de derechos humanos en el mundo hispano?
5. ¿Puedes dar una definición de la frase **refugiado político**?
6. ¿Conoces a alguien que no puede vivir en su país por motivos políticos? ¿Cuál era *(was)* la ocupación de esa persona en su país?
7. ¿Sabes quién es Pinochet? ¿De qué país es?
8. ¿Cuáles son los títulos de algunas películas hispanas? ¿Son románticas, violentas o son cómicas? ¿Hacen comentarios políticos?
9. ¿Qué hacen Pedro Almodóvar y María Luisa Bemberg?

Parte B: Antes de leer el artículo, subraya *(underline)* todos los cognados y todas las palabras que ya sabes.

◀ *Para recordar el golpe de estado contra Allende, ex presidente de Chile, y para protestar contra la dictadura militar de Pinochet, un artista anónimo pintó este mural en La Victoria, una zona donde viven muchos obreros en Santiago, Chile.*

Entre los grandes directores de cine se encuentran muchos hispanos, como Buñuel, Saura, Almodóvar y Bemberg. Los directores hispanos producen todo tipo de películas: románticas, humorísticas, dramáticas, etc. También usan sus obras para reflejar lo que ocurre en la sociedad y en la vida política, y a veces

para informar al mundo entero de las injusticias que ocurren en su país. A través
de su trabajo intentan crear una conciencia mundial contra las violaciones de los
derechos humanos. A continuación hay una historia singular sobre la filmación
extraordinaria de una película documental que tiene lugar en Chile.

¿Democracia o dictadura?

La situación política de Suramérica durante el siglo XX varía de país en país,
aunque en la década de los ochenta hay una tendencia general hacia la democracia, que continúa actualmente. Por un lado, hay países como Colombia,
donde existe la democracia desde principios de siglo, con sólo tres años y
medio de dictadura. Por otro lado, se encuentran países como Argentina y
Perú, que vacilan entre democracia y dictadura. La situación de Bolivia es más
extrema, con más de cien golpes militares[1] en el siglo XX. Cuando hay golpes
militares, muchas personas, especialmente artistas e intelectuales, salen del país
porque no pueden expresar sus ideas con libertad. Este éxodo se llama "fuga de
cerebros".

La "fuga de cerebros" empieza en Chile en 1973, después del golpe militar
contra el gobierno democrático del presidente Salvador Allende. Es entonces
cuando comienza la dictadura del general Pinochet. Entre las personas que
salen del país está Miguel Littín, un director de cine. En 1985 él vuelve a Chile
con una identidad falsa y con el pretexto de filmar un anuncio publicitario para
Uruguay, pero su verdadero propósito es filmar un documental sobre los
chilenos y la dictadura.

Littín usa tres grupos de filmación europeos que, como él, entran en Chile
con diferentes pretextos artísticos. También trabajan jóvenes chilenos en el
proyecto porque el director necesita ayuda extra. Littín filma en Chile durante
seis semanas y después de seis meses de revisiones en España, produce una
película para el cine y otra para la televisión. Las dos películas tienen un gran
éxito[2] en Europa.

En 1988, el director Littín entra en Chile, pero esta vez con su identidad
real para votar en el referéndum sobre la continuación de la dictadura militar.
La mayoría de los ciudadanos votan "no" a la dictadura y por eso hay elecciones en 1989. De esta manera, Chile se suma a la lista de los países suramericanos que logran la restauración de la democracia.

5

10

15

20

25

30

35

[1] golpes . . . *coups d'état* [2] *success*

El Norte

Romero

La historia oficial

ACTIVIDAD 19: Palabras desconocidas Busca las siguientes palabras en el texto que acabas de leer *(have just read)* y adivina qué significan. Después compara tus definiciones con las de un/a compañero/a.

1. fuga de cerebros (línea 17)
2. verdadero propósito (línea 24)
3. ayuda (línea 28)
4. se suma (línea 35)

ACTIVIDAD 20: ¿Cierto o falso? Después de leer el texto, indica si las siguientes oraciones son ciertas **(C)** o falsas **(F).**

1. _____ Perú es un país políticamente estable.
2. _____ La dictadura de Pinochet comienza después de un golpe militar.
3. _____ En 1985 Littín va a su país a hacer una película sobre los inmigrantes.
4. _____ Las películas de Littín triunfan en Europa.
5. _____ Los chilenos quieren democracia en su país.

ESCRITURA

Estrategia: *Sequencing*

When describing a sequence of events or activities, adverbs of time help you say when or in what chronological order they take place. Some useful adverbs of time are:

por la mañana/tarde/noche	in the morning/afternoon; at night
primero	first
después	after
luego/más tarde	then, later (on)
por fin	at last, finally
a la una	at one o'clock
a las dos/tres/etc.	at two/three/etc. o'clock

ACTIVIDAD 21: ¿Qué haces? **Parte A:** Write a composition describing what you and your friends do on a typical Saturday. Divide your composition in three paragraphs: **por la mañana, por la tarde, por la noche.**

Parte B: Reread your composition. Make a list of all verbs and their subjects, whether overtly stated or implied. Do they agree? If not, change them. For example:

Sujeto	Verbo	¿Correcto?
(yo, *implied*)	me despierto	sí
Ann y yo	salgo	no—salimos

Parte C: Rewrite your composition making any changes needed. Staple all drafts plus your subject-verb list together to hand in to your instructor.

To express *and then,* use **luego** or **más tarde.** To express *so then,* use **entonces.** For example: **Tengo un examen difícil el lunes *y luego* voy a ir al cine.** *(. . . **and then** I'm going to the movies.)* **Tengo un examen difícil el lunes; *entonces* voy a estudiar mucho el domingo.** *(. . . **so then** I'm going to study a lot on Sunday.)*

Begin by brainstorming and outlining as explained in Ch. 4. Also, look at Act. 13 on page 118 to see how Gloria uses adverbs of time to relate a sequence of events.

Lo esencial II

Colors are adjectives and agree in number with the noun they modify. Those that end in **-o** also agree in gender.

Identify colors in Spanish as you walk down the street.

I. Los colores

anaranjado/a orange
blanco/a white
gris gray
marrón brown
morado/a purple
rosa, rosado/a pink

◀ *Logotipo de los JJ OO de Barcelona 1992 (obra de José María Trías).*

¿LO SABÍAN?

En español, como en inglés, los colores representan diferentes ideas. Por ejemplo, en inglés se dice *"He's/She's blue"* cuando una persona está triste. Adivina qué significan estas expresiones en español: "ver todo color de rosa", "ver todo negro" y "un chiste *(joke)* verde". Las respuestas están al pie de la página.

ACTIVIDAD 22: Asociaciones En grupos de cinco, digan qué colores asocian Uds. con estas cosas.

1. el 14 de febrero
2. el elefante
3. la noche
4. la Coca-Cola
5. las plantas
6. el 25 de diciembre
7. el inspector Clouseau y la pantera . . .
8. el arco de McDonald's
9. el café
10. el 4 de julio
11. el jabón Ivory
12. el 17 de marzo

II. La ropa y los materiales *(Clothes and Materials)*

La ropa

el abrigo coat
la camiseta T-shirt
la ropa interior men's/women's underwear
el suéter sweater
el traje suit
el traje de baño bathing suit
el vestido dress
los (zapatos de) tenis tennis shoes

Los materiales

el algodón cotton
el cuero leather
la lana wool
el nailon/nilón nylon
el rayón rayon
la seda silk

Respuestas: *to see everything through rose-colored glasses; to be a pessimist; a dirty joke*

¿LO SABÍAN?

Como en las zonas tropicales de Hispanoamérica hace calor, con frecuencia los hombres no llevan chaqueta; muchos prefieren llevar guayabera, que es un tipo de camisa muy fresca. Hay guayaberas para uso diario y también hay guayaberas muy elegantes que muchos hombres llevan en vez de traje y corbata.

▲ *Un hombre entrevista a otro para un reportaje de la televisión. Los dos hombres llevan guayaberas, camisas típicas del Caribe.*

ACTIVIDAD 23: Cuándo y qué En parejas, hagan una lista de ropa que la gente lleva en el invierno y otra lista de ropa que lleva en el verano. Es importante incluir los materiales.

ACTIVIDAD 24: ¿Qué llevan? En parejas, describan qué ropa llevan estos dos modelos. Deben decir el color y el material de cada artículo.

► *Dos modelos.*

ACTIVIDAD 25: De compras Elige tres prendas *(items of clothing)* del catálogo de la página 127 para comprar: una prenda para un amigo, una para una amiga y otra cosa para ti. Después, en parejas, hablen de qué van a comprar, de qué colores y por qué van a comprar estas cosas.

Each morning, describe to yourself what you are wearing: the article of clothing, material, and color.

➤ Voy a comprar una blusa de seda roja para mi amiga porque su cumpleaños es el viernes.

ACTIVIDAD 26: El pedido En parejas, una persona va a llamar a la tienda del catálogo de la página 127 para pedir la ropa; la otra persona va a recibir la llamada. Usen las siguientes expresiones en la conversación.

Talla = clothes size; **número** = shoe size.

A

¿Tiene Ud. . . . en azul?
¿Tiene Ud. . . . en talla . . . ?
¿De qué (material) es . . . ?
Es muy caro/barato.
Me gustaría comprar . . .

B

No tenemos talla . . .
¿De qué color quiere . . . ?
¿Va a pagar con Visa, American Express o MasterCard?
¿Cuál es el número de su tarjeta de (Visa)?
¿Dónde vive Ud.?

Óscar de la Renta (Dominican) and Carolina Herrera (Venezuelan) are two celebrated designers.

A: Vestidos de algodón, lavar a máquina. Colores: rosado, morado o amarillo. Talla: P, M, G, XG.
B: Chaquetas de cuero. Colores: negro, marrón oscuro, marrón claro.
C: Botas de cuero Gacela de Chile con tacón alto. Número: 35–40.

D: Trajes informales de lana para todas las ocasiones. Colores: gris, azul o negro.
E: Camisetas de algodón. Colores: blanco o azul.
F: Sombreros de cuero.
G: Abrigos de lana. Color: beige.
H: Gafas de sol Óscar de la Renta.
I: Zapatos de tenis Nike.

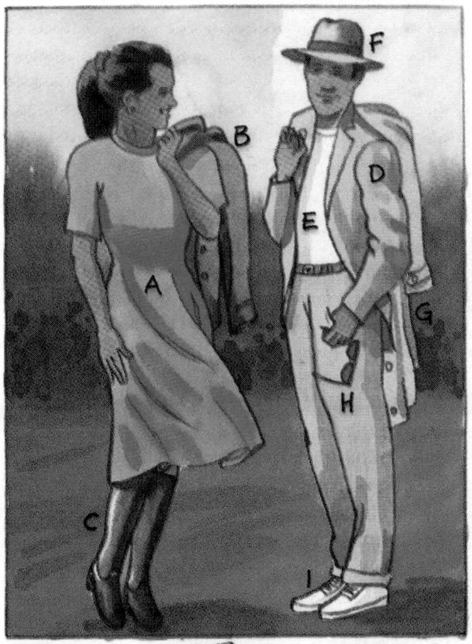

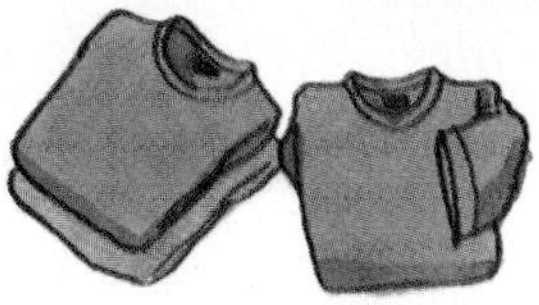

Camisetas de algodón.

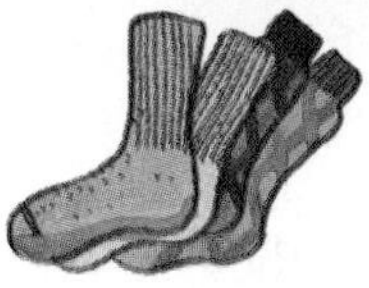

Medias de algodón y lana.

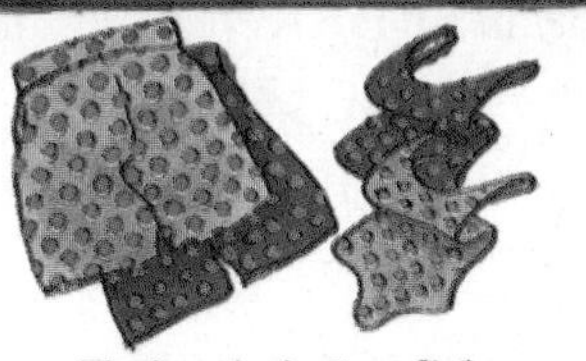

Trajes de baño. Colores: rojo con lunares amarillos o amarillo con lunares morados.

Faldas clásicas de lana en muchos colores.

Blusas de seda de Carolina Herrera.

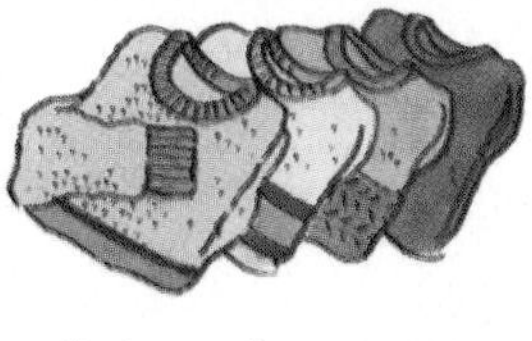

Suéteres, lavar a mano, colores variados.

ACTIVIDAD 27: La noche de los Oscars En parejas, Uds. están trabajando como reporteros en la ceremonia de los Oscars. Al llegar las estrellas, Uds. tienen que decir qué ropa llevan y con quién vienen.

➤ A: Antonio Banderas lleva pantalones y chaqueta de cuero y viene con Melanie Griffith.
B: Ella lleva . . .

Las estrellas: Cher, Robert De Niro, Julia Roberts, Bette Midler, Denzel Washington, Vanna White, Sharon Stone, Danny DeVito, Janeane Garofalo, Brad Pitt, etc.

◀ *Antonio Banderas, actor español.*

De compras en San Juan

◀ *Plaza Las Américas, un centro comercial en San Juan, Puerto Rico.*

acabar de + *infinitive*	to have just + *past participle*
Acaban de llegar.	They have just arrived.
Cuesta un ojo de la cara.	It costs an arm and a leg.
Te queda bien.	It looks good on you. / It fits you well.

Teresa tiene vacaciones y vuelve a Puerto Rico para celebrar el aniversario de sus padres. Ahora Teresa y su hermano Luis están de compras en San Juan.

ACTIVIDAD 28: Escoge las opciones Lee las siguientes oraciones y mientras escuchas la conversación, escoge las opciones correctas para completar cada oración. Puede haber más de una respuesta correcta.

1. Teresa quiere comprar . . .
   a. un vestido para su madre
   b. un vestido elegante
   c. un vestido de fiesta
   d. un vestido caro
2. Luis quiere comprar una guayabera para . . .
   a. salir con Teresa
   b. una fiesta de aniversario
   c. ir a una cena
   d. almorzar en un restaurante
3. Luis compra una guayabera . . .
   a. cara
   b. barata
   c. talla 38
   d. de algodón

Indicating the recipient of an action

TERESA Entonces, para mami vamos a comprar un vestido elegante para el aniversario y yo sé exactamente dónde.

LUIS Por favor, no en Anaís porque allí todo cuesta un ojo de la cara.

TERESA ¿Por qué no? Quiero comprar algo especial.

Indicating purpose

LUIS Mira, allí en esa tienda tienen una rebaja. Me gustaría comprar una guayabera nueva para la cena. ¿Tenemos tiempo?

Plaza Las Américas is a mall in Hato Rey, on the outskirts of San Juan.

TERESA ¡Por supuesto! Y después, ¿qué tal si almorzamos en la terraza de Plaza Las Américas? En España, siempre pienso en la comida típica puertorriqueña.

En la sección de caballeros de la tienda

LUIS Por favor, busco una guayabera fina, para una cena muy especial.
VENDEDOR Tenemos unas muy elegantes de seda de China que acaban de llegar y . . . también hay de algodón.
LUIS Me gustaría ver una blanca de talla 40, pero no de algodón, de seda.
VENDEDOR Aquí tiene Ud. dos guayaberas muy finas.
TERESA ¿Por qué no te pruebas ésta? ¡Me gusta mucho! ¿Cuánto cuesta?
VENDEDOR Ciento noventa dólares.
LUIS ¡Cómo! ¿Ciento . . . ciento noventa? Creo que me pruebo una de algodón.

Asking prices

LUIS ¡Oye! ¿Te gusta?
TERESA Te queda muy bien. Y ésta, ¿cuánto cuesta?
VENDEDOR Cuesta treinta dólares.
LUIS Bueno, me llevo ésta.
TERESA Claro, es que a ti te gustan las tres "bes": **b**ueno, **b**onito y **b**arato. Y vamos, que tenemos que buscar el vestido todavía.

The currency used in Puerto Rico is the U.S. dollar. In colloquial usage, **dólares** are called **pesos.**

ACTIVIDAD 29: Preguntas personales Contesta las siguientes preguntas.

1. ¿A qué tipo de tienda te gusta ir de compras, a una tienda grande o a una boutique?
2. ¿Qué tipo de materiales prefieres usar?
3. ¿Qué prefieres, la ropa práctica o la ropa elegante?

ACTIVIDAD 30: Los padres de Teresa van de compras En grupos de tres, dos personas son los padres de Teresa que van a comprar ropa elegante para la fiesta de su aniversario. La otra persona es el/la vendedor/a. Mantengan la conversación en la tienda. Hablen de diferentes opciones, tallas, colores, materiales y precios.

Los padres pueden usar expresiones como: **te queda bien, cuesta un ojo de la cara, voy a probarme . . .**
El/La vendedor/a puede usar expresiones como: **¿Desea algo en especial? cuesta/n . . . , también hay de otros colores.**

Hacia la comunicación II

I. Indicating Purpose, Destination, and Duration: *Para* and *Por*

In this chapter, you will learn a few uses of **para** and **por.** Other uses will be presented in Chapters 9 and 15.

Because **por** and **para** are prepositions, verbs that follow them directly must be in the infinitive.

1. To indicate purpose, use **para.**

¿**Para qué** es eso? ⟶ Es **para limpiar la computadora.**
(purpose: to clean the computer)

¿**Para qué** necesitas mi carro? ⟶ Necesito tu carro **para** ir al **centro.**
(purpose: in order to go downtown)

¿**Para qué** estudias? ⟶ Estudio **para (ser) abogado.**
(purpose: in order to become a lawyer)

¿**Para qué** trabajas? ⟶ Trabajo **para tener dinero.**
(purpose: in order to have money)

2. To indicate the recipient of a thing or an action, use **para.**

¿**Para quién** es el dinero? ⟶ Es **para Ana.**
¿**Para qué** compañía trabajas? ⟶ Trabajo **para la Coca-Cola.**

3. To indicate destination (physical and temporal), use **para.**

El autobús sale **para El Paso, Texas.** *(physical)*
La tarea es **para mañana.** *(temporal)*

4. To express duration of an action, you can use **por** or **durante** or you can omit them altogether and use nothing. The latter is more common.

Voy a estar en Caracas **por/durante un año.**
Voy a estar en Caracas **un año.**

Todas las tardes estudio **por/durante dos horas.**
Todas las tardes estudio **dos horas.**

5. To express a time period, use **por.**

Trabajo **por la mañana** y estudio **por la noche.**

II. Telling What Something Is Made of and Indicating Location: *Ser de, Ser en,* and *Estar en*

1. You learned in Chapter 1 that **ser de** is used to indicate the origin of people and things. It is also used to indicate what things are made of.

—¿Ese vestido **es de algodón**?
—No, **es de seda.**

2. **Estar en** is used to specify the location of people or things.

Diana es de los Estados Unidos, pero **está en** España.
Tu suéter **está en** mi habitación.

3. **Ser en** is used to specify where an event *takes place* (a concert, a lecture, an exhibit, etc.).

La clase de arte es en el Museo de Arte Contemporáneo.
La clase ⟶ *the class meeting takes place in the museum*

La clase está en el Museo de Arte Contemporáneo.
La clase ⟶ *the students are in the museum*

Internet Do Workbook *Práctica mecánica II,* CSM, Web, and lab activities.

ACTIVIDAD 31: ¿Cuándo? En parejas, contesten las siguientes preguntas. Usen frases como **por la mañana, por dos horas,** etc.

1. ¿Cuándo prefieres estudiar?
2. ¿Cuándo te gusta tener tus clases?
3. Si trabajas, ¿cuándo trabajas?
4. ¿Cuándo sales con tus amigos?
5. ¿Cuánto tiempo estudias cada semana?
6. ¿Cuánto tiempo miras televisión cada semana?

ACTIVIDAD 32: Una encuesta Haz una encuesta *(poll)* preguntándoles a tus compañeros si hacen las siguientes cosas. Intenta encontrar a dos personas para cada situación. Escoge **para** o **por** y haz *(ask)* preguntas como, **¿Trabajas para tu padre en el verano? / ¿Para quién trabajas en el verano?**

1. compra una guayabera para/por su padre porque es su cumpleaños
2. estudia para/por ser hombre/mujer de negocios
3. siempre estudia para/por la noche
4. usa la biblioteca mucho para/por aprender
5. va a estar en la universidad para/por tres años más
6. trabaja mientras *(while)* estudia para/por tener dinero
7. tiene que terminar un trabajo para/por el viernes

ACTIVIDAD 33: Los regalos En parejas, Uds. van a darles *(give)* las cosas de esta lista a diferentes compañeros de la clase. Decidan para quién es cada cosa, para qué se usa y por qué es para esa persona.

➤ peine — El peine es para Chuck, para peinarse porque tiene el pelo muy bonito.

1. estéreo
2. video
3. cámara
4. máquina de afeitar
5. libro de filosofía
6. cinta de Elvis
7. blusa de seda
8. camiseta de rock ácido
9. reloj
10. disco compacto de Plácido Domingo

ACTIVIDAD 34: El origen y el material En grupos de cinco, averigüen de dónde y de qué (material) es la ropa de cada persona del grupo. Luego infórmenle a la clase de los resultados.

➤ A: ¿De qué (material) es tu camisa?
B: Es de . . .

ACTIVIDAD 35: Cultura general En parejas, túrnense para preguntar dónde están las siguientes cosas.

➤ A: ¿Dónde están las Ruinas de Sipán?
B: Están en Perú. / No tengo idea. ¿Sabes tú?

1. la Estatua de la Libertad
2. el Museo del Prado
3. Machu Picchu
4. el Museo del Louvre y la Torre Eiffel
5. la Pequeña Habana
6. las Pirámides del Sol y de la Luna
7. el Vaticano
8. el Palacio de Buckingham

ACTIVIDAD 36: Un día de mucha actividad La policía de Madrid tiene que preocuparse por muchas cosas hoy. Di dónde están las siguientes personas o dónde son los siguientes acontecimientos *(events).*

Personas y acontecimientos

1. El concierto de Branford Marsalis ____
2. El concierto de Plácido Domingo ____
3. La exhibición de Frida Kahlo ____
4. Los diplomáticos de la O. N. U. ____
5. Los hijos de los diplomáticos de la O. N. U. ____
6. El partido de fútbol entre el Real Madrid y Zaragoza ____

Lugares

a. El Centro de Arte Reina Sofía
b. El Estadio Bernabéu
c. Clamores, club de jazz
d. El Hotel Castellana
e. El Teatro de la Ópera
f. El zoológico en la Casa de Campo

La O. N. U. = the U.N.

ACTIVIDAD 37: Los planes En parejas, miren los anuncios para unos espectáculos. Uds. tienen que hacer planes para esta noche. Decidan qué van a hacer, dónde y a qué hora.

➤ A: ¿Te gustaría ir . . . ? / ¿Qué tal si vamos . . . ? / ¿Quieres ir al concierto de . . . ?
B: Sí. ¿Dónde es?
A: Es en el Estadio . . .

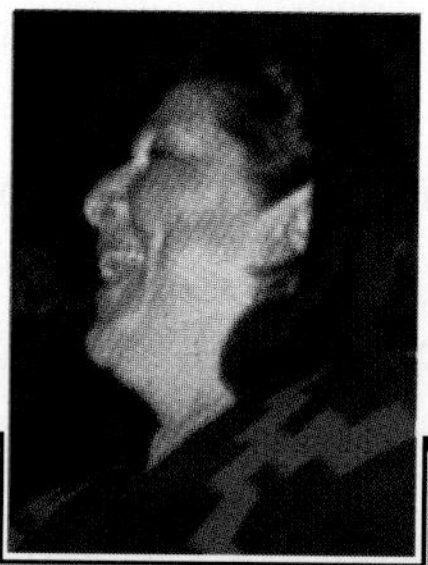

Conciertos

MERCEDES SOSA
Estadio Ferrocarril Oeste; viernes 20 a las 21 Hs.

LUCIANO PAVAROTTI
En el escenario de Av. 9 de Julio y Estados Unidos. Domingo 15 a las 21.30 Hs.

BAGLIETTO–VITALE
Presentando los discos "La Excusa" y "Postales de este lado del mundo". Teatro Opera, 19 al 21 de diciembre, 22 Hs.

CICLO DEL ENCUENTRO
Los 4 de Córdoba, el Negro Alvarez, el Sapo Cativa, Edgard Di Fulvio, Norma Viola y Santiago Ayala. Teatro Alvear, jueves 19 a las 21 Hs.

LA PLAZA
En el Anfiteatro Pablo Casals, con entrada libre y gratuita, actúan La Fundación (15/12, 18.30 Hs.), Solla y el Cinco de Copas (17/12, 18.30 Hs.), Dúo Vat-Macri (18/12, 13 Hs.), Andrea Serri (19/12, 18.30 Hs.) y Rock Royce (20/12, 18.30 Hs.)

LULLABOP
Jóvenes tocan jazz del '40. En la Feria de las Estrellas, Puerto Madero (15/12, 19.30 Hs.).

ACTIVIDAD 38: El desfile de modas En parejas, Uds. están en un desfile de modas *(fashion show)*. Observen a su compañero/a y describan qué lleva. Escriban la descripción y después léanle esta descripción al resto de la clase. Mencionen el nombre del/de la modelo y su origen. Describan qué lleva: colores, materiales, de dónde es el conjunto *(outfit)* y para qué tipo de ocasión es.

Do Workbook *Práctica comunicativa II* and the *Repaso* section.

Vocabulario funcional

La hora *(Telling Time)*

¿Qué hora es?	*What time is it?*
Es la una menos cinco.	*It's five to one.*
Es (la) medianoche.	*It's midnight.*
Es (el) mediodía.	*It's noon.*
Son las tres y diez.	*It's ten after three.*
¿A qué hora . . . ?	*At what time . . . ?*
A la una. / A las dos.	*At one o'clock. / At two o'clock.*
cuarto	*quarter (of an hour)*
la hora	*hour*
media	*half (an hour)*
el minuto	*minute*
el segundo	*second*

Verbos con cambio de raíz

Ver páginas 116–117.

Las sensaciones

tener calor	*to be hot*
tener frío	*to be cold*
tener hambre	*to be hungry*
tener miedo	*to be scared*
tener sed	*to be thirsty*
tener sueño	*to be tired*
tener vergüenza	*to be ashamed*

La ropa

el abrigo	*coat*
la blusa	*blouse*
las botas	*boots*
la camisa	*shirt*
la camiseta	*T-shirt*
la chaqueta	*jacket*
el cinturón	*belt*
la corbata	*tie*
la falda	*skirt*
las gafas de sol	*sunglasses*
las medias	*stockings; socks*
los pantalones	*pants*
la ropa interior	*men's/women's underwear*
el saco	*sports coat*
el sombrero	*hat*
el suéter	*sweater*
el traje	*suit*
el traje de baño	*bathing suit*
el vestido	*dress*
los zapatos	*shoes*
los (zapatos de) tenis	*tennis shoes*

Los colores

Ver página 124.

claro/a	*light*
¿De qué color es?	*What color is it?*
oscuro/a	*dark*

Los materiales

Ver páginas 124–125.

¿De qué (material) es?	*What (material) is it made out of?*

Ir de compras

barato/a	*cheap, inexpensive*
caro/a	*expensive*
¿Cuánto cuesta/n . . . ?	*How much is/are . . . ?*
de cuadros	*plaid*
de lunares	*polka dotted*
de rayas	*striped*
la manga	*sleeve*
el número	*shoe size*
la talla	*clothing size*
Te queda bien.	*It looks good on you. / It fits you well.*

Expresiones de tiempo

Ver página 123.

Palabras y expresiones útiles

acabar de + *infinitive*	*to have just* + past participle
el concierto	*concert*
Cuesta un ojo de la cara.	*It costs an arm and a leg.*
ir de compras	*to go shopping*
Me fascina/n.	*I love it/them.*
¡No me diga/s!	*No kidding!*
No me gusta/n nada.	*I don't like it/them at all.*
la película	*movie*
el torneo	*tournament*

TravelTur

Por fin, ¡me voy a Sevilla! / Madrid, España

Antes de ver

Do the CD-ROM video activities for more practice.

ACTIVIDAD 1: ¿Qué lleva? Antes de ver el video, vas a hacer predicciones sobre el contenido *(content)*. En este segmento, Andrés se prepara para su viaje a Sevilla e intenta decidir qué ropa va a llevar. Recuerda que en Sevilla siempre hace más calor que en Madrid. Haz una lista de cinco cosas que puede poner en su maleta.

ACTIVIDAD 2: Transporte Usa lo que sabes sobre cognados para contestar las siguientes preguntas. Recuerda: Sevilla está a 541 kilómetros de Madrid.

1. ¿Crees que Andrés va a viajar en carro, avión, autobús o tren?
2. ¿Cómo prefieres viajar tú?

Mientras ves

DESDE EL PRINCIPIO HASTA 15:43

ACTIVIDAD 3: Haciendo la maleta Lee la siguiente lista de ropa y después, mientras miras el video, marca sólo las cosas que Andrés menciona que va a empacar *(to pack)* para su viaje a Sevilla.

_____ una camiseta	_____ una corbata	_____ un abrigo
_____ pantalones	_____ un suéter	_____ un traje de baño
_____ un sombrero	_____ una chaqueta	_____ un saco
_____ zapatos de tenis	_____ una camisa de manga corta	_____ una camisa de manga larga
_____ botas	_____ gafas de sol	
_____ zapatos		

DESDE 15:44 HASTA 16:47

ACTIVIDAD 4: El dilema y la solución **Parte A:** Antes de mirar el siguiente segmento del video, lee estas preguntas. Después, mira el segmento para encontrar las respuestas.

1. ¿Cómo quiere viajar a Sevilla Andrés?
2. Hay un problema. ¿Cuál es?

DESDE 16:48 HASTA EL FINAL

Parte B: Antes de mirar el final del video, intenta contestar las siguientes preguntas y después mira el final para verificar tus respuestas.

1. ¿Qué va a hacer Andrés ahora?
   a. Creo que va a alquilar un coche de Hertz, Avis o Europcar.
   b. Creo que va a ir a una estación de autobuses.
   c. Creo que va a llamar a la línea aérea Iberia y va a ir al aeropuerto.
   d. Creo que va a ir a Sevilla en tren, pero otro día.
2. ¿Puedes pensar en otra solución?

Parte C: Después de ver el final del video, contesta estas preguntas.

1. ¿Cómo va a ir Andrés a Sevilla?
2. ¿Está contento el tío Alberto con esa solución? ¿Y Andrés? ¿Por qué?

Después de ver

ACTIVIDAD 5: Los horarios En parejas, uno de Uds. trabaja en la estación de trenes y el/la otro/a es un agente de viajes que necesita información sobre salidas y llegadas. Cada persona debe leer sólo su papel. Después, siéntense de espaldas *(back-to-back)* para mantener una conversación telefónica.

EMPLEADO/A DE RENFE

Trabajas para RENFE, la compañía nacional de trenes de España. Das información sobre la llegada y salida de trenes en Madrid. Comienza contestando el teléfono y di: **RENFE, dígame.**

SALIDAS

Hora	Destino	Días
11:50	Murcia	diario
12:15	Córdoba	diario excepto los domingos
13:05	Sevilla	los viernes y sábados
14:25	Granada	diario

LLEGADAS

Hora	Destino	Días
10:55	Sevilla	diario excepto los martes
12:00	Murcia	los viernes y sábados
12:30	Córdoba	diario
13:10	Granada	diario

AGENTE DE VIAJES

RENFE, la compañía nacional de trenes en España, ha hecho *(has made)* ciertos cambios en el horario de trenes y tú llamas para confirmar algunas horas. Necesitas averiguar a qué hora llegan a Madrid los siguientes trenes.

El tren de Granada los sábados. __________

El tren de Sevilla los martes. __________

También necesitas averiguar a qué hora salen de Madrid los siguientes trenes.

El tren a Sevilla los viernes. __________

El tren a Murcia todos los fines de semana. __________

Tu compañero/a va a comenzar.

ACTIVIDAD 6: Descripción **Parte A:** En parejas, miren la foto y describan qué llevan el hombre y la mujer. Sean específicos. Tienen total libertad para inventar. Cuando terminen, compartan su descripción con la clase.

➤ El hombre lleva zapatos marrones. Creo que son de cuero y que son zapatos caros.

Parte B: En parejas, describan la estación de Atocha de Madrid.

➤ La estación de Atocha es . . . y tiene . . .

CAPÍTULO 6

▲ *El lago Nahuel Huapi y el Cerro López en Bariloche, Argentina.*

CHAPTER OBJECTIVES

- Talking about things you and others did in the past
- Asking and giving prices
- Discussing the location of people and things
- Describing family relationships

Una carta de Argentina

◀ *Galerías Pacífico, un elegante centro comercial de la calle Florida en Buenos Aires, Argentina.*

¡Qué + *noun* + **más** + *adjective*!	What a + *adjective* + *noun*!
¡Qué hotel más lujoso!	What a luxurious hotel!
adjective + **-ísimo/a**	
bello/a → bellísimo/a	very beautiful

Alejandro, el tío de Teresa, le lee a su esposa *(wife)* una carta de su amigo Federico de Rodrigo, que está viajando por Argentina.

ACTIVIDAD 1: Escoge opciones Lee estas oraciones y, mientras escuchas o lees la carta que sigue, escoge la opción correcta.

1. La carta es de . . .
   a. Buenos Aires   b. Las Leñas
2. Federico está viajando con . . .
   a. unos amigos   b. su familia
3. El español de Argentina es . . . español de España.
   a. diferente del   b. igual al
4. La Recoleta es . . .
   a. una zona de tiendas   b. una zona de cafeterías

Hotel Las Leñas

Reconquista 585 / Mendoza, Argentina

Las Leñas, 20/7/00

Estimado Alejandro:

Aprovecho un rato libre para mandarles un saludo a ti y a tu familia desde Las Leñas, Mendoza, un centro de esquí muy bonito de la zona andina argentina. Los Andes son impresionantes y muy diferentes de los Pirineos españoles, y el Aconcagua es realmente majestuoso. Las Leñas es un lugar excelente para esquiar. En este momento mi esposa y los niños están esquiando y por eso tengo unos minutos para escribir unas líneas.

Llegamos a Buenos Aires el 15 de este mes. Fuimos directamente al Hotel Presidente. ¡Qué hotel más lujoso! Comimos y salimos a ver la ciudad para no perder ni un minuto de nuestro viaje. Buenos Aires es una ciudad muy europea y bellísima. Nos divertimos escuchando hablar a los argentinos con ese acento tan bonito que tienen. Casi cantan al hablar y siempre dicen "che".

Al día siguiente Elena y los niños fueron a la calle Florida y compraron muchas cosas. El cuero aquí es increíble y buenísimo. Una de las cosas que compró Elena fue un mate porque quiere aprender a beber "yerba mate". Cerca del hotel, a unos cinco minutos, Elena y yo bailamos tango toda la noche y nuestros hijos fueron a la Recoleta. Les llamó la atención ver esta zona de cafeterías y restaurantes enfrente de un cementerio donde están las tumbas de las personas más importantes del país. De veras que es curioso, ¿no?

Después de esquiar en Las Leñas, vamos a viajar a las Cataratas del Iguazú y después, como sabes, tenemos que regresar a Madrid la semana que viene. ¡Qué pena! Un millón de gracias a ti y a tu sobrina, Teresa, por organizarnos un viaje fantástico.

Como dicen aquí: un abrazo, "che", de tu amigo,

Federico

Note that the city where the letter was written precedes the date.

Dates can be written **20/VII/00, 20 de julio de 2000,** or **20/7/00.**

A colon is preferable to a comma after the greeting, even in informal letters.

El Aconcagua is the highest peak in the Western Hemisphere.

Talking about past events (Paragraphs 2 and 3)

Discussing future plans

ACTIVIDAD 2: ¿Comprendieron? Escucha o lee la carta otra vez. Luego, en grupos de tres, identifiquen o describan las siguientes cosas o lugares.

1. las montañas donde están Federico y su familia
2. el Hotel Presidente
3. un lugar de compras
4. el mate
5. la Recoleta
6. el itinerario de viaje de la familia

Yerba is also spelled **hierba.**

In Paraguay they often drink **tereré,** or cold **mate.**

¿LO SABÍAN?

El mate es un té de yerba que se toma especialmente en Argentina, Paraguay, Uruguay y en algunas partes de Chile. Se bebe en un recipiente, también llamado mate, que puede ser una pequeña calabaza seca *(dry gourd)*, o un recipiente de forma similar. Se usa con una bombilla *(a special straw)*, y se pasa de persona a persona. Beber mate a veces es una actividad social y normalmente se toma con un grupo de amigos o con la familia.

Un gaucho toma mate en la provincia de Formosa, Argentina.

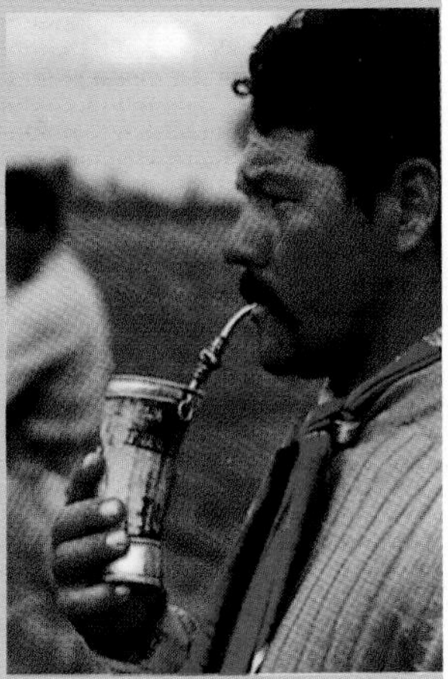

ACTIVIDAD 3: ¡Qué exageración! Describe de forma exagerada algunas cosas y personas que conoces. Usa estos adjetivos de una manera original: **altísimas, gordísimo, guapísimos, feísimo, flaquísimo, simpatiquísima.** Recuerda que el adjetivo concuerda *(agrees)* con el sustantivo que modifica.

➤ grandísima   La ciudad de Nueva York es grandísima.

To keep the [k] sound, **-c-** changes to **-qu-** before adding **-ísimo/a: flaco/a ⟶ flaquísimo/a.**

▲ *El barrio de La Boca, Buenos Aires, Argentina.*

Lo esencial I

I. Los números del cien al millón

The use of periods and commas differs in English and Spanish: 54.56 and 1,987,789 (Eng.) = 54,56 and 1.987.789 (Sp.).

Note spelling of **quinientos, setecientos,** and **novecientos.**

Mil personas, BUT **un millón de personas.**

100	cien
101, 102	ciento uno, ciento dos
200	doscientos
300	trescientos
400	cuatrocientos
500	quinientos
600	seiscientos
700	setecientos
800	ochocientos
900	novecientos
1.000	mil
2.000	dos mil
1.000.000	un millón
2.000.000	dos millones

ACTIVIDAD 4: Los precios Di cuánto cuestan generalmente estas cosas en dólares norteamericanos.

1. un estéreo bueno
2. estudiar un año en su universidad
3. un viaje de dos semanas a Hawai
4. un televisor
5. una cámara de video
6. un BMW
7. una chaqueta de cuero
8. una blusa de seda

la matrícula
el vivienda
la comida
los libros
la cuenta del teléfono

ACTIVIDAD 5: Un ojo de la cara En parejas, decidan cuánto cuestan cuatro años de estudios universitarios. Necesitan pensar en las siguientes cosas.

➤ La matrícula de un año cuesta . . .

1. la matrícula de un año
2. los libros
3. la comida
4. la vivienda
5. las cuentas de teléfono de cada mes
6. los gastos extras de cada mes (cine, restaurantes, etc.)

II. Preposiciones de lugar

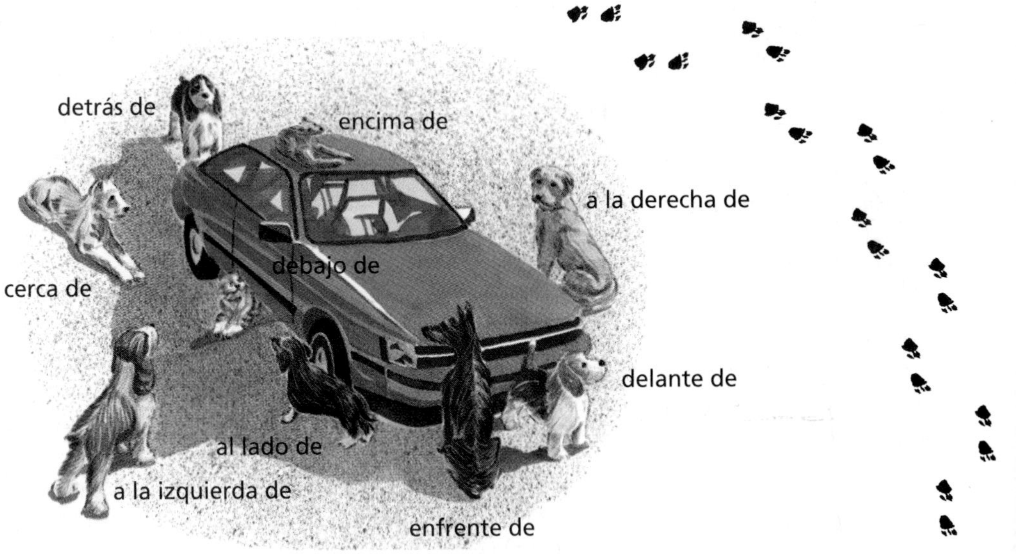

ACTIVIDAD 6: La Meca de la Elegancia En parejas, Uds. están en la tienda del dibujo, La Meca de la Elegancia. "A" es un/a cliente que quiere comprar una cosa; "B" es un/a vendedor/a.

➤ A: Por favor, ¿(me puede decir) dónde está/n . . . ?
B: Está/n . . .
A: ¿Cuánto cuesta/n . . . ?
B: Cuesta/n . . .
A: . . .

ACTIVIDAD 7: La ciudad universitaria En grupos de tres, una persona describe dónde están los lugares importantes de su ciudad universitaria *(campus)* y los otros adivinan qué lugar es. La persona que adivina correctamente describe otro lugar. Usen preposiciones de lugar.

➤ A: Este lugar está cerca de la cafetería y a la derecha de Bascom Hall.
B: Es . . .

Hacia la comunicación I

I. Talking About the Past: The Preterit

All **-ar** and **-er** stem-changing verbs are regular in the preterit.

1. In Chapter 5 you saw how to discuss the immediate past using **acabar de** + *infinitive*. Now you will learn how to talk about completed past actions using the preterit. All regular verbs as well as stem-changing verbs ending in **-ar** and **-er** are formed as follows. (You will learn the preterit of stem-changing **-ir** verbs in Chapter 7.)

Note the use of accents.

Vosotros form = **tú** form + **-is**: **bebiste** + **-is** = **bebisteis.**

cerr*ar*	
cerr**é**	cerr**amos**
cerr**aste**	cerr**asteis**
cerr**ó**	cerr**aron**

com*er*	
com**í**	com**imos**
com**iste**	com**isteis**
com**ió**	com**ieron**

escrib*ir*	
escrib**í**	escrib**imos**
escrib**iste**	escrib**isteis**
escrib**ió**	escrib**ieron**

Ver is regular in the preterit and it has no accents because **vi** and **vio** are monosyllables.

El viernes pasado **vi** una película.	*I saw a movie last Friday.*
Anoche no **estudiamos.**	*We didn't study last night.*
Ayer Paco **almorzó** en un restaurante.	*Paco had lunch in a restaurant yesterday.*
¿**Trabajaste** mucho ayer?	*Did you work a lot yesterday?*
¿Cuándo **empezaron** las clases?	*When did classes begin?*

NOTE:

a. Regular **-ar** and **-ir** verbs have the same ending in the **nosotros** form in the present indicative and the preterit. Context helps determine the tense of the verb. For example: **No almorzamos ayer. / Almorzamos todos los días.**
b. Verbs that end in **-car, -gar,** or **-zar** require a spelling change in the **yo** form: **jugar ⟶ jugué, empezar ⟶ empecé, tocar ⟶ toqué.** For example: **Ayer jugué al fútbol y Juan también jugó.**
c. Regular reflexive verbs follow the same pattern as other regular verbs in the preterit. The reflexive pronoun precedes the conjugated form. For example: **Esta mañana me levanté temprano.**

2. Four common irregular verbs in the preterit are **ir** and **ser,** which have the same preterit forms, **dar** *(to give)*, and **hacer.**

Note the lack of accents.

Note the **z** in **hizo.**

ir/ser	
fui	fuimos
fuiste	fuisteis
fue	fueron

hacer	
hice	hicimos
hiciste	hicisteis
hizo	hicieron

dar	
di	dimos
diste	disteis
dio	dieron

Ella no **fue** al concierto. *She didn't go to the concert.*
¿Qué **hiciste** anoche? *What did you do last night?*
Todos **hicieron** la tarea. *They all did their homework.*

3. The following time expressions are frequently used with the preterit to express a completed past action.

anoche last night
ayer yesterday
anteayer the day before yesterday
hace tres/cuatro/etc. días three/four/etc. days ago
la semana pasada last week
el sábado/mes/año pasado last Saturday/month/year
hace dos/tres/. . . semanas/meses/años two/three/. . . weeks/months/years ago
de repente suddenly
¿Cuánto tiempo hace que + *preterit* **. . . ?** How long ago did . . . ?

Here are some frequently used verbs that you will practice in the chapter activities.

abrir to open
aprender to learn
asistir a to attend (class, church, etc.)
buscar to look for
comenzar (e > ie) to begin
decidir to decide
dejar to leave behind; to let, allow
empezar (e > ie) to begin
gritar to shout, scream
llegar to arrive
llorar to cry
pagar to pay (for)
sacar to get a grade; to take out
terminar to finish
tomar to drink; to take (a bus, etc.)
viajar to travel

Terminé anoche a las 10:00. *I finished last night at 10:00.*
Ayer dos alumnos no **asistieron a** clase. *Two students didn't attend class yesterday.*
El público **gritó** con entusiasmo. *The audience shouted enthusiastically.*

II. Indicating Relationships: Prepositions and Prepositional Pronouns

1. Prepositions relate one word with another in a sentence. Common prepositions include **a, con, de, desde, en, entre, hacia, hasta, para, por,** and **sin.**

Él caminó **hacia** la playa.	*He walked toward the beach.*
Prefiero ver el rodeo **desde** aquí.	*I prefer to see the rodeo from here.*
Salimos **sin** tu permiso.	*We went out without your permission.*

You already used these pronouns with **gustar.** See pp. 44–45.

2. When pronouns follow a preposition, the forms of the pronouns are the same as subject pronouns, except for the forms corresponding to **yo** and **tú,** which are **mí** and **ti** respectively.

Prepositional Pronouns

a / para / sin / (etc.)	+	**mí**	nosotros/as
		ti	vosotros/as
		Ud.	Uds.
		él	ellos
		ella	ellas

—Tengo dinero **para ti.**
—**¿Para mí?** Gracias.

—¿Van a ir **sin Juan**?
—No, no podemos ir **sin él.**

NOTE:

a. With the preposition **con,** the pronouns **mí** and **ti** become **conmigo** and **contigo:**

—¿Quieres ir **conmigo**?	*Do you want to go with me?*
—Sí, voy **contigo.**	*Yes, I'll go with you.*

b. The preposition **entre** uses **tú** and **yo:**

—Vamos a hacer el trabajo **entre tú y yo.**	*We are going to do the work between you and me.*

3. When a verb immediately follows a preposition, it is always in the infinitive form.

Después de comer, miraron la tele.	*After eating, they watched TV.*
Antes de ducharse, Fernando tomó café.	*Before showering, Fernando had a cup of coffee.*

4. Note the prepositions used with the following verbs:

asistir a + *place*	to attend + *place*
casarse con + *person*	to marry + *person*
entrar en + *place*	to enter + *place*
salir de + *place*	to leave + *place*
aprender a + *infinitive*	to learn + *infinitive*
comenzar a + *infinitive*	to begin + *infinitive*
empezar a + *infinitive*	to begin + *infinitive*
enseñar a + *infinitive*	to teach + *infinitive*

NOTE: The verbs **deber, desear, necesitar, poder,** and **querer** are directly followed by the infinitive.

Do Workbook *Práctica mecánica I* and corresponding CSM activities.

Quiero estudiar porque tengo un examen.	*I want to study because I have an exam.*
Debemos volver a casa.	*We should return home.*

ACTIVIDAD 8: ¿Qué ocurrió? Claudia está contando algo que ocurrió el viernes pasado. Completa el párrafo con la forma del verbo y el tiempo *(tense)* correctos. Usa los siguientes verbos: **encontrar, hablar, ir, llegar, perder, recibir.**

El viernes pasado nosotros terminamos las clases y ______________ a una fiesta en la casa del tío de Teresa para celebrar el cumpleaños de Carlitos. Juan Carlos ______________ conmigo, y Álvaro con Isabel. Ellos ______________ tarde porque ______________ 150.000 pesetas en el Parque del Retiro. Álvaro e Isabel ______________ con un policía y él les explicó que si la persona que ______________ el dinero no ______________ con la policía antes del lunes que viene, Álvaro e Isabel van a ______________ las 150.000 pesetas.

ACTIVIDAD 9: Anoche En tu clase probablemente hay personas que hicieron estas actividades ayer. Haz preguntas para encontrar a estas personas.

➤ A: ¿Hiciste la tarea ayer?
B: Sí, hice la tarea. / No, no hice la tarea.

1. beber Pepsi
2. correr
3. bailar
4. recibir una carta
5. comer a las siete
6. ir al cine
7. tocar el piano
8. mirar televisión

ACTIVIDAD 10: La última vez En parejas, pregúntenle a su compañero/a cuánto tiempo hace que hizo estas acciones.

1. ducharse
2. ir al médico
3. visitar a sus padres
4. sacar "A" en un examen
5. comer pizza
6. jugar al tenis

ACTIVIDAD 11: ¿Cuándo fue? En parejas, digan en qué año ocurrieron los siguientes acontecimientos.

➤ La Armada Invencible española / perder contra los ingleses
La Armada Invencible española perdió contra los ingleses en mil quinientos ochenta y ocho.

1. Cristóbal Colón / llegar a América
2. Clinton / subir a la presidencia
3. Inglaterra / perder la Guerra Revolucionaria contra las colonias americanas
4. Neil Armstrong / caminar en la luna
5. Los Juegos Olímpicos / ser en Barcelona
6. La Segunda Guerra Mundial / empezar

ACTIVIDAD 12: ¿A qué hora? **Parte A:** En la primera columna escribe a qué hora hiciste ayer (o el viernes pasado si hoy es lunes) las siguientes actividades.

	tú	compañero/a
1. levantarse	7:30	8:00
2. almorzar	11:00	
3. ir a la primera clase	10:00	9:00
4. terminar la última clase	12:50	11:00
5. volver a casa (o la residencia)	5:00	
6. acostarse	3:00	

Parte B: Ahora, pregúntale a otra persona a qué hora hizo las actividades de la Parte A y escribe su respuesta en la segunda columna.

➤ A: ¿A qué hora te levantaste ayer?
B: Me levanté a las . . .

ACTIVIDAD 13: Las últimas vacaciones En parejas, pregúntenle a su compañero/a sobre las últimas vacaciones de sus padres o de unos amigos. Averigüen adónde fueron y qué hicieron. Pregúntenle qué planes tienen estas personas para este año. Tomen apuntes *(take notes)*.

If you can't remember, invent! Use the preterit to speak about the past and **ir a** + *infinitive* to speak about the future.

ACTIVIDAD 14: De compras Imagínate que ayer fuiste de compras. En parejas, explíquenle a su compañero/a lo siguiente:

1. adónde fuiste
2. quién fue contigo
3. qué viste
4. si compraste algo y para quién
5. qué hiciste después de ir de compras

ACTIVIDAD 15: ¿Qué hiciste ayer? **Parte A:** Vas a prepararte para hablar de qué hiciste ayer. Piensa en las respuestas a estas preguntas, pero también piensa en detalles *(details)* que puedes añadir.

1. ¿Qué hiciste antes de salir de tu casa?
2. ¿Desayunaste? ¿Dónde y con quién?
3. ¿Cómo fuiste desde tu casa a la universidad?
4. ¿Asististe a clase?
5. ¿Almorzaste? ¿Dónde y con quién?
6. Después de almorzar, ¿qué hiciste?
7. Y por la noche, ¿saliste con tus amigos? ¿Hiciste algo interesante? ¿Quiénes fueron contigo?

Parte B: En parejas, hablen sobre qué hicieron ayer. Si quieren saber más, deben hacerle preguntas como las siguientes a su compañero/a: **Y después de desayunar, ¿qué hiciste? ¿A cuántas clases asististe? ¿Quién cenó contigo?**

ACTIVIDAD 16: La entrevista Para hacer publicidad, la administración de tu institución quiere saber qué tipo de estudiantes asisten a esta universidad. En parejas, entrevisten a su compañero/a y luego informen al resto de la clase.

Pregúntenle a su compañero/a . . .

1. en qué año empezó sus estudios universitarios.
2. si asistió a otras universidades. ¿Dónde? ¿Por cuánto tiempo?
3. por qué decidió venir aquí.
4. en qué año comenzó a estudiar en esta universidad.
5. si aprendió a usar computadoras en esta universidad, en otra universidad, en la escuela secundaria o en la escuela primaria *(elementary school)*.
6. qué hace después de sus clases todos los días.
7. si juega al tenis, al basquetbol o a otro deporte.
8. dónde y cuántas horas al día estudia.
9. en qué año va a terminar sus estudios.
10. qué piensa hacer después de terminar la universidad.

Do Workbook *Práctica comunicativa I.*

Nuevos horizontes

LECTURA

Estrategia: *Skimming*

In Chapter 1, you learned about scanning. When scanning, you look for specific information and your eyes resemble laser beams zeroing in on a subject. In this chapter you will learn about skimming. When you skim a text, you simply read quickly to get the main idea without stopping to wonder about the meaning of unknown words. You will practice skimming as you read about Mar del Plata, a city in Argentina.

ACTIVIDAD 17: Predicción **Parte A:** Antes de leer un folleto turístico sobre Mar del Plata, una ciudad al sur de Buenos Aires, predice cuatro lugares que piensas que se van a describir en este folleto.

escuelas	centros culturales	monumentos	museos
cines	supermercados	iglesias	playas
piscinas	centros comerciales	estadios	farmacias

Parte B: Ahora mira el folleto para confirmar tus predicciones. ¿Qué otros lugares se mencionan?

ACTIVIDAD 18: Lectura rápida y lectura detallada **Parte A:** Lee rápidamente *(skim)* la información sobre cada lugar para encontrar cuatro lugares que quieres visitar en un viaje que piensas hacer los últimos dos días de febrero, a fines del verano.

Parte B: Ahora lee sobre esos cuatro lugares para obtener más información. Intenta adivinar *(guess)* las palabras que no entiendes usando el contexto, los dibujos *(drawings)* del mapa y las fotos.

Remember: You are not expected to comprehend every word, you are just reading to get the gist.

Parte C: En parejas, Uds. van a ir a Mar del Plata en febrero y tienen que usar la información del folleto y el mapa de la página 150 para:

1. convencer a su compañero/a de cuáles son los lugares más interesantes.

   Por ejemplo: **Debemos ir a la playa porque . . .**

2. decidir el recorrido *(route)* turístico.

   Por ejemplo: **Primero debemos ir . . . porque está cerca de . . .**

NOTE: **Marplatense/s** is an adjective denoting people or things from Mar del Plata.

ACTIVIDAD 19: Los detalles Sigue las instrucciones de tu profesor/a para ver cuánta información puedes sacar de las secciones biográficas del folleto que acabas de leer.

LUGARES DE INTERÉS TURÍSTICO

Archivo Histórico Municipal

Habilitado el 17 de agosto de 1969 tiene como función específica la de reunir, clasificar, organizar y conservar toda documentación gráfica, escrita o sonora y demás elementos vinculados con el historial de la cuidad y de la región. Cuenta con una biblioteca con obras de escritores locales y libros que hacen mención de Mar del Plata, así como también con reseñas históricas de pueblos de la provincia de Buenos Aires.

La Banquina de Pescadores

Ofrece, con sus embarcaciones típicas, un espectáculo siempre novedoso y cambiante. En las últimas horas de la tarde llegan las lanchas de pescadores y realizan la descarga en la banquina; desde allí parten también pequeños barcos que hacen excursiones marítimas, y recorren la costa marplatense.

Sobre el acceso a la Escollera Sur se encuentra la **Reserva de Lobos Marinos;** estos animales pueden ser observados durante todo el año a muy corta distancia. En la avenida Martínez de Hoz y Magallanes se encuentra el Centro Comercial y Gastronómico, con restaurantes especializados en platos a base de pescados y mariscos.

Capilla Stella Maris

Esta capilla fue inaugurada el 22 de mayo de 1908. Entre los elementos que la componen merecen destacarse: el altar, de nogal tallado; la torre, coronada por una cruz de bronce dorado; el carillón de gran tamaño que reproduce las características del reloj de la Abadía de Westminster en Inglaterra.

Centro Cultural Victoria Ocampo

En la primera década del siglo doña Francisca Ocampo, tía abuela de la escritora Victoria Ocampo, hizo traer de Inglaterra una enorme casa prefabricada emplazándola en un parque de dos manzanas. Luego pasó a ser propiedad de la ciudad y ahora se organizan cursos de jardinería, cursos de tapices, muestras de murales, y en los meses de verano, conciertos al aire libre de importantes conjuntos nacionales.

▲ *La playa Bristol en Mar del Plata, Argentina.*

▲ *Lobos marinos, Mar del Plata, Argentina.*

■ *Victoria Ocampo nació el 7 de abril de 1890. Su vida fue dedicada a la cultura, su obra literaria y a la revista* Sur. *En 1969 la India le otorgó la más alta distinción honoraria: Doctora en Literatura, distinción que se suma al Premio María Moors Cabot de la Universidad de Columbia, al Honoris Causa de la Universidad de Harvard o la Commander of the Order of the British Empire que acuerda la Reina Isabel de Inglaterra. En 1973 tomó la decisión de donarle su casa a la UNESCO. Falleció a la edad de 88 el 27 de enero de 1979.*

▶Juegos Panamericanos Copán 95

Desde 1951, los juegos deportivos panamericanos se han convertido en una arraigada tradición en competencias deportivas entre los aficionados de 42 países americanos. Los juegos se celebran cada cuatro años, siempre uno antes de los olímpicos.

El complejo polideportivo se encuentra literalmente "enterrado" a 3,50 metros debajo del nivel del suelo. Los juegos tuvieron lugar en Mar del Plata en 1995, con 40 disciplinas (entre éstas se encuentran: atletismo, basquetbol, boxeo, canoa/kayac, ciclismo, esquí acuático, fútbol, gimnasia artística, tenis de mesa, taekwondo, triatlón, voleibol).

▶Monumento a Alfonsina

Fue construido en 1938 en memoria de Alfonsina Storni, poeta argentina.

■ *Alfonsina Storni, nació en Suiza en 1892, fue maestra, periodista y defensora del feminismo. El epitafio en este monumento fue escrito por ella misma un mes antes de morir. En 1938, se suicidó en Mar del Plata arrojándose al mar. Un mes después de su muerte, la Cámara de Diputados decidió erigir este mausoleo a su memoria en el mismo lugar donde apareció el cadáver.*

▶Museo Municipal de Arte "Juan Carlos Castagnino"

El museo posee una colección de 450 obras de artistas nacionales y marplatenses – pintura, dibujo, grabado, fotografía y escultura – de las cuales 138 pertenecen al maestro Juan C. Castagnino. La actividad del museo comprende muestras permanentes y temporarias, cursos y conferencias referidas a la problemática artístico-visual y a sus expresiones, proyecciones y visitas guiadas a escolares y al público en general.

■ *Juan Carlos Castagnino nació en Mar del Plata, provincia de Buenos Aires, el 18 de noviembre de 1908. Hizo sus estudios en la Facultad de Buenos Aires. En 1939 y 1948 realizó viajes de estudio por Italia, España y Francia. En 1952 viajó por el Oriente. En 1960, fue a México y recorrió los países de Centro América. En el exterior participó en exposiciones individuales y colectivas. Entre sus obras de carácter mural se destacan "Obreros y campesinos" y "Sol y luna". Falleció el 21 de abril de 1972.*

▶Playas

Las playas más interesantes para visitar son Playa Grande y Playa Chica que tienen servicio de restaurante y cafés. Pasando el puerto se encuentra el Complejo Turístico de Punta Mogotes. Cuenta con 24 balnearios con instalaciones complementarias: locales comerciales, restaurantes, cafés, salas de entretenimientos, playas de estacionamiento, juegos y guarderías infantiles, salones de belleza integrales, canchas de tenis, paddle y papi fútbol.

▶Torreón del Monje

El edificio fue donado a la ciudad por el señor Ernesto Tornquist. El sitio para su construcción fue el promontorio de Punta Piedras, lugar predilecto de los excursionistas que a principios de siglo visitaban nuestra ciudad. Contiene una sala de exposición con libre acceso al público. Confitería-salón de té muy amplio y con vista al mar.

Torre Tanque

▶Fue construida en el punto más alto de la Loma de Stella Maris; tiene una altura máxima de 8,40 metros sobre el nivel del mar y un magnífico mirador, clásico punto panorámico de la ciudad.

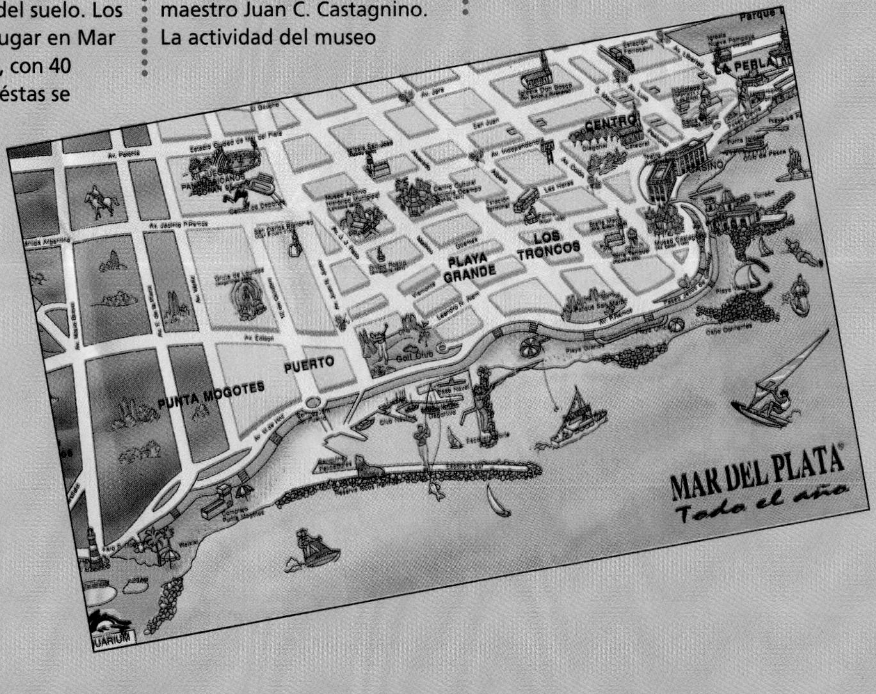

ESCRITURA Estrategia: *Chronological Order*

Texts such as news reports, histories, biographies, or travelogues often are organized chronologically. In Chapter 5 you used adverbs of time to help sequence events. Verb forms also help establish the order of events. To apply a simple chronological order when writing, report past, present, and then future actions.

- Use preterit for completed past actions (see data in the preceding reading about Victoria Ocampo, Alfonsina Storni, and Juan Carlos Castagnino).
- Use present tense for present, ongoing activities.
- Use **ir a** + *infinitive* and constructions such as **querer** + *infinitive*, **le gustaría** + *infinitive*, **pensar** + *infinitive* to refer to future plans.

ACTIVIDAD 20: Una biografía **Parte A:** You are going to write a biography about a famous, living person. First, think of someone you admire or would like to learn more about or choose from the names suggested by your instructor and organize an outline in Spanish based on the following:

- paragraph 1: name, when and where he/she was born, what he/she did (avoid description, just state actual accomplishments)
- paragraph 2: what he/she is doing now
- paragraph 3: what he/she is going to do in the future

Remember: Do your outline in Spanish.

Note: When writing a biography, it is common to present most data in chronological order. Use words like **primero, más tarde, luego, después, después de** + *infinitive* and **antes de** + *infinitive* in the first paragraph.

Parte B: Write a three-paragraph biography based on your outline.

Parte C: Check to see if you used the preterit in the first paragraph to refer to past actions. Also check to make sure you avoided description. Did you use the present tense in the second paragraph? In the final paragraph you should have used constructions such as **ir a** + *infinitive* and **querer** + *infinitive*. Make any necessary changes to your final draft and hand in all drafts to your instructor.

Lo esencial II

Avianca, la aerolínea nacional de Colombia, fue la primera aerolínea de este hemisferio; comenzó sus operaciones en el año 1919.

I. Medios de transporte

1. la moto/motocicleta
2. el metro
3. el barco
4. el autobús
5. la bicicleta
6. el taxi
7. el carro/coche/auto
8. el camión
9. el tren
10. el avión

ACTIVIDAD 21: Asociaciones Di qué medios de transporte se asocian con estas palabras: Greyhound, Northwest, U-haul, el color amarillo, Porsche, Titanic, Amtrak, Kawasaki, Trek.

ACTIVIDAD 22: Los transportes de tu ciudad En parejas, hagan una lista de los medios de transporte de la ciudad donde Uds. estudian. Digan cuánto cuestan, qué zonas recorren y a qué hora empiezan sus servicios. Expliquen también qué medios de transporte no hay, cuáles creen que se necesitan y por qué.

II. La familia de Marisel

La familia de Marisel es grande. Sus **abuelos** paternos son Francisco y Marina y sus **abuelos** maternos son Ramón y María Luisa. Su **padre** se llama Javier y su **madre,** Ana María. Marisel tiene un **hermano menor** que se llama Quico y ella, por supuesto, es la **hermana mayor.** Tiene cuatro **tíos:** Luis y Alicia son **hermanos** de su padre y Mª Rebeca y Marta, **hermanas** de su madre. Para Marta, Marisel es una **sobrina** muy divertida. Marisel también tiene dos **tíos políticos:** Rosa, la **esposa** de su **tío** Luis, y Tomás, el **esposo** de su **tía** Marta. Rosa y Luis tienen dos **hijos,** Inés y Diego, que son **primos** de Marisel; pero su **primo** favorito es Tomasito, **hijo** de su **tía** Marta y su **esposo** Tomás.

Parientes = relatives; **padres** = parents.

Mª = abbreviation for **María.**

Esposo/marido = husband; **esposa/mujer** = wife.

ACTIVIDAD 23: La familia de Javier En parejas, describan la familia de Marisel en relación con Javier. Por ejemplo: **El padre de Javier se llama Francisco. Javier tiene dos hermanos, Alicia y Luis.** Las siguientes palabras pueden ser útiles:

suegro	father-in-law	**cuñado**	brother-in-law
suegra	mother-in-law	**cuñada**	sister-in-law

Practice family vocabulary by forming sentences about your family and about fictional families on TV: **Beaver y Wally son hermanos.**

¿LO SABÍAN?

Cuando se casa una mujer hispana, generalmente conserva sus apellidos y añade *(adds)* el primer apellido de su esposo. Por ejemplo, si María Luisa Yépez Ortiz se casa con Ramón Vegas Pérez, ella se llama María Luisa Yépez (Ortiz) de Vegas. Si tienen un hijo, sus apellidos van a ser Vegas Yépez.

ACTIVIDAD 24: ¡Bingo! Vas a jugar al bingo. Tienes que hacerles preguntas a diferentes compañeros de la clase basándote en la información de las casillas *(boxes)*. Si una persona contesta que sí a una pregunta, escribe su nombre en la casilla correspondiente. La persona que completa primero una fila *(line)* en forma diagonal, vertical u horizontal es el/la ganador/a *(winner)*.

O *(Or)* becomes **u** before words beginning with **o** or **ho** **(vertical u horizontal).**

B	I	N	G	O
un hermano	cumpleaños en septiembre	madre alta	un abuelo irlandés	una tía enfermera
cumpleaños en febrero	padre gordo	no tiene hermanos	una tía que se llama Ann	tiene primos
tiene cuatro abuelos	un tío que se llama Bill	cumpleaños en julio	tiene esposo	un hermano rubio
dos hermanos	una abuela italiana	dos cuñados	tiene una sobrina	un abuelo con poco pelo
hermanas	tiene un sobrino	tiene una hija	cumpleaños en el otoño	dos hermanas

ACTIVIDAD 25: Oraciones incompletas **Parte A:** En tres minutos escribe oraciones incompletas sobre la familia. Por ejemplo: **La madre de mi madre es mi _____.**

Parte B: Ahora, en grupos de tres, una persona lee sus oraciones incompletas y los compañeros tienen que completar esas oraciones.

El hotel secreto

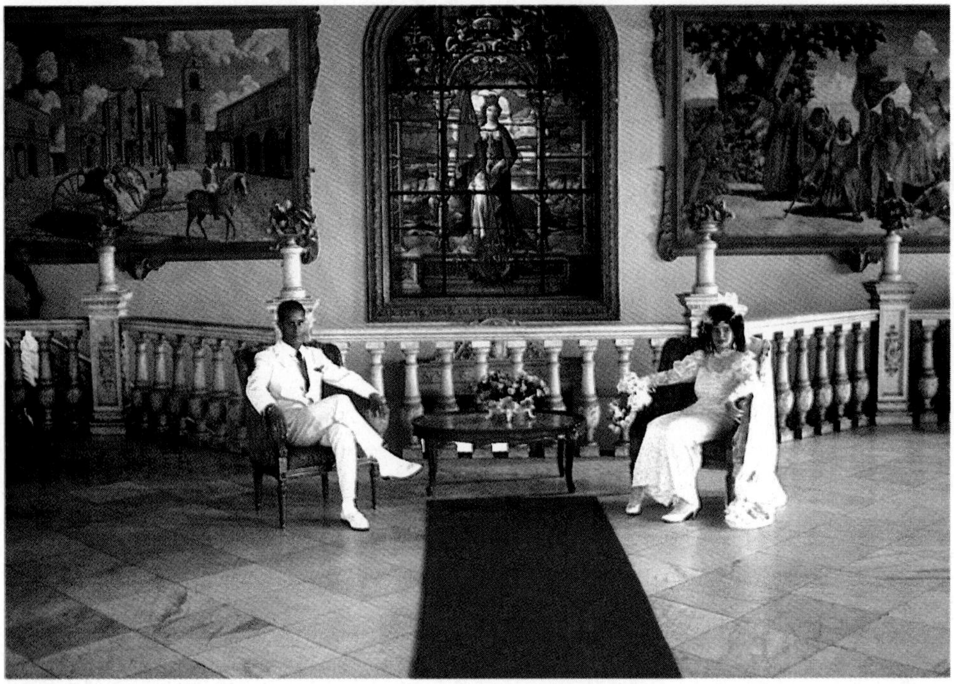

▲ *Los novios esperan para casarse en el Palacio de Matrimonio (un centro matrimonial del gobierno) de La Habana, Cuba.*

echar la casa por la ventana	to go all out (literally, to throw the house out the window)
en/por + barco/tren/etc.	by boat/train/etc.
tener ganas de + *infinitive*	to feel like + *-ing*
Tengo ganas de viajar.	I feel like traveling.

Isabel fue a Chile por dos semanas para visitar a su familia y para asistir a la boda de su mejor amiga con su primo favorito. Ahora está hablando con dos amigos, Andrés y Camila, sobre la boda, que fue ayer.

ACTIVIDAD 26: Marca los regalos Mientras escuchas la conversación, marca sólo los regalos *(presents)* que recibieron los novios. Lee la lista antes de empezar a escuchar.

Novios = *boyfriend and girlfriend*, as well as *bride and groom*.

	¿Recibieron?		
una grabadora	____	un sofá	X
un estéreo	X	una casa	____
un televisor	X	un viaje	X
unas toallas	____		

ANDRÉS Hola, Isabel. ¿Qué tal?
ISABEL Estoy cansadísima.
ANDRÉS ¿Y por qué?
ISABEL Es que anoche fue el matrimonio de Olga y mi primo Nando y bailé muchísimo.
CAMILA Los papás de Olga echaron la casa por la ventana. ¡A mí me encantó ver a Nando entrando en la iglesia del brazo de tu tía! ¡Qué buen mozo estaba Nando! Y tu tía, ¡qué madrina[1] más elegante!
ANDRÉS ¿Y sabes qué regalos les dieron?

Stating who gave what to whom

ISABEL Un tío de ella les dio un televisor gigante.
CAMILA Claro y con control remoto para Olga que siempre cambia de canal.
ANDRÉS ¿Y qué más?
ISABEL Ah sí, mi abuelo les dio un estéreo.
ANDRÉS Fantástico.
ISABEL Sí, están contentísimos con el estéreo. También los padres de Camila les regalaron un sofá precioso.
ANDRÉS Perfecto. Así puede dormir Nando mientras mira la televisión en su televisor gigante.
CAMILA Nando me dijo que los padres de él les pagaron el viaje de luna de miel.[2]
ANDRÉS ¡No me digas! ¿Adónde?

Discussing means of transportation

ISABEL Hoy salen en avión para Santo Domingo y después van a viajar en barco por el Caribe.

Expressing desires

CAMILA ¡Qué romántico! Yo tengo muchas ganas de ir a la República Dominicana; las islas del Caribe deben ser muy lindas.
ANDRÉS ¿Y sabes en qué hotel se quedaron anoche?

Making negative statements

ISABEL No sé. Creo que no le contaron nada a nadie. ¿Tú sabes algo, Camila?
CAMILA ¡Claro que no! Eso . . . no se dice nunca . . .

[1] *maid of honor* [2] *honeymoon*

ACTIVIDAD 27: Preguntas Después de escuchar la conversación otra vez, contesta estas preguntas.

1. ¿Quiénes se casaron? ¿Quién es pariente de Isabel, el novio o la novia?
2. ¿Con quién entró el novio en la iglesia?
3. ¿Quiénes les dieron los siguientes regalos: el estéreo, el televisor, el sofá y el viaje?
4. ¿Adónde van Nando y Olga para la luna de miel y cómo van?
5. ¿Qué tiene ganas de hacer Camila, la amiga de Isabel?

ACTIVIDAD 28: La luna de miel En parejas, pregúntenle a su compañero/a adónde fueron unos amigos para su luna de miel, qué hicieron y cómo viajaron. Si su compañero/a está casado/a, pregúntenle sobre su luna de miel.

¿LO SABÍAN?

Por lo general, en las bodas hispanas los amigos de los novios no participan directamente en la ceremonia; en cambio, los padres de los novios son los "padrinos" y están en el altar acompañando a sus hijos. El novio entra en la iglesia del brazo de su madre (la madrina) y, como en los Estados Unidos, la novia entra del brazo de su padre (el padrino). ¿Te gusta la idea de tener a los padres como padrinos de una boda?

> *Pedro Dominguez y*
> *Susana Bensabat de Dominguez participan a Ud. la boda de su hijo Pablo con la señorita Mónica Graciela Guerrero y le invitan a presenciar la ceremonia religiosa que se efectuará en la Iglesia Santa Elena el viernes 15 de diciembre a las 20 y 30.*
>
> *Buenos Aires, 2000*
>
> *Los novios saludarán en el atrio.*
> *Juan F. Seguí 3815*

ACTIVIDAD 29: El viaje del año pasado En grupos de tres, pregúntenles a sus compañeros adónde fueron de viaje el año pasado, qué hicieron y qué medios de transporte usaron. También pregúntenles qué tienen ganas de hacer este año.

If you didn't take a trip last year, invent one!

➤ A: ¿Adónde fuiste el año pasado?
B: Fui a San Francisco.
A: ¿Cómo fuiste?
B: Fui en/por avión.
A: . . .

Hacia la comunicación II

I. Using Indirect-Object Pronouns

Before studying the grammar explanation, answer these questions:

- When Isabel, Camila, and Andrés speak, to whom do the words in bold refer in the following sentences?

  "¿Y sabes qué regalos **les** dieron?"
  "Creo que no **le** contaron nada a nadie."
  "Nando me dijo que los padres de él **les** pagaron el viaje . . ."

- Do the people indicated by the words in boldface perform the actions indicated by the verbs?

See **gustar,** pp. 44–45.

1. An indirect object indicates *to whom* or *for whom* an action is done. You have already learned the indirect-object pronouns with the verb **gustar.**

Indirect-Object Pronouns	
me	**nos**
te	**os**
le	**les**

What was sent? ⟶ money = direct object

To whom was the money sent? ⟶ to me = indirect object

—¿Quién **te** mandó dinero? — *Who sent you money?*
—Mi padre **me** mandó dinero. — *My father sent me money.*

2. Like the reflexive pronoun, the indirect-object pronoun precedes a conjugated verb or follows attached to a present participle or an infinitive.

Ayer **le** escribí una carta. — *I wrote him/her a letter yesterday.*
Ahora **le** estoy escribiendo (estoy escribi**é**ndo**le**) una carta. — *I'm writing him/her a letter now.*
Mañana **le** voy a escribir (voy a escribir**le**) una carta. — *I'm going to write him/her a letter tomorrow.*

3. The meaning of an indirect-object pronoun can be emphasized or clarified by using the preposition **a** + *noun* or **a** + *prepositional pronoun.*

Le escribí una carta **a Juan.** — *I wrote a letter to Juan.*
Ella **les** explicó el problema **a ellos.** — *She explained the problem to them.*

The following verbs are commonly used with indirect-object pronouns:

Conjugate **ofrecer** like **conocer: ofrezco, ofreces . . .** **Dar** has an irregular **yo** form: **doy, das, da . . .**

contar (o > ue) to tell	**mandar** to send
contestar to answer	**ofrecer** to offer
dar to give	**pagar** to pay (for)
decir (e > i) to say; to tell	**pedir** to ask for
escribir to write	**preguntar** to ask (a question)
explicar to explain	**regalar** to give a present
hablar to speak	

Los padres de Nando **les pagaron** el viaje. — *Nando's parents paid for the trip (for them).*
La familia de Olga **les regaló** muchas cosas. — *Olga's family gave them many things.*

NOTE: The indirect-object pronoun in Spanish is almost always mandatory. In the following sentences the items in parentheses are optional and the words in bold type are mandatory. Those in parentheses are used to provide clarity or emphasis.

(A ellos) **les** gustaría ir a la República Dominicana.
Les regalaron un viaje (a Olga y a Nando).

II. Using Affirmative and Negative Words

Palabras afirmativas	Palabras negativas
todo everything **algo** something	**nada** nothing
todos/as everyone **alguien** someone	**nadie** no one
siempre always	**nunca** never

1. When the words **nada, nadie,** or **nunca** follow the verb in a sentence, the double negative is mandatory. You need to apply the following formula:

no + *verb* + *negative word*

—¿Tienes algo para mí?
—No, **no** tengo **nada.**

—¿Llamó alguien?
—No, **no** llamó **nadie.**

—¿Siempre estudia tu hermana?
—No, **no** estudia **nunca.**

2. **Nunca** and **nadie** can also precede the verb. In this case **no** is omitted. **Nada** almost never precedes the verb.

Nunca estudio los viernes.
Nadie llamó.

Review use of the personal **a**, Ch. 4.

Internet Do Workbook *Práctica mecánica II,* CSM, Web, and lab activities.

NOTE: **Alguien** and **nadie** require the personal **a** when they function as direct objects:

—¿Llamaste **a alguien**?
—No, no llamé **a nadie.**

ACTIVIDAD 30: Las próximas actividades Describe las actividades que van a hacer estas personas la semana que viene. Forma oraciones con elementos de cada columna.

➤ Yo voy a preguntarle algo indiscreto a Julieta.

yo	explicar	un trabajo	a la psicóloga
el paciente	contestar	algo indiscreto	a Julieta
la abogada	mandar	una carta de amor	a nosotros
Romeo	ofrecer	su problema	a ti
ellos	pedir	un fax	al piloto
	preguntar	cien dólares	al médico
		su nombre	a mí

ACTIVIDAD 31: La última vez Contesta estas preguntas.

1. ¿Cuándo fue la última vez que le mandaste algo a alguien? ¿Qué le mandaste y a quién?
2. ¿Cuándo fue la última vez que alguien te mandó algo? ¿Quién te mandó algo y qué te mandó?
3. ¿Quién te escribe cartas? ¿Quién te manda correo electrónico? ¿Cuándo fue la última vez que recibiste una carta o correo electrónico?
4. ¿Cuándo fue la última vez que le hablaste a un/a profesor/a en horas de oficina? ¿Le preguntaste algo? ¿Te contestó la pregunta? ¿Te explicó algo? ¿Qué te explicó?

ACTIVIDAD 32: Los regalos En parejas, pregúntenle a su compañero/a qué les regaló a cinco personas el año pasado. Piensen en ocasiones especiales y en personas como sus abuelos, su novio/a, un/a amigo/a especial, su hermano/a, etc. Luego, pregúntenle a su compañero/a qué le dieron a él/ella el año pasado esas cinco personas.

ACTIVIDAD 33: ¡No, no y no! En parejas, terminen estas conversaciones entre padres e hijos. Después, presenten las diferentes miniconversaciones; una persona es el padre o la madre y la otra es el/la hijo/a. Usen palabras afirmativas y negativas como **siempre, nunca, algo, nada, alguien, nadie.**

—¿Qué tienes en la mano?
—No tengo . . . nada.

—¿Qué me vas a regalar?
—Algo muy especial.

—¿Qué hiciste?
—No hice . . . nada

—¿Hay alguien contigo?
—No, no hay . . . nadie. Estoy solo/a.

—¿Terminaste la tarea?
—Siempre termino la tarea antes de salir a jugar.

ACTIVIDAD 34: El optimista y el pesimista En parejas, uno/a de Uds. es una persona optimista y la otra persona es pesimista; siempre se contradicen.

➤ El/La optimista: Alguien me escribe cartas.
El/La pesimista: Nadie me escribe cartas. / No me escribe cartas nadie.

Optimista	**Pesimista**
Voy a comer algo.	No voy a comer nada
Conozco a todos de la clase	No conozco a nadie de la clase.
Siempre me regalan todo.	Nunca me regalan nada
Siempre voy a fiestas	Nunca voy a fiestas.
Siempre me habla alguien.	Nunca me habla nadie
Mis padres siempre me dieron todo/algo	Mis padres nunca me dieron nada.

ACTIVIDAD 35: La Dra. Ruth En parejas, una persona es la Dra. Ruth y la otra es el/la invitado/a *(guest)* al programa. El tema de hoy es la educación sexual. La doctora quiere saber . . .

1. si le preguntó a alguien de dónde vienen los niños.
2. si alguien le explicó la verdad *(truth)*. Si contesta que sí, ¿quién? ¿Qué le dijo *(did he/she say)* a Ud.?
3. si estudió la sexualidad humana en la escuela.
4. si les va a decir a sus hijos de dónde vienen los niños.

ACTIVIDAD 36: La familia de tu compañero En parejas, hagan preguntas para dibujar *(draw)* el árbol de la familia de su compañero/a. Después háganle preguntas sobre su familia y escriban información sobre cada persona en el árbol. Las siguientes palabras pueden ser útiles:

es soltero/a is single
está casado/a (con) is married (to)
está divorciado/a (de) is divorced (from)
la madrastra stepmother
el padrastro stepfather
el/la hermanastro/a stepbrother/sister
el/la hijastro/a stepson/daughter

Pregúntenle, por ejemplo: **¿Qué hace tu hermano? ¿Cuándo se casó tu tío? ¿Alguien de tu familia habla español? ¿Quién te escribe cartas?**

Do Workbook *Práctica comunicativa II.*

Vocabulario funcional

Los números del cien al millón

Ver página 141.

Preposiciones de lugar

a la derecha de	*to the right of*
a la izquierda de	*to the left of*
al lado de	*beside*
cerca de	*near*
debajo de	*under*
delante de	*in front of*
detrás de	*behind*
encima de	*on top of*
enfrente de	*facing, across from*
lejos de	*far from*

Palabras afirmativas y negativas

Ver página 158.

Palabras y expresiones útiles

bellísimo/a	*very beautiful*
la boda	*wedding*
en/por + barco/tren/etc.	*by boat/train/etc.*
la luna de miel	*honeymoon*
¡Qué + *noun* + más + *adjective!*	*What a* + adjective + noun!
el regalo	*present, gift*
tener ganas de + *infinitive*	*to feel like* + -ing
echar la casa por la ventana	*to go all out*

Medios de transporte

Ver página 151.

Verbos

abrir	*to open*
asistir a	*to attend (class, church, etc.)*
buscar	*to look for*
casarse (con)	*to marry; to get married (to)*
contar (o > ue)	*to tell; to count*
contestar	*to answer*
dar	*to give*
decidir	*to decide*
dejar	*to leave behind; to let, allow*
entrar en	*to enter*
explicar	*to explain*
gritar	*to shout, scream*
llegar	*to arrive*
llorar	*to cry*
mandar	*to send*
ofrecer	*to offer*
pagar	*to pay (for)*
preguntar	*to ask (a question)*
regalar	*to give (a present)*
sacar	*to get a grade; to take out*
terminar	*to finish*
tomar	*to drink; to take (a bus, etc.)*
viajar	*to travel*

Expresiones de tiempo pasado

Ver página 144.

La familia

el/la abuelo/a	*grandfather/grandmother*
el/la cuñado/a	*brother-in-law/sister-in-law*
el/la esposo/a	*husband/wife*
el/la hermanastro/a	*stepbrother/sister*
el/la hermano/a	*brother/sister*
el/la hijastro/a	*stepson/daughter*
el/la hijo/a	*son/daughter*
la madrastra	*stepmother*
el padrastro	*stepfather*
los padres/papás	*parents*
los parientes	*relatives*
el/la primo/a	*cousin*
el/la sobrino/a	*nephew/niece*
el/la suegro/a	*father-in-law/mother-in-law*
el/la tío/a	*uncle/aunt*
es soltero/a	*is single*
está casado/a	*is married*
está divorciado/a	*is divorced*
mayor	*older*
menor	*younger*

CAPÍTULO 7

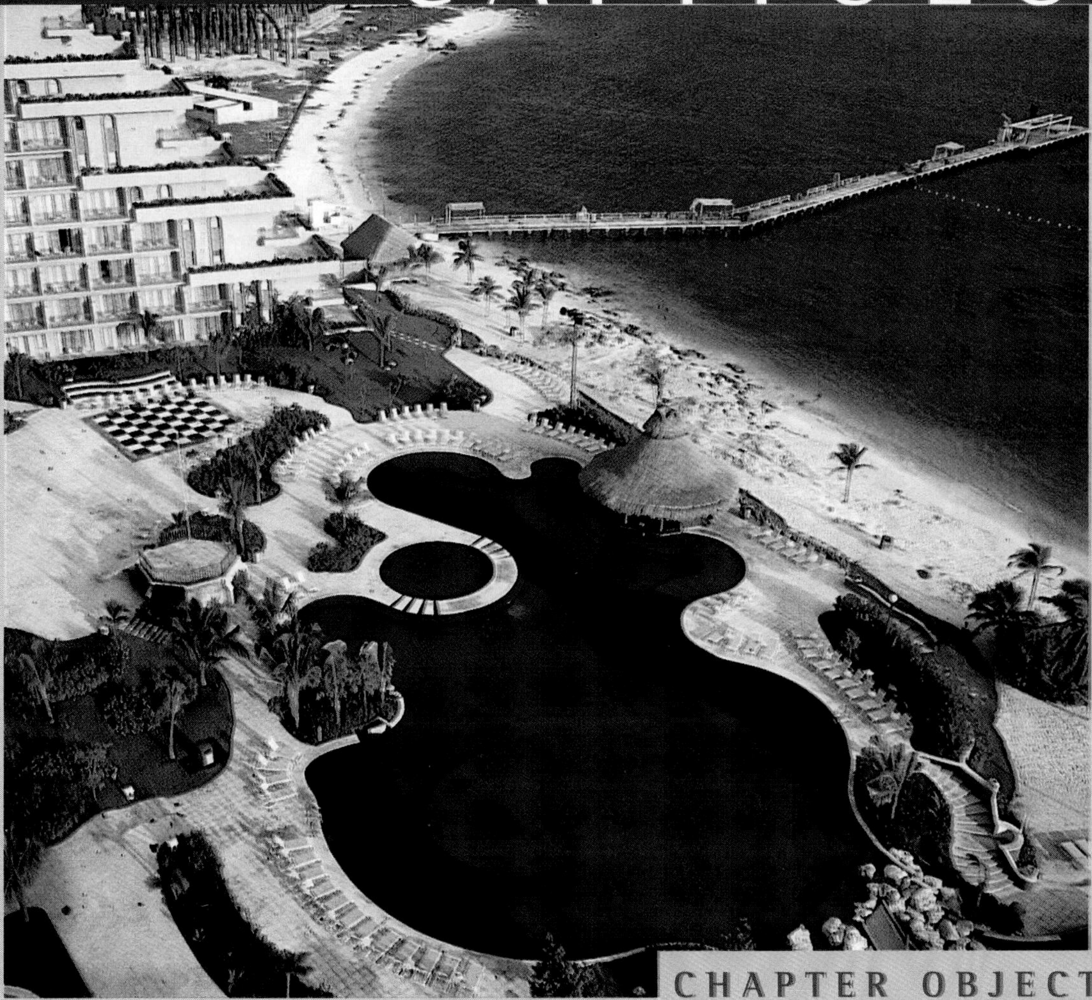

▲ *La piscina del hotel Fiesta Americana Condesa en Cancún, México.*

CHAPTER OBJECTIVES

- Making hotel and plane reservations
- Narrating past actions and occurrences
- Placing phone calls
- Stating how long ago an action took place and specifying its duration

¿En un "banco" de Segovia?

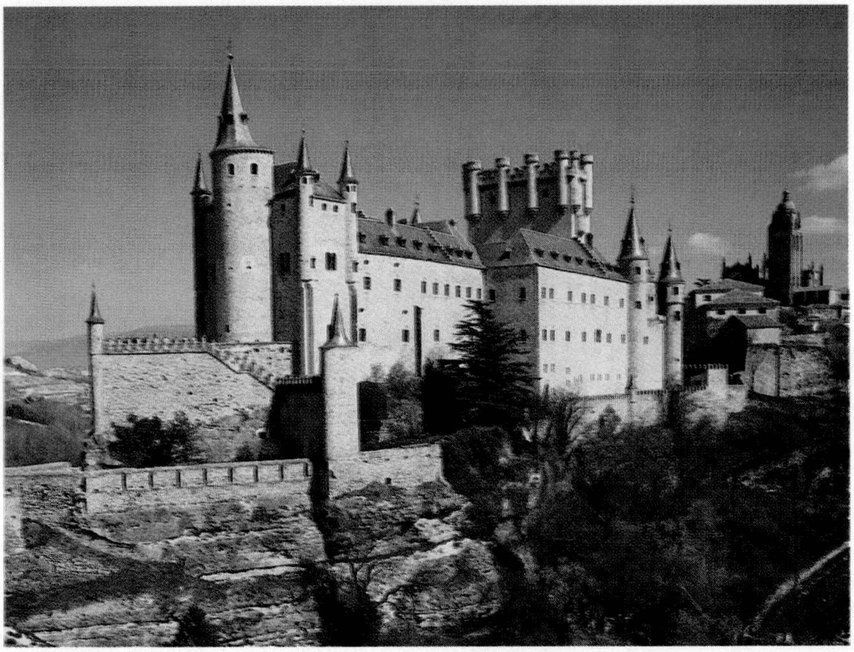

▲ *El Alcázar de Segovia, España. En este castillo vivieron los Reyes Católicos, Isabel y Fernando. ¿Te gustaría visitar este castillo?*

Perdimos el autobús.	We missed the bus.
quisiera/quisiéramos	I/we would like
Lo siento.	I'm sorry.

Juan Carlos y Claudia están en Segovia, adonde fueron a comer, y allí tienen problemas.

ACTIVIDAD 1: Escoge la opción Lee las siguientes oraciones. Después, mientras escuchas la conversación, escoge la opción correcta.

1. Claudia y Juan Carlos perdieron . . . .
   a. el tren b. el autobús c. el carro
2. Ellos tuvieron que buscar . . . .
   a. una habitación b. un autobús c. a don Andrés
3. Claudia llamó a . . . .
   a. Isabel b. don Andrés c. Teresa
4. Claudia habló con . . . .
   a. Isabel b. don Andrés c. Teresa
5. Finalmente tuvieron que dormir . . . .
   a. en un parque b. en una habitación doble c. no se sabe dónde

JUAN CARLOS Bueno, perdimos el autobús a Madrid y no hay más trenes. ¿Qué vamos a hacer?
CLAUDIA Pues, buscar o un hotel o un hostal, ¿no?
JUAN CARLOS Mira, allí hay uno . . .

JUAN CARLOS Buenas noches, señor.
RECEPCIONISTA Hola, buenas noches. ¿Qué desean?

Making a request

JUAN CARLOS Quisiéramos dos habitaciones sencillas.
RECEPCIONISTA Lo siento, pero no hay.
JUAN CARLOS Y, ¿una habitación doble?
CLAUDIA ¿Doble?
JUAN CARLOS No te preocupes. Ya nos arreglamos.
CLAUDIA Mmm . . .

Negating

RECEPCIONISTA No hay nada, pero si quiere, puedo llamar a otros hoteles.
JUAN CARLOS Sí, por favor.
CLAUDIA ¿No sabe dónde hay un teléfono público? Quisiera llamar a Madrid.
RECEPCIONISTA Sí, hay uno en el bar de enfrente.
CLAUDIA Ahora vuelvo. Voy a llamar a Teresa . . .

DON ANDRÉS Colegio Mayor. Dígame.
CLAUDIA ¿Quién habla? ¿Don Andrés?
DON ANDRÉS Sí, ¿quién habla?

Identifying oneself on the phone

CLAUDIA Habla Claudia. ¿Está Teresa?
DON ANDRÉS No, hace dos horas que la vi salir.
CLAUDIA ¿Le puedo dejar un mensaje?
DON ANDRÉS Sí, cómo no.

Leaving a message

CLAUDIA ¿Le puede decir que Juan Carlos y yo perdimos el autobús y estamos en Segovia? Nos dijeron que no hay autobuses hasta mañana.
DON ANDRÉS Vale. Vale. Adiós, Claudia.
CLAUDIA Gracias. Hasta mañana.

CLAUDIA Bueno, ¿pudo encontrar habitación para nosotros?

Apologizing

RECEPCIONISTA No, lo siento . . .
JUAN CARLOS Bueno Claudia, ¿sabes qué? Hay un parque muy bonito cerca de aquí . . . y tiene unos bancos muy buenos . . .

ACTIVIDAD 2: Preguntas Después de escuchar la conversación otra vez, contesta estas preguntas.

1. ¿Cuáles son los problemas que tienen Juan Carlos y Claudia?
2. ¿Tienen solución estos problemas?
3. ¿Perdiste alguna vez un autobús, un tren o un avión? ¿Qué ocurrió? ¿Fue en tu ciudad o en otro lugar?
4. En tu opinión, ¿qué hicieron Claudia y Juan Carlos? ¿Durmieron? ¿Dónde?

¿LO SABÍAN?

Se dice que "las piedras *(rocks)* hablan" y en realidad, muchos monumentos representan las múltiples culturas que ocuparon la Península Ibérica y que formaron lo que hoy en día se llama España. Entre estas culturas están las de los fenicios, los celtas, los romanos y los moros (árabes del norte de África). Los romanos llevaron la religión cristiana y su lengua y, a través de los moros, no sólo España sino toda Europa aprendió el concepto del cero y el álgebra. En ciudades como Segovia y Toledo es posible revivir la historia española visitando acueductos romanos, sinagogas judías, arcos moros y catedrales cristianas.

You will learn more about Spanish history at the end of Ch. 7 in the Workbook.

▲ *La sinagoga de Santa María la Blanca en Toledo, España.*

ACTIVIDAD 3: Quisiera . . . En parejas, "A" es turista en esta ciudad y "B" es de la ciudad. Lean las instrucciones para sus papeles *(roles)* y mantengan una conversación.

A. Turista

Quieres saber la siguiente información: dónde hay un hotel barato, dónde hay un restaurante de comida mexicana bueno, bonito y barato, qué dan en los teatros este fin de semana, si hay un lugar para bailar salsa. Tú empiezas diciendo, **Perdón, quisiera saber dónde . . .**

B. Residente de la ciudad

Contesta las preguntas con información verdadera sobre tu ciudad. Si no sabes, responde **Lo siento, pero . . .**

Lo esencial I

I. El teléfono

Qué decir cuando . . .

contestas el teléfono
- **¿Aló?**
- **Diga./Dígame.** (España)

preguntas por alguien
- **¿Está Álvaro, por favor?**
- **Quisiera hablar con Álvaro, por favor.**

te identificas
- **—¿Quién habla?**
- **—Habla Claudia.**
- **—¿De parte de quién?**
- **—(De parte) de Claudia.**

hay un número equivocado { **—¿Está Marisel, por favor?** / **—No, tiene el número equivocado.** }

hay problemas de comprensión **¿Puede hablar más despacio, por favor?**

Words vary according to country. When you travel, you should be familiar with these terms to be able to understand written instructions on public telephones or questions from operators.

Tipos de llamadas telefónicas

local

de larga distancia { **marcar directo** / **con ayuda del/de la operador/a** / **a cobro revertido / para pagar allá** }

el indicativo del país / código internacional *country code*
el área / prefijo (España) *area code*

ACTIVIDAD 4: Llamada a la operadora En parejas, "A" cubre la caja B y "B" cubre la caja A. "B" llama al/a la operador/a para averiguar el teléfono de los lugares que aparecen en su caja y escribe el número. Después cambien de papel.

➤ A: Información.
B: Quisiera el número (de teléfono) de . . .
A: Es el . . . / Lo siento, pero no tengo ese número.

A

Averigua el teléfono de:
1. el Restaurante El Hidalgo
2. el Teatro Bellas Artes
3. la Librería Compás

Usa esta información cuando eres el/la operador/a:

B

Averigua el teléfono de:
1. el Restaurante La Corralada
2. el Peluquero Pedro Molina
3. los Minicines Astoria

Usa esta información cuando eres el/la operador/a:

ACTIVIDAD 5: Una llamada a Teresa Vicente llama por teléfono a Teresa a su trabajo. Pon esta conversación en orden lógico.

_____ ¿De parte de quién?
__1__ Todos nuestros agentes están ocupados en este momento. Espere por favor. ♪♩♪♪
_____ Bueno. Muchas gracias, don Alejandro. Adiós.
_____ Hola Vicente. Habla Alejandro, el tío de Teresa. Ella no está.
_____ De nada. Adiós.
_____ TravelTur, buenos días. Dígame.
_____ Hola. Bueno, quisiera dejarle un mensaje.
_____ Buenos días. ¿Está Teresa?
_____ Sí, por supuesto.
_____ De parte de Vicente.
_____ ¿Puede decirle que la llamé y que voy a llamar mañana?
_____ Sí, claro.

¿LO SABÍAN?

Hoy día, es muy común en países hispanos tener teléfono celular. Resulta bastante económico porque el dueño del celular no paga cuando recibe una llamada. También, resulta cómodo, pues para usar un teléfono público, generalmente se necesita comprar una tarjeta telefónica prepagada.

ACTIVIDAD 6: Llamada de larga distancia Una persona está en Montevideo, Uruguay y necesita llamar a un pariente en los Estados Unidos con la ayuda del/de la operador/a. En parejas, ustedes hacen los papeles del/de la operador/a y de la persona que llama. El/La operador/a pregunta qué tipo de llamada quiere, el área y el número. Después cambien de papel.

➤ A: Operador/a internacional, buenos días.
B: Quisiera . . .

II. En el hotel

Star rating system for hotels: 1 star = lowest rating; 5 stars = highest. What class hotel is the Hotel Los Arcos?

★★ HOTEL LOS ARCOS

	Precio
Habitación sencilla con **baño** y con **desayuno**	8.100 ptas.
Con **media pensión**	9.400 ptas.
Con **pensión completa**	10.700 ptas.
Habitación doble sin baño y con desayuno	9.900 ptas.
Con media pensión	12.300 ptas.
Con pensión completa	14.700 ptas.
Habitación doble con baño y con desayuno	10.500 ptas.
Con media pensión	12.900 ptas.
Con pensión completa	15.300 ptas.

ACTIVIDAD 7: ¿Quién es o qué es? Usa el vocabulario sobre el hotel para decir qué es o quién es . . .

1. la persona que lleva las maletas a la habitación del hotel. el botones
2. el lugar donde te bañas o te lavas los dientes. el baño
3. el desayuno y una comida más en el hotel. media pensión
4. la persona que te dice los precios de las habitaciones. la recepcionista
5. el desayuno y dos comidas en el hotel. pensión completa
6. la persona que hace las camas. la empleada
7. una habitación para una persona. sencilla
8. el lugar del hotel donde está el/la recepcionista. la recepción
9. una habitación para dos personas. doble

ACTIVIDAD 8: En recepción En parejas, una persona es el/la recepcionista de un hotel y la otra persona llama para hacer una reserva. El/La recepcionista debe completar esta ficha con la información necesaria. Al terminar, cambien de papel.

HOTEL LA RECONQUISTA ★★

Fechas desde ________ hasta ________

Habitación sencilla ________ doble ________ triple ________
con baño ________ sin baño ________
pensión completa ________ media pensión ________
sólo desayuno ________

Hacia la comunicación I

I. Talking About the Past: Irregular Verbs and Stem-Changing Verbs in the Preterit

Verbs with an irregular preterit stem ending in **-j-** add **-eron,** not **-ieron** in the third-person plural form.

Irregular verbs like **tener** have the same endings in the preterit as **hacer: -e, -iste, -o, -imos, -isteis, -ieron.**

1. Some common irregular verbs share similar patterns in the preterit.

tener	
tuve	tuvimos
tuviste	tuvisteis
tuvo	tuvieron

decir	
dije	dijimos
dijiste	dijisteis
dijo	dijeron

Verbs that are conjugated like **tener:**

estar ⟶ estuve
poder ⟶ pude
poner ⟶ puse
querer ⟶ quise
saber ⟶ supe
venir ⟶ vine

Verbs that are conjugated like **decir:**

traducir* ⟶ traduje
traer ⟶ traje

—¿**Tuviste** que trabajar anoche? *Did you have to work last night?*
—Sí, **tuve** que trabajar mucho. *Yes, I had to work a lot.*

—¿Quién te **dijo** eso? *Who told you that?*
—Andrés. *Andrés.*

***NOTE:** Most verbs that end in **-ucir** follow the same pattern as **tra*ducir*: pro*ducir* ⟶ pro*duje*,** etc.

2. Verbs with stems ending in a vowel (except the silent **-u-** as in **seguir**) + **-er** or **-ir** take **-y-** in the third-person singular and plural. These verbs include **leer, creer, construir** *(to build)*, and **oír** *(to hear)*.

leer		oír	
leí	leímos	oí	oímos
leíste	leísteis	oíste	oísteis
leyó	leyeron	oyó	oyeron

Note that the accent dissolves diphthongs.

¿Por qué no leyeron Uds. el artículo? — *Why didn't you read the article?*
Él oyó las noticias. — *He heard the news.*

3. Stem-changing verbs ending in **-ir** have a stem change in the third-person singular and plural of the preterit.

Review **-ir** stem-changing verbs, Ch. 5.

Note that the **nosotros** form is the same in the preterit and present indicative. Context will help you determine meaning.

preferir (e > ie > i)		pedir (e > i > i)		dormir (o > ue > u)	
preferí	preferimos	pedí	pedimos	dormí	dormimos
preferiste	preferisteis	pediste	pedisteis	dormiste	dormisteis
prefirió	prefirieron	pidió	pidieron	durmió	durmieron

e > ie > **i**		e > i > **i**		o > ue > **u**	
mentir	to lie	**repetir**	to repeat	**morirse**	to die
sentirse	to feel	**seguir**	to follow		

Review the uses of the preterit, Ch. 6.

—¿Durmieron en el parque Claudia y Juan Carlos? — *Did Claudia and Juan Carlos sleep in the park?*
—No, creo que prefirieron no dormir. — *No, I think they preferred not to sleep.*

II. Changes of Meaning in the Preterit

Since the preterit expresses a completed past action, certain verbs can convey a special meaning when used in the preterit.

	Present	Preterit
conocer	to know	met
no poder	not to be able	was/were not able and didn't
no querer	not to want	refused to
saber	to know	found out
tener que	to have to, be supposed to	had to and did

Conocí al padre de mi novia.	***I met*** *my girlfriend's father.*
No pude ir a la oficina porque tuve problemas con el carro.	*I* ***couldn't (wasn't able and didn't)*** *go to the office because I had problems with my car.*
Él **no quiso** ir a la fiesta.	*He* ***refused*** *to go to the party.*
Ayer **supe** la verdad.	*Yesterday,* ***I found out*** *the truth.*
Él **tuvo que** estudiar.	*He* ***had to (and did)*** *study.*

III. Using More Affirmative and Negative Words

Review negatives, Ch. 6.

Affirmative and Negative Adjectives		Affirmative and Negative Pronouns	
algún/alguna/algunos/as	some/any	**alguno/a/os/as**	some/any
ningún/ninguna	(not) any	**ninguno/a**	none/no one

¿Necesitas **algún** libro sobre Segovia?	*Do you need any books on Segovia?*
Aquí tengo **algunas** camisas para ti.	*I have some shirts for you here.*
No vamos a visitar **ninguna** ciudad.*	*We're not going to visit any cities.*
—¿Llegaron tarde tus invitados?	*Did your guests arrive late?*
—Sí, **algunos** llegaron tarde.	*Yes, some arrived late.*
—¿Tienes todos los libros?	*Do you have all the books?*
—No, no tengo **ninguno.**	*No, I don't have any.*

Do Workbook *Práctica mecánica I* and corresponding CSM activities.

*NOTE: The adjectives **ningún/ninguna** and the pronouns **ninguno/a** are seldom used in the plural.

ACTIVIDAD 9: Tus actividades de la semana pasada Haz dos listas: las cosas que tuviste que hacer la semana pasada y las cosas que quisiste hacer, pero no pudiste hacer. Luego, en grupos de tres, comparen las listas y expliquen por qué no pudieron hacer esas cosas.

ACTIVIDAD 10: ¿Quién lo dijo? En parejas, decidan quién dijo estas oraciones famosas. Sigan el modelo.

➤ No puedo decir mentiras.
George Washington dijo: «No puedo decir mentiras».

1. Ser o no ser, he aquí el problema.	a. Lombardi
2. Pienso luego existo.	b. Holmes
3. Ganar no es todo; es lo único.	c. Nietzsche
4. Dios está muerto.	d. Rhett Butler
5. Tu hermano mayor te vigila.	e. Hamlet
6. Elemental, mi querido Watson.	f. Julio César
7. Vine, vi, vencí.	g. Descartes
8. E es igual a MC al cuadrado.	h. Orwell
9. Francamente querida, ¡no me importa un bledo!	i. Einstein

ACTIVIDAD 11: Las noticias del año En parejas, formen oraciones usando las siguientes ideas para hablar de noticias *(news)* importantes de este año.

1. (una persona famosa) / morirse
2. (un político) / mentirle al público norteamericano
3. (una persona famosa) / tener un niño
4. (personas famosas) / casarse
5. la universidad / construir un edificio nuevo
6. la gente / saber la verdad sobre el escándalo de . . .

ACTIVIDAD 12: Los soplones En grupos de tres, Uds. trabajan en un restaurante y ayer alguien (una de las personas de la clase) no vino a trabajar. Decidan qué ocurrió y después díganle a su jefe/a todo lo que saben. Incluyan información como la siguiente:

¿Dónde estuvo? ¿Qué hizo?
¿Con quién? ¿Cómo supieron Uds. todo esto?

El/La soplón/soplona = tattletale = **el/la acusetas** (some Hispanic countries).

ACTIVIDAD 13: Las noticias En parejas, Uds. van a narrar las noticias de ayer. Escriban el guión *(script)* que van a usar.

La policía = the police (force); **el/la policía** = the policeman/woman.

La bomba

terrorista / poner / bomba / aeropuerto

terrorista / llamar / policía

policía / ir / aeropuerto

personas / salir / aeropuerto

perro / encontrar / bomba

policía / poder detener / terrorista

Activity continued on the next page.

Lulú Camacho

Lulú Camacho / recibir / título de Miss Cuerpo

anoche / llorar de alegría

dar / las gracias / a sus padres, etc.

perder / título

su agente / decir que / tomar esteroides

Lulú / preferir / no hacer comentarios

ACTIVIDAD 14: ¿Sabes mucho de historia? En parejas, túrnense para preguntar cuánto tiempo hace que se murieron estas personas.

Franco fue dictador de España desde 1939 hasta 1975.

➤ A: ¿Cuánto tiempo hace que se murió Francisco Franco?

B: Hace más o menos 25 años que se murió Francisco Franco. (1975)

B: No tengo idea. ¿Sabes tú?

1. Martin Luther King, Jr., y Robert Kennedy
2. John Kennedy
3. Abraham Lincoln
4. Roberto Clemente
5. John Lennon
6. Eva Perón

ACTIVIDAD 15: ¿Cuánto tiempo hace que . . . ? En parejas, pregúntenle a su compañero/a cuánto tiempo hace que hizo estas actividades.

➤ A: ¿Cuánto tiempo hace que visitaste a tus padres?

B: Hace tres semanas que visité a mis padres. B: Visité a mis padres ayer.

1. visitar a tus abuelos	ayer
2. ir al cine	anteayer
3. escribir una composición	hace 3/4/5 días
4. hablar por teléfono a larga distancia	la semana pasada
5. dormir en un hotel	hace 2/3 semanas
6. sacar "A" en un examen	el mes pasado
7. comprarle un regalo a alguien	hace 2/3/4 meses

ACTIVIDAD 16: La habitación desordenada En parejas, "A" cubre la Columna B y "B" cubre la Columna A. El dibujo de la Columna A está incompleto, pero el dibujo de la Columna B está completo. "A" debe averiguar qué cosas de las que están debajo de su dibujo se necesitan para completarlo, cuántas hay y dónde están. Cuando averigüe, "A" debe dibujar las cosas en los lugares apropiados.

➤ A: ¿Hay algunas camisas en esta habitación?
B: Sí, hay una. / No, no hay ninguna.
A: ¿Dónde está? / ¿Hay algún televisor?
B: . . .

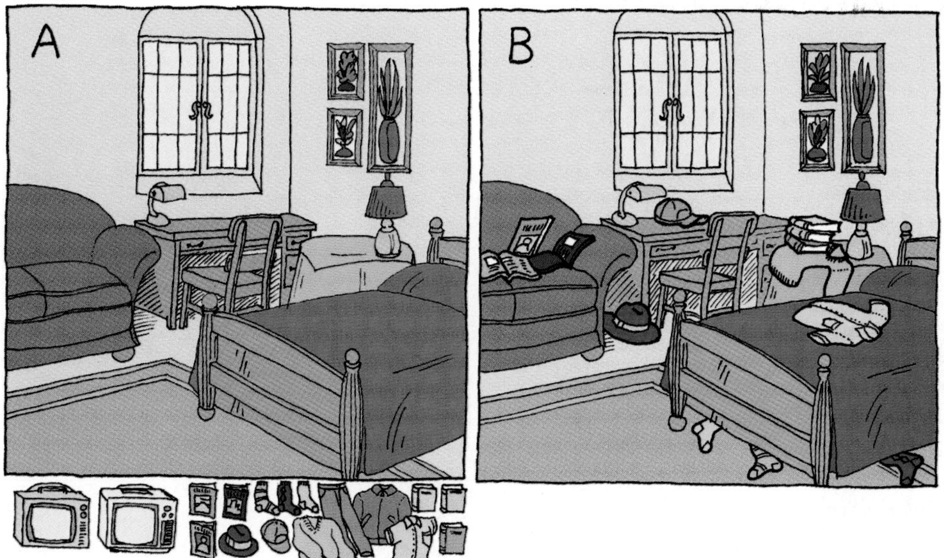

ACTIVIDAD 17: ¿Qué hay? En algunas salas de clase hay muchas cosas, otras no tienen mucho. ¿Cuáles de las siguientes cosas hay en la clase: fotografías, mapas, televisor con video, ventanas, proyector para transparencias, reloj, estéreo, computadoras, tablón de anuncios? Sigan el modelo.

➤ En nuestra clase no hay ninguna . . .
En nuestra clase hay . . .

Do Workbook *Práctica comunicativa I.*

Nuevos horizontes

LECTURA

Estrategia: *Identifying Main Ideas*

As you saw in Chapter 6, when skimming you read quickly to find only the main ideas of a text. If the topic interests you, you may want to learn more about it, that is, read more in depth about the topic in question. Main ideas can be found in titles, headings, or subheadings and also in topic sentences, which many times begin a paragraph or a section of a reading. Other important or supporting ideas can be found in the body of a paragraph or section.

In the following reading about lodging in Spain, each section is introduced by a title and a topic sentence.

ACTIVIDAD 18: Alojamiento en los Estados Unidos Un chileno te pregunta sobre estos tipos de alojamiento *(lodging)* en los Estados Unidos y tienes que darle definiciones: hoteles, moteles, "B & B", campings.

ACTIVIDAD 19: Un esquema Completa las cajas y los espacios en blanco con los títulos de las secciones, la oración principal y las subcategorías relacionadas con los hoteles.

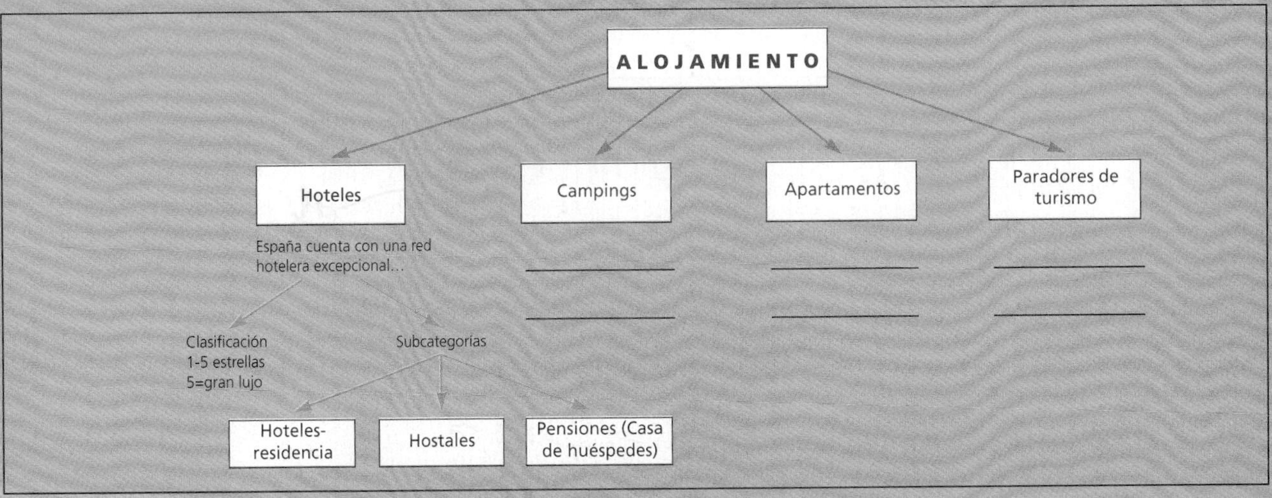

ACTIVIDAD 20: El alojamiento en España Después de leer el artículo, contesta las siguientes preguntas sobre el alojamiento en España.

1. ¿Qué es más impersonal: un hotel-residencia o una pensión? ¿Por qué?
2. Si quieres alquilar un apartamento para turistas, ¿adónde debes ir para hacer una reserva?
3. ¿Dónde hay más lugares para hacer camping? ¿En el centro de España o en la costa?
4. ¿Cuántos Paradores hay? ¿En qué tipo de edificios están? ¿En qué lugares geográficos están?
5. ¿Dónde te gustaría pasar una noche: en un hostal, una pensión, un camping, un apartamento turístico o en un Parador? ¿Por qué?

Alojamiento

HOTELES

España cuenta con una red hotelera excepcional por el número, la variedad y la calidad de unos establecimientos que se reparten por toda la geografía de nuestro país, y que son capaces de adaptarse a cualquier exigencia y posibilidad.

Los hoteles españoles están clasificados en cinco categorías, que se identifican con un número de estrellas que va de una a cinco, según los servicios y las características de cada uno. Existe también un reducido número de hoteles de cinco estrellas, de características auténticamente excepcionales, que ostentan además la categoría máxima de GRAN LUJO.

Los denominados **hoteles-residencia,** que se rigen por la misma clasificación que los demás hoteles, son aquellos que carecen de restaurante, aunque sirven desayunos, tienen servicio de habitaciones y poseen un bar o una cafetería. Los **hostales,** establecimientos de naturaleza similar a los hoteles, pero más modestos, constituyen otra modalidad de alojamiento. Están clasificados en tres categorías que van de una a tres estrellas.

Otra posible modalidad de alojamiento es la constituida por las **casas de huéspedes,** que en España se llaman **pensiones.** De gran tradición en nuestro país, resultan generalmente establecimientos acogedores y cómodos, cuyas instalaciones y servicios pueden variar entre la sobriedad y un lujo relativo. Regentados generalmente por la familia propietaria de la casa, su precio suele incluir solamente el alojamiento y las comidas, frecuentemente excelentes. Las pensiones resultan un tipo de alojamiento ideal para los visitantes que deseen conocer España en profundidad, apartándose de las rutas turísticas más frecuentadas.

CAMPINGS

España cuenta con cerca de 800 campings, que reúnen una capacidad global de casi 400.000 plazas. Repartidos por todo el territorio nacional, son especialmente abundantes en las costas, y están clasificados en diversas categorías según sus características e instalaciones, como los hoteles. Sus tarifas varían en función de la cantidad y calidad de sus servicios. En el caso de que se opte por hacer acampada libre es recomendable informarse previamente acerca de la no existencia de prohibiciones municipales que afecten al lugar elegido. Si se desea acampar en un territorio privado es preciso obtener previamente el permiso del propietario.

La Federación Española de Empresarios de Campings y Ciudades de Vacaciones tiene su sede en General Oráa 52-2°D, 28006 Madrid.
Tel.: (91) 562 99 94

APARTAMENTOS

El alquiler de apartamentos amueblados constituye también una posibilidad de alojamiento interesante. La oferta de apartamentos turísticos se reparte por todo el litoral español, concentrándose especialmente en la Costa Brava, Valencia, Baleares y la Costa del Sol, y puede resultar muy interesante si se viaja en grupo. Los precios, que varían según el lugar y la temporada del año, se suelen calcular por persona y día.

La oferta y contratación de apartamentos turísticos forman parte de los servicios habituales de las agencias de viajes.

PARADORES DE TURISMO

Los Paradores de Turismo constituyen la modalidad hotelera más original e interesante de la oferta turística española.

La red de Paradores está constituida por 86 establecimientos, que ofrecen los servicios y comodidades de los más modernos hoteles, pero ocupan, en cambio, en la mayoría de los casos, antiguos edificios monumentales de valor histórico y artístico, como castillos, palacios, monasterios y conventos, que, abandonados en el pasado, han sido adquiridos y rehabilitados para este fin.

Enclavados casi siempre en lugares de gran belleza e interés, los Paradores, que tienen generalmente categoría de hoteles de tres o cuatro estrellas, se reparten por todos los rincones de nuestro país.

Para información y reservas: Paradores de Turismo, Velázquez 18, 28001 Madrid. Tels.: (91) 435 97 00 y (91) 435 97 44.

▲ *(arriba) Parador nacional en Alarcón, España.*
◀ *(abajo) El comedor del Parador Los Reyes Católicos en Santiago de Compostela, España. ¿A un niño le gustaría comer allí?*

ESCRITURA Estrategia: *The Paragraph*

When writing, under formal or informal circumstances, it is common to develop each paragraph around a theme or idea. The topic sentence generally starts a paragraph and serves as an introduction to the theme of the paragraph. The remainder of the paragraph is comprised of supporting details to expand upon or to support the idea expressed in the topic sentence.

ACTIVIDAD 21: Una carta **Parte A:** Write a letter to a friend about a recent trip (invent or tell the truth). Separate your letter into three paragraphs and use the following outline as a guide.

Say what you did. Only include completed actions, avoid description. **Quedarse en** + hotel = *to stay in a hotel*

To describe the hotel, use the present tense.

To give your friend advice, remember: **tienes que/debes/puedes** + *infinitive.*

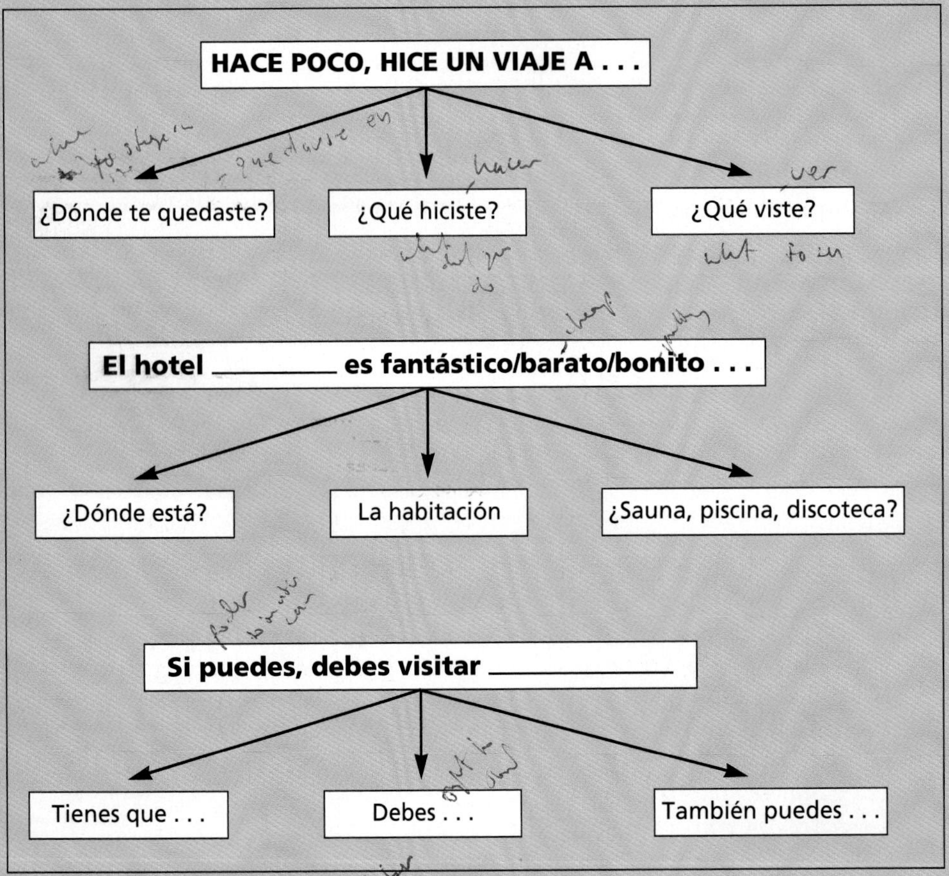

Parte B: Reread your letter. Is it in the format of a Spanish letter? Have you included supporting details that will be of interest to your friend? Make any necessary changes.

To review Spanish-letter format, see page 75, Ch. 3.

Parte C: Staple all drafts and your final draft together to hand in to your instructor.

Lo esencial II

I. El pasaje

Note the use of the 24-hour clock.

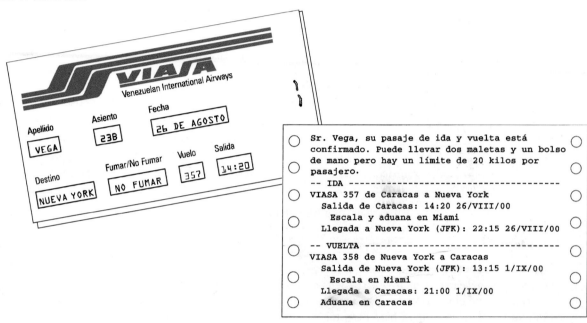

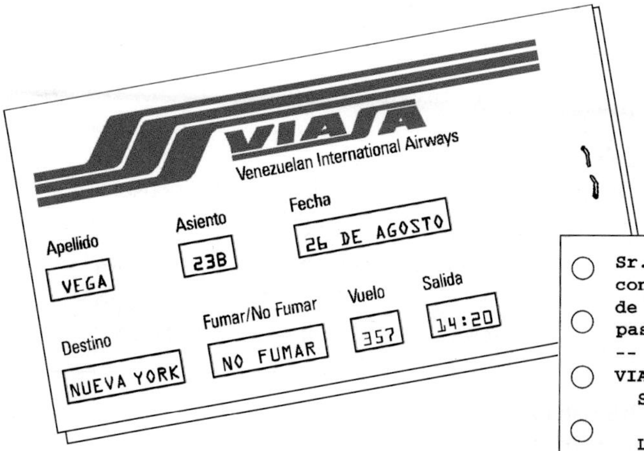

VIASA
Venezuelan International Airways
Apellido
VEGA
Asiento
23B
Fecha
26 DE AGOSTO
Destino
NUEVA YORK
Fumar/No Fumar
NO FUMAR
Vuelo
357
Salida
14:20


```
Sr. Vega, su pasaje de ida y vuelta está
confirmado. Puede llevar dos maletas y un bolso
de mano pero hay un límite de 20 kilos por
pasajero.
-- IDA ----------------------------------------
VIASA 357 de Caracas a Nueva York
  Salida de Caracas: 14:20 26/VIII/00
    Escala y aduana en Miami
  Llegada a Nueva York (JFK): 22:15 26/VIII/00
-- VUELTA -------------------------------------
VIASA 358 de Nueva York a Caracas
  Salida de Nueva York (JFK): 13:15 1/IX/00
    Escala en Miami
  Llegada a Caracas: 21:00 1/IX/00
  Aduana en Caracas
```

la aduana customs
el asiento seat
el bolso de mano hand luggage
el destino destination
el equipaje luggage
la escala a stop, layover
fumar to smoke
la ida outbound trip
ida y vuelta round trip
la llegada arrival
el pasaje ticket
el/la pasajero/a passenger
la salida departure
el vuelo flight
la vuelta return trip

ACTIVIDAD 22: ¿Qué es? Contesta estas preguntas, usando el vocabulario del pasaje y de la información de la agencia de viajes.

1. ¿Cómo se llama el pasajero?
2. ¿El señor tiene un pasaje de ida o de ida y vuelta?
3. ¿Cómo se dice en español *a one-way ticket*?
4. ¿Tiene el Sr. Vega un vuelo a Nueva York directo o con escala?
5. ¿Cuántas maletas puede llevar el Sr. Vega? ¿Cuántos kilos puede llevar como máximo?
6. ¿Cuál es el número del asiento del Sr. Vega?
7. ¿Sabes qué cosas no se pueden pasar por la aduana?
8. ¿Hay aduanas en aeropuertos que no son internacionales? ¿En cuáles de estos aeropuertos hay aduanas: La Guardia, Newark o Kennedy?

II. En el aeropuerto

Llegadas internacionales

Línea aérea	Número de vuelo	Procedencia	Hora de llegada	Comentarios
Iberia	952	Lima	09:50	a tiempo
VIASA	354	Santo Domingo	10:29	11:05
LAN Chile	988	Santiago/Miami	12:45	a tiempo
Lasca	904	México/N.Y.	14:00	14:35

Salidas internacionales

Línea aérea	Número de vuelo	Destino	Hora de salida	Comentarios	Puerta
TWA	750	San Juan	10:55	11:15	2
Avianca	615	Bogotá	11:40	a tiempo	3
VIASA	357	Miami/N.Y.	14:20	a tiempo	7
Aeroméxico	511	México	15:00	16:05	9

ACTIVIDAD 23: Información En parejas, una persona necesita información sobre vuelos y le pregunta a un/a empleado/a del aeropuerto. Usen la información previa sobre los vuelos para contestar las preguntas.

1. ¿A qué hora llega el vuelo número 354 de Santo Domingo?
2. ¿De qué línea aérea es el vuelo 904? ¿Llega a tiempo o hay retraso?
3. ¿De dónde viene el vuelo 952?
4. ¿A qué hora sale el vuelo 615 para Bogotá?
5. ¿De qué puerta sale? ¿Hay retraso?
6. ¿Adónde va el vuelo 615 de Avianca?

Ahora cambien de papel.

1. ¿A qué hora sale el vuelo de VIASA a Miami?
2. ¿De dónde viene el vuelo 354?
3. ¿Llega a tiempo o con retraso el vuelo de México?
4. ¿A qué hora llega el vuelo de Santiago?
5. ¿Adónde va el vuelo 750 de la TWA?
6. ¿De qué puerta sale el vuelo a Nueva York? ¿Hay retraso?

ACTIVIDAD 24: La reserva En parejas, Uds. están en México en una agencia de viajes. "A" es el/la cliente que habla con "B", un/a agente de viajes. Lean el papel que les corresponde y mantengan una conversación en la agencia.

A. Cliente

Quieres viajar de México, D. F. a Lima el 23 de diciembre para volver el 2 de enero. No puedes salir por la mañana. No quieres hacer escala. No fumas. Necesitas saber la aerolínea, la hora de salida y de llegada y el precio.

B. Agente

De México a Lima hay vuelos de Mexicana y AeroPerú. AeroPerú hace escala en Bogotá y sale por la tarde. Mexicana sale por la mañana y vuela directo. Necesitas saber si el/la cliente quiere un pasaje de ida y vuelta, las fechas y si fuma. El vuelo de Mexicana cuesta $739 y el vuelo de AeroPerú $668.

Un día normal en el aeropuerto

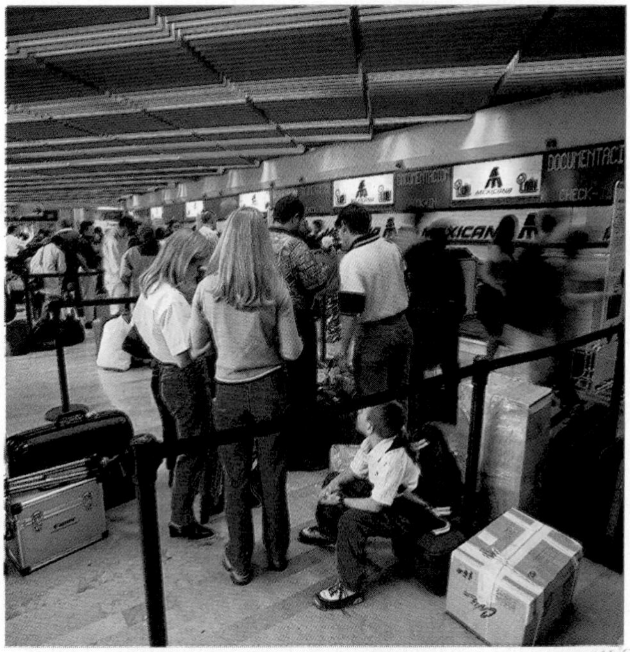

En el aeropuerto de México, D. F.

darse cuenta de algo	to realize something
No me di cuenta de la hora.	I didn't realize the time.
¿Cómo que . . . ?	What do you mean . . . ?
¿Cómo que no puedo fumar?	What do you mean I can't smoke?

Antes de regresar a España, Teresa va a la República Dominicana para trabajar por una semana en el aeropuerto. Ahora Teresa está ayudando en el mostrador *(check-in counter)* del aeropuerto de Santo Domingo y habla con algunos pasajeros que salen hacia Miami; como siempre, hay problemas.

ACTIVIDAD 25: ¿Cierto o falso? Lee las siguientes oraciones. Después, mientras escuchas las conversaciones, marca si estas oraciones son ciertas o falsas.

1. __f__ El señor es paciente.
2. __C__ El señor fuma.
3. __c__ El niño viaja solo.
4. ____ Al final, el niño no lleva el ron.
5. __f__ La señora perdió el pasaje.
6. __C__ La señora llegó con un día de retraso.

Expressing how long an action has been taking place

TERESA Siguiente, por favor.
SEÑOR ¡Por fin! Hace media hora que estoy en esta fila. Aquí está el pasaje, mi pasaporte, la maleta y quiero un asiento en la sección de fumar.
TERESA Lo siento, pero no se puede fumar.
SEÑOR ¿Cómo que no puedo fumar?

Apologizing

TERESA Perdón señor, pero es tarde y no hay sección de fumadores. ¡Que tenga buen viaje!
SEÑOR Pues, va a ser difícil tener un buen viaje . . .

TERESA Siguiente.
MADRE Aquí está el pasaje y el pasaporte de mi hijo Ramoncito.
TERESA ¿Y su hijo viaja solo o con Ud.?
MADRE Solo, pero lo espera su tío Ramón en Miami. Yo regreso a casa.
NIÑO Mamá, ¿dónde pongo las botellas de ron?
MADRE Las llevas en la mano.

Giving a reason

TERESA Pero señora, su hijo no puede entrar en los Estados Unidos con alcohol porque no tiene veintiún años.
MADRE Pero no lo va a beber él; es para su tío.
TERESA Señora, tiene que darse cuenta de que es ilegal.
MADRE ¡Bueno! Las ponemos en el bolso de mano. Ramoncito, si te preguntan en la aduana qué llevas, ¿qué les dices?
NIÑO Les digo que no llevo nada, que no hay ron.

Narrating a series of past actions

Manejar = **conducir** (Spain)

TERESA Siguiente.
SEÑORA ¡Ay! Por fin llegué. Es que estaba en la peluquería y no me di cuenta de la hora y es que vine en taxi y el taxista manejó muy rápidamente. Casi tuvimos un accidente. ¡Qué nervios! Y luego dejé la maleta en el taxi. Tuve que hablar con un policía, muy simpático por cierto . . .
TERESA Su pasaje y pasaporte, por favor.
SEÑORA Sí, aquí están . . . bueno el policía muy simpático . . .
TERESA Ejem . . . señora, lo siento pero su vuelo salió hace 24 horas . . .

ACTIVIDAD 26: Los problemas de los pasajeros Después de escuchar las conversaciones otra vez, identifica cuáles son los problemas del señor, del niño y su madre y de la señora.

Hacia la comunicación II

I. Avoiding Redundancies: Direct-Object Pronouns

Before studying the grammar explanation, answer these questions based on the conversation:

Remember: Direct objects indicate *what* or *who* receives the action of the verb.

- To what do the boldfaced words in the following sentences refer?
  a. "**Las** llevas en la mano."
  b. ". . . **lo** espera su tío . . ."
  c. "Pero no **lo** va a beber él . . ."

- Do the preceding words in boldface perform the action indicated by the verb?
- In the sentence **". . . ¿dónde pongo las botellas . . . ?"** the noun phrase **las botellas** is not the subject but the object. If you had to replace this noun phrase with a pronoun, where in the sentence would you place it?

A direct object names the person or thing that directly receives the action of the verb. In Spanish, the direct object may be expressed by the direct-object pronoun. It follows the same placement rules as the reflexive and the indirect-object pronouns.

Direct-Object Pronouns	
me	nos
te	os
lo/la	los/las

Juan Carlos está enamorado de Claudia; **la** quiere muchísimo.

Me gustó el vestido y voy a comprar**lo.**

The following verbs can take direct objects:

amar to love	**odiar** to hate
ayudar to help	**poner** to put
creer to believe	**querer** to want; to love
esperar to wait (for)	**tener** to have
invitar to invite	**ver** to see
necesitar to need	**visitar** to visit

—¿Dónde pusiste el pasaje? *Where did you put the ticket?*
—**Lo** puse en la maleta. *I put it in the suitcase.*

Las invité a mi casa. *I invited them to my home.*
Nuestros padres **nos** quieren. *Our parents love us.*

II. Expressing the Duration of an Action: *Hace* + time expression + *que* + verb in the present

You already know how to say *how long ago* something took place.

Hace + *time expression* + **que** + *verb in the preterit*

—¿Cuánto (tiempo) hace que ella llegó? *How long ago did she arrive?*
—**Hace dos horas que** ella **llegó.** *She arrived two hours ago.*

To express the duration of an action that began in the past and continues into the present, apply the following formula:

Hace + *time expression* + **que** + *verb in the present*

—¿Cuánto (tiempo) hace que vives aquí? *How long have you lived here?*
—**Hace tres años que vivo** aquí. *I have lived here for three years.*

Note the difference between these two sentences:

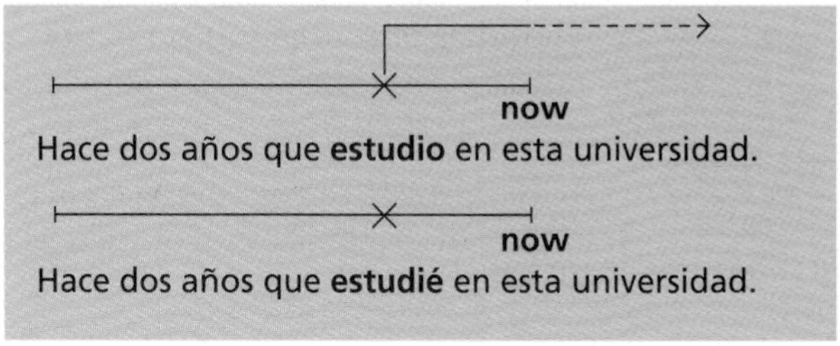

Read the following sentences, then answer the questions:

Internet Do Workbook *Práctica mecánica II*, CSM, Web, and lab activities.

Hace cinco años que Ramón fue de vacaciones a la isla de San Andrés.
Hace cinco años que Elena va de vacaciones a la isla de San Andrés.

- Who has spent vacations in San Andrés for the last five years?
- Who went on vacation to San Andrés five years ago?

ACTIVIDAD 27: La redundancia Estas conversaciones no suenan *(sound)* bien porque tienen mucha redundancia. En parejas, cámbienlas usando pronombres para evitar la repetición.

—¿Compraste el libro?
—No, no compré el libro.
—¿Por qué no compraste el libro?
—Porque la librería no tiene el libro.

—¿Dónde están mis llaves *(keys)*?
—¡Caramba! Tienes las llaves en la mano.

—¿Vas a escribir la composición hoy?
—No, voy a escribir la composición mañana.

—¿Cuándo vas a escribir la carta?
—Estoy escribiendo la carta ahora mismo.

—Compré un CD nuevo.
—¿Puedo escuchar tu CD nuevo?

ACTIVIDAD 28: Las cosas para el viaje En parejas, una persona es el esposo y la otra es su esposa. Van a hacer un viaje y quieren saber dónde puso su pareja las siguientes cosas. Altérnense haciendo preguntas.

pareja = partner/pair

➤ A: ¿Dónde pusiste la cámara?
B: La puse en el bolso de mano.

Cosas: champú, gafas de sol, trajes de baño, máquina de afeitar, peine, zapatos de tenis, cepillo de dientes, pasaporte, regalos, niño
Lugares: la maleta, el carro, el bolso de mano

ACTIVIDAD 29: Romeo y Julieta En parejas, inventen una conversación romántica entre los protagonistas de una telenovela *(soap opera):* María Julieta y José Romeo. Usen en la conversación un mínimo de tres de estos verbos en oraciones o preguntas: **querer, necesitar, odiar, creer** y **esperar.**

➤ José Romeo: María Julieta, te quiero.
María Julieta: Yo también te quiero, pero mi padre te odia.

ACTIVIDAD 30: Las cosas de tu compañero En parejas, averigüen si su compañero/a tiene estas cosas y cuánto hace que las tiene: **estéreo, carro, bicicleta, radio, apartamento, motocicleta, computadora, guitarra,** etc.

➤ A: ¿Tienes grabadora?
B: Sí, tengo. → No, no tengo.
A: ¿Cuánto tiempo hace que la tienes?
B: Hace cinco años que la tengo.

ACTIVIDAD 31: Los anuncios comerciales En grupos de tres, Uds. trabajan para una agencia de publicidad. Tienen que escribir anuncios *(ads)* para estos productos.

➤ el agua de colonia "Atracción" — Hace un año que uso el agua de colonia "Atracción" y ahora tengo muchos amigos.

1. el jabón para la cara "Radiante"
2. el champú para hombres "Hércules"
3. el detergente para ropa "Blancanieves"
4. el perfume "Gloria"
5. el desodorante "Frescura Segura"

ACTIVIDAD 32: La entrevista Lee esta parte del curriculum vitae de Carmen Fernández y completa la entrevista *(interview)* que sigue. La entrevista fue el 7 de septiembre de 1999.

1994–presente	Empleada de IBM
1996–presente	Programadora de computadoras
1994–1996	Recepcionista
1989–91	Secretaria, Aeroméxico

ENTREVISTADORA ¿Cúanto tiempo hace que Ud. ___Trabaja___ en IBM?
CARMEN Hace cinco años que ___trabajo___ allí.
ENTREVISTADORA ¿Qué hace?
CARMEN Soy programadora de computadoras ahora, pero hace tres años ___fui___ recepcionista por un tiempo.
ENTREVISTADORA ¿Por cuántos años fue Ud. recepcionista en esa compañía?
CARMEN Dos años.
ENTREVISTADORA ¿Y antes de trabajar para IBM?
CARMEN Fui secretaria para Aeroméxico.
ENTREVISTADORA Entonces, hace cinco años que ___trabajo___ en Aeroméxico.
CARMEN No, hace siete años que ______ allí.
ENTREVISTADORA Entonces, ¿qué hizo entre 1991 y 1994?
CARMEN Tuve un hijo y me quedé en casa con él.

ACTIVIDAD 33: Una entrevista **Parte A:** En parejas, entrevístense para completar este cuestionario.

¿Cuándo empezaste a estudiar en esta universidad? ______

¿Estudiaste en otra universidad antes de venir aquí? Sí ____ No ____

Si contesta que sí: ¿Cuándo empezaste a estudiar allí? ______

¿Cuándo dejaste de estudiar allí? ______

¿Trabajas? Sí ____ No ____

Si contesta que sí: ¿Cuándo empezaste? ______

¿Cuál fue el último trabajo que tuviste? ______

¿Cuándo lo empezaste? ______

¿Cuándo lo dejaste? ______

¿Tienes carro? Sí ____ No ____

Si contesta que sí: ¿Cuándo lo compraste? ______

¿Dónde vives?

Residencia estudiantil ____ Apartamento ____ Casa ____

¿Cuándo empezaste a vivir allí? ______

Do Workbook *Práctica comunicativa II* and the *Repaso* section.

Parte B: Ahora, haz un resumen de la información del cuestionario. Por ejemplo:

➤ **Hace dos años que** John **estudia** en esta universidad. Antes él estudió en la Universidad de Kansas durante 2 años. **Dejó** de estudiar allí **hace dos años . . .**

Vocabulario funcional

El hotel

el baño	*bathroom*
el botones	*bellboy*
la comida	*meal*
el desayuno	*breakfast*
la empleada (de servicio)	*maid*
la habitación doble	*double room*
la habitación sencilla	*single room*
la maleta	*suitcase*
media pensión	*breakfast and one meal included*
pensión completa	*all meals included*
la recepción	*front desk*
el/la recepcionista	*receptionist*

Palabras y expresiones útiles

¿Cómo que . . . ?	*What do you mean . . . ?*
darse cuenta de algo	*to realize something*
Lo siento.	*I'm sorry.*
las noticias	*news*
Perdimos el autobús.	*We missed the bus.*
por fin	*at last, finally*
el precio	*price*
quisiera/quisiéramos	*I/we would like*
la última vez	*the last time*

Verbos

amar	*to love*
ayudar	*to help*
construir	*to build*
creer	*to believe*
esperar	*to wait (for)*
invitar	*to invite*
manejar	*to drive*
mentir (ie, i)	*to lie*
odiar	*to hate*
oír	*to hear*
producir	*to produce*
repetir (i, i)	*to repeat*
seguir (i, i)	*to follow*
sentirse (ie, i)	*to feel*

El pasaje

Ver página 177.

Palabras afirmativas y negativas

Ver página 170.

El teléfono

el área/prefijo	*area code*
¿Aló?/Diga/Dígame	*Hello?*
¿De parte de quién?	*Who is calling?*
(De parte) de . . .	*It/This is . . .*
¿Está . . . , por favor?	*Is . . . there, please?*
Habla . . .	*It/This is . . .*
el indicativo del país/código internacional	*country code*
llamada a cobro revertido/para pagar allá	*collect call*
llamada de larga distancia	*long-distance call*
llamada local	*local call*
marcar directo	*to dial direct*
No, tiene el número equivocado.	*No, you have the wrong number.*
¿Puede hablar más despacio, por favor?	*Can you speak more slowly, please?*
¿Quién habla?	*Who is speaking/calling?*
Quisiera hablar con . . . , por favor.	*I would like to speak with . . . , please.*

El aeropuerto

a tiempo	*on time*
la aerolínea	*airline*
la hora de llegada	*time of arrival*
la hora de salida	*time of departure*
la línea aérea	*airline*
la puerta (de salida) número . . .	*gate number . . .*
el retraso	*delay*

TravelTur

¡Vale! / Sevilla, España

Do the CD-ROM video activities for more practice.

Antes de ver

ACTIVIDAD 1: ¿Qué recuerdas? Antes de ver el video, ¿cuánto puedes recordar de lo que ocurrió hasta ahora? Cuando termines de contestar estas preguntas, compara tus respuestas con las de un/a compañero/a.

1. Andrés está en . . . .
   a. España b. Puerto Rico c. Colombia d. los EE.UU.
2. Andrés es de . . . .
   a. España b. Puerto Rico c. Colombia d. los EE.UU.
3. En este segmento del programa Andrés va a . . . .
   a. Bogotá b. Madrid c. Sevilla d. San Juan
4. Él va a visitar a . . . .
   a. su tía b. su hija c. su prima d. su sobrina
5. Normalmente Andrés trabaja como agente de viajes para la agencia TravelTur, pero ahora . . . .
   a. acompaña a un grupo de turistas
   b. filma anuncios comerciales para jóvenes
   c. visita hoteles y restaurantes para hacer recomendaciones
   d. no hace nada. Está de vacaciones porque tiene un viaje gratis por ser agente de viajes

Mientras ves

ACTIVIDAD 2: La reserva Lee la siguiente ficha. Después, observa mientras Andrés consigue una habitación en el Hotel Cervantes en Sevilla. Mientras escuchas, completa la ficha.

DESDE EL PRINCIPIO HASTA 21:36

HOTEL CERVANTES

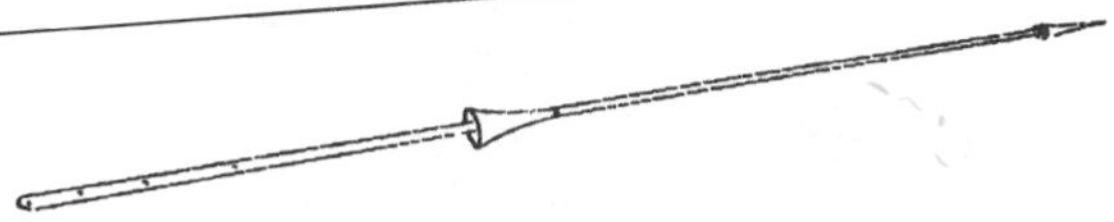

Sencilla ______ Doble ______

Con baño ______ Sin baño ______

Desayuno ______ Media pensión ______ Pensión completa ______

Número de habitación ______ Precio ______ pesetas

ACTIVIDAD 3: Las ideas principales Antes de ver el resto del video, lee las siguientes preguntas. Después, mientras miras, escribe tus respuestas.

DESDE 21:37 HASTA EL FINAL

1. ¿Puedes nombrar tres lugares que visitó Andrés en Sevilla?
2. ¿Qué hizo en cada uno de los tres lugares?

ACTIVIDAD 4: Planes futuros Mira el segmento de video donde Andrés habla de sus planes futuros; después, contesta las siguientes preguntas.

DESDE 23:28 HASTA 23:57

1. ¿Adónde va a ir Andrés después de irse de España?
2. ¿Quién conoce a alguien allí?
3. Andrés dice: **"Un ________________ tuyo es un amigo mío. Claro . . . Si tiene ________________ y conoce las ________________".**
   ¿Por qué dice eso Andrés?

Después de ver

ACTIVIDAD 5: La música La música nos revela mucho de una cultura. La música que acompaña las tomas *(rough cuts)* para los anuncios que va a hacer Andrés sobre Sevilla es típica de Andalucía, en el sur de España. Contesta las siguientes preguntas sobre ese tipo de música.

1. ¿Sabes cómo se llama la música típica del sur de España?
   a. merengue b. salsa c. rumba d. flamenco
2. ¿Qué instrumento musical asocias con este tipo de música?
   a. una trompeta b. una guitarra c. un piano
3. ¿Qué instrumento o instrumentos de percusión asocias con esta música?

a. las castañuelas

b. las congas

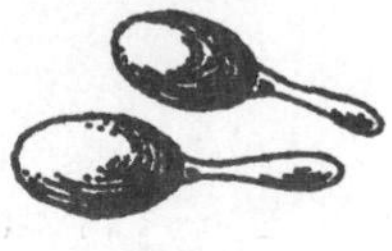

c. las maracas

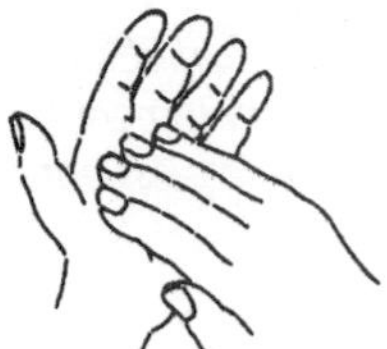

d. las palmas

e. la pandereta

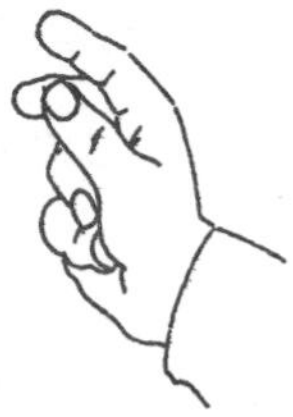

f. los pitos

4. Al escuchar la música, ¿notaste alguna influencia de otros tipos de música? ¿Qué influencia notaste?
   a. influencia de las polkas de Alemania
   b. influencia de la música del medio oriente
   c. influencia de los cantos gregorianos
   d. influencia de la música clásica de Bach y Mozart

CAPÍTULO 8

▲ *Un edificio de apartamentos en Buenos Aires, Argentina.*

CHAPTER OBJECTIVES

- Indicating sequence
- Describing wants and needs
- Describing the layout of a house and its furnishings
- Describing household items you need or want to buy
- Expressing preferences, giving advice, and making requests

Buscando apartamento

▲ *Un portero reparte el correo delante de un edificio en Madrid, España.*

o sea	that is to say
Fulano, Mengano y Zutano	Tom, Dick, and Harry
¡Vaya!	Wow!

Las cinco chicas buscan apartamento porque el colegio mayor se cierra el mes de agosto durante las vacaciones. Ahora están hablando Diana, Marisel y Teresa sobre qué tipo de apartamento quieren.

ACTIVIDAD 1: Marca qué buscan Lee la siguiente lista. Después, mientras escuchas la conversación, marca qué cosas buscan las chicas en un apartamento.

dormitorios	2	3	4
teléfono	sí	no	
patio	sí	no	
muebles	sí	no	
portero	sí	no	
aire acondicionado	sí	no	
balcón	sí	no	
muchas ventanas	sí	no	
cocina grande	sí	no	

Describing what you are looking for

MARISEL Entonces necesitamos un apartamento que tenga tres dormitorios.

TERESA ¡Claro! Y también debemos tener una cocina grande porque cocinamos mucho.

MARISEL Y es muy importante que tenga teléfono porque, claro, Teresa y Claudia tienen que hablar con sus novios . . .

DIANA Recuerden que el apartamento debe ser barato, y ¿no lo queremos amueblado?

TERESA No, sin muebles porque mi tío tiene muebles de segunda mano que podemos usar. O sea, tres dormitorios, cocina grande, teléfono y barato. ¿Algo más?

MARISEL Sí, que tenga portero.

DIANA ¿Por qué?

Giving a reason

MARISEL Porque un portero es una ayuda enorme. Limpia la entrada, recibe las cartas, saca la basura, abre la puerta y además es el policía del edificio.

DIANA ¡Qué curioso! En mi país no hay muchos porteros. Generalmente hay teléfonos para abrir la puerta.

TERESA En Puerto Rico también tenemos teléfono: el intercomunicador. Sólo los apartamentos más caros tienen portero.

MARISEL Pues, aquí en España también hay teléfono y se le llama portero automático. Se usa por la tarde o por la noche cuando el portero no está.

Expressing preference

TERESA Prefiero tener portero porque normalmente vive en el edificio y, si tienes problemas, siempre está para ayudarte.

Expressing a desire

DIANA Bueno, bueno . . . Teléfono o portero, a mí no me importa. Lo único es que a mí me gustaría tener balcón y muchas ventanas.

MARISEL Pues si . . . si no quieres que te vean Fulano, Mengano y Zutano de la calle, es mejor que esté en un segundo o tercer piso porque un apartamento en el primer piso y con balcón . . . no sé, pero puede traer problemas.

In most Hispanic countries, **la planta baja/el bajo** = first or ground floor; **el primer piso** = second floor.

DIANA ¡Vaya! Entonces buscamos un apartamento que esté en un segundo piso o más alto, con tres dormitorios, balcón, teléfono, una cocina grande, con portero y que sea barato. ¡Uf! ¡No pedimos nada!

ACTIVIDAD 2: ¿Comprendiste? Después de escuchar la conversación otra vez, contesta estas preguntas.

1. ¿Cuáles son cosas importantes para Diana, para Teresa y para Marisel?
2. ¿Qué es un portero? ¿Es común tener portero en Puerto Rico? ¿Y en los Estados Unidos? ¿Te gustaría vivir en un edificio con portero?
3. Cuando Diana dice, "¡No pedimos nada!", ¿quiere decir que va a ser fácil o difícil encontrar apartamento?
4. ¿Prefieres vivir en un apartamento o en una residencia estudiantil?

Apartamento = **departamento** (some Latin American countries).

¿LO SABÍAN?

Cuando se busca apartamento en un país hispano, a veces las necesidades son diferentes de las de los Estados Unidos. Aunque en un país hispano es normal tener portero automático; también es común tener portero en los edificios. Asimismo, en los Estados Unidos nadie se preocupa si hay línea telefónica o no porque es fácil instalarla, pero en muchos países hispanos hay que esperar meses y cuesta mucho dinero obtener una línea de teléfono. Por eso, es importante encontrar un apartamento que tenga teléfono.

ACTIVIDAD 3: ¿Qué prefieren Uds.? En grupos de cinco, decidan cuáles son las cosas más importantes para Uds. en un apartamento. Clasifiquen las siguientes cosas en una escala de uno a tres. Después díganle al resto de la clase las cosas que son importantes para ustedes.

1 no es importante 2 es importante 3 es muy importante

_3_ el número de dormitorios	_2_ la parte de la ciudad en que esté
_2_ que sea barato	_1_ que tenga garaje
_3_ que tenga teléfono	_3_ que tenga cocina grande
_1_ que tenga balcón	_2_ el piso en que esté
_1_ que esté amueblado	_1_ que tenga portero

Lo esencial I

I. Los números ordinales

1°	primero	5°	quinto	8°	octavo
2°	segundo	6°	sexto	9°	noveno
3°	tercero	7°	séptimo	10°	décimo
4°	cuarto				

1. Ordinal numbers are used to refer to things such as floor numbers, grade levels in school, and finishing positions in races. It is not common to use ordinal numbers above **décimo;** cardinal numbers are used instead.

Felipe II (segundo) construyó El Escorial.
BUT: Alfonso XIII (trece) murió en 1941.

Felipe II and Alfonso XIII are former Spanish kings. Alfonso XIII is the grandfather of the present king, Juan Carlos I.

2. Ordinal numbers agree in gender and number with the nouns they modify. **Primero** and **tercero** drop the final **-o** when modifying a masculine singular noun.

Ella vive en el **primer** apartamento del **tercer** piso.
La **primera** en llegar fue la esquiadora chilena.

ACTIVIDAD 4: La carrera de ciclismo En una carrera *(race)* de ciclismo este fin de semana participaron seis ciclistas de Hispanoamérica. En parejas, lean las pistas *(clues)* y adivinen el número de llegada (primero, segundo, etc.), nombre, nacionalidad y color de camiseta de cada ciclista.

1. Claudio Vardi, con camiseta roja, es de un país suramericano.
2. El uruguayo llegó en tercer lugar.
3. El hombre de la camiseta amarilla se llama Augusto Terranova y no es uruguayo.
4. El colombiano que llegó primero tiene una camiseta roja.
5. Hernando Calasa, con camiseta morada, no llegó en cuarto lugar.
6. Francisco Lara, que tiene camiseta azul, es el único que no es suramericano.
7. Silvio Scala, de nacionalidad chilena, llegó justo después del boliviano de camiseta amarilla.
8. El peruano de camiseta morada llegó en el último lugar.
9. El guatemalteco llegó justo después del colombiano.
10. La camiseta del uruguayo Marcelo Ruso es verde y no negra como la del ciclista chileno.

¿LO SABÍAN?

El ciclismo es un deporte muy popular en muchos países y cada año hay carreras internacionales de bicicletas. Quizás las más interesantes sean las de Colombia y España, por la habilidad de los participantes y también porque son muy difíciles, pues hay muchas montañas. La carrera más importante del mundo es la Vuelta a Francia, que tiene lugar todos los años en el mes de julio. En 1985, Fabio Parra de Colombia ganó la carrera. En 1988, la ganó un español, Pedro Delgado, y la ganó otro español, Miguel Indurráin, de 1991 a 1995. Los ciclistas hispanos se encuentran entre los mejores del mundo. ¿Sabes los nombres de algunos ciclistas norteamericanos?

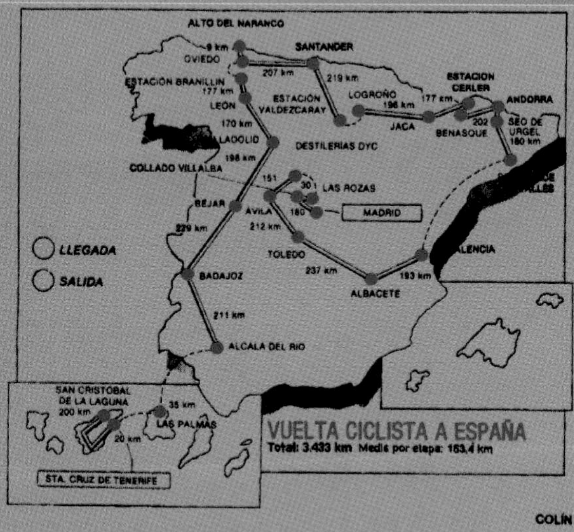

La Vuelta a España empezará en Tenerife y terminará en Madrid.

ACTIVIDAD 5: Tu opinión **Parte A:** Todos tenemos opiniones. Numera los problemas de la página 193 del primero al octavo en orden de importancia para los Estados Unidos. Escribe la palabra completa.

Remember that **problema** is masculine.

_________________ la entrada de inmigrantes ilegales
_________________ el sistema educativo
_________________ la reducción de impuestos *(taxes)*
_________________ el dinero que les da el gobierno a otros países
_________________ la falta *(lack)* de seguro médico para todas las personas
_________________ la violencia
_________________ la corrupción del gobierno
_________________ el consumo de tabaco, alcohol y drogas ilegales

Parte B: Compara tu orden con el de un/a compañero/a. Usa frases como **Para mí el primer problema es . . . porque . . .**

Dormitorio = habitación, alcoba, cuarto, recámara

II. Las habitaciones de la casa

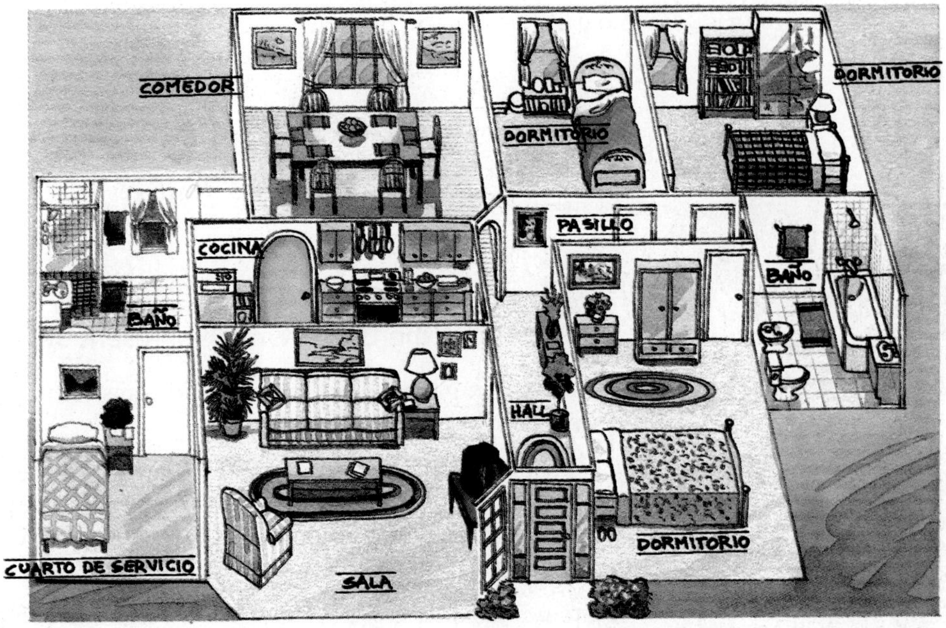

Palabras relacionadas

el agua water
alquilar to rent
el alquiler rent
amueblado/a furnished
la calefacción heat
la electricidad/luz electricity
la fianza/el depósito security deposit
el gas gas
los gastos expenses

ACTIVIDAD 6: Asociaciones Di qué cuartos de la casa asocias con las siguientes actividades o cosas: dormir, mirar televisión, comer, el agua, estudiar, hablar con amigos, leer, ducharse, escuchar música.

ACTIVIDAD 7: ¿Cómo es tu casa? En grupos de tres, cada persona les describe la casa de su familia a sus compañeros. Digan si es grande o pequeña, qué tiene (cuántos dormitorios, etc.) y si tiene alguna característica especial.

ACTIVIDAD 8: Pidiendo información En grupos de tres, "A" y "B" están estudiando en Buenos Aires por un semestre y necesitan alquilar un departamento. "C" es un/a amigo/a y les dice que hay un departamento para alquilar en su edificio. "A" y "B" quieren información sobre el departamento y le hacen preguntas a "C". Lean sólo las instrucciones para su papel.

A y B
Quieren saber:

1. cuánto es el alquiler
2. si hay depósito
3. si está amueblado
4. si hay calefacción
5. si hay teléfono
6. si hay otros gastos, como gas, agua y luz

C
Sabe:

1. el alquiler es 400 pesos al mes
2. un mes de depósito
3. está amueblado (con muebles viejos)
4. hay calefacción central
5. hay teléfono
6. el alquiler incluye gas, agua y luz

Hacia la comunicación I

Talking About the Unknown: The Present Subjunctive

Before studying the grammar explanation, answer these questions based on the conversation:

- When Marisel says, **"Necesitamos un apartamento que tenga tres dormitorios"**, is she describing an apartment she has seen?
- The word **tenga** is used in two other instances in the conversation. Is it used to describe what the women are looking for or what they have found?

An independent clause can stand alone as a complete sentence: *I'm looking for a house.* A dependent clause cannot stand alone: *. . . that has a garage.*

Remember: The subjunctive forms are generally in dependent clauses and are therefore almost always preceded by **que**.

Up to now, you have used all verbs in the indicative mood. There is another verbal mood called the *subjunctive*, which is used to express things such as doubt, uncertainty, hope, possibility, influence, and to talk about the unknown. Most subjunctive constructions contain both an independent and a dependent clause. The independent clause contains a verb in the indicative and the dependent clause contains a verb in the subjunctive. The two clauses are usually linked by the word **que.**

independent clause (indicative)	+ **que** +	*dependent clause (subjunctive)*
Buscamos un apartamento	**que**	tenga teléfono.
Queremos un apartamento	**que**	sea grande.

A. Forms of the Present Subjunctive

1. To conjugate a verb in the subjunctive, apply the following rules:

a. take the present indicative **yo** form: **hablo, como, salgo**
b. drop the **-o** from the verb ending: **habl-, com-, salg-**
c. add **-e** for **-ar** verbs: habl**e**
add **-a** for **-er** and **-ir** verbs: com**a**, salg**a**
d. add the endings for the other persons as shown in the following charts:

When practicing the subjunctive, say **que** before each form to remind yourself of the dependency.

caminar		
camino ⟶	que camin**e**	que camin**emos**
	que camin**es**	que camin**éis**
	que camin**e**	que camin**en**

correr		
corro ⟶	que corr**a**	que corr**amos**
	que corr**as**	que corr**áis**
	que corr**a**	que corr**an**

salir		
salgo ⟶	que salg**a**	que salg**amos**
	que salg**as**	que salg**áis**
	que salg**a**	que salg**an**

NOTE:

a. Remember that reflexive pronouns precede a conjugated form:

levantarse	
que **me** levant**e**	que **nos** levant**emos**
que **te** levant**es**	que **os** levant**éis**
que **se** levant**e**	que **se** levant**en**

b. Verbs ending in **-car, -gar, -zar,** and **-ger** require spelling changes in all present subjunctive forms.

	Indicative	**Subjunctive**
bus**car**	busco	que bus**que**
empe**zar**	empiezo	que empie**ce**
esco**ger**	esco**j**o	que esco**ja**
pa**gar**	pago	que pa**gue**

Review **-ir** stem-changing verbs, Chs. 5 and 7.

2. In the subjunctive, stem-changing verbs ending in **-ar** and **-er** have the same stem change as in the present indicative: **que yo piense, que él quiera, que nosotros almorcemos.** Stem-changing verbs ending in **-ir** have the same stem change as in the present indicative, except in the **nosotros** and **vosotros** forms, which require a stem change from **-e-** to **-i-** or from **-o-** to **-u-.**

mentir	
que m**ie**nta	que m**i**ntamos
que m**ie**ntas	que m**i**ntáis
que m**ie**nta	que m**ie**ntan

dormir	
que d**ue**rma	que d**u**rmamos
que d**ue**rmas	que d**u**rmáis
que d**ue**rma	que d**ue**rman

The accent distinguishes **dé,** the subjunctive, from **de,** the preposition. Accents on **estar** reflect pronunciation.

3. The following verbs are irregular in the present subjunctive:

dar → que **dé**	**estar** → que **esté**	**ser** → que **sea**
ir → que **vaya**	**saber** → que **sepa**	

Here is the complete conjugation of **dar** and **estar:**

dar	
que dé	que **demos**
que des	que **deis**
que dé	que **den**

estar	
que esté	que est**emos**
que estés	que est**éis**
que esté	que est**én**

NOTE: **Hay** → **que haya**

B. Using the Present Subjunctive

1. The subjunctive is used in dependent adjective clauses to describe something that may or may not exist from the point of view of the speaker.

I'm looking for a *red* car.
red = adjective
I'm looking for a car *that is red.*
that is red = dependent adjective clause

Quiero un carro **que sea** rojo.	*I want a car (any car) that is red.*
Necesitan un apartamento **que tenga** balcón.	*They need an apartment (any apartment) that has a balcony.*
Busco una persona **que sepa** hablar quechua.*	*I'm looking for a person (any person) who can speak Quechua.*

Quechua is a language spoken by many Andean Indians.

However, when you talk about something that you know exists, use the indicative mood.

Vivo en un apartamento que **tiene** balcón.	*I live in an apartment that has a balcony. (I know it exists, where it is, what it looks like, etc.)*

Do Workbook *Práctica mecánica I* and corresponding CSM activities.

*NOTE: The personal **a** is not used when the direct object refers to a person or persons that may or may not exist, unless it is **alguien: Busco a *alguien* que sepa hablar quechua.**

Basque is a language spoken in a region of northern Spain and in southwestern France. It is unrelated to other modern European languages.

2. The subjunctive is also used in adjective clauses to describe something that does not exist from the point of view of the speaker.

No hay **ningún** apartamento **que tenga** balcón.	*There are no apartments (not one) with a balcony.*
No conozco a **nadie que hable** vasco en esta universidad.*	*I don't know anyone at this university who speaks Basque.*

*NOTE: The personal **a** is used when **nadie** is a direct object.

ACTIVIDAD 9: Por teléfono En parejas, una persona busca apartamento y llama a una agencia de alquiler. La otra persona trabaja en la agencia y le da información.

If something exists, use the indicative. If something may or may not exist, use the subjunctive.

➤ A: Busco un apartamento que tenga . . . , que sea . . . y que esté . . .
B: Tenemos un apartamento que tiene . . . , que es . . . y que está . . .

ACTIVIDAD 10: Lo ideal En grupos de cuatro, describan a su profesor/a, jefe/a *(boss)*, secretario/a, padre/madre o amigo/a ideal. El/La secretario/a del grupo toma apuntes. Después, comparen su descripción con las de otros grupos.

➤ Queremos tener un profesor que . . .
Buscamos un jefe que . . .

ACTIVIDAD 11: Se busca **Parte A:** Tienes cuatro minutos para encontrar personas que tengan o hagan las siguientes cosas.

➤ que tenga dos hijos
A: ¿Tienes dos hijos?
B: Sí, tengo dos hijos. / No, no tengo dos hijos.

1. que trabaje en un restaurante
2. que termine los estudios este año
3. que vaya a viajar a Bolivia este verano
4. que tenga tres hermanos
5. que sepa hablar catalán
6. que sea de Illinois
7. que hable japonés Mike
8. que piense casarse este año
9. que tenga perro Zach
10. que sepa preparar mole poblano

Catalán is a language spoken in **Cataluña** (northeastern Spain). Capital of **Cataluña:** Barcelona.

Mole poblano = a spicy Mexican sauce made with chocolate.

Parte B: Ahora, contesta las preguntas de tu profesor/a.

➤ ¿Hay alguien en la clase que trabaje en un restaurante?

Sí, hay alguien que trabaja en un restaurante; [Charlie] trabaja en [Red Lobster].

No, no hay nadie que trabaje en un restaurante.

ACTIVIDAD 12: El eterno pesimista Eres una persona pesimista. Completa estas oraciones de forma original.

Nonexistence from the speaker's point of view = subjunctive

1. No hay nadie que . . .
2. No tengo nada que . . .
3. No conozco a nadie que . . .
4. El presidente no hace nada que . . .
5. En las tiendas no encuentro nada que . . .
6. No tengo ningún profesor que . . .

ACTIVIDAD 13: Se necesita Lee los anuncios que siguen y decide cuáles pueden combinarse. Después, en parejas, una persona llama para pedir más información y la otra da información adicional.

➤ A: ¿Aló?
B: Sí, llamo por la moto . . .

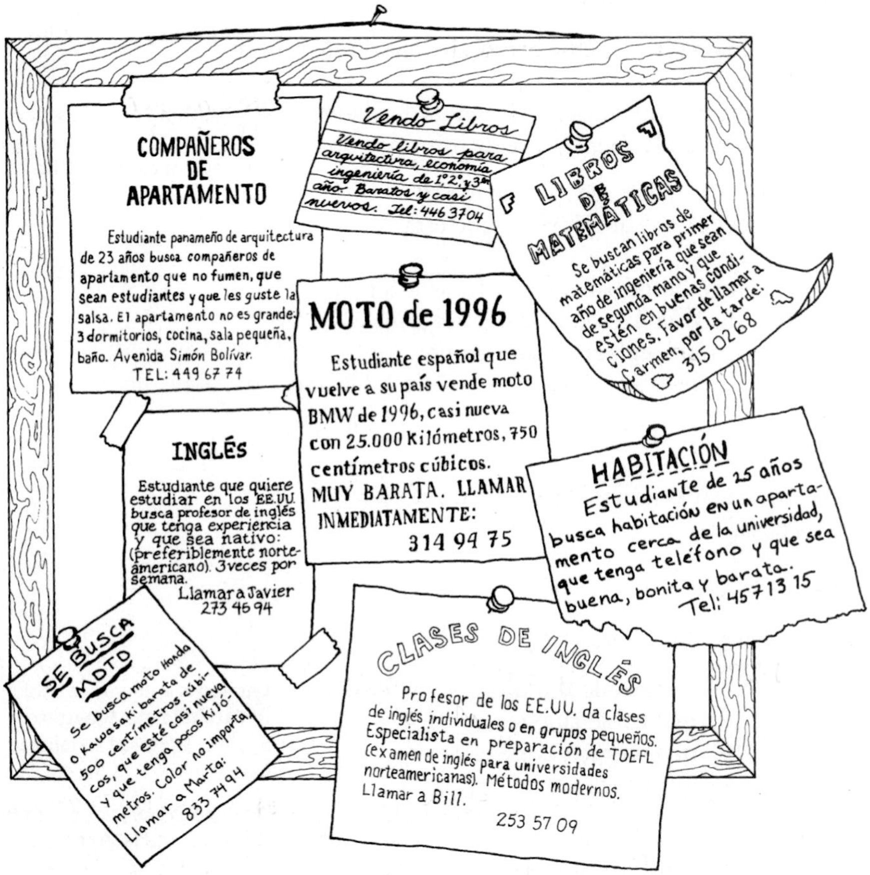

COMPAÑEROS DE APARTAMENTO
Estudiante panameño de arquitectura de 23 años busca compañeros de apartamento que no fumen, que sean estudiantes y que les guste la salsa. El apartamento no es grande. 3 dormitorios, cocina, sala pequeña, baño. Avenida Simón Bolívar.
TEL: 449 67 74
Vendo Libros
Vendo libros para arquitectura, economía, ingeniería de 1°, 2°, y 3er año. Baratos y casi nuevos. Tel: 446 3704
LIBROS DE MATEMÁTICAS
Se buscan libros de matemáticas para primer año de ingeniería que sean de segunda mano y que estén en buenas condiciones. Favor de llamar a Carmen, por la tarde: 315 0268
MOTO de 1996
Estudiante español que vuelve a su país vende moto BMW de 1996, casi nueva con 25.000 kilómetros, 750 centímetros cúbicos. MUY BARATA. LLAMAR INMEDIATAMENTE: 314 94 75
INGLÉS
Estudiante que quiere estudiar en los EE.UU. busca profesor de inglés que tenga experiencia y que sea nativo: (preferiblemente norteamericano). 3 veces por semana.
Llamar a Javier 273 46 94
HABITACIÓN
Estudiante de 25 años busca habitación en un apartamento cerca de la universidad, que tenga teléfono y que sea buena, bonita y barata.
Tel: 457 13 15
SE BUSCA MOTO
Se busca moto Honda o Kawasaki barata de 500 centímetros cúbicos, que esté casi nueva y que tenga pocos kilómetros. Color no importa. Llamar a Marta: 833 74 94
CLASES DE INGLÉS
Profesor de los EE.UU. da clases de inglés individuales o en grupos pequeños. Especialista en preparación de TOEFL (examen de inglés para universidades norteamericanas). Métodos modernos. Llamar a Bill.
253 57 09

The infinitive is frequently used to give impersonal commands: **Llamar a Javier.**

¿LO SABÍAN?

En los países hispanos no es común vender cosas de segunda mano delante de la casa o en el garaje *(tag or garage sales)*. Generalmente, la gente les regala la ropa usada a miembros de la familia, a la iglesia o a personas pobres. Cosas usadas como estéreos, computadoras y libros se anuncian en la sección de avisos clasificados del periódico o en revistas o periódicos como *Segundamano*. ¿Conoces algún periódico como éste en los Estados Unidos?

El periódico de los anuncios gratis, ahora en Internet
segundamano
www.segundamano.es

ACTIVIDAD 14: Bienvenidos a Radio Tienda Uds. van a hacer un programa de radio de compraventa de cosas de segunda mano. Cada persona tiene dos minutos para escribir la descripción de una cosa que quiere vender o comprar. Después, en parejas, mantengan una conversación telefónica. No olviden *(forget)* cambiar de papel.

➤ A: Bienvenido/a a Radio Tienda. ¿Compra o vende?

B: Quiero comprar un televisor que tenga . . .

B: Quiero vender un televisor que tiene . . .

Do Workbook *Práctica comunicativa I.*

ACTIVIDAD 15: Eso es lo que quiero Acabas de escuchar el programa Radio Tienda y te interesa comprar o vender algo. En parejas, llamen a su compañero/a para comprar u ofrecerle algo. Pidan u ofrezcan más información.

➤ A: ¿Aló?

B: Buenos días. ¿Ud. es la persona que quiere comprar un televisor? . . .

B: Buenos días. ¿Ud. es la persona que quiere vender un televisor? . . .

Nuevos horizontes

LECTURA

Estrategia: *Using the Dictionary*

So far in this text you have practiced a number of strategies to help you understand the meaning of a passage you are reading; for example, predicting, identifying cognates, and guessing meaning from context. In this chapter, you will practice using the dictionary to discern meaning. Remember: use a dictionary only when the word is essential to your understanding of the passage.

The following guidelines will help you make better use of the dictionary.

1. Try to guess meaning from context. Then, look up the word to confirm your guess. Remember that a word may have more than one meaning, so you should check the context in which it appears to make your choice.
2. Check the grammatical form of the word. This may help you determine which definition is correct according to context. Important grammar abbreviations are: **m.** (masculine noun), **f.** (feminine noun), **adj.** (adjective), **adv.** (adverb), **v. tr.** (transitive verb—must have a direct object), **v. intr.** (intransitive verb—does not admit a direct object), and **reflex.** (reflexive verb).
3. If a word you are looking up is part of an idiom, you will find it referenced under the main word of the idiom.
4. Nouns are usually presented in the singular form of the corresponding gender: masculine singular, feminine singular.
5. Adjectives are normally presented in their masculine singular form.

Note: Since all dictionaries are not the same, it is important to familiarize yourself with your dictionary. Consult the Table of Contents and indexes.

The verb *to leave* can be transitive or intransitive and has two equivalents in Spanish. Transitive (must take a direct object): He always *leaves his keys* on the table. **Siempre deja las llaves en la mesa.** Intransitive (doesn't take a direct object): She *leaves* at seven every morning. **Ella sale a las siete todas las mañanas.**

In the sentence **Busco una persona que tenga estas credenciales,** the word **tenga** is the subjunctive of the verb **tener** and you should look up the word **tener.**

6. Verbs are normally listed only in the infinitive form, therefore, it is necessary to determine what the infinitive is from the conjugated form.
7. Knowing some common abbreviations may be helpful: ARTS fine arts; BOT. botany; CHEM. chemistry; COLL. colloquial; FIG. figurative; ZOOL. zoology; etc. There is normally a key to abbreviations in the dictionary itself, which should be consulted when a question arises.

ACTIVIDAD 16: Contexto histórico Vas a leer un poema de Ángela Figuera, una poeta que escribió el poema *No quiero* después de la Guerra Civil Española. Determina si las siguientes oraciones son ciertas o falsas para averiguar cuánto sabes sobre la Guerra Civil y la posguerra española.

1. La Guerra Civil Española ocurrió después de la Segunda Guerra Mundial. _____
2. Los fascistas ganaron la guerra. _____
3. Después de la guerra, el dictador fue el General Francisco Franco. _____
4. No participaron otros gobiernos en la Guerra Civil Española. _____
5. Después de la guerra, España pasó por un período de mucha censura. _____

ACTIVIDAD 17: Lectura rápida Lee el poema una vez y mira los dibujos para comprender mejor el significado de algunas palabras. No uses el diccionario. Contesta estas preguntas al terminar.

1. ¿Cómo se siente la poeta, Ángela Figuera, triste o contenta?
2. ¿Qué aspecto de su sociedad critica ella, que la gente es demasiado materialista o que no tiene libertad de expresión?
3. En los Estados Unidos, ¿pueden pasar las cosas que ella critica? ¿Por qué sí o no?

No quiero

Ángela Figuera

1 No quiero
que los besos se paguen
ni la sangre se venda
ni se compre la brisa
ni se alquile el **aliento.**

2 No quiero
que el trigo se queme y el pan se **escatime.**

3 No quiero
que haya frío en las casas,
que haya miedo en las calles,
que haya rabia en los ojos.

4 No quiero
que en los labios se encierren mentiras,
que en las arcas se encierren millones,
que en la cárcel se encierre a los buenos.

5 No quiero
que el **labriego** trabaje sin agua,
que el marino navegue sin brújula,
que en la fábrica no haya **azucenas,**
que en la mina no vean la aurora,
que en la escuela no **ría** el maestro.

6 No quiero
que las madres no tengan perfumes,
que las mozas no tengan amores,
que los padres no tengan tabaco,
que a los niños les pongan los **Reyes**
camisetas de **punto** y cuadernos.

7 No quiero
que la tierra se parta en porciones,
que en el mar se establezcan dominios,
que en el aire se **agiten** banderas,
que en los trajes se pongan señales.

8 No quiero
que mi hijo desfile,
que los hijos de madre desfilen
con fusil y con muerte en el hombro:
que jamás se **disparen** fusiles,
que jamás se fabriquen fusiles.

9 No quiero
que me manden Fulano y Mengano,
que me **fisgue** el vecino de enfrente,
que me pongan carteles y sellos,
que decreten lo que es poesía.

10 No quiero
amar en secreto,
llorar en secreto,
cantar en secreto.

11 No quiero
que me **tapen** la boca
cuando digo NO QUIERO.

ACTIVIDAD 18: El diccionario Lee el poema otra vez con más cuidado *(care)*. Mira las palabras que están en negrita *(bold)* y busca el significado de cada palabra. A continuación se presentan definiciones de estas palabras para consultar.

a•gi•tar tr. *(sacudir)* to wave, shake; FIG. *(alborotar)* to agitate, excite -reflex. *(sacudirse)* to wave, flutter; FIG. *(perturbarse)* to be agitated *or* excited; MARIT. to be rough or choppy.

a•lien•to m. *(soplo)* breath; *(respiración)* breathing, respiration; FIG. *(valor)* strength, courage ♦ **dar a. a** FIG. to encourage • **de un a.** FIG. in one breath, without stopping **cobrar a.** FIG. to take heart • **sin a.** breathless.

a•zu•ce•na f. BOT. white *or* Madonna lily; CUBA, BOT, nard; FIG. pure *or* delicate person ♦ **a. anteada** day *or* fire lily • **a. atrigada** tiger lily • **a. de agua** water lily.

dis•pa•rar tr. to fire, shoot; *(echar)* to throw, hurl.

es•ca•ti•mar tr. to skimp on, to be sparing with • *e. la comida* to skimp on food; to spare • no *e. esfuerzos* to spare no effort.

fis•gar tr. *(pescar)* to spear, harpoon (fish); *(husmear)* to pry into, snoop on -intr. & reflex. to make fun of, mock.

la•brie•go, -ga m.f. farm hand or worker.

pun•to m. *(señal pequeña)* small dot; *(sitio)* point, spot ♦ *p. de reunión* the meeting point; *(ocasión)* point, verge • *ellos están a p. de lograrlo* they are on the verge of accomplishing it; GRAM. dot *el p. de la i* the dot of the i; period; • **al p.** at once, immediately • **a p.** just in time • **a p. de** on the verge of, about to • *de p.* knitted • *calcetines de p.* knitted socks • **dos puntos** GRAM. colon • **en p.** on the dot, sharp.

reír intr. to laugh *echarse a. r.* to burst out laughing; FIG. *(burlar de)* to make fun of, laugh at; *(brillar)* to be bright, sparkle, (one's eyes).

rey m. *(monarca)* king, sovereign; *(en juegos)* king; FIG. king • *r. de los animales* the king of beasts ♦ **a cuerpo de r.** FIG. like a king *vivir a cuerpo de r.* to live like a king • **cada uno es r. en su casa** a man's home is his castle • **día de Reyes** Epiphany, Twelfth Night • **Reyes magos** the Three Magi *or* Wise Men.

rí•a f. estuary.

rí•a, río see reír

ta•par tr. *(cubrir)* to cover, cover up; *(cerrar)* to plug up, to stop up; *(ocultar)* to block, obstruct (the view); FIG. *(esconder)* to conceal, hide -reflex. to cover oneself up.

ACTIVIDAD 19: En otras palabras Indica qué idea representa mejor cada estrofa *(stanza)* del poema. Es posible escribir más de un número en cada línea.

a. _____ hay cosas que cada persona debe poder tener
b. _____ no hay por qué tener hambre en el mundo; hay comida para todos
c. _____ las dictaduras producen terror
d. _____ una persona no debe ir a la cárcel *(jail)* por sus ideas
e. _____ los seres humanos tienen el derecho *(the right)* de ser felices
f. _____ la tierra es de todos, no de diferentes gobiernos con sus ideologías
g. _____ la violencia no es necesaria
h. _____ nadie debe decirle a nadie qué debe hacer, pensar o decir

ESCRITURA

Estrategia: *Pastiche*

When you read in English, you frequently learn new words and phrases which you then incorporate in your speech and writing. By using your knowledge of Spanish, your observational skills, and common sense you can learn about the Spanish language while reading. Not only can you pick up vocabulary words and idiomatic phrases, but structures as well. Trust your instincts, take calculated risks, and try to use new knowledge with someone who will correct you when needed. Risk takers are good language learners.

ACTIVIDAD 20: Poesía **Parte A:** Test your observational skills by doing the following activity.

1. Answer these questions about part of the sixth stanza of the poem *No quiero.*

No quiero	What is the subject of **quiero?**
que las madres no tengan perfumes,	What is the subject of **tengan?**
que las mozas no tengan amores,	What is the subject of **tengan?**

Therefore, the sentence **"No quiero que las madres no tengan perfumes"**, has two subjects. What word comes between the first verb and the second subject in this sentence? Is **tengan** in the indicative or the subjuctive mood?

2. Reread this stanza and answer the questions.

No quiero
    amar en secreto,
    llorar en secreto,
    cantar en secreto.

What is the subject of **quiero?** Are there any other subjects in the next three lines of the stanza? Is the word **que** present? What form of the verb are **amar, llorar,** and **cantar?**

Parte B: Imitate Figuera's style and apply what you have just learned through observation to write your own poem, titled *Quiero.*

Be careful when writing the third stanza!

Quiero
    que ______________________
    que ______________________
    que ______________________

Quiero
    que ______________________
    que ______________________
    que ______________________

Quiero
    ____
    ____
    ____

Quiero
    que ______________________
    que ______________________
    que ______________________

Lo esencial II

I. Los muebles

1. la alfombra
2. la cómoda
3. el espejo
4. el armario/el ropero
5. el sillón
6. el estante

ACTIVIDAD 21: Asociaciones

1. Di qué muebles y objetos asocias con estas habitaciones: la sala, el dormitorio y el comedor.
2. Di qué muebles asocias con estas acciones: dormir, leer, maquillarse, escribir, comer y sentarse.
3. Di qué muebles asocias con estas cosas: suéteres, vestidos, peine y diccionario.

ACTIVIDAD 22: Casa amueblada Mira el plano *(diagram)* de la casa en la página 193 y describe los muebles que ves y en qué parte de la casa están.

II. Los electrodomésticos y otras cosas necesarias

1. el horno (de) microondas
2. la estufa/cocina eléctrica/de gas
3. el lavaplatos
4. el fregadero
5. la nevera
6. el congelador
7. la aspiradora
8. la lavadora
9. la tostadora
10. la cafetera

Dryers **(secadoras)** are not as common in Spain and Hispanic America as in the U.S. **La secadora** = (clothes) dryer; **el secador** = hair dryer.

En el baño

la bañera bathtub
el bidé bidet
la ducha shower
el inodoro toilet
el lavabo bathroom sink

ACTIVIDAD 23: Asociaciones Asocia estas marcas con el vocabulario de electrodomésticos y de las cosas del baño:

Maytag, Mr. Coffee, Mr. Bubble, Hoover, Frigidaire, Toastmaster, Kenmore, Saniflush

ACTIVIDAD 24: Describe y dibuja En parejas, "A" le describe a "B" su cocina, sala o baño. "A" debe indicar qué muebles y electrodomésticos tiene en ese cuarto y dónde están. "B" dibuja un plano del lugar con muebles y electrodomésticos. Después cambien de papel.

ACTIVIDAD 25: El apartamento nuevo En grupos de cuatro, Uds. acaban de alquilar un apartamento semiamueblado. El apartamento tiene cuatro dormitorios, un teléfono, un sofá, dos camas, dos cómodas, una mesa grande en el comedor y solamente tres sillas para la mesa. Miren la siguiente lista y decidan qué más necesitan y qué cosas no necesitan.

alfombras	espejos
una aspiradora	una tostadora
una cafetera	una lavadora
camas	sillas para el comedor
cómodas	sillones
estantes	un televisor
un estéreo	un horno (de) microondas

Todos son expertos

▲ *El Rastro, un mercado al aire libre en Madrid, España. Sólo se abre los domingos.*

ojalá (que) + *subjunctive*	I hope (that) . . .
Ojalá que quiera venderla.	I hope he wants to sell it.
la plata	slang for "money" (literally, "silver")
¡Por el amor de Dios!	For heaven's sake! (literally, "For the love of God!")

Don Alejandro, el tío de Teresa, tiene algunos muebles para el apartamento que acaban de alquilar las chicas, pero ellas tienen que comprar algunas cosas. Vicente y Alejandro le están dando consejos a Teresa sobre los muebles de la casa.

ACTIVIDAD 26: Marca los muebles Mientras escuchas la conversación, marca sólo las cosas que necesitan las chicas.

_____ sofá	_____ estantes
_____ lavadora	_____ escritorio
_____ cómoda	_____ cama
_____ alfombra	_____ lámparas

TÍO Entonces, con los muebles que voy a darles, ya tienen casi amueblado el apartamento.

TERESA ¡Sí, es fantástico!

Asking about needs

VICENTE Pero todavía necesitan una cama y unas lámparas, ¿no?

TERESA Sí, y también dos estantes para los libros.

VICENTE ¿Crees que en el Rastro puedas encontrar unos estantes que no cuesten mucha plata?

TERESA Buena idea, porque no tenemos mucho dinero.

Expressing influence

TÍO Oye Teresa, creo que es necesario que tengan lavadora, ¿no?

TERESA Es verdad, pero nos va a costar un ojo de la cara.

VICENTE ¿Sabes? Ayer me dijo Juan Carlos que la semana que viene Francisco se va a Ecuador para trabajar en el Instituto Darwin de las Islas Galápagos.

TERESA ¿Francisco? ¿Quién es Francisco?

VICENTE Un amigo que tiene un apartamento con lavadora. Podemos llamarlo para preguntarle si la va a vender.

TERESA ¡Perfecto! Ojalá que quiera venderla. Y podemos preguntarle si también quiere vendernos una cama.

Giving an implied command

TÍO Pero, Teresa, ¡cómo que una cama de segunda mano! No quiero que compres una cama usada.

TERESA Entonces, ¿quieres que duerma en la alfombra?

TÍO No, ¡por el amor de Dios! Tu tío Alejandro te compra una cama nueva.

VICENTE ¿Matrimonial?

ACTIVIDAD 27: ¿Hay soluciones? Después de escuchar la conversación otra vez, explica cómo va a obtener Teresa estas cosas:

una cama
unas lámparas
dos estantes
una lavadora

¿LO SABÍAN?

Las Islas Galápagos, que están en el Océano Pacífico, pertenecen a *(belong to)* Ecuador. Se conocen en todo el mundo por su gran variedad de animales y plantas. Charles Darwin fue a esas islas por primera vez en el año 1835 y fue allí donde hizo estudios para su teoría de la evolución. Hoy, las Islas Galápagos son un santuario para conservar la flora y la fauna que están en peligro de extinción. Allí está el Instituto Darwin, donde los biólogos estudian muchas especies de animales que no existen en otras partes del mundo.

► *Turistas con las tortugas gigantes de las Islas Galápagos, Ecuador.*

ACTIVIDAD 28: Los deseos de Año Nuevo Uds. están celebrando el Año Nuevo y están brindando *(toasting)* por el año que comienza. Hagan un deseo para el año nuevo.

➤ Ojalá que este año pueda ir de vacaciones a México.

Hacia la comunicación II

I. Using *Ya* and *Todavía*

Are you coming? = **¿Vienes?** I'm coming (implying "I'm on my way") = **Ya voy.**

A. Ya

1. When used in an affirmative sentence, **ya** means *already* or *now*. Context helps determine which meaning is being conveyed.

—¿Te explico la lección? —No, gracias. **Ya** la entiendo.	*Should I explain the lesson to you?* *No thanks. I* ***already*** *understand it.*
—¿Ves? Así se hace una tortilla. —¡Ah! ¡**Ya** entiendo!	*See? This is how a tortilla is made.* ***Now*** *I understand!*

2. When used in a negative sentence, **ya** means *no longer, not any more.*

Ya no tengo que estudiar porque terminé los exámenes.	*I **don't** have to study **any more** because I finished my exams.*

B. Todavía

1. When used in an affirmative sentence, **todavía** means *still* or *yet.*

Todavía tengo problemas.	*I **still** have problems.*

2. When used in the negative, **todavía** means *not yet.*

—¿Estudiaste?	*Did you study?*
—**Todavía no.**	***Not yet.***

II. Influencing: Other Uses of the Subjunctive

Before studying the following grammar explanation, answer these questions based on the conversation:

- How many subjects are there in the following sentences: **"No quiero que compres una cama usada"** and **". . . ¿quieres que duerma en la alfombra?"**
- What is present in one of the following sentences that helps to indicate the use of the subjunctive: **"Es mejor ir al Rastro . . ."** and **". . . es necesario que tengan lavadora"**?

The subjunctive is used in dependent noun clauses when the verb in the independent clause expresses a desire to influence someone's actions. Influence may be expressed by stating preference, by requesting, hoping, advising, or giving an implied command. There are two ways of expressing influence: personal and impersonal.

We recommend *John.*
John = direct object
We recommend *that John do it.*
that John do it = dependent noun clause

1. To express influence in a personal way:
   a. The independent clause contains a subject that wants to influence and a verb of influence such as **querer** or **aconsejar.**
   b. The dependent clause contains a different subject, which is the person or thing being influenced, and a verb in the subjunctive.

influencing subject + **que** + *influenced subject*		
indicative		*subjunctive*
Yo quiero	**que**	**tú** escrib**as** la carta.

Quiero que (tú) vayas al Rastro.	*I want you to go to the Rastro.*
Siempre **me pide que me levante** temprano.	*He/She always asks me to get up early.*
Te aconsejo que compres una cama nueva.	*I advise you to buy a new bed.*
Ella espera que compres éste.	*She hopes you buy this one.*
Te prohíbe que fumes.	*He/She forbids you to smoke.*

2. To express influence in an impersonal way:
   a. The independent clause contains an impersonal expression such as **es bueno, (no) es necesario, (no) es importante,** or **es mejor.**
   b. The dependent clause contains the subject being influenced and a verb in the subjunctive.

impersonal expression of influence +	**que** +	*influenced subject*	
Es mejor	**que**	**Uds.**	**estudien** mucho.

Es necesario que la casa tenga una cocina grande.	*It's necessary that the house have a big kitchen.*
No es importante que vuelvas pronto.	*It isn't important that you return soon.*
Es mejor que te acuestes.	*It's better that you go to bed.*

However, when you want to express influence, but not over someone in particular, use a verb in the infinitive.

Es necesario **volver** mañana.	*It's necessary to return tomorrow. (no **que** and no subject in the dependent clause)*

After studying the grammar explanation, answer this question based on the poem *No quiero* on pages 200–201.

Internet Do Workbook *Práctica mecánica II,* CSM, Web, and lab activities.

- Why is the subjunctive used in the sixth stanza and infinitives in the tenth stanza?

ACTIVIDAD 29: ¿Ya estudiaste? En parejas, "A" cubre la Columna B y "B" cubre la Columna A. "A" y "B" viven en la misma casa y cada persona tiene sus responsabilidades. El problema es que "B" no es muy responsable y hace las cosas a último momento. "A" le pregunta a "B" si ya hizo las tareas que le corresponden.

➤ A: ¿Ya lavaste la ropa?

B: Sí, ya la lavé.	B: Todavía no.
A: ¿Ya fuiste al supermercado?	A: ¿Cómo que todavía no?
B: . . .	B: . . . Voy a lavar la ropa hoy

A

limpiar el baño
comprar el periódico
darle de comer al perro
pagar la luz
comprar detergente

B

Tareas para hoy:
- ☐ comprar el periódico
- ☑ pagar la luz
- ☐ comprar detergente
- ☑ limpiar el baño
- ☑ darle de comer al perro

A check mark indicates the task has been completed.

ACTIVIDAD 30: La búsqueda Termina esta conversación entre Mario y un señor que trabaja para la agencia Vivir Feliz. Escribe las formas apropiadas de los verbos indicados usando el subjuntivo, el indicativo o el infinitivo.

MARIO Necesito un apartamento que ______esté______ cerca de la universidad. (estar)

AGENTE Hay un apartamento a cinco minutos de aquí que ______tiene______ un dormitorio. (tener)

MARIO No, ése no me va a servir. Busco un apartamento que ______tenga______ tres dormitorios y dos cuartos de baño. (tener)

AGENTE Te aconsejo que ______hables______ con otra agencia porque nosotros sólo tenemos apartamentos pequeños. (hablar)

MARIO ¿Algún consejo más?

AGENTE Sí, es importante que ______empieces______ a buscar ahora, porque hay pocos apartamentos y muchos estudiantes. (empezar)

MARIO Buena idea. ¿Es necesario que yo ______pague______ un depósito o solamente tengo que firmar un contrato? (pagar)

AGENTE Generalmente es necesario ______pagar______ en el momento de firmar. (pagar)

MARIO Ahora tengo que ______estudiar______, pero como Ud. dice, es importante que yo ______me levante______ temprano para buscar apartamento. Muchas gracias, Sr. Moreno. (estudiar, levantarme)

ACTIVIDAD 31: Consejos para los políticos Imagina que tienes la oportunidad de hablar directamente con el presidente. Dale consejos.

Influencing = subjunctive

1. No querer / que / Ud. / subir / los impuestos
2. Es importante / que / Ud. / preocuparse / por los pobres
3. Es mejor / que / los candidatos / no recibir / dinero de grupos con intereses económicos
4. Es necesario / que / haber / menos corrupción en el gobierno
5. Esperar / que / Ud. / escuchar / al pueblo *(people)*
6. Aconsejarle / que / ser / (más o menos) liberal
7. ???

ACTIVIDAD 32: Dando consejos En parejas, "A" es un padre o una madre que tiene que darle consejos a su hijo/a sobre las drogas y el alcohol. "B" es el/la hijo/a que reacciona y también da consejos. Lean sus papeles y al hablar, usen frases como **te aconsejo (que) . . . , te prohíbo (que) . . . , es importante (que) . . .**

A (El padre/La madre)

Crees que tu hijo/a de 16 años consume drogas y bebe alcohol. Habla con él/ella y dale consejos. Quieres mucho a tu hijo/a. Recuerda: tú no eres perfecto/a tampoco.

B (El hijo/La hija)

Tienes 16 años y eres muy rebelde. Tu padre toma una cerveza cuando llega del trabajo y también con la comida. Tu madre siempre toma un gin tonic antes de la comida. Los dos fuman. Dale algún consejo a tu padre/madre. Recuerda: tú no eres perfecto/a tampoco.

ACTIVIDAD 33: El conflicto En parejas, Uds. van a compartir un apartamento y tienen que amueblarlo. "A" es muy práctico/a y "B" es muy excéntrico/a. Deben tratar de influir en la decisión de la otra persona (**es mejor . . . , te aconsejo . . . ,** etc.) para comprar los muebles y ponerlos en el lugar que cada uno quiere.

➤ A: Es mejor que compremos unas sillas para el comedor.
B: No, es mejor sentarse en la alfombra.

ACTIVIDAD 34: Querida Esperanza Eres Esperanza, una señora que trabaja para un periódico y contesta cartas dando consejos. Lee estas cartas y escribe respuestas apropiadas usando la imaginación. Usa expresiones como **es necesario que . . . , le aconsejo que . . .**

Querida Esperanza:

Soy un hombre de 35 años y tengo un problema: hace una semana compré una crema especial y muy cara para cambiarme el color del pelo. Mi pelo cambió de color, pero también empezó a caerse. Después de una semana ya no tengo pelo.

¡Imagínese! Me da vergüenza salir de casa. ¿Qué puedo hacer? ¿Comprar un sombrero? ¿Qué es mejor, que escriba a la compañía que hizo la crema o que hable con un abogado?

Calvo y sin plata

Querida Esperanza:

Hace un mes se murió mi suegra y ahora tenemos problemas con la herencia. Ella estuvo enferma durante tres años y yo la llevé al médico, le di de comer y cuando ya no pudo caminar, le compré una silla de ruedas. El hermano de mi esposa no hizo nada, pero recibió todo el dinero y a nosotros mi suegra nos dejó solamente el gato y un álbum de fotos. ¿Qué nos aconseja que hagamos?

Responsable pero pobre

ACTIVIDAD 35: Con esperanza, de Esperanza En parejas, lean la respuesta que escribió Esperanza a una carta. Inventen la carta que recibió.

> Queridos niños tristes:
>
> Quiero que sepan que sus padres los quieren. Ellos solamente les prohíben que hagan algunas cosas porque pueden ser malas para Uds. Yo también les aconsejo que estudien y que estén en casa a las diez de la noche. Es mejor que estén con sus padres y no en la calle donde hay violencia y drogas. Ojalá que Uds. entiendan las intenciones de sus padres.
>
> Con esperanza de,
> Esperanza

Do Workbook *Práctica comunicativa II.*

Vocabulario funcional

Los números ordinales

Ver página 191.

Las habitaciones de la casa

el baño	*bathroom*
la cocina	*kitchen*
el comedor	*dining room*
el cuarto de servicio	*maid's room*
el dormitorio	*bedroom*
el hall	*entrance hall*
el pasillo	*hallway*
la sala	*living room*

Los muebles

Ver página 203.

Los electrodomésticos y otras cosas necesarias

Ver página 204.

En el baño

Ver página 204.

Palabras relacionadas con la casa o el apartamento

el agua	*water*
alquilar	*to rent*
el alquiler	*rent*
amueblado/a	*furnished*
el apartamento	*apartment*
la calefacción	*heat*
el edificio	*building*
la electricidad	*electricity*
la fianza/el depósito	*security deposit*
el garaje	*garage*
el gas	*gas*
los gastos	*expenses*
la luz	*light; electricity*
el piso	*floor*
el portero	*doorman; janitor*
el portero automático	*intercom; electric door opener*

Más verbos

aconsejar	*to advise*
escoger	*to choose, select*
esperar	*to hope*
limpiar	*to clean*
prohibir	*to prohibit*

Palabras y expresiones útiles

la calle	*street*
el consejo	*advice*
de segunda mano	*secondhand, used*
es bueno	*it's good*
es importante	*it's important*
es mejor	*it's better*
es necesario	*it's necessary*
la esperanza	*hope*
Fulano, Mengano y Zutano	*Tom, Dick, and Harry*
la gente	*people*
el/la jefe/a	*the boss*
o sea	*that is to say*
ojalá (que) + *subjunctive*	*I hope that . . .*
la plata	*slang for "money" (literally, "silver")*
¡Por el amor de Dios!	*For heaven's sake! (literally, "For the love of God!")*
todavía	*still, yet*
todavía no	*not yet*
¡Vaya!	*Wow!*
ya	*already; now*
ya no	*no longer, not any more*

CAPÍTULO 9

CHAPTER OBJECTIVES

- Discussing leisure-time activities
- Expressing doubt and certainty
- Telling how an action is done (quickly, etc.)
- Indicating time and age in the past
- Identifying food items
- Giving instructions
- Expressing emotion

▲ *Unos señores pasan el tiempo libre jugando al dominó en un pueblo de Puerto Rico.*

Un fin de semana activo

¿No sabías?	You didn't know?
tal vez/quizás + *subjunctive*	perhaps/maybe
Somos tres.	There are three of us.
¡Qué mala suerte!	What bad luck!

Tal vez and **quizás** don't use **que;** they are followed directly by the subjunctive.

Juan Carlos, Álvaro y Vicente llegan al apartamento para ayudar a las chicas a poner los muebles, pero ellas todavía no están allí. Entonces, ellos deciden ir al bar de enfrente a esperarlas, y hablan del fin de semana pasado.

ACTIVIDAD 1: ¿Cierto, falso o no se sabe? Lee las oraciones siguientes. Luego, mientras escuchas la conversación, identifica si estas oraciones son ciertas **(C)**, falsas **(F)** o si no se sabe **(N)**.

1. __C__ Todos los muchachos piden café.
2. __C__ Vicente compró monedas de Cuba.
3. __F__ Vicente tiene una colección de monedas de cincuenta países.
4. __N__ A Juan Carlos le gustan los animales.
5. __F__ Álvaro tuvo un fin de semana muy divertido.
6. __F__ Álvaro fue a hablar con un policía porque alguien le robó el coche.

JUAN CARLOS	Oiga, por favor. ¿Podemos sentarnos en aquella mesa al lado de la ventana?
CAMARERO	¿Cuántos son?
JUAN CARLOS	Somos tres.
CAMARERO	Vale.
VICENTE	Gracias. Tres cafés con leche y un vaso de agua para mí, por favor . . . ¿Saben que por fin el domingo fui al Rastro con Teresa?
ÁLVARO	¿Y? . . . ¿Compraron algo?
VICENTE	Sí. Ella compró unos estantes baratos para su apartamento y yo tuve mucha suerte porque encontré unas monedas viejísimas de Cuba con la imagen de José Martí.
ÁLVARO	¿Qué? ¿Coleccionas monedas?
VICENTE	¿No sabías? Es posible que tenga unas quinientas monedas de cuarenta países diferentes. Las empecé a coleccionar cuando tenía diez años. Pero bueno, ¿qué hicieron Uds. el fin de semana?
JUAN CARLOS	Yo jugué en la computadora con una versión nueva de Donkey Kong que me dio un amigo y es buenísima. ¡Ay! Esta cuchara está sucia. ¡Camarero!
CAMARERO	¿Sí?
JUAN CARLOS	¿Puede darme otra cuchara?
CAMARERO	Sí . . . Aquí tiene.
JUAN CARLOS	Gracias. Y tú, Álvaro, ¿qué hiciste?
ÁLVARO	Tuve miles de problemas. Primero dejé las llaves dentro del coche y tuve que romper la ventanilla. Alguien me vio y llamó a la policía. Entonces llegó un policía y me quiso detener por robar el coche. Le expliqué el problema y por fin entendió.
VICENTE	¡Qué mala suerte! Bueno, quizás exista alguien que te odie. ¿Crees que alguien te esté echando el mal de ojo?[1]
ÁLVARO	¡Hombre! Deja de tonterías que no creo en esas cosas. ¡Qué imaginación! Es evidente que lees demasiadas novelas de Stephen King.
JUAN CARLOS	¡Miren! Ahí llegan las chicas. Vamos a ayudarlas.

Discussing past actions

Indicating possibility

Stating age in the past

ventana = window
ventanilla = car window

Narrating a series of past events

Expressing certainty

[1] te . . . *is putting a curse on you*

ACTIVIDAD 2: El fin de semana Después de escuchar la conversación otra vez, di qué hizo cada uno de los chicos el fin de semana.

Note the use of the subjunctive in the model for Actividad 3.

ACTIVIDAD 3: ¿Qué crees? En parejas, háganle a su compañero/a las siguientes preguntas.

➤ A: ¿Crees que exista la reencarnación?
B: Sí, creo que existe. / Es posible que exista. / No, no creo que exista.

1. ¿Crees que exista la suerte?
2. ¿Crees que se pueda ver el futuro en la palma de la mano?
3. ¿Crees que haya personas en otros planetas (Venus, Marte, Plutón, Urano)?
4. ¿Crees que exista la percepción extrasensorial *(ESP)*?
5. ¿Crees que alguien te pueda echar el mal de ojo?

¿LO SABÍAN?

José Martí (1853–1895) fue un famoso poeta, escritor y revolucionario cubano. Su sueño era ver a Cuba independiente de España, pero murió en una batalla contra los españoles antes de ver su sueño realizado. A Martí lo llaman "el apóstol de la independencia de Cuba". Algunos de sus "Versos sencillos" se usaron en la famosa canción "Guantanamera".

► *José Martí (1853–1895)*

ACTIVIDAD 4: Quizás . . . quizás . . . quizás En parejas, Uds. tienen problemas y quieren hablar con un/a amigo/a para pedirle consejos. "A" cubre la Columna B y "B" cubre la Columna A. Primero "A" le explica sus problemas a "B" para ver qué piensa. Después cambien de papel.

➤ A: Dejé las llaves dentro del coche.
B: Tal vez tengas que romper la ventanilla. / Quizás debas llamar a la policía.

A

1. No funciona el televisor nuevo que compraste.
2. Acabas de recibir tu cuenta de teléfono por $325. Hay tres llamadas de larga distancia a Japón y no llamaste a nadie allí.

B

1. Acabas de empezar un trabajo nuevo y tu jefe/a quiere salir contigo.
2. Un buen amigo bebe mucho y crees que es alcohólico.

Lo esencial I

I. Los pasatiempos

1. jugar con juegos electrónicos/videojuegos
2. jugar (al) billar
3. jugar (al) ajedrez
4. jugar (a las) cartas
5. hacer rompecabezas

Associate people you know with their hobbies.

Otros pasatiempos

arreglar el carro to fix the car
cocinar to cook
coleccionar to collect
  estampillas stamps
  monedas coins
coser to sew
cuidar plantas (jardinería) to take care of plants (gardening)
escribir cartas/poesías to write letters/poems
hacer artesanías to make crafts
hacer crucigramas to do crossword puzzles
navegar por Internet to surf the Net
pescar to fish
pintar to paint
tejer to knit; to weave

ACTIVIDAD 5: Los pasatiempos En parejas, hablen con su compañero/a para ver qué hace en su tiempo libre. Hagan preguntas como, **¿Te gusta cocinar? ¿Pintas en tu tiempo libre?** Luego, marquen la columna apropiada.

Le gusta:	mucho	poco	nada
1. coser	_____	_____	_____
2. cuidar plantas	_____	_____	_____
3. pintar	_____	_____	_____
4. pescar	_____	_____	_____
5. . . .	_____	_____	_____

ACTIVIDAD 6: Los intereses Habla con varias personas y pregúntales si hacen las siguientes actividades en su tiempo libre.

1. jugar a las cartas
   Si contestan que sí: ¿A qué juegan? ¿Con quiénes? ¿Juegan por dinero? En general, ¿pierden o ganan dinero?
   Si contestan que no: ¿Por qué no?
2. tener colecciones
   Si contestan que sí: ¿De qué? ¿Cuántos/as? ¿Cuánto tiempo hace que coleccionan?
   Si contestan que no: ¿Les gustaría tener una colección? ¿Qué les gustaría coleccionar?
3. hacer crucigramas o rompecabezas
   Si contestan que sí: ¿Dónde? ¿Cuándo? ¿Son expertos?
   Si contestan que no: ¿Por qué? ¿Son interesantes estos juegos o les causan frustración?
4. jugar con juegos electrónicos
   Si contestan que sí: ¿Cuáles? ¿Dónde? ¿Son expertos? ¿Cuánto tiempo hace que juegan?
   Si contestan que no: ¿Qué piensan de las máquinas? ¿Tienen computadora?
5. ¿Qué otra actividad hacen en su tiempo libre?

II. Cosas de la cocina

Spoons come in many sizes. Some common sizes include **cuchara de sopa** and **cucharita de café**.

1. la cuchara } los cubiertos
2. el tenedor } los cubiertos
3. el cuchillo } los cubiertos
4. el vaso
5. la taza
6. la servilleta
7. el plato
8. la olla
9. el/la sartén

The use of **el** or **la** with **sartén** varies from country to country.

ACTIVIDAD 7: ¿Qué están haciendo? Mira el dibujo de la tienda en la página 219 y di qué están haciendo las personas.

ACTIVIDAD 8: ¿Dónde? En grupos de cuatro, hagan una lista y digan para qué son las cosas que hay en el dibujo de la tienda. Luego nombren tiendas de su ciudad donde se pueden comprar estas cosas.

Hacia la comunicación I

I. Expressing Doubt and Certainty: Contrasting the Subjunctive and the Indicative

Before studying the following grammar explanation, answer these questions based on the conversation:

- When Vicente says, **"Es posible que tenga unas quinientas monedas . . . ,"** is he *sure* that he has about five hundred or is it a possibility?
- When Álvaro says, **"Es evidente que lees demasiadas novelas . . . ,"** is he showing certainty or doubt?

The subjunctive is used in dependent noun clauses when the verb in the independent clause expresses doubt or disbelief about something or someone. Doubt may be expressed in a personal or an impersonal way.

Note: **Creer** in an affirmative statement does not imply doubt.

Quizás and **tal vez** imply doubt.

1. To express doubt in a personal way:
   a. the independent clause contains the subject or person expressing doubt and a verb of doubt such as **dudar, no creer,** or **¿creer?**
   b. the dependent clause contains a different subject and a verb in the subjunctive.

expression of doubt + **que** + *what is doubted*		
Dudo	**que**	ellos **tengan** muebles.

No creo que a las chicas les **guste** el apartamento.	*I don't believe (think) that the girls are going to like the apartment.*
¿Crees que necesitemos lavadora?	*Do you think we need a washing machine?*

When no doubt is expressed, the indicative is used.

Creo que a las chicas les **gusta** el apartamento.	*I believe (think) that the girls like the apartment.*
Estoy seguro de que Vicente **va** a venir.	*I'm sure Vicente is going to come.*

2. To express doubt or denial in an impersonal way:
   a. the independent clause contains an impersonal expression such as **no es cierto, no es evidente, no es verdad/cierto, (no) es posible, (no) es probable, es dudoso,** or **no está claro.**

b. the dependent clause contains the subject and a verb in the subjunctive that expresses the action being doubted or denied.

impersonal expression of doubt + **que** + *what is doubted*		
Es posible	**que**	Teresa **necesite** platos.

No es cierto que vivan en Guatemala. — *It isn't true that they live in Guatemala.*
Es probable que Diana no **se sienta** bien. — *It's probable that Diana doesn't feel well.*

When the impersonal expression indicates certainty, the indicative is used.

Es verdad que viven en Nicaragua. — *It's true that they live in Nicaragua.*

Other impersonal expressions that express certainty and do not require the subjunctive are **es cierto** *(it's true)*, **está claro, es evidente, no hay duda (de),** and **es obvio.**

However, if you want to express doubt, but not about someone in particular, use the infinitive: **Es posible ir mañana.**

II. Saying How an Action is Done: Adverbs Ending in *-mente*

An adverb of manner indicates how the action expressed by the verb is done. English adverbs of manner that end in *-ly* are formed in Spanish by adding **-mente** to the feminine singular form of the adjectives. However, if the adjective ends in a consonant or **-e,** add **-mente.** If the adjective has an accent, it is retained when **-mente** is added.

rápido ⟶ rápid**amente** — general ⟶ general**mente**

Speedy González corre **rápidamente.** — *Speedy González runs rapidly.*

When this type of adverb appears in a series, only the last adverb contains **-mente;** the others use the feminine form of the adjective: **Speedy González corre rápida y frecuentemente.**

Common adverbs include:

constantemente	frecuentemente	probablemente
continuamente	generalmente	solamente*
divinamente	inmediatamente	tranquilamente
fácilmente	posiblemente	

*NOTE: **solamente** = **sólo** *(only)*, but **solo/a** *(alone)*.

Note the use of **para.**

ADVERTENCIA DEL CIRUJANO GENERAL: Dejar de Fumar Ahora Reduce Enormemente Los Graves Riesgos Para Su Salud.

III. Indicating Time and Age in the Past: *Ser* and *Tener*

You already know one way to talk about the past, the *preterit*. There is another way called the *imperfect*, which has its own uses.

1. When you want to indicate age in the past, you use one of the following forms of the verb **tener.**

tener	
tenía	teníamos
tenías	teníais
tenía	tenían

Álvaro **tenía** diez años cuando empezó a coleccionar monedas. — *Álvaro was ten when he began collecting coins.*

Una vez, cuando **tenía** quince años, fui a la Isla de Pascua. — *Once, when I was fifteen, I went to Easter Island.*

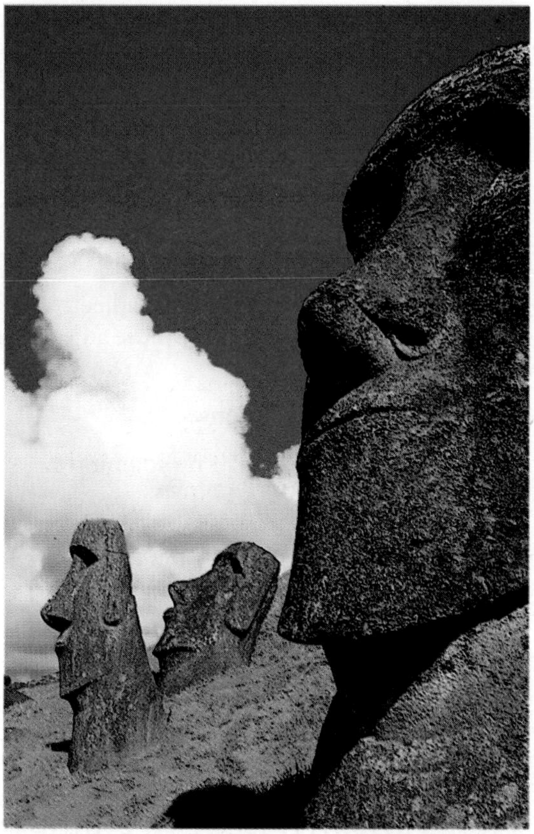

◀ *Monolitos en la Isla de Pascua, Chile.*

2. When you want to indicate the time an action took place, you use the imperfect form of the verb **ser: era** or **eran.**

Do Workbook *Práctica mecánica I* and corresponding CSM activities.

Era la una de la mañana cuando me llamó mi novia. — *It was one in the morning when my girlfriend called me.*

Eran las ocho cuando salí de mi casa. — *It was eight when I left my house.*

Doubt = subjunctive
Certainty = indicative

ACTIVIDAD 9: La política Da tus opiniones sobre el presidente de los Estados Unidos, formando oraciones con frases de las tres columnas.

Es evidente		ser inteligente
Dudo		entender los problemas del país
(No) creo		vivir en Washington
(No) es cierto	que el presidente	ser liberal
Es obvio		ser bueno
(No) es posible		trabajar mucho
(No) es probable		decir la verdad
(No) es verdad		saber hablar con otros líderes

ACTIVIDAD 10: ¿Estás de acuerdo o no? Di si estás de acuerdo o no con estas oraciones. Para dar tu opinión usa frases como **Creo que . . . , No creo que . . . , Dudo que . . . , No es cierto que . . .**

1. Los jóvenes norteamericanos no reciben buena educación académica.
2. La música que escuchan muchos jóvenes no es música.
3. Los periodistas son muy liberales.
4. Rush Limbaugh tiene razón en todo.
5. Las minorías tienen muchas posibilidades de triunfar en la sociedad.
6. Los jóvenes de hoy tienen prejuicios.
7. Los jóvenes viven solamente para beber alcohol.

ACTIVIDAD 11: Las galletas de la suerte En grupos de cuatro, imagínense que están en un restaurante chino y que les acaban de dar galletas de la suerte. Cada uno debe leer su suerte, y los otros deben comentarla. Usen frases de la lista para formar oraciones como:

➤ *El que habla mucho, poco dice.*
Es evidente que tú hablas mucho.
Es importante que escuches a los otros porque . . .

es evidente que . . . porque . . .
no creo que sea verdad porque . . .
es posible que . . .
es necesario que . . .
es probable que . . .
dudo que . . .
es mejor que . . .

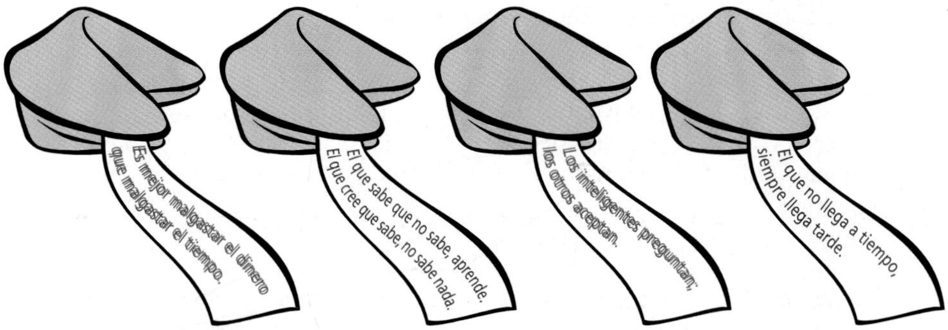

Es mejor malgastar el dinero
que malgastar el tiempo.
El que sabe que no sabe, aprende.
El que cree que sabe, no sabe nada.
Los inteligentes preguntan;
los otros aceptan.
El que no llega a tiempo,
siempre llega tarde.

ACTIVIDAD 12: La visita de un primo **Parte A:** Completa esta información sobre tu primo con su edad y sus gustos.

Mi primo va a pasar el fin de semana conmigo. Él tiene ______ años y le gusta mucho ____________________, ____________________ y ____________________. Nunca ____________________ y tampoco le gusta ____________________. Creo que le gusta ____________________. No creo que le guste ____________________.

Parte B: En parejas, una persona cubre el Papel A y la otra persona cubre el Papel B. Lean las instrucciones para su papel y planeen el fin de semana del primo que viene a visitar. Después cambien de papel.

Papel A
Tu primo viene a visitarte este fin de semana. Pídele ayuda a tu compañero/a para planear algunas actividades. Para hablar de los gustos de tu primo, usa la información que escribiste en la Parte A. Si no estás seguro/a que a tu primo le gusten algunas de las actividades que sugiere tu amigo/a, usa **dudo que . . .** o **no creo que . . .** Empieza la conversación diciendo, **Mi primo viene a visitarme.**

Papel B
El primo de tu compañero/a viene este fin de semana. Debes ayudarle a planear algunas actividades y por eso necesitas saber qué le gusta hacer a él. Primero, hazle preguntas a tu compañero/a sobre los gustos de su primo. Después, dale consejos sobre lo que pueden hacer, usando **te aconsejo que . . . , es posible que . . .** o **quizás/tal vez . . .**

ACTIVIDAD 13: ¿Verdad o mentira? **Parte A:** Escribe cuatro oraciones sobre tu vida actual. Dos deben ser falsas y dos deben ser ciertas. Por ejemplo:

➤ Vivo en un apartamento con cinco personas y dos perros.

Parte B: En parejas, túrnense para leerle las oraciones a su compañero/a. El/la compañero/a debe decir si cree que son verdad o mentira. Usen frases como **(No) creo que . . . , Dudo que . . . , (No) es verdad que . . . , Es cierto que . . .** Sigan el modelo.

➤ A: Vivo en un apartamento con cinco personas y dos perros.

B: Creo que vives en un apartamento con . . .

B: No creo que vivas en un apartamento con . . .

ACTIVIDAD 14: ¿Conoces bien a tu compañero? ¿Crees conocer bien a tu compañero/a? Escribe oraciones sobre sus costumbres usando las palabras que se presentan. Después, en parejas, léanle las oraciones a su compañero/a para ver si Uds. se conocen bien o no.

➤ Tú duermes constantemente.

Tú	(no)	bailar comer conducir correr dormir estudiar leer	constante continuo divino fácil frecuente general inmediato tranquilo rápido

ACTIVIDAD 15: ¿Cuántos años tenían? En parejas, averigüen cuántos años tenía su compañero/a o alguien de su familia cuando hizo estas cosas.

➤ aprender a nadar

A: ¿Cuántos años tenías cuando aprendiste a nadar?
B: Tenía siete años cuando aprendí a nadar.

1. terminar la escuela secundaria
2. tener su primer trabajo
3. empezar a jugar al (un deporte)
4. casarse
5. tener novio/a por primera vez
6. aprender a leer

ACTIVIDAD 16: Era medianoche cuando . . . En parejas, lean la siguiente historia y después digan a qué hora ocurrieron las acciones indicadas, empezando cada oración con **Era/Eran** (+ hora) **cuando . . .**

Era medianoche cuando Pablo llegó a casa. Una hora más tarde, alguien llamó por teléfono, pero él no contestó porque diez minutos antes había empezado *(had started)* a bañarse. Estuvo en el baño por media hora. Justo cuando salió de la bañera empezó un episodio de "Viaje a las estrellas", donde el Sr. Spock casi se enamora de la enfermera del *Enterprise*. Cuando terminó el programa, Pablo se acostó.

1. él / llegar / a casa
2. alguien / llamar
3. él / empezar a bañarse
4. el programa / empezar
5. él / acostarse

Do Workbook *Práctica comunicativa I.*

Nuevos horizontes

LECTURA

Estrategia: *Finding References, Part I*

When reading, you need to identify the subject of a sentence. In English, subjects generally precede their verbs; to avoid repeating a noun as a subject, writers use subject pronouns. In Spanish, writers have more options, so you need to look more closely to find references for subjects:

- If a subject is overtly stated, it may precede or follow the verb.

  El perro viene sólo cuando **mi padre** lo llama.
  El perro viene sólo cuando lo llama **mi padre.**

- A subject may be separated from the verb in the same sentence or omitted if mentioned in a previous sentence:

  El señor Ibáñez, padre de familia y amigo de todos, **está** aquí con nosotros hoy. **Va** a hablarnos de la importancia de hacer ejercicio todos los días.

- A subject pronoun may replace a noun or the verb may be used alone. If the latter occurs, the subject must be determined from context.

  Juan y Pepe llegan tarde.
  Ellos llegan tarde.
  Llegan tarde.

You will practice identifying subjects of verbs in the reading passage.

ACTIVIDAD 17: ¿Qué opinas? **Parte A:** Antes de leer el siguiente artículo publicado en una revista mexicana, di si estás de acuerdo o no con estas oraciones sobre las telenovelas de los Estados Unidos. Para dar tu opinión, usa frases como **Creo que . . . , No creo que . . . , Dudo que . . . , No es cierto que . . . , Es evidente que . . . ,** etc.

1. Muchas personas imitan a las personas que aparecen en las telenovelas.
2. Las telenovelas representan la realidad.
3. La gente aprende mucho cuando ve telenovelas.
4. Las cadenas de televisión, como la NBC, la CBS y la ABC, se preocupan por presentar programas de contenido educativo.
5. Las telenovelas ayudan a la gente a buscar soluciones para sus problemas de la vida real.
6. Los personajes de las telenovelas son buenos modelos para los jóvenes.
7. El valor de la familia como institución es un tema *(theme)* importante en las telenovelas.

Parte B: Lee el artículo rápidamente y decide cuál de las siguientes frases describe mejor la idea principal.

a. Identifica un problema en México y habla de las posibles ramificaciónes negativas.
b. Identifica un problema en México y ofrece una posible solución.
c. Critica la influencia negativa de la televisión en la vida diaria del mexicano.

ACTIVIDAD 18: Búsqueda de sujetos Al leer el artículo, identifica los sujetos de los verbos marcados con círculos.

1. página 227, líneas 1–2
   Expertos de la industria mundial de la telenovela sometieron . . .
2. página 227, línea 11
   . . . en aras de ganar teleauditorio afectó . . .
3. página 227, línea 12
   . . . y en contraparte aseguró que los cambios . . .
4. página 227, caja, líneas 15–21
   Los teledramas son vehículos de entretenimiento con contenido social, opina Miguel Sabido.
5. página 227, líneas 21–22
   . . . dada la influencia que logran . . .
6. página 228, primera columna, conclusiones
   Sirven de punto de partida . . .

Televisa y Televisión Azteca son dos cadenas de la televisión mexicana.

¿Para qué sirven las telenovelas?

LUIS ADRIÁN YSITA

Expertos de la industria mundial de la telenovela sometieron a profundos análisis ese género[1] tan gustado. Expositores de veinte países ventilaron experiencias con el objetivo de impulsar la creación de nuevos seriales con elevado nivel de calidad y, sobre todo, con mayor contenido social.

El propósito de Televisa: enviar mensajes sociales a través de telenovelas

Desde la inauguración misma del evento, Emilio Azcárraga Jean externó conceptos interesantes de apertura[2], entre otras cosas, el joven dirigente televisivo reconoció que la competencia sostenida con Televisión Azteca en aras de ganar teleauditorio afectó negativamente algunos procesos creativos de su empresa, y en contraparte aseguró que los cambios en los seriales dramáticos de Televisa serán notables: "Qeremos mandar mensajes sociales a través de las telenovelas, si logramos tener programas culturales entretenidos, la gente no se irá".

Los teledramas son vehículos de entretenimiento con contenido social, opina Miguel Sabido

¿QUÉ ES UNA TELENOVELA?

Según los expositores de Espacio 98[3], los teledramas no son simplemente instrumentos de esparcimiento[4]; dada la influencia que logran sobre millones de personas se convirtieron en vehículos de comunicación social sin perder desde luego, su capacidad de entretener[5].

Los dramas en televisión propician cambios en las conductas ciudadanas

LAS TELENOVELAS DEL FUTURO

Por las exigencias populares y por la influencia comprobada de las series dramáticas sobre la gente aficionada a ellas, la empresa Televisa trabaja en la modificación de sus mecanismos de creación para lograr que dentro de cinco años todas las producciones ahí realizadas tengan fuertes cargas emotivas, en combinación con contenido social.

[1] genre
[2] opening
[3] A convention named "Espacio 98"
[4] entertainment
[5] to entertain

Aunque tenga que sacrificarse puntos en la estadística *raiting*[6], el compromiso[7] de Televisa es apegarse a la realidad social en cada una de sus telenovelas. La creación de víctimas, villanos y personajes de duda ya no será provocada únicamente por el interés de ganar una competencia entre televisoras.

Y de ese modo se logrará, a juicio de los doctos en el género, la finalidad soñada por los productores de telenovelas: conectar a la audiencia con la televisión mediante un lazo de conciencia social.

[6] rating (the English word is used in Spanish, the spelling reflects pronunciation)
[7] commitment

CONCLUSIONES

Al final de las conferencias el resultado fue:

- Las telenovelas promueven y propician cambios de comportamiento social.
- Se convierten en un factor de contribución al mejoramiento de conductas sociales.
- Mediante los dramas se busca la integración familiar.
- Defienden la superación personal en muchas facetas de la vida.
- Sirven de punto de partida para reflexionar sobre diversas problemáticas, así como sobre sus soluciones.

▲ *Una telenovela venezolana.*

"El que llamó caja idiota a la televisión, es un idiota": Miguel Sabido

▲ *Miguel Sabido, productor y director de telenovelas de éxito para Televisa.*

"Insisto en que el que tituló de ese modo a la televisión es un idiota, pues no es posible cerrar los ojos ante un medio de comunicación tan transcendente."

"Después del libro, la televisión es el instrumento cultural de mayor relevancia, por lo mismo, sería adecuado contar con todos los apoyos posibles para su pleno desarrollo y sobre todo en el género de las telenovelas."

ACTIVIDAD 19: Una vez más Lee el artículo otra vez y marca **C** si las siguientes oraciones son ciertas o **F** si son falsas. Corrige las oraciones falsas.

1. Televisa y Televisión Azteca quieren producir telenovelas que sean educativas. _____
2. Según Emilio Azcárraga Jean, es posible que las telenovelas tengan mayor contenido social y que también sean populares. _____
3. La estadística *raiting* no es muy importante paraTelevisa. _____
4. Emilio Azcárraga Jean opina que la televisión ayuda a formar la conciencia social. _____
5. Según Miguel Sabido, sólo los idiotas miran la televisión. _____
6. El Sr. Sabido dice que la televisión tiene una influencia más fuerte que los libros en la cultura de un país. _____

ESCRITURA

Estrategia: *Describing and Giving Your Opinion*

When describing something—a situation, a theory, etc.—first you must establish the main idea you want to convey by answering the question *what?* To describe supporting details and to give your reader the necessary background information for understanding, you should also address questions such as *who?*, *when?*, *where?*, *how?*, and *why?* In formal writing, expressions such as **es importante notar, se dice, tal vez, es bueno/malo que,** etc., introduce the author's point of view. In informal writing, you may express your point of view or interpretation of the topic with phrases such as **dudo que, en mi opinión, creo que,** and **tal vez.**

ACTIVIDAD 20: Tu opinión **Parte A:** In the article "**¿Para qué sirven las telenovelas?**", Emilio Azcárraga Jean describes the changes that Televisa is going to make in the production of its soap operas and why he believes these changes will be successful for his company and for Mexico. Write an essay giving your opinion about the proposed changes:

- Briefly explain the contents of the article.
- Write about the possible ramifications of these changes, both good and bad, for Televisa and for the Mexican People.

Bring a copy of your essay to the next class period.

Parte B: Exchange your essay with a partner. At home, critique (in Spanish) your partner's essay. Is it clear? Logical? Well explained? Are there supporting details? Is there a need for a justification somewhere? Are there grammar or vocabulary problems (for example, agreement of subjects with verbs and adjectives with nouns)? When finished, write at the top of the paper: **"Revisado por"** and your name.

Keep a copy of your essay in case your partner loses it! Critique in Spanish. Use phrases like: **Interesante. Bien explicado. Buena justificación. No entiendo. Necesitas más explicación. No entiendo la lógica. No es correcto. La forma del verbo es incorrecta.** (etc.)

Parte C: Read your partner's comments and make all necessary changes in your final draft. Staple together all drafts and hand them in to your instructor.

Lo esencial II

Practice vocabulary at the supermarket, when making up your shopping list, and when cooking.

I. La comida

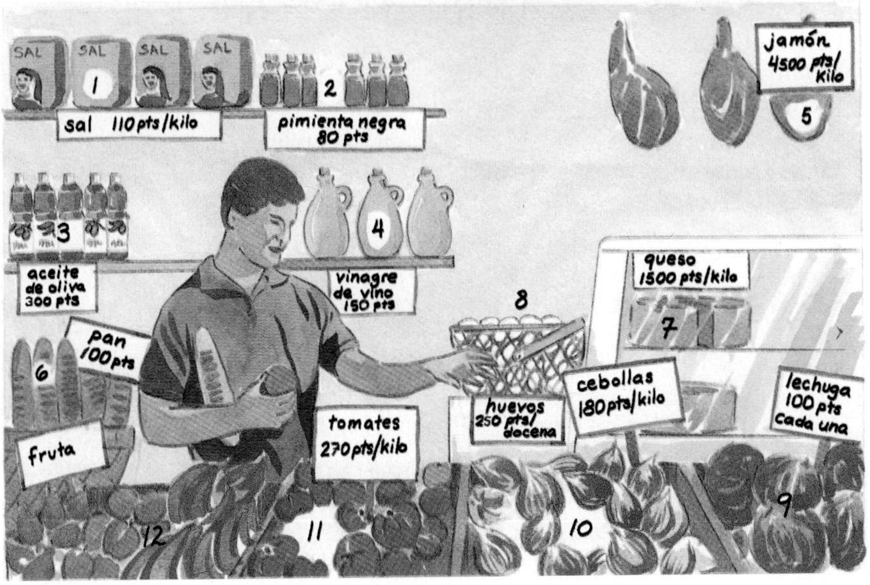

1. la sal
2. la pimienta
3. el aceite
4. el vinagre
5. el jamón
6. el pan
7. el queso
8. los huevos
9. la lechuga
10. la cebolla
11. el tomate
12. la fruta

ACTIVIDAD 21: Una ensalada En grupos de tres, Uds. van a preparar una ensalada *(salad)*. Digan qué ingredientes van a ponerle.

Prepared salad dressings are not commonly used; Hispanics generally use **aceite y vinagre.**

ACTIVIDAD 22: El menú En parejas, planeen el menú para un picnic usando productos que se venden en la tienda.

¿LO SABÍAN?

Las horas de la comida varían de país en país. En algunos países, como España y Colombia, la comida más importante del día es la que se come al mediodía. Esta comida se llama el almuerzo y generalmente se come más tarde que en los Estados Unidos. En otros países, como Argentina y Chile, la comida más importante es la de la noche. Ésta se llama la cena y generalmente se come a las nueve de la noche.

II. La preparación de la comida

1. revolver
2. añadir
3. freír
4. cortar
5. poner la mesa
6. darle la vuelta

Freír is an irregular verb. See Appendix A.

ACTIVIDAD 23: Los cocineros Di qué cosas de la siguiente lista de comida se pueden cortar, freír, revolver, añadir, etc.

	la sal
	los tomates
se corta/n	las patatas
se fríe/n	el jamón
se añade/n	la pimienta
se le/s da la vuelta a	el aceite
se revuelve/n	el queso
	las cebollas
	el vinagre

Note: ***Se corta* el jamón,** but ***Se cortan* los tomates. Se *le* da la vuelta al huevo,** but **Se *les* da la vuelta a los huevos.**

Después de un día de trabajo, una cena ligera

◄ *Una tortilla española, jamón serrano y pan. ¿Tienes hambre?*

hay que + *infinitive*	one/you must + *verb*
mientras tanto	meanwhile
No puedo más.	I can't take it anymore.

Después de arreglar el apartamento, todos están cansados y tienen hambre. Ahora están hablando sobre la cena.

ACTIVIDAD 24: Ponlas en orden Lee las siguientes oraciones. Después, mientras escuchas la conversación, pon en orden estas instrucciones para hacer una tortilla española.

6 Añades la sal.
1 Cortas las patatas y la cebolla.
2 Fríes las patatas y la cebolla.
9 Le das la vuelta a la tortilla.
8 Pones todo en la sartén.
5 Revuelves las patatas y la cebolla con los huevos.
7 Quitas casi todo el aceite de la sartén.
3 Revuelves los huevos.
4 Pones las patatas y la cebolla en un recipiente.

VICENTE ¡Qué hambre tengo!
ISABEL Y yo también; ¡no puedo más! ¿Quién va a preparar la comida?
JUAN CARLOS Álvaro, el gran cocinero cordobés, nos va a preparar una tortilla española, ¿no es verdad, Álvaro?
DIANA ¡Ay, qué bueno! Si tú me das instrucciones puedo aprender a hacerla yo.

Expressing a desire

ÁLVARO Vale, yo te enseño, pero espero que Teresa y Vicente preparen la ensalada y los otros pongan la mesa.
DIANA ¿Y cómo se hace la tortilla?

Giving instructions

ÁLVARO Primero, se cortan unas cuatro patatas grandes y un poco de cebolla y . . .
DIANA ¿Se cortan en trozos grandes o pequeños?
ÁLVARO No, no, pequeños; y luego se fríen en aceite. Mientras tanto, revuelves cuatro huevos, o sea, bien revueltos.
DIANA Y después, ¿qué hago? ¿Pongo los huevos en la sartén?
ÁLVARO No, se ponen las patatas y la cebolla en un recipiente, se revuelven con los huevos y se añade un poco de sal. Después se quita casi todo el aceite de la sartén, dejando sólo un poco.
DIANA Y luego, ¿se pone todo en la sartén?
ÁLVARO Exactamente. Pero hay que esperar unos minutos antes de darle la vuelta.
DIANA Pero, ¿cómo se le da la vuelta?
ÁLVARO Pues, se pone un plato encima.

Expressing fear	DIANA	Ay, tengo miedo de que salga mal. ¿Por qué no la haces tú?
	ÁLVARO	Bueno. Te voy a ayudar, pero no la voy a hacer por ti.
	TERESA	A ver. De primer plato tenemos ensalada; de segundo plato, la tortilla de papas a la Diana, jamón y queso; y de postre, fruta.
	VICENTE	Y café, ¿no?
Expressing regret	TERESA	¡Ay, no! No lo compramos. ¡Qué lástima que no tengamos café!
	ÁLVARO	No importa. Salimos después a tomarlo en algún lugar.

ACTIVIDAD 25: Preguntas Después de escuchar la conversación otra vez, contesta estas preguntas.

1. ¿Quién es un buen cocinero? ¿Cocinas bien tú?
2. ¿Quién va a preparar la tortilla y por qué?
3. ¿Qué van a comer de primer plato los chicos? ¿Quién va a prepararlo?
4. ¿Qué van a comer de segundo plato? ¿Y de postre?
5. ¿Van a tomar el café con la comida o después de comer?
6. ¿Sabes cuál es la diferencia entre la tortilla española y la tortilla mexicana?

¿LO SABÍAN?

En los países hispanos las comidas normalmente tienen tres platos o más. El primer plato puede ser una sopa; el segundo plato es el plato principal, que varía de país en país. Éste puede ser comida picante *(hot, spicy)* como se come en México y en Perú, por ejemplo, o no picante, como se come en muchos otros países hispanos. El último plato es el postre, que a menudo es fruta. En algunos países es común tomar vino y agua con o sin gas con las comidas. El café no se toma normalmente con la comida; se toma después y en taza pequeña porque es mucho más fuerte que el café que se toma en los Estados Unidos. ¿Qué tomas tú con las comidas? ¿Te gusta la comida picante?

ACTIVIDAD 26: Las necesidades Termina estas frases, usando **hay que.**

1. Para el examen de mañana . . .
2. La casa está en desorden; . . .
3. Para hacer un viaje . . .
4. No hay huevos para la tortilla; . . .
5. Para tener dinero . . .
6. Para jugar al fútbol . . .

Hacia la comunicación II

I. Giving Instructions: The Passive *Se*

One way to give instructions in Spanish is to use the *passive* ***se***. You already did this in **Actividad 23.** The *passive* ***se*** is used when the action is more important than who is performing the action. Study the following formulas and examples:

se +	*third person singular of verb*	+ *singular noun*
	third person plural of verb	+ *plural noun* / *series of nouns*

Primero, **se lava la fruta.**	*First, you wash the fruit. (Literally: First, the fruit is washed.)*
Segundo, **se cortan las cebollas** en trozos pequeños.	*Second, you cut the onions in small pieces. (Literally: Second, the onions are cut in small pieces.)*
Tercero, **se cortan un tomate y una patata.**	*Third, you cut a tomato and a potato. (Literally: Third, a tomato and a potato are cut.)*

NOTE: You may also use the *passive* ***se*** to request or give information as in the following sentences:

¿Dónde **se venden verduras** frescas en esta ciudad?	*Where do they sell fresh vegetables in this city? (Literally: Where are fresh vegetables sold in this city?)*
Se necesitan camareros.	*Waiters are needed. (Sign seen in a restaurant window.)*

Review uses of **para** and **por,** Ch. 5.

II. Other Uses of *Para* and *Por*

You have already learned some uses of **para** and **por** in Chapter 5. Here are some other uses.

1. To give a personal opinion, use **para.**

Para Gabriel, el carro español Seat es el coche perfecto.	*For Gabriel, the Spanish car Seat is the perfect car.*

2. To indicate exchange, use **por.**

¿Cuánto pagaste **por** tu raqueta de tenis?	*How much did you pay for your tennis racket? (Payment indicates exchange.)*
Te doy mis esquíes **por** tus patines.	*I'll give you my skis for your skates.*

3. To express *along, by, through,* use **por.**

Caminaron **por** la playa.	*They walked along the beach.*
Mandé la carta **por** correo.	*I sent the letter by mail.*
Viajaron **por** barco.	*They traveled by boat.*
Van a entrar **por** la puerta principal.	*They are going to come in through the main door.*

4. As you learned in Chapter 5, to indicate the recipient of an action, use **para.** To indicate that a person is substituting for or replacing someone, use **por.**

Ana y Raquel juegan **para** los Tigres, un equipo de basquetbol profesional.

Ana and Raquel play for the Tigers, a professional basketball team. (The team receives the action of their playing.)

Raquel va a jugar **por** Ana.

Raquel is going to play for Ana. (She will substitute for/replace her.)

III. Expressing Emotions: More Uses of the Subjunctive

Up to now, you have seen that the subjunctive is used in dependent noun clauses after verbs that express influence and doubt. In addition, it is used in dependent clauses after verbs that express emotion about other people's actions. As with influence and doubt, emotion can be expressed in a personal or impersonal way.

1. To express emotion in a personal way:

   a. the independent clause contains the subject expressing the emotion and a verb of emotion such as **alegrarse de** *(to be happy about),* **esperar, sentir** *(to feel/be sorry),* **tener miedo de,** or **sorprenderse de** *(to be surprised about).*

   b. the dependent clause contains a different subject and a verb in the subjunctive.

emotion expressed +	**que** +	*action or state that causes the emotion*
Siento	**que**	no **vayas** con nosotros.

¿**Te alegras de que vengan** los muchachos?	*Are you happy that the guys are coming?*
Me sorprendo de que no **te afeites,** Álvaro.	*I'm surprised that you don't shave, Álvaro.*
Nos alegramos de que te **guste** la tortilla.	*We're glad that you like the tortilla.*

2. To express emotion in an impersonal way:
   a. the independent clause contains an impersonal expression of emotion such as **qué lástima, es una pena, qué pena,** or **es fantástico.**
   b. the dependent clause contains a subject and a verb in the subjunctive.

impersonal expression of emotion +	**que** +	*action or state that causes the emotion*
¡Qué lástima	**que**	no **tengas** lavadora!

¡**Es una pena que** no **podamos** salir esta noche!	*It's a pity that we can't go out tonight!*

Internet Do Workbook Práctica mecánica II, CSM, Web, and lab activities.

However, if you want to express emotion, but not about someone in particular, use the infinitive: **Es fantástico viajar.**

ACTIVIDAD 27: Una receta Da instrucciones para preparar una tortilla española usando el **se** pasivo.

➤ Lavas las patatas. Se lavan las patatas.

1. Cortas las patatas y la cebolla.
2. Fríes las patatas y la cebolla.
3. Revuelves los huevos.
4. Pones las patatas y la cebolla en un recipiente.
5. Revuelves las patatas y la cebolla con los huevos.
6. Añades la sal.
7. Quitas casi todo el aceite de la sartén.
8. Pones todo en la sartén.
9. Le das la vuelta a la tortilla.
10. Comes la tortilla.

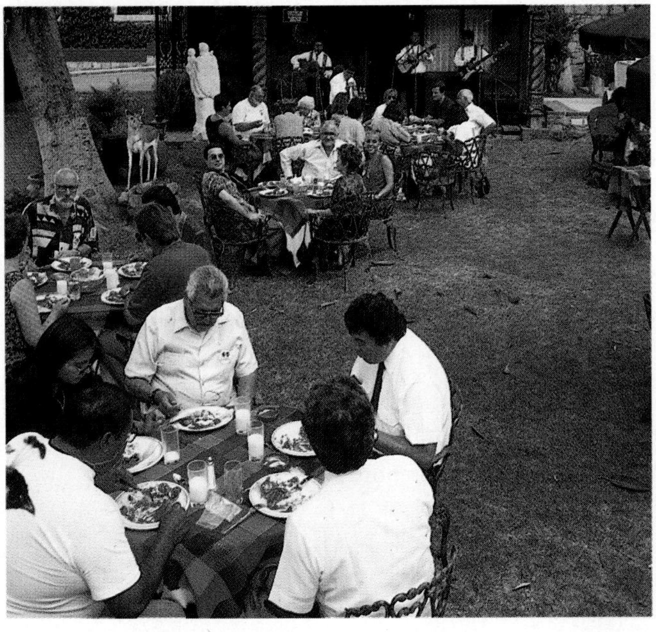

◀ *En el restaurante Villa San José, en Morelia (Michoacán), México, la gente come al aire libre mientras escucha música.*

ACTIVIDAD 28: El "chef" Eres cocinero/a y vas a inventar un plato nuevo. Escribe la receta *(recipe)* y después explícale la receta a un/a amigo/a. Por ejemplo: **Primero se cortan . . . , Después se . . . ,** etc. **Se llama . . . y es delicioso.**

ACTIVIDAD 29: ¿Por o para? Forma oraciones para las siguientes situaciones usando **para** o **por.**

➤ Marcos trabaja en la oficina de su tío. ⟶ Marcos trabaja **para** su tío.
Fueron a América en el Titanic. ⟶ Fueron **por** barco.

1. Óscar compra doce rosas rojas porque es el cumpleaños de su novia.
2. Todas las noches ella corre diez kilómetros. Corre en el parque.
3. Ayer Carlos estuvo enfermo y por eso no pudo jugar al fútbol. Felipe tuvo que jugar en su lugar.
4. José Morales tiene un banco y su hijo Pepe trabaja allí.
5. El profesor Fernández está en el hospital y la Sra. Ramírez da las clases en su lugar.
6. Anita cree que es importante trabajar mientras estudia.
7. Pablo va a ir a Puerto Rico. Piensa viajar en la TWA.
8. Miguel tiene un reloj que no necesita y quisiera la grabadora de una amiga.
9. Víctor Mostaza juega al béisbol. Es miembro de las Medias Rojas.
10. Cristina cree que es importante votar y expresar su opinión.
11. Begoña y Miguel fueron a Nueva York. Caminaron en Greenwich Village.
12. Ricardo le mandó un regalo a su novia. Usó la compañía Federal Express.

ACTIVIDAD 30: Opiniones **Parte A:** En grupos de tres, expresen sus opiniones sobre estas oraciones.

➤ ¿Crees que los colegios mayores sean excelentes?

Sí, creo que son excelentes. No, creo que son horribles.

1. El Escarabajo de Volkswagen es un carro fantástico.
2. El programa de "*Jeopardy*" es muy aburrido.
3. La música rap es antifeminista.
4. El presidente es muy inteligente.

Parte B: Ahora, forma oraciones para describir las opiniones de las personas de tu grupo.

➤ Para mí, el Escarabajo de Volkswagen es un carro fantástico, pero para ellas, el Escarabajo es un carro feo.

ACTIVIDAD 31: La esperanza y el miedo Todos tenemos esperanzas y miedos sobre el futuro. Lee la siguiente lista de frases y di si te dan miedo o si son tus esperanzas. Empieza con **Espero (que) . . .** o **Tengo miedo de que . . .**

Emotion = subjunctive

1. la gente / preocuparse / por la ecología
2. (yo) ayudar / a otras personas
3. el mundo / tener / una guerra nuclear
4. la gente del mundo / vivir / en paz
5. California / tener / un terremoto *(earthquake)*
6. (yo) conseguir / un trabajo bueno
7. (yo) sacar / buenas notas
8. todos los grupos / aprender a vivir / juntos

ACTIVIDAD 32: Esperanzas Haz una lista de cosas que esperas hacer en el futuro y otra de cosas que esperas que hagan tus compañeros de la clase.

Espero vivir en una ciudad grande porque . . .
Espero que Steve sea profesor de filosofía porque . . .

ACTIVIDAD 33: Nada es perfecto En parejas, hagan una lista de algunas características positivas y otras negativas de su universidad. Usen expresiones como:

Positivas	**Negativas**
Me alegro de que . . .	Es una pena . . .
Es fantástico que . . .	¡Qué pena que . . . !
Me sorprendo de que . . .	Me sorprendo de que . . .
Estoy contento/a de que . . .	Es una lástima que . . .
Espero que . . .	Espero que . . .

ACTIVIDAD 34: ¿Cuál? Parte A: Tus amigos y tú siempre intentan tomar las mismas clases. Uds. tienen que tomar una clase de *Anatomía I* porque quieren ser médicos. Lee las descripciones de los siguientes profesores y decide con cuál de los tres quieres estudiar. Escribe tres razones por las que quieres tener a esta persona como profesor/a y escribe dos razones en contra de los otros dos.

Profesor Emilio Escarpanter

56 años. Es muy inteligente y viene a clase bien preparado, pero tiene una voz monótona. Sus clases no son interesantes, pero siguen una organización lógica y es muy fácil tomar apuntes. La asistencia a clase es obligatoria y te baja la nota final si tienes muchas faltas. Tienes que leer muchísimo para la clase. Hay dos exámenes parciales y un examen final. Sus exámenes son muy difíciles (se basan en los apuntes de clase y las lecturas), pero el 45% de la clase recibe buenas notas.

Apuntes = class notes; **notas** = grades; **lecturas** = readings

Profesora Rosalía Obregón

45 años. Es muy inteligente y muy organizada en clase. Es cómica y explica las lecciones a base de ejemplos divertidos. A veces trae su guitarra a clase y canta canciones para ayudar a los estudiantes a recordar la materia importante. Es necesario asistir a clase todos los días. También hay que leer mucho y saber la materia antes de ir a clase porque la participación cuenta un 25% de la nota final. Hay un proyecto que también cuenta un 25% y un examen final que cuenta el 50%. Ella no tiene fama de regalar buenas notas, pero es justa. Hay que trabajar mucho en su clase, pero los estudiantes saben la materia al terminarla.

Profesora Enriqueta Maldonado

45 años. Es muy inteligente, pero desorganizada en clase. Si un estudiante tiene preguntas es mejor verla fuera de clase. Es muy simpática y escribe buenas cartas de recomendación. La asistencia no es obligatoria y los exámenes se basan en las lecturas, no en la materia presentada en clase. Sus exámenes son relativamente fáciles y el 65% de los estudiantes recibe buena nota, pero por lo general no están bien preparados para *Anatomía II* al terminar el curso.

Parte B: En grupos de tres, decidan con quién van a tomar la clase. Usen frases como:

es posible que . . .	creo que . . .	es mejor que . . .
es una lástima que . . .	dudo que . . .	

Do Workbook *Práctica comunicativa II* and the *Repaso* section.

Vocabulario funcional

Los pasatiempos

Ver página 218.

Cosas de la cocina

Ver página 219.

La comida

Ver página 230.

Otro vocabulario relacionado con la comida

la ensalada	*salad*
el postre	*dessert*
el primer plato	*first course*
el segundo plato	*second course*

La preparación de la comida

añadir	*to add*
cocinar	*to cook*
cortar	*to cut*
darle la vuelta	*to turn over, flip*
freír	*to fry*
poner la mesa	*to set the table*
revolver	*to mix*

Adverbios

Ver página 221.

Verbos

alegrarse de	*to be happy about*
arreglar	*to fix; to arrange*
dudar	*to doubt*
sentir	*to feel sorry*
sorprenderse de	*to be surprised about*

Expresiones impersonales de duda

no es cierto	*it isn't true*
no está claro	*it isn't clear*
es dudoso	*it's doubtful*
no es evidente	*it isn't evident*
(no) es posible	*it is/isn't possible*
(no) es probable	*it is/isn't probable*
no es verdad	*it isn't true*

Expresiones impersonales de certeza

es cierto	*it's true*
está claro	*it's clear*
es evidente	*it's clear, evident*
es obvio	*it's obvious*
es verdad	*it's true*
no hay duda (de)	*there's no doubt*

Expresiones impersonales de emoción

es fantástico	*it's fantastic*
es una pena	*it's a pity*
qué lástima	*what a shame*
qué pena	*what a pity*

Palabras y expresiones útiles

estar seguro/a (de)	*to be sure*
hay que + *infinitive*	*one/you must* + verb
el mal de ojo	*a curse*
mientras tanto	*meanwhile*
No puedo más.	*I can't take it anymore.*
¿No sabías?	*You didn't know?*
¡Qué mala suerte!	*What bad luck!*
Somos tres.	*There are three of us.*
tal vez/quizás + *subjunctive*	*perhaps/maybe*
tener suerte	*to be lucky*

TravelTur

Do the CD-ROM video activities for more practice.

Visiones de palmas / San Juan, Puerto Rico

Antes de ver

ACTIVIDAD 1: ¿Qué quieres ver? En este segmento del video, Andrés ya llegó a Puerto Rico para filmar un anuncio comercial para TravelTur. Antes de ver el video, contesta las siguientes preguntas.

1. ¿Dónde está Puerto Rico exactamente?
2. ¿Crees que una persona de los Estados Unidos necesite pasaporte para visitar Puerto Rico? ¿Por qué sí o no?
3. ¿Qué tiempo hace en Puerto Rico?
4. ¿Cuál crees que sea la composición étnica de Puerto Rico? ¿Hay muchos blancos, negros, orientales, indígenas, mestizos, mulatos?
5. ¿Qué prefieres que filme Andrés para el anuncio comercial de Puerto Rico?

¿LO SABÍAN?

Ya no hay indígenas en Puerto Rico porque la llegada del europeo no sólo significó grandes cambios para las personas y el futuro de la isla, sino que también marcó la llegada de enfermedades como el sarampión, la viruela y la sífilis. La gran mayoría de los taínos, los indígenas de la isla, murieron de estas enfermedades. En gran parte, por esta tragedia de la historia, hoy en día casi no se ven rasgos indígenas en la cara de los puertorriqueños. Mientras ves el programa sobre Puerto Rico, observa los rasgos físicos de las personas para ver la variedad étnica que encontramos hoy en día en Puerto Rico.

Mientras ves

ACTIVIDAD 2: Los detalles En este segmento sobre Puerto Rico, la gente va a hablar de varios temas *(themes)*. Lee la lista de temas y después, mientras miras el video, apunta el orden en que se mencionan.

VER TODO EL PROGRAMA

_____ el tipo de playa que quiere visitar Andrés

_____ Jorge, el cocinero, y su apartamento nuevo

_____ qué va a filmar Andrés

_____ la ciudad natal de Raquel

_____ Adriana, la prima de Andrés

_____ los deportes

ACTIVIDAD 3: El tiempo libre Mira el segmento del video otra vez para contestar estas preguntas.

DESDE 28:15
HASTA 28:44

1. Según Andrés, ¿qué deportes se juegan mucho en Texas?
2. ¿Cuál es el deporte favorito de Andrés?
3. Según Jorge, ¿cuáles son los deportes más populares en Puerto Rico?

ACTIVIDAD 4: Un poco de exageración Cuando Andrés le describe a Jorge adónde quiere ir, la conversación se convierte en *(it becomes)* una competencia verbal llena de exageración. Mira esta parte breve del video otra vez y rellena los espacios con las palabras que faltan.

DESDE 28:52
HASTA 29:30

ANDRÉS Tengo visiones de palmas . . . del ________________ . . . del mar . . .

JORGE Tú lo que quieres es una ________________.

ANDRÉS ¡Eso! Quiero ir a una playa que ________________ . . .

JORGE . . . aguas cristalinas ________________ de cielo.

ANDRÉS Sí . . . que tenga ________________ puro . . .

JORGE Que ________________ tranquila . . .

ANDRÉS Y también ________________.

ACTIVIDAD 5: ¿Jorge el gran cocinero? Lee las siguientes preguntas, después mira otra vez el segmento de la conversación entre Andrés, Jorge y Raquel cuando hablan del apartamento de Jorge. En parejas, contesten las siguientes preguntas.

DESDE 30:06
HASTA 30:36

1. ¿Dónde van a comer y qué opina Raquel sobre eso?
2. ¿Cómo es el nuevo apartamento de Jorge?
3. ¿Raquel cree que Jorge pueda cocinar bien?

Después de ver

ACTIVIDAD 6: Un poco de ironía Con un/a compañero/a, imita el estilo y el humor de la conversación entre Andrés y Jorge cuando hablan de la playa ideal. Hablen de uno de los siguientes temas. Para repasar el contenido de la conversación, miren la Actividad 4.

1. la clase ideal
2. el lugar ideal para pasar las vacaciones de primavera
3. el novio o la novia ideal

CAPÍTULO 10

▲ *Niños en una carreta en Costa Rica. ¿Para qué crees que se usen las carretas?*

CHAPTER OBJECTIVES

- Making use of postal services and the Internet
- Expressing likes, dislikes, complaints, and opinions
- Avoiding redundancies in everyday speech
- Talking about sports
- Describing actions, situations, people, and things in the past
- Telling what you used to do

¡Feliz cumpleaños!

▲ *San José, Costa Rica.*

echar de menos	to miss (someone or something)
a lo mejor + *indicative*	perhaps
quedarse en + *place*	to stay in / at + *place*
aburrirse como una ostra	to be really bored (literally, to be bored like an oyster)

Después de pasar dos años en España sin ver a su familia, Vicente regresa a Costa Rica de vacaciones para ver a sus padres y para celebrar su cumpleaños.

ACTIVIDAD 1: ¿Cierto o falso? Mientras escuchas la conversación entre Vicente y sus padres, escribe **C** si la oración es cierta y **F** si la oración es falsa.

1. C Hace un mes que Vicente le mandó una tarjeta a su madre.
2. F A la madre le gustó la tarjeta.
3. C Hoy es el cumpleaños de Vicente.
4. C Los padres de Vicente le compraron un regalo.
5. F Vicente y sus padres van a ir a Sarchí.
6. C Es posible que Vicente le compre un regalo a Teresa.

VICENTE No saben cuánto me gusta estar en Costa Rica otra vez; siempre los echo de menos a Uds. y a mis amigos.

MADRE Y a nosotros nos encanta tenerte en casa, hijo.

VICENTE Por cierto, mamá, no dijiste nada sobre la tarjeta que te mandé para tu santo.

MADRE Pero, ¿qué tarjeta? Yo no recibí nada.

VICENTE Te la mandé hace un mes por avión.

Complaining

PADRE Es que el correo es terrible. Mandas cosas y tardan un siglo en llegar, si llegan.

MADRE No te preocupes; ya va a llegar. Además, mi mejor regalo es tener a mi hijo aquí con nosotros, gracias a Dios.

VICENTE Gracias, mamá. Bueno, ¿qué vamos a hacer hoy?

PADRE Primero, vamos a darte tu regalo de cumpleaños; aquí lo tienes. Te lo compramos porque sabemos que es algo que necesitas. ¡Feliz cumpleaños!

VICENTE . . . ¡Una raqueta de tenis! Hace mucho tiempo que no juego. Muchas gracias mamá . . . papá.

PADRE ¿Te gusta?

Expressing likes

VICENTE ¡Me fascina!

PADRE Bueno, ahora vamos a ir a Sarchí para ver las carretas.

VICENTE ¿Para el festival?

PADRE Sí, lo celebran hoy.

Discussing memories

VICENTE ¡Pura vida![1] Echo de menos el "canto" de las carretas. Tenía tres años cuando subí a la carreta del abuelo por primera vez y me fascinó. ¿Vienes con nosotros, mamá?

MADRE No, me quedo aquí porque no me siento bien y quiero dormir un poco.

VICENTE Pero mamá, . . . te vas a aburrir como una ostra.

MADRE No, es mejor que vayan Uds. solos. ¡Ah! ¡Oye! Sarchí es un buen lugar si quieres comprarle algo de artesanía típica a Teresa.

VICENTE A lo mejor le regalo una carreta pequeña.

Avoiding redundancies

PADRE Yo conozco un lugar perfecto donde se la puedes comprar.

VICENTE Bueno, voy a echarle gasolina al carro. Ahorita vengo, papá. Adiós mamá; espero que te mejores.

MADRE Hasta luego, mi amor; que Dios te acompañe.

PADRE . . . ¿Ya llamaste a todos sus amigos?

MADRE Sí, vienen como a las ocho. A Vicente le va a encantar verlos a todos. Tengo mucho que hacer mientras Uds. están en Sarchí. No pueden llegar hasta las 9:00, ¿eh?

[1] *That's great! (Costa Rican expression)*

ACTIVIDAD 2: Preguntas Después de escuchar la conversación otra vez, contesta estas preguntas.

1. ¿Por qué le mandó Vicente una tarjeta a su madre?
2. Según el padre de Vicente, ¿qué ocurre cuando se mandan cosas por correo?
3. ¿Qué van a hacer Vicente y su padre en Sarchí?
4. ¿Qué va a pasar esta noche en la casa de Vicente?
5. ¿Es verdad que la madre de Vicente se siente mal?
6. La madre de Vicente usa frases de origen religioso. ¿Cuáles son?

¿LO SABÍAN?

En español las palabras **Dios** y **Jesús** se oyen con frecuencia en las conversaciones. Esto no significa que la persona que las usa sea religiosa o irrespetuosa. Algunas expresiones comunes que se usan son **¡Por Dios!, ¡Dios mío!, Con la ayuda de Dios, ¡Sabe Dios . . . !** *(Who knows . . . !)*, **Dios mediante** *(God willing)* y **Que Dios te acompañe** *(May God go with you)*. ¿Es común usar el nombre de Dios en los Estados Unidos?

ACTIVIDAD 3: Echo de menos . . . Ahora que Uds. están en la universidad, a lo mejor echan de menos algunas cosas de su vida anterior (casa, pueblo, escuela secundaria, familia, etc.). En parejas, hagan una lista de cinco cosas que echan de menos y de tres cosas que no echan de menos. Después, compartan sus ideas con la clase.

➤ Paul echa de menos a su perro . . . y yo echo de menos . . .

Lo esencial I

El correo y la red

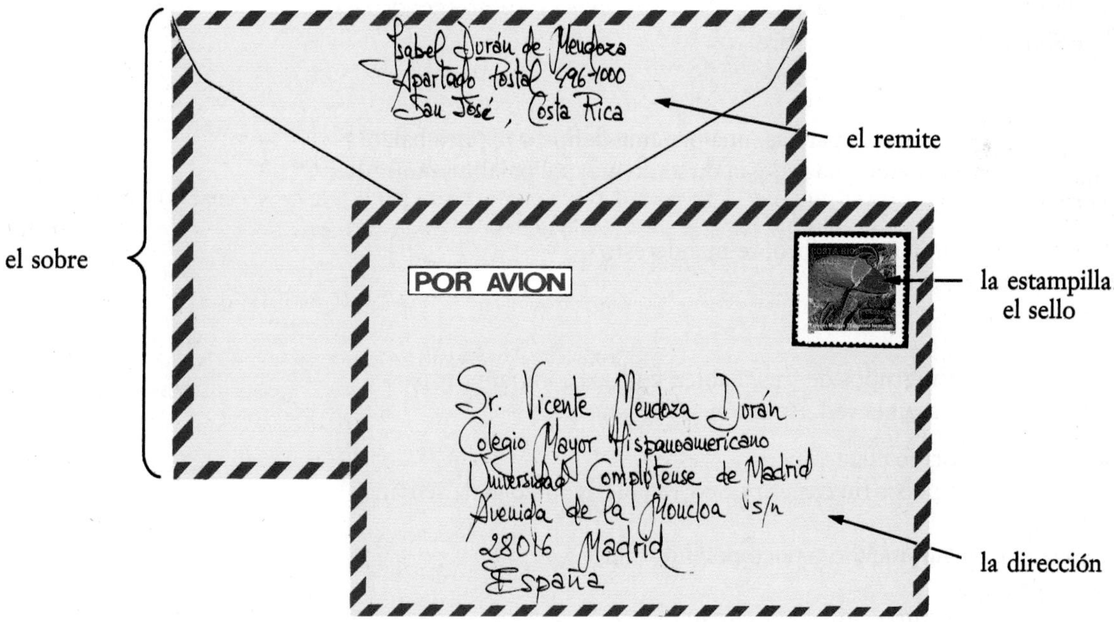

Practice this vocabulary while receiving and sending letters.

Otras palabras relacionadas con el correo y la red

el buzón mailbox
la carta letter
el/la cartero letter carrier
el fax
hacer cola to stand in line
mandar una carta to send a letter
el paquete package
la (tarjeta) postal postcard

In Spanish, many people use English terms with Spanish pronunciation when discussing cyberspace; others choose to use the Spanish equivalent. Note: The term **Internet** is frequently used without an article in Spanish: **Lo leí en Internet.**

el buscador search engine
el correo/mensaje electrónico / e-mail
el enlace / link
hacer clic to click
la Internet
navegar (por) to surf
la red the Web
el sitio site

This is how you read an Internet address in Spanish:
http://www.gauchonet.com = **http dos puntos barra barra www punto gauchonet punto com** (**com** is read as a word)

This is how to read an e-mail address:
smith@abc.edu = **smith arroba abc punto edu** (**edu** is read as a word)

ACTIVIDAD 4: En orden, por favor En parejas, pongan estas oraciones sobre el correo en orden lógico.

- 6 Busco un buzón.
- 4 Escribo el remite en el sobre.
- 5 Le pongo una estampilla.
- 7 Echo la carta en el buzón.
- 1 Escribo la carta.
- 2 La pongo en un sobre.
- 3 Escribo la dirección en el sobre.

ACTIVIDAD 5: Definiciones En parejas, una persona define o explica palabras que tienen que ver con el correo y la red y la otra adivina qué palabras son. Altérnense frecuentemente.

➤ A: Si quiero mandarte un libro, te mando esto.
B: Un paquete.

ACTIVIDAD 6: La red En grupos de tres, hablen con sus compañeros para averiguar si usan y cómo usan la red. Apunten sus respuestas.

1. sus direcciones de correo electrónico
2. si mandan muchos o pocos mensajes por correo electrónico cada semana
3. a quién le escriben
4. si cada semana navegan mucho o poco por Internet
5. su buscador favorito
6. su enlace favorito y la dirección (si la saben)

Hacia la comunicación I

I. Expressing Likes, Dislikes, Complaints, and Opinions: Using Verbs Like *Gustar*

The verb agrees with what is loved, what bothers you, etc. The indirect-object pronoun tells who is affected. See Ch. 2 and review **gustar** if needed.

In Chapter 2, you learned how to use the verb **gustar.**

¿**Te gusta** el festival?
Nos gustan las carretas de Sarchí.

1. Here are some other verbs that function like **gustar:**

encantar	to like a lot, love	**fascinar**	to like a lot; to find fascinating
faltar	to lack; to be missing	**molestar**	to be bothered by, find annoying

A Vicente **le encanta** visitar a su familia.	*Vicente loves to visit his family. (Literally: Visiting his family is really pleasing to him.)*
A Vicente **le molesta** estar lejos de Teresa.	*Vicente is bothered by being far away from Teresa. (Literally: Being far away from Teresa bothers Vicente.)*

2. The verb **parecer** *(to seem)* follows the same pattern as **gustar,** except that it is normally followed by an adjective or a clause introduced by **que.**

Me parecen bonitas esas estampillas.	*Those stamps seem pretty to me.*
A él **le parece que** va a llover.	*It seems to him that it's going to rain.*

Note the meaning of **parecer** when it is used in a question with the word **qué.**

¿Qué **te pareció** el regalo?	*How did you like (What did you think of) the present?*

II. Avoiding Redundancies: Combining Direct- and Indirect-Object Pronouns

Before studying the grammar explanation, answer this question based on the conversation:

- When Vicente and his father say the following, what do the words in italics refer to? **"*Te la* mandé hace un mes . . ." / "*Te lo* compramos porque sabemos . . ."**

In Chapters 6 and 7 you learned how to use the indirect- and the direct-object pronouns separately. Remember that the indirect object tells *for whom* or *to whom* the action is done and the direct object is the person or thing that directly receives the action of the verb.

Indirect-Object Pronouns		**Direct-Object Pronouns**	
me	nos	me	nos
te	os	te	os
le	les	lo, la	los, las

Le mandé un regalo a mi amiga. — *I sent a gift to her (to my friend).*

—¿Mandaste el regalo? — *Did you send the gift?*
—Sí, **lo** mandé. — *Yes, I sent it.*

Remember: Indirect before direct (I.D.).

1. When you use both an indirect- and a direct-object pronoun in the same sentence, the indirect-object pronoun immediately precedes the direct-object pronoun.

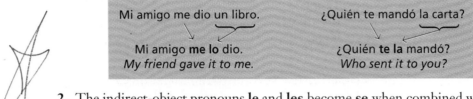

Mi amigo me dio un libro.	¿Quién te mandó la carta?
Mi amigo **me lo** dio.	¿Quién **te la** mandó?
My friend gave it to me.	*Who sent it to you?*

2. The indirect-object pronouns **le** and **les** become **se** when combined with the direct-object pronouns **lo, la, los,** and **las.**

le/les ⟶ **se** + lo/la/los/las

Le voy a pedir un café (a Inés). ⟶ **Se lo** voy a pedir (a Inés/a ella).
Les escribí las instrucciones (a ellos). ⟶ **Se las** escribí (a ellos).

Remember to add accents when needed.

Note: Never use **me lo, me la,** etc. with verbs like **gustar** since the noun following the verb is not a direct object, but rather the subject of the verb.

3. Remember that object pronouns either precede a conjugated verb or are attached to the end of an infinitive or present participle.

Se lo mandé ayer.
Se lo voy a mandar. — Voy a mand**árselo.**
Se la estoy escribiendo. — Estoy escrib**iéndosela.**

Do Workbook *Práctica mecánica I* and corresponding CSM activities.

ACTIVIDAD 7: ¿No te gusta, te gusta o te encanta? Vas a hacer una encuesta. Pregúntales a tus compañeros si les gustan estas cosas. Anota *(Jot down)* sus nombres en la columna apropiada.

➤ ¿Te gusta la comida picante?

No, no me gusta. — Sí, me gusta. — Sí, me encanta.

	NO GUSTAR	GUSTAR	ENCANTAR
la comida picante *(spicy)*			
los postres			
la música clásica			
cocinar			
los juegos electrónicos			
fumar			
tomar vino			
hacer gimnasia			

En México, se usa una gran variedad de chiles en la preparación de la comida picante. ▶

ACTIVIDAD 8: Las cosas que te faltan Imagina que acabas de mudarte a un apartamento semiamueblado. Escribe una lista de cinco cosas que te faltan. Después, en parejas, comparen sus listas.

➤ Me falta una lavadora para lavar la ropa.

ACTIVIDAD 9: ¿Te molesta? **Parte A:** En parejas, digan si les encanta o si les molesta hablar de los siguientes temas: la política, la religión, el arte, la música, los problemas de otros, sus problemas, la economía, las estadísticas *(statistics)*, la comida, la vida de personas famosas, los deportes, la ropa.

Parte B: Teniendo en cuenta los temas que le encantan a tu compañero/a, debes sugerirle una revista.

➤ Como te encanta la música, te aconsejo que compres *Rolling Stone*.

ACTIVIDAD 10: ¿Qué te pareció? En parejas, túrnense para averiguar qué opina su compañero/a sobre estos temas.

➤ A: ¿Qué te pareció la última prueba de la clase de español?
B: Me pareció fácil/difícil/justa/etc.

1. el partido del *Superbowl* del año pasado
2. los resultados de las últimas elecciones
3. la última película de Harrison Ford
4. los escándalos presidenciales con Clinton
5. tus clases del semestre pasado
6. el último disco compacto de Mariah Carey

ACTIVIDAD 11: La redundancia Estos diálogos tienen mucha repetición innecesaria. En parejas, arréglenlos para que sean más naturales.

1. A: ¿Piensas comprarle un regalo a tu hermano?
   B: Sí, mañana pienso comprarle un regalo a mi hermano.
   A: ¿Cuándo vas a mandarle el regalo a tu hermano?
   B: Voy a mandarle el regalo a mi hermano mañana por la tarde.
2. A: Vicente, ¿le trajiste los cubiertos a Teresa?
   B: No, no le traje los cubiertos a Teresa. ¿Quieres que le traiga los cubiertos a Teresa mañana?
   A: Claro que mañana puedes traerle los cubiertos.
3. A: ¿Cuándo vas a prepararme la comida?
   B: Voy a prepararte la comida más tarde.
   A: Siempre dices que vas a prepararme la comida y nunca me preparas la comida. No me quieres.
   B: ¡Cómo molestas! Ya estoy preparándote la comida.

Note: The indirect-object pronouns **le** and **les** become **se** when followed by **lo, la, los,** and **las.**

ACTIVIDAD 12: ¿Ya lo hiciste? En parejas, formen dos conversaciones lógicas. En la siguiente página, tienen la primera oración de cada conversación y sólo deben terminarlas con oraciones de la siguiente lista. Al final van a tener dos conversaciones de seis líneas cada una. Las dos primeras oraciones son:

Conversación A

—¿Me compraste el champú?
—???

Conversación B

—¿Me compraste la cinta?
—???

_____ Ah, es verdad. Las tengo en la chaqueta.
_____ Sí, te lo compré. ¿Y tú? ¿Le diste las cartas al cartero?
_____ Ya te lo di, ¿no?
_____ No, no se las di.
_____ Perfecto. ¿Puedes darme las llaves del carro?
_____ Sí, se lo di.
_____ Ah, es cierto. Se lo mandé al dueño ayer.
_____ Sí, te la compré. ¿Y tú? ¿Le diste el paquete al cartero?
_____ Ya te las di, ¿no?
_____ ¿Puedes mandarlas mañana, por favor? ¿Y cuándo vas a darme el dinero del alquiler?

ACTIVIDAD 13: En la oficina En parejas, una persona es el/la empleado/a y cubre la Columna A y la otra persona es el/la jefe/a y cubre la Columna B. Los dos quieren saber si la otra persona hizo las cosas que tenía que hacer. El/La jefe/a hace preguntas primero, basándose en la información de la Columna A.

Use **Ud.** when speaking to your boss.

➤ Jefe/a: ¿Le mandaste el fax a la directora de la compañía M.O.L.A.?
Empleado/a: Sí, ya se lo mandé. / No, no se lo mandé.

A check mark indicates that the task has been completed.

A (Jefe/a)

Esto es lo que tiene que hacer tu empleado/a hoy:

- ☐ pedirle los documentos al Sr. Lerma
- ☐ mandarle un fax al Dr. Fuentes
- ☐ llamar a la agente de viajes
- ☐ comprar estampillas
- ☐ darle la información a la doctora Ramírez

B (Empleado/a)

Esto es lo que tienes que hacer hoy:

- ☐ pedirle los documentos al Sr. Lerma
- ☑ mandarle un fax al Dr. Fuentes
- ☑ llamar a la agente de viajes Sí, la llamé
- ☑ comprar estampillas Sí, las compré
- ☑ darle la información a la doctora Ramírez

Ahora, el/la empleado/a hace las preguntas, basándose en la información de la Columna B.

A (Jefe/a)

Cosas que debes hacer hoy:

- ☑ mandarle el e-mail a la Srta. Pereda
- ☐ escribirle a la Sra. Hernández
- ☑ darle las instrucciones a la nueva secretaria
- ☑ preguntarles su dirección a los Sres. Montero
- ☐ llamar al médico

B (Empleado/a)

Cosas que debe hacer tu jefe/a hoy:

- ☐ mandarle el e-mail a la Srta. Pereda
- ☐ escribirle a la Sra. Hernández
- ☐ darle las instrucciones a la nueva secretaria
- ☐ preguntarles su dirección a los Sres. Montero
- ☐ llamar al médico

Do Workbook *Práctica comunicativa I.*

Nuevos horizontes

LECTURA

Estrategia: *Finding References, Part II*

In Spanish, as in English, writers frequently use pronouns to avoid redundancies. As one reads, it is necessary to identify the reference for subject, object, and reflexive pronouns.

Subject pronouns: **yo, tú, Ud., él, ella, nosotros/as, vosotros/as, Uds., ellos/as**
Direct-object pronouns: **me, te, lo/la, nos, os, los/las**
Indirect-object pronouns: **me, te, le (se), nos, os, les (se)**
Reflexive pronouns: **me, te, se, nos, os, se**

Note: The indirect-object pronouns **le** and **les** become **se** when followed by **lo, la, los,** or **las.**

In Chapter 9, you reviewed some ways to identify subject pronouns. Here are a few more helpful hints:

- Subjects usually follow verbs like **gustar,** or they may be omitted altogether. Infinitives may also serve as subjects of verbs like **gustar.**

  —¿Le gustan mucho **los deportes**? —Sí, le gustan mucho.
  —¿Le gusta **jugar** mucho? —Sí, le gusta.

- With the verb **parecer,** a clause introduced by **que** can function as the subject. If the subject is omitted, you will need to look at the preceding sentences to identify it.

  Me parece **que la película es interesante.**
  Me parece interesante **la película.**
  Me parece interesante.

You will practice identifying subjects of verbs and finding references for pronouns in this reading passage.

NOTE: The article you are going to read has some verb endings that are new to you. You should be able to easily identify the infinitives. These new endings refer to actions that *used to happen*. The endings are part of the *imperfect* which you will study in the second part of this chapter.

ACTIVIDAD 14: Predicciones **Parte A:** Vas a leer un artículo que se llama "El fútbol y yo." ¿Qué opiniones crees que tenga el autor sobre el fútbol?

Parte B: Lee el artículo rápidamente para confirmar o corregir tu predicción.

El fútbol y yo

ADOLFO MARSILLACH

Hay algunas cosas de **las** que últimamente me estoy *quitando*. Y entre **ellas** está el fútbol. Ya no me **gusta**. Recuerdo que cuando era jovencito jugué de portero y me metían muchos goles, pero yo lo pasaba muy bien. Luego, **me** hice partidario de un equipo de mi ciudad que **perdía** casi siempre. Este fracaso continuo me parecía fascinante porque venía a coincidir con mi idea romántica de entender la vida. (Me **encanta** sentirme al lado de los perdedores. No hay que darme las gracias, naturalmente).

En aquella época, el fútbol reunía dos condiciones estupendas: era un juego que se basaba en atacar y hacer gol y, por otra, los jugadores pertenecían a la región que **representaba** el equipo para el que **estaban jugando**. En cuanto se **pusieron** de moda las tácticas defensivas y se contrataron — a precios irritantes — futbolistas de todos los países del mundo, comencé a aburrirme como una ostra. (No sé quién descubrió que las ostras se aburren: seguramente alguien que no tenía nada que hacer).

Y, además, está lo de las *primas*[1]. Me **parece** escandaloso que se premie a un individuo para que haga bien algo que está obligado a no hacer mal. Vamos, como si a un actor **le** entregaran unas pesetillas[2] para que diga su texto sin equivocarse.

Bueno, lo dejo, no vaya a dar ideas.

Adolfo Marsillach es director de la Compañía Nacional de Teatro Clásico.

▲ *Un partido entre Bolivia y España.*

[1] *dinero extra* [2] *unas pocas pesetas*

ACTIVIDAD 15: Las referencias

1. ¿A qué o a quiénes se refieren estos pronombres?
   a. **las** en la línea 1
   b. **ellas** en la línea 2
   c. **me** en la línea 6
   d. **le** en la línea 32
2. ¿Cuáles son los sujetos de estos verbos?
   a. **gusta** en la línea 2
   b. **perdía** en la línea 7
   c. **encanta** en la línea 11
   d. **representaba** en la línea 20
   e. **estaban jugando** en la línea 21
   f. **pusieron** en la línea 21
   g. **parece** en la línea 29

ACTIVIDAD 16: ¿Qué opinas? **Parte A:** El autor, Adolfo Marsillach, está un poco disgustado con el fúbol. ¿Cuáles son las dos razones que menciona?

1. Es un juego lento y aburrido.
2. Su equipo favorito siempre pierde.
3. Los jugadores del mismo equipo son de todas partes del mundo.
4. A los jugadores les dan demasiado dinero y hasta les dan pagos extras simplemente por hacer su trabajo.
5. Hay muchos escándalos hoy en día, como el consumo de drogas ilegales.

Parte B: En parejas, discutan las siguientes preguntas sobre los deportes.

1. ¿Creen Uds. que los atletas reciban demasiado dinero?
2. ¿Creen Uds. que las universidades abusen de sus atletas?
3. ¿Qué les gustaría ser: un político famoso, un atleta famoso, un actor famoso o una persona normal con un trabajo interesante?
4. Las mujeres atletas normalmente reciben menos dinero que los hombres. ¿Creen Uds. que esto cambie en el futuro? ¿Va a ser más popular en el futuro el basquetbol o el voleibol de mujeres?
5. ¿Se sorprenden Uds. de que deportistas como Mike Tyson, Diego Maradona y O. J. Simpson tengan problemas con la ley? ¿Por qué sí o no?

ESCRITURA

Estrategia: *Avoiding Redundancy*

When writing in Spanish, you should avoid redundancy whenever possible to make the text more pleasing to read. Of course, you can use direct- and indirect-object pronouns to avoid needless repetition. Also, as you have seen in the readings in Chapters 9 and 10, instead of overtly stating a subject, you can use a subject pronoun or omit the subject if it is understood from context.

Another way to enrich your writing is to express similar thoughts using different words. For example:

- **me gusta** ⟶ **me encanta** ⟶ **me fascina**
- **me molesta** ⟶ **no me gusta** ⟶ **no me gusta nada**
- **la Universidad de Harvard** ⟶ **la universidad** ⟶ **Harvard**

ACTIVIDAD 17: Tus impresiones **Parte A:** Write two or three paragraphs on the following topic. Conclude with two or three sentences that summarize your opinions.

¿Qué te gusta y qué te molesta de la universidad?

Parte B: Check your draft to see if you did the following and then make any necessary corrections.

- Did you support your opinions or simply state them?
- To support opinions, did you use words like **por eso, por lo tanto, como resultado, eso quiere decir que, es decir, porque,** etc.?

Parte C: Staple all drafts together and turn them in to your instructor.

Lo esencial II

Los artículos de deporte

Jugar a los bolos = jugar al boliche

1. balones de fútbol, fútbol americano, basquetbol y pelotas de tenis, squash, golf y béisbol
2. raquetas de tenis y de squash
3. palos de golf
4. cascos de bicicleta, moto y fútbol americano
5. pesas
6. bolas de bolos
7. patines de hielo y en línea
8. esquíes de agua y de nieve
9. bates
10. guantes de béisbol, boxeo y ciclismo
11. uniformes de todo tipo

ACTIVIDAD 18: Asociaciones Asocia estas personas con un deporte y los objetos que se usan en ese deporte.

1. Arantxa Sánchez Vicario
2. Pelé
3. Grant Hill
4. Sammy Sosa
5. Katarina Witt y Dorothy Hamill
6. Arnold Schwarzenegger
7. Muhammad Ali y Sugar Ray Leonard
8. Nancy López y Seve Ballesteros
9. Joe Montana y Steve Young
10. Laverne y Shirley

ACTIVIDAD 19: Categorías Pon los artículos de deportes en las siguientes categorías.

1. cosas que se usan en deportes de equipo o deportes individuales
2. cosas que se usan dentro de un gimnasio o al aire libre
3. cosas de madera, de metal o de plástico

ACTIVIDAD 20: ¿Son Uds. deportistas? En grupos de cuatro, identifiquen estos equipos y digan de dónde son, a qué deporte juegan, cómo se llama el estadio donde juegan y cuáles son los colores de su uniforme.

➤ El equipo de los Packers es de Green Bay, Wisconsin. Ellos juegan al fútbol americano en el Estadio Lambeau. Los colores de su uniforme son verde y amarillo.

1. Yankees
2. Bears
3. Broncos
4. Dodgers
5. Padres
6. Redskins

ACTIVIDAD 21: ¿Y tú? En parejas, pregúntenle a su compañero/a qué deportes practica y qué equipo *(gear)* tiene para jugarlos.

ACTIVIDAD 22: Opiniones Los deportes favoritos cambian de país en país. En grupos de cuatro, hablen sobre cuáles creen que sean los deportes más populares de los Estados Unidos, de Argentina y del Caribe y por qué creen que sean populares. Después de terminar, comparen sus opiniones con las de otros grupos.

¿LO SABÍAN?

En la mayoría de los países hispanos el fútbol es el deporte más popular. Es un deporte muy económico porque sólo se necesita un balón y se puede jugar en cualquier lugar. En el Caribe el deporte más popular es el béisbol. Los norteamericanos lo llevaron a esa zona porque tiene un clima ideal que permite practicar el deporte todo el año.

En países como España, México y Perú, la corrida de toros es popular. A mucha gente le gusta ver la corrida y la considera un arte y no un deporte, pero también hay muchas personas a quienes no les gusta. ¿Crees que la corrida de toros sea cruel? ¿Por qué crees que algunos la consideran un arte?

Teresa, campeona de tenis

▲ *Una puesta del sol en una playa en Tamarindo, Costa Rica.*

cambiando de tema	changing the subject
dejar de + *infinitive*	to stop/quit + *-ing*
Te va a salir caro.	It's going to cost you.

Vicente acaba de volver de sus vacaciones en Costa Rica y está hablando con Teresa.

ACTIVIDAD 23: ¿Qué hizo? Mientras escuchas la conversación, marca las cosas que Vicente hizo en Costa Rica.

1. __X__ Pasó tiempo con sus padres.
2. __X__ Salió con sus amigos.
3. _____ Votó en las elecciones.
4. __X__ Fue a la playa.
5. _____ Jugó un partido de fútbol.
6. __X__ Fue a un partido de fútbol.
7. __X__ Notó tensión por problemas económicos.
8. __X__ Jugó al tenis.

TERESA ¿Qué tal todo por Costa Rica?
VICENTE ¡Pura vida!, como decimos allí.
TERESA ¿Qué hiciste?

Telling about a series of completed past actions

VICENTE Visité a mis padres, salí con mis amigos, fui al interior y a la playa . . .
TERESA O sea . . . un viaje típico.

Telling about a completed past event

VICENTE ¡Ah! ¿No te dije que fui a un partido de fútbol en que jugó Marcelo Salas? Fue estupendo. Me divertí mucho.
TERESA ¡Qué bueno! Y tu familia, ¿cómo está?
VICENTE Todos bien, pero hay muchos problemas económicos en Centroamérica y aun en Costa Rica se siente la tensión.
TERESA Pero la situación en Costa Rica es bastante buena, ¿no?
VICENTE Sí, es cierto, pero todavía así hay tensión.
TERESA Bueno, pero cambiando de tema, ¿qué hiciste con tus amigos?
VICENTE Pues . . . salir, nadar, jugar al tenis; mis padres me regalaron una raqueta de tenis fenomenal para mi cumpleaños.
TERESA ¡Ah! ¿Te gusta el tenis? No sabía que jugabas.

Describing habitual past actions

VICENTE Sí, empecé a jugar cuando tenía ocho años. Practicaba todos los días, pero dejé de jugar cuando vine a España.
TERESA Yo también jugaba mucho.
VICENTE ¿Y ya no juegas?

Indicating the end of an action

TERESA Muy poco, pero me encanta. ¿Sabes? Fui campeona de mi club en Puerto Rico hace tres años, pero dejé de jugar cuando tuve problemas con una rodilla.
VICENTE Pero, vas a jugar conmigo, ¿no?
TERESA Claro que sí . . . y te voy a ganar.
VICENTE ¿Y qué pasa si le gano a la campeona?
TERESA Dudo que puedas. Pero, si ganas tú, te invito a comer y si gano yo, tú me invitas. ¿De acuerdo?
VICENTE De acuerdo, pero creo que debes ir al banco ya para sacar dinero porque la comida te va a salir muy cara.

ACTIVIDAD 24: ¿Entendiste? A veces, para entender una conversación se necesita saber algo de política, deportes, arte, cine, etc. Para entender la conversación entre Vicente y Teresa es importante saber algunas cosas. En parejas, traten de contestar estas preguntas.

1. ¿Qué deporte es uno de los más populares en Costa Rica?
2. ¿Qué tipo de problemas hay en Centroamérica?
3. ¿Sabes qué países de Hispanoamérica tienen una economía estable?

ACTIVIDAD 25: ¿Quién va a ganar? En parejas, y usando la información de la conversación, decidan quién va a ganar el partido de tenis, Teresa o Vicente, y por qué.

ACTIVIDAD 26: Problemas económicos Uds. acaban de recibir la cuenta de Visa y no tienen dinero para pagarla. En parejas, decidan qué van a dejar de hacer para ahorrar *(save)* el dinero.

➤ Ahora fumo mucho, pero puedo dejar de fumar.

Hacia la comunicación II

Describing in the Past: The Imperfect

Before studying the grammar explanation, answer this question based on the conversation:

- Do the sentences **"Practicaba todos los días . . ."** and **"Yo también jugaba mucho"** refer to actions that occurred only once in the past or to habitual actions in the past?

As you have already learned, the preterit in Spanish talks about completed past actions. There is another set of past tense forms, the imperfect, whose main function is to describe.

A. Formation of the Imperfect

1. To form the imperfect of *all* **-ar** verbs, add **-aba** to the stem.

Note accents

caminar	
camin**aba**	camin**ábamos**
camin**abas**	camin**abais**
camin**aba**	camin**aban**

2. To form the imperfect of **-er** and **-ir** verbs, add **-ía** to the stem.

volver	
volv**ía**	volv**íamos**
volv**ías**	volv**íais**
volv**ía**	volv**ían**

salir	
sal**ía**	sal**íamos**
sal**ías**	sal**íais**
sal**ía**	sal**ían**

3. There are only three irregular verbs in the imperfect.

ser	
era	éramos
eras	erais
era	eran

ver	
veía	veíamos
veías	veíais
veía	veían

ir	
iba	íbamos
ibas	ibais
iba	iban

B. Using the Imperfect

1. As you learned in Chapter 9, the imperfect is used when telling time and one's age in the past. The imperfect is also used when describing people, places, situations, or things in the past, as well as ongoing past states of mind and feelings. It is frequently used to set the scene.

Mi abuela **era** pequeña y **tenía** pelo blanco.	*My grandmother was small and had white hair. (description of a person)*
Había mucha gente en la fiesta de Vicente.*	*There were many people at Vicente's party. (description of a situation)*
Hacía mucho calor en la playa.	*It was very hot at the beach. (description of the weather)*
Vicente **estaba** contento con su trabajo.	*Vicente was happy with his job. (ongoing past feelings)*

*NOTE: **Había** means both *there was* and *there were.*

Voy a ir = I'm going to go.
Iba a ir = I was going to go.

2. The imperfect is used for habitual or repetitive actions in the past.

Diana **iba** a clase todos los días.	*Diana used to go to class every day. (habitual action)*
Se levantaban temprano, **desayunaban** y **leían** el periódico.	*They used to get up early, eat breakfast, and read the newspaper. (a series of habitual actions)*

Internet Do Workbook *Práctica mecánica II,* CSM, Web, and lab activities.

ACTIVIDAD 27: Los deportes que jugabas Habla con un mínimo de cinco personas para averiguar a qué deportes jugaban cuando estaban en la escuela secundaria.

Description of habitual past actions.

➤ A: ¿A qué deportes jugabas?
B: Jugaba al fútbol, al béisbol, . . .

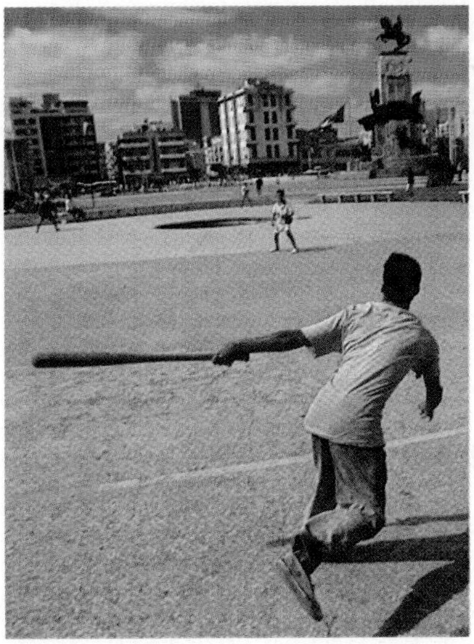

◀ *Jóvenes juegan al béisbol en La Habana, Cuba.*

ACTIVIDAD 28: Vida activa **Parte A:** Tacha *(cross out)* las cosas que no hacías cuando asistías a la escuela primaria.

1. ~~leer mucho~~
2. ~~navegar por Internet~~
3. nadar en una piscina
4. mirar mucha televisión
5. jugar en un equipo
6. tocar un instrumento musical
7. invitar a mis amigos a mi casa
8. comer en casa de amigos
9. dormir en casa de amigos
10. mentirles a mis padres
11. ~~hablar en clase~~
12. ser buen/a estudiante

Parte B: En parejas, entrevístense para ver qué hacían cuando eran niños. Sigan el modelo.

➤ A: ¿Leías mucho?
B: Sí, leía mucho. / No, no leía mucho.

Parte C: En parejas, pensando en las respuestas de su compañero/a díganle cuáles de los siguientes adjetivos describen mejor cómo era él/ella de niño/a y por qué.

1. extrovertido/a o introvertido/a
2. hablador/a o callado/a
3. travieso/a u obediente
4. activo/a o inactivo/a
5. bien/mal educado/a

Bien educado/a = well behaved / mannered

ACTIVIDAD 29: Descripciones En grupos de tres, describan cómo creen que eran las siguientes personas u otros personajes famosos.

Description in the past.

➤ George Washington tenía pelo blanco, era alto, tenía dientes de madera, . . .

Winston Churchill, Cleopatra, Don Quijote, Abraham Lincoln, Napoleón, Romeo y Julieta

ACTIVIDAD 30: El extraterrestre Uds. vieron a un extraterrestre. En grupos de tres, contesten estas preguntas para describirlo. Después, léanle su descripción al resto de la clase.

Description of a person or thing.

1. ¿Dónde estaban ustedes cuando lo vieron?
2. ¿Día?
3. ¿Hora?
4. ¿Qué tiempo hacía?
5. ¿Cómo era?
6. ¿Color?
7. ¿Cuántos ojos?
8. ¿Llevaba ropa?
9. ???

ACTIVIDAD 31: La rutina diaria En parejas, describan un día típico de su vida cuando tenían quince años. Digan qué hacían con sus amigos.

Description of habitual past actions.

ACTIVIDAD 32: ¿Tenías razón? En grupos de tres, piensen en las ideas que tenían sobre la universidad antes de comenzar el primer año y digan si estas ideas cambiaron o no. ¿Qué creían y qué creen ahora?

➤ Yo creía que las clases eran difíciles, pero ahora me parece que son fáciles.

ACTIVIDAD 33: Ilusiones y desilusiones En parejas, pregúntenle a su compañero/a (1) qué fantasías tenía cuando era niño/a y cuándo dejó de creer en ellas, y (2) si hacía ciertas cosas y cuándo dejó de hacerlas. Usen las siguientes listas.

Describing ongoing past states of mind.

¿Creías en estas cosas?

en Santa Claus
en el Coco *(boogie man)*
en el ratoncito *(tooth fairy)*
que había monstruos *(monsters)* debajo de la cama
que la cigüeña *(stork)* traía a los bebés

¿Hacías estas cosas?

odiar a los chicos/las chicas
dormir con la luz encendida *(lit)*
jugar con pistolas/muñecas *(dolls)*
comer toda la comida

Ahora comenten esta pregunta: ¿Es bueno que los niños tengan fantasías? ¿Por qué sí o no?

¿LO SABÍAN?

Por influencia de los Estados Unidos y Europa, en muchos países hispanos se habla de Santa Claus o Papá Noel. En algunos países, como Argentina, Uruguay y Puerto Rico, los niños reciben los regalos de Papá Noel o del Niño Jesús a la medianoche del veinticuatro de diciembre (Nochebuena).

En España, México y otros países hispanos, de la misma manera que en Bélgica y Francia, los Reyes Magos *(Three Wise Men)* les traen los regalos a los niños el 6 de enero. En los Estados Unidos, Santa Claus llega en trineo *(sled)*, entra por la chimenea, deja los regalos y pone dulces en los calcetines que los niños cuelgan *(hang)* allí. En cambio, en otros países los Reyes Magos llegan en camello y dejan los regalos en los balcones o cerca de las ventanas. Con frecuencia, en las ventanas de la casa, los niños ponen los zapatos llenos de paja *(hay)* para los camellos y, al día siguiente, encuentran los regalos al lado de ellos.

▲ *En Tizimín, estado de Yucatán en México, se celebra la Epifanía. ¿Sabes cuándo es la Epifanía?*

ACTIVIDAD 34: La escuela En parejas, Uds. van a entrevistarse *(interview each other)* sobre su escuela primaria. Usen la siguiente información para hacer las preguntas y anoten las respuestas. Hagan preguntas como, **¿Era grande o pequeña tu escuela primaria? ¿Cuántos estudiantes había?**

Description of a place.

Remember:
hay = there is/there are
había = there was/there were

nombre de la escuela
ciudad
escuela pública o privada
escuela grande, mediana o pequeña
número de estudiantes
maestro/a favorito/a
clases favoritas
programas deportivos

ACTIVIDAD 35: Mi dormitorio En parejas, explíquenle a su compañero/a cómo era su dormitorio y qué hacían allí cuando tenían diez años. Sigan este bosquejo. Al terminar, cambien de papel.

I. Descripción física
   Muebles: cama (dormir solo/a o con hermano/a), silla, cómoda, armario, escritorio

II. Decoración y diversión
   color
   carteles *(posters)*
   juguetes *(toys)*
   televisión, estéreo, radio, computadora, etc.

III. Actividades y cuándo
   Con amigos: jugar, hablar, dormir
   Solo/a: leer, escuchar música, estudiar, mirar televisión

Póster is a common Anglicism for **cartel;** in many countries, **afiche** is used.

Do Workbook *Práctica comunicativa II.*

Vocabulario funcional

El correo y la red

la dirección	*address*
la estampilla/el sello	*stamp*
el remite	*return address*
el sobre	*envelope*

Otras palabras relacionadas con el correo y la red

Ver páginas 245–246.

Palabras y expresiones útiles

aburrirse como una ostra	*to be really bored (literally, to be bored like an oyster)*
a lo mejor + *indicative*	*perhaps*
cambiando de tema	*changing the subject*
dejar de + *infinitive*	*to stop, quit* + -ing
echar de menos	*to miss (someone or something)*
quedarse en + *place*	*to stay in/at* + place
Te va a salir caro.	*It's going to cost you.*

Otros verbos

Ver página 247.

Artículos de deporte y deportes

Ver página 254.

el basquetbol	*basketball*
el béisbol	*baseball*
el fútbol	*soccer*
el fútbol americano	*football*
el hockey	*hockey*
el tenis	*tennis*
el voleibol	*volleyball*

Palabras relacionadas con los deportes

el balón	*ball (large)*
los bolos	*bowling*
el boxeo	*boxing*
el campeón/la campeona	*champion*
el equipo	*team; equipment, gear*
el estadio	*stadium*
ganar	*to win; to earn*
montar en bicicleta	*to ride a bicycle*
el partido	*game*
patinar	*to skate*
la pelota	*ball (small)*

CAPÍTULO 11

▲ *Santa Fe de Bogotá, Colombia.*

CHAPTER OBJECTIVES

- Explaining medical problems
- Naming the parts of a car and items associated with it
- Describing and narrating past events
- Expressing two actions that occurred at the same time
- Telling about past actions in progress and what interrupted them

De vacaciones y enfermo

(No) vale la pena.	It's (not) worth it.
(no) vale la pena + *infinitive*	it's (not) worth + *-ing*
ahora mismo	right now
además	besides

Don Alejandro, el tío de Teresa, tuvo que ir a Bogotá en un viaje de negocios y decidió llevar a toda su familia para hacer turismo. Cuando estaban allí, su hijo, Carlitos, no se sentía bien y lo llevaron al médico para ver qué tenía.

ACTIVIDAD 1: Marca los síntomas Mientras escuchas la conversación en el consultorio de la doctora, marca los síntomas que tenía Carlitos.

_____ diarrea	__X__ fiebre
_____ hemorragia	__X__ náuseas
__X__ falta de apetito	_____ dolor de cabeza
__X__ dolor de estómago	__X__ dolor de pierna

Explaining symptoms

ENFERMERA Pasen Uds.

ALEJANDRO Gracias . . . Buenos días, doctora.

DOCTORA ¿Cómo están Uds.?

ALEJANDRO Mi esposa y yo bien, pero Carlitos nos preocupa. Ayer, el niño estaba bien cuando se levantó; fuimos a visitar la Catedral de Sal, y cuando caminábamos en la mina, de repente el niño empezó a quejarse de dolor de estómago, tenía náuseas, vomitó una vez y no quiso comer nada en todo el día.

CARLITOS Me sentía muy mal. Hoy me duele la pierna derecha y casi no puedo caminar.

DOCTORA ¿También tenía fiebre o diarrea?

ROSAURA Ayer tenía 39 de fiebre por la noche.
DOCTORA A ver, Carlitos, ¿puedo examinarte?
CARLITOS ¿Me va a doler?
DOCTORA No, y tú eres muy fuerte . . . ¿Te duele cuando te toco aquí?
CARLITOS No.
DOCTORA ¿Y aquí?

Expressing pain

CARLITOS ¡Ay, ay, ay!
DOCTORA Bueno, creo que debemos hacerle un análisis de sangre ahora mismo. Pero por los síntomas, es muy posible que tenga apendicitis.
ALEJANDRO ¿Hay que operarlo?
DOCTORA Si es apendicitis, hay que internarlo en el hospital y mientras tanto, hay que darle unos antibióticos para combatir la infección.

Speculating

ROSAURA Entonces, quizás tengamos que quedarnos unas semanas en Bogotá.
ALEJANDRO Claro, y Cristina y Carlitos van a perder el comienzo de las clases. Tal vez valga la pena buscarles un profesor particular.

Expressing desires

CARLITOS ¡Ay mamá! No quiero que me operen. Y, además, yo quería ir a Monserrate y subir en funicular y . . . y ahora no voy a poder.
ALEJANDRO Vamos, Carlitos. No te preocupes. Vas a ver que la operación no es tan mala. Te prometo que antes de regresar a España te vamos a llevar a Monserrate; dicen que desde allí, la vista de la ciudad es muy bonita.
CARLITOS Bueno, pero, también puedo . . . y quisiera . . . y . . .

ACTIVIDAD 2: ¡Pobre Carlitos! Después de escuchar la conversación otra vez, pon esta lista en orden cronológico. Luego, en parejas, comparen sus respuestas.

_____ antibióticos
_____ tener dolor de estómago, náuseas y no querer comer
_____ operación
_____ dolor de pierna
_____ 39°C de fiebre
_____ análisis de sangre

ACTIVIDAD 3: La mala noticia En parejas, una persona es don Alejandro y la otra persona es Teresa. Don Alejandro llama a Teresa a España para explicarle qué le pasó a Carlitos.

ACTIVIDAD 4: ¿Vale la pena? Habla de las cosas que vale o no vale la pena hacer, formando oraciones con frases de las tres columnas.

		trabajar
		ir a la playa
si no estás enamorado/a		estudiar mucho
si buscas trabajo		hacer ejercicio
si eres gordo/a		tomar clases
si hace mucho frío	(no) vale la pena	ver su última película
si te gusta Tom Hanks		casarte
si necesitas dinero		correr todos los días
si quieres saber esquiar bien		alquilar unos esquíes
		ir a Puerto Rico
		hablar con tu jefe/a

¿LO SABÍAN?

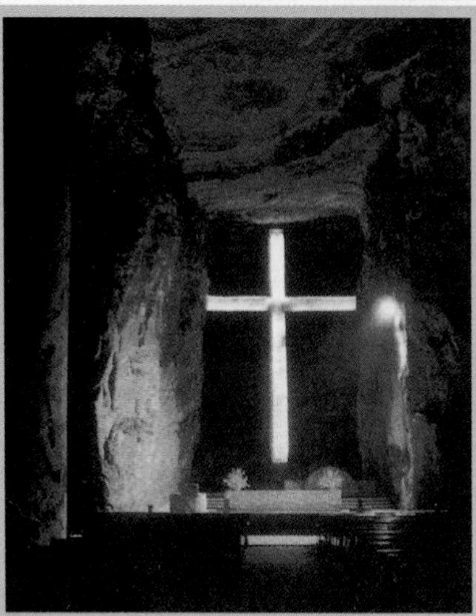

▲ *Catedral de Sal, Zipaquirá, Colombia.*

En Colombia hay muchos lugares de atracción turística. La Catedral de Sal, por ejemplo, está cerca de Bogotá y es una obra, única en el mundo, de ingeniería, arquitectura y arte. Es una iglesia enorme, construida en varios niveles *(levels)* debajo de la tierra, en una mina de sal que los indígenas ya explotaban antes de la llegada de los españoles a América.

Lo esencial I

I. La salud

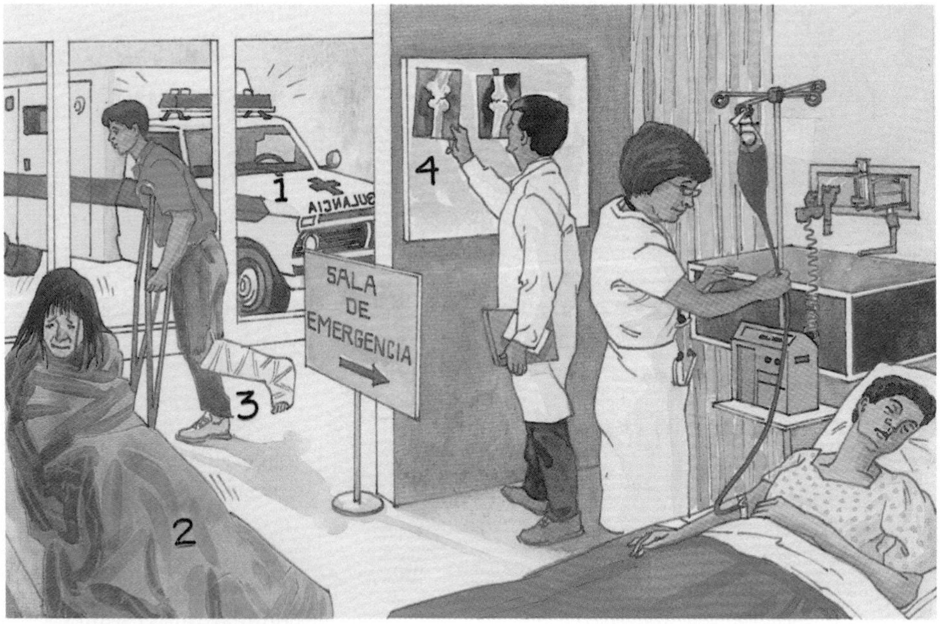

1. la ambulancia
2. tener escalofríos
3. la fractura
4. la radiografía
5. la sangre

Otras palabras útiles

doler*(ue) to hurt
la enfermedad sickness, illness
estar mareado/a to be dizzy
estar resfriado/a to have a cold
estornudar to sneeze
la herida injury, wound
la infección infection
romperse (una pierna) to break (a leg)
sangrar to bleed
vomitar/devolver (ue) to vomit

tener
- **buena salud** to be in good health
- **catarro/resfrío** to have a cold
- **diarrea** to have diarrhea
- **fiebre** to have a fever
- **gripe** to have the flu
- **náuseas** to feel nauseous
- **tos** to have a cough

toser to cough

*NOTE: The verb **doler** functions like **gustar: Me duelen los pies.**

ACTIVIDAD 5: Los síntomas Di qué síntomas puede tener una persona que . . .

1. tiene gripe
2. tuvo un accidente automovilístico
3. está embarazada
4. tiene mononucleosis

Embarazada *(Pregnant)* is a false cognate.

ACTIVIDAD 6: Los dolores Después de jugar un partido de fútbol, los atletas profesionales siempre tienen problemas. Mira el dibujo de estos hombres y di qué les duele.

➤ Al número 10 le duele el codo.

ACTIVIDAD 7: Una emergencia En parejas, "A" es la Sra. Porta, esposa de la víctima de un accidente; "B" es el doctor. El doctor llama a la Sra. Porta para explicarle qué le pasó a su esposo, basándose en la información de la siguiente ficha médica.

➤ A: ¿Aló?
B: Buenos días. ¿Habla la Sra. Porta?
A: Sí . . .
B: Señora, le habla el Dr. Bello del Hospital Fulgencio Yegros . . .

Sala de Emergencias ✚ Hospital Centro Médico Fulgencio Yegros

Fecha:	14/X/00
Hora:	6:30 p.m.
Paciente:	Mariano Porta Lerma
Dirección:	Avenida Bolívar, 9
Ciudad:	Asunción
Teléfono:	26-79-08
Estado civil:	casado
Alergias:	penicilina
Diagnóstico:	contusiones; fractura de la tibia izquierda
Tratamiento:	5 puntos en el codo derecho
Causa:	accidente automovilístico

Ernesto Bello

Víctima is always feminine, even when referring to males.

Puntos = stitches

II. Los medicamentos y otras palabras relacionadas

el antibiótico antibiotic
la aspirina aspirin
la cápsula capsule
la inyección injection
el jarabe (cough) syrup
la píldora/pastilla pill
la receta médica prescription
el vendaje bandage

▲ *Puesto de un mercado de La Paz, Bolivia donde se venden hierbas para combatir diferentes enfermedades: úlceras, gases de estómago, bronquitis, etc.*

¿LO SABÍAN?

Si viajas a un país hispano y te enfermas a las tres de la mañana, ¿adónde vas para comprar medicamentos? En muchas ciudades hispanas hay farmacias de turno, o de guardia, adonde puedes ir durante la noche. Éstas se anuncian en el periódico o en la puerta de las farmacias mismas.

FARMACIAS

Farmacias en servicio de urgencia día y noche, ininterrumpidamente.

Tetuán-Fuencarral-Peña Grande y barrio del Pilar: Bravo Murillo, 257 / San Modesto, 42 (delante de la clínima Ramón y Cajal) / San Benito, 20 (Ventilla) / Sangenjo, 5 (semiesquina a Ginzo de Limia) / Capitán Haya, 5.

Universidad-Moncloa: Martín de los Heros, 48 (esquina a Rey Francisco) / Fernando el Católico, 12.

Chamberí: Divino Pastor, 28 (próximo a San Bernardo) / Plaza de San Juan de la Cruz, 3 (frente al Ministerio de la Vivienda)

Centro-Latina: Marqués de Valdeiglesias, 6 (semiesquina a Gran Vía, 2) / Paseo Imperial, 29 (semiesquina a Gil Imón, 10) / Argensola, 12 (semiesquina a Génova).

Arganzuela-Villaverde-Usera: Paseo de Yeserías, 51 (puente de Praga) / Moncada, 116 (San Cristóbal de los Ángeles; Torres Rojas) / Fernando Díaz de Mendoza, 43 / Avenida de Orcasur, 16.

Chamartín-Hortaleza-Canillas: Clara del Rey, 37 / Mar Báltico, 3 (esquina a Liberación) / Cuevas de Almanzora, s/n (barrio del Apóstol Santiago; junto al mercado) / Joaquín Costa, 27.

Ventas-San Blas-Canillejas: Ezequiel Solana, 110 / Valderrobles, 26 (P. Canillejas; Circe) / Verdaguer y García, 44 (paralela a la avenida de Badajoz) / Caunedo, 57 (entrada por la avenida de Aragón, 50) / Valdecanillas, 39 (San Blas).

Salamanca: Alcalá, 219 (entre Manuel Becerra y Ventas) / López de Hoyos, 7 (entre Serrano y Castellana).

Retiro-Mediodía: Marqués de Lozoya, 19 (parque de Roma) / Fúcar, 10 / Avenida de la Ciudad de Barcelona, 108 (frente a la basílica de Atocha).

ACTIVIDAD 8: Asociaciones Di qué palabras asocias con estas marcas.

Bayer, Contac, Formula 44, ACE, Valium, NyQuil

ACTIVIDAD 9: Tratamientos Di cuáles son algunos tratamientos para los siguientes síntomas. ¡Ojo! Hay muchas posibilidades.

Problema

1. Una persona se cortó y está sangrando.
2. Tiene tos.
3. Tiene una infección de oído.
4. Está resfriado.
5. Tiene fiebre.
6. Tiene diarrea.
7. Se rompió el brazo.
8. Estornuda cuando está cerca de los gatos.

Debe / Tiene que . . .

A. comer poco y beber agua mineral
B. ponerse un vendaje
C. llamar una ambulancia
D. tomar pastillas para la alergia
E. tomar antibióticos
F. acostarse y descansar
G. tomar un jarabe
H. tomar aspirinas

ACTIVIDAD 10: Consejos En parejas, "A" se siente enfermo/a y llama a su compañero/a para quejarse *(to complain)*. "B" le da consejos. Después cambien de papel.

➤ B: ¿Aló?
A: Hola, habla . . .
B: Ah, hola. ¿Qué tal?
A: La verdad, no muy bien. Tengo fiebre y no tengo mucho apetito.
B: ¡Qué lástima! Te aconsejo que tomes dos aspirinas y te acuestes. / Debes tomar dos aspirinas y acostarte.

Hacia la comunicación I

I. Describing Past Actions in Progress: The Imperfect

Before studying the grammar explanation, answer these questions:

- In the conversation between the Domínguez family and the doctor, do the highlighted actions in the following sentence indicate two consecutive actions or one action in progress interrupted by another? **". . . y cuando *caminábamos* en la mina, de repente el niño *empezó* a quejarse de dolor de estómago . . ."**
- Look at the following sentences and identify the uses of the imperfect that you have practiced.
  a. ***Eran* las 11:00 de la mañana.**
  b. **El niño *tenía* cuatro años.**
  c. ***Era* un día horrible; *llovía* y *hacía* frío.**
  d. **Él siempre *se levantaba* temprano.**

1. In addition to the uses you have seen, the imperfect describes two simultaneous actions in progress in the past.

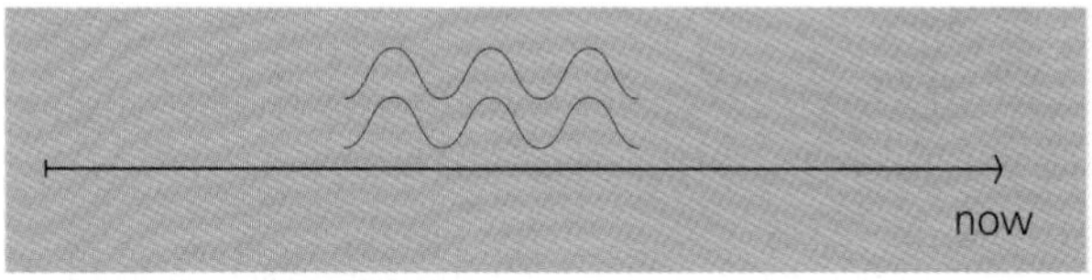

Tú **leías** mientras ella **trabajaba.** *You were reading while she was working.*

2. A past action in progress can also be expressed by using the past continuous.

estaba/estabas/*etc.* + *present participle* = imperfect

Estaba llo**viendo.** = Llovía.
Estábamos vi**viendo** en Panamá. = Vivíamos en Panamá.

II. Narrating and Describing: Contrasting the Preterit and the Imperfect

As you have already learned, the preterit is used to talk about or *narrate* completed actions in the past, and the imperfect is used to *describe* in the past. If you think of the preterit as a polaroid camera that gives you individual, separate shots of events, you can think of the imperfect as a video camera that gives a series of continuous shots of a situation, or a picture that is prolonged over an indefinite period of time.

En la fiesta la gente **cantaba** y **bailaba.** Por eso el señor **llamó** a la policía.

1. The preterit narrates:

a. a specific action in the past or a series of completed past actions

En 1992 mi familia **fue** a Colombia.

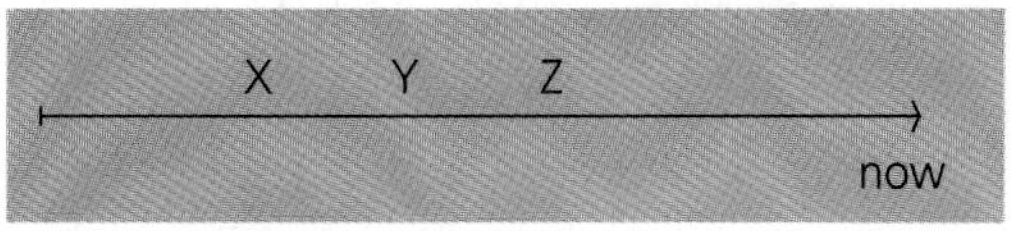

Entré en la casa, **fui** a la cocina y **tomé** un vaso de agua fría.

b. an action that occurred over a period of time for which specific time limits or boundaries are set

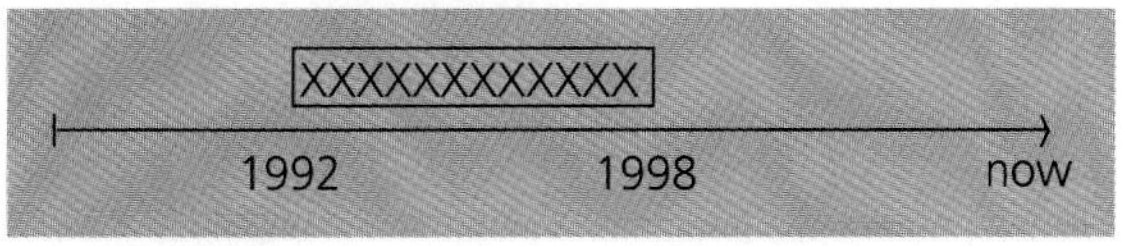

Mi familia **vivió** en España seis años.

c. the beginning or the end of an action

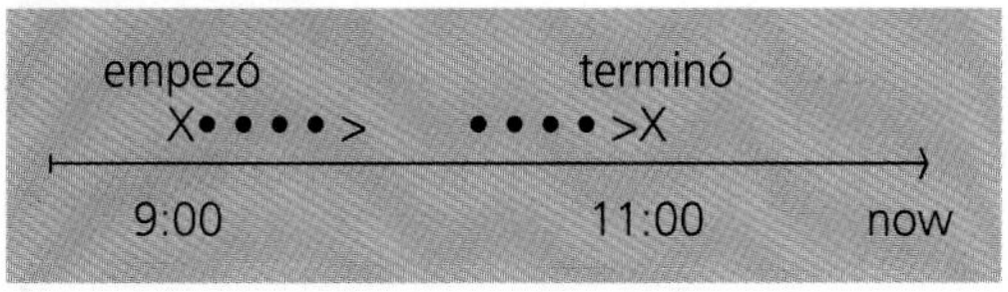

La película **empezó** a las nueve.
Cuando la película **terminó,** salimos.

2. The imperfect describes:

a. a repetitive or habitual past action or a series of repetitive or habitual past actions

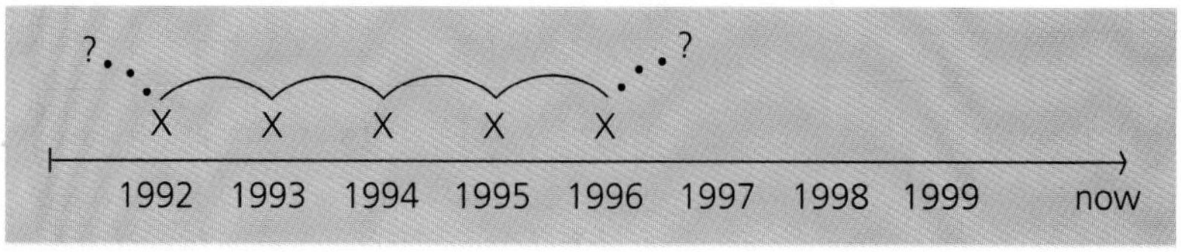

Antes **íbamos** a Colombia todos los años.

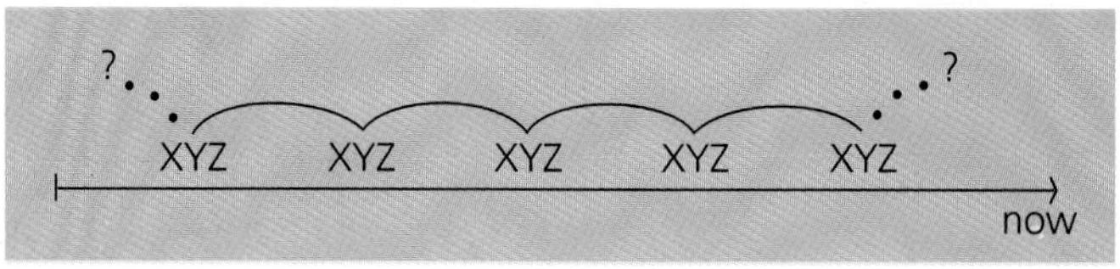

Todos los días yo **entraba** en la casa, **iba** a la cocina y **tomaba** un vaso de agua fría.

b. a past action or series of actions with no specific time limits stated by the speaker

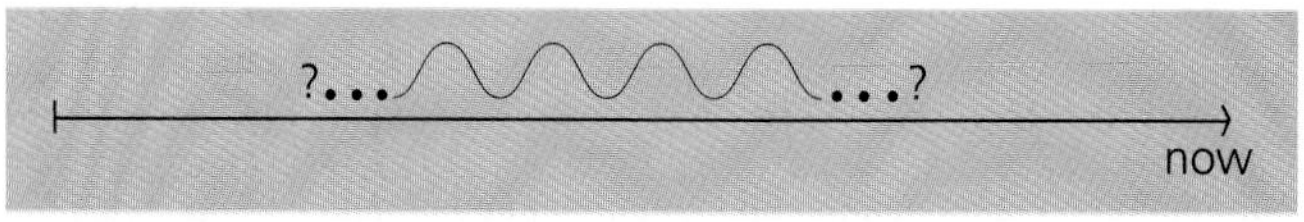

Mi familia **vivía** en España.

3. When talking about the past, the imperfect sets or describes the background and tells what was going on. It refers to an action in progress or a certain situation that existed. The preterit narrates what occurred against the background situation or what interrupted an action in progress. Examples follow.

Ella **leía** (estaba leyendo) cuando él **entró.**

a. an action in progress interrupted by another action

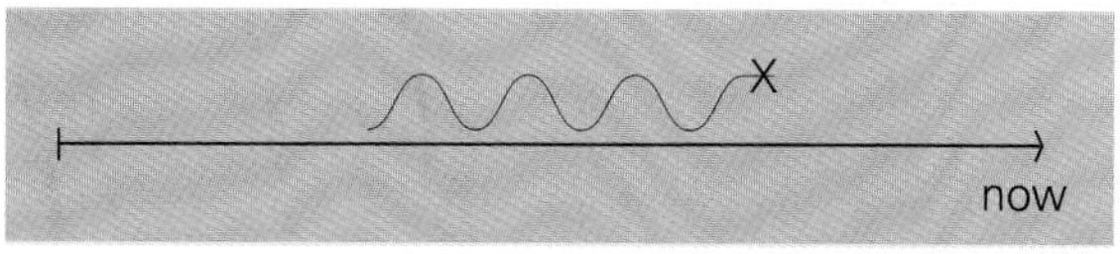

Mientras **caminábamos** por la calle, **explotó** la bomba.

b. a situation that existed when another action occurred

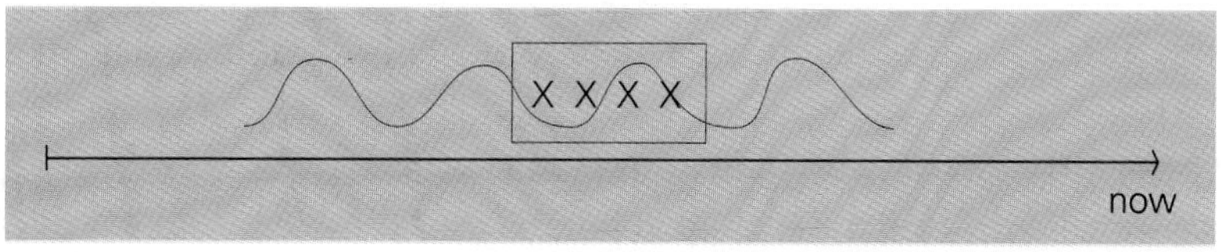

Cuando yo **vivía** en Quito, **trabajé** en un banco por cuatro meses.

c. a background to an action that occurred

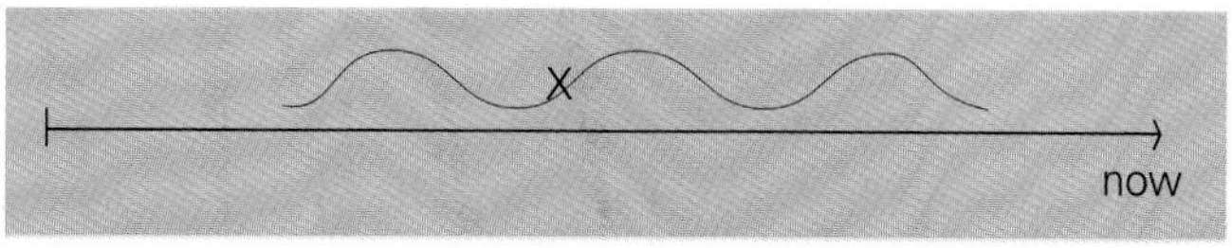

Era invierno cuando **fui** a Chile por primera vez.

Do Workbook *Práctica mecánica I* and corresponding CSM activities.

ACTIVIDAD 11: Estaba . . . En parejas, digan qué estaban haciendo ayer a las siguientes horas.

➤ A: ¿Qué estabas haciendo a las ocho y diez de la mañana ayer?
B: A las ocho y diez, yo estaba durmiendo. / A las ocho y diez, yo dormía.

1. 7:00 A.M.
2. 9:30 A.M.
3. 12:15 P.M.
4. 3:30 P.M.
5. 6:05 P.M.
6. 8:45 P.M.
7. 10:30 P.M.
8. 11:45 P.M.

ACTIVIDAD 12: Las costumbres Hay ciertos personajes de la televisión que todos conocemos. En parejas, digan qué cosas de la lista hacían los siguientes personajes en sus programas de televisión: Gilligan, Marcia Brady, Roseanne, Hawkeye Pierce, Kramer. ¡Ojo! Hay más de una respuesta correcta.

Repetitive habitual actions in the past.

llevar la misma ropa siempre	besar a las enfermeras *(nurses)*
hablar con Greg	llevar ropa de los años setenta
caerse mucho	ser amigo de Radar
ser médico en Corea	vivir en un apartamento
fumar puros *(cigars)*	nunca tener mucho dinero
no peinarse	tener problemas con sus novios
tener familia	nadar en una laguna

ACTIVIDAD 13: ¿Qué tiempo hacía? En parejas, digan adónde fueron el verano pasado, qué hicieron y qué tiempo hacía.

Past actions over an indefinite period of time.

ACTIVIDAD 14: La historia médica En parejas, hablen con su compañero/a sobre las enfermedades que tuvieron durante el último año y los síntomas que tenían.

➤ Tuve gripe. Me sentía fatal y me dolía todo el cuerpo.

ACTIVIDAD 15: Todos somos artistas **Parte A:** Parte un papel en cuatro pedazos *(pieces)* iguales. En cada papel, dibuja las siguientes oraciones (algunas pueden necesitar dos dibujos).

1. El terrorista salía del banco cuando explotó la bomba.
2. El terrorista salió del banco y explotó la bomba.
3. Ella besaba a su novio cuando su padre entró.
4. Ella besó a su novio y su padre entró.

Parte B: Muéstrale tus dibujos a un/a compañero/a para que él/ella decida a cuál de las oraciones se refiere.

ACTIVIDAD 16: Dos cosas a la vez Muchas personas hacen dos cosas a la vez *(at the same time)*. Piensa en lo que hacías ayer mientras hacías las siguientes cosas.

¿Qué hacías mientras . . .

1. . . . comías?
2. . . . hablabas por teléfono?
3. . . . escuchabas música?
4. . . . mirabas televisión?
5. . . . caminabas a clase?
6. . . . escuchabas al/a la profesor/a?

ACTIVIDAD 17: ¿Qué pasó? En parejas, pregúntenle a su compañero/a si le ocurrió alguna de estas cosas y averigüen qué estaba haciendo cuando le ocurrió.

Ongoing action interrupted by another action.

➤ A: ¿Alguna vez dejaste las llaves en el carro?
B: Sí.
A: ¿Qué pasó? / ¿Qué estabas haciendo?
B: . . .

1. encontrar dinero
2. tener un accidente automovilístico
3. romperse una pierna/un brazo
4. perder una maleta
5. quemarse *(to burn oneself)*
6. ???

ACTIVIDAD 18: ¿Aló? Aquí tienen la mitad *(half)* de una conversación telefónica. En parejas, inventen la otra mitad y preséntenle la conversación a la clase.

¿Dónde estaba José?
¿Con quién?
¿Qué estaban haciendo ellos mientras tú esperabas?
¿Qué ocurrió?
¡Por Dios! ¿Y después?
¿Qué hizo la policía?
¿De verdad?
¿Qué hacían ellos mientras la policía hacía eso?
¿Cómo se sentían?
¿Adónde fueron?

ACTIVIDAD 19: Objetos perdidos En parejas, una persona perdió algo y va a la oficina de objetos perdidos para ver si está allí. La otra persona trabaja en la oficina y tiene que llenar este formulario haciendo las preguntas apropiadas.

Nombre: ______________________
Dirección: ______________________
Ciudad: ______________________
Teléfono: ______________________
Artículo perdido: ______________________
Dónde: ______________________
Cuándo: ______________________
Descripción: ______________________

Do Workbook *Práctica comunicativa I.*

Nuevos horizontes

LECTURA

Estrategia: *Approaching Literature*

When reading a work of literature, it is important to separate what may be reality from what may be fantasy. Once you have distinguished between the two, the meaning of the work becomes clearer.

You will get a chance to practice separating reality from fantasy when reading "Tragedia" by the Chilean author Vicente Huidobro. In this story, the author tells us about a woman named María Olga who seems to have a dual personality, just as she has a double first name.

ACTIVIDAD 20: María Olga Mientras lees el cuento, anota en una hoja las características o acciones que se refieren a María y las que se refieren a Olga.

María	**Olga**
encantadora	muy encantadora
etc.	etc.

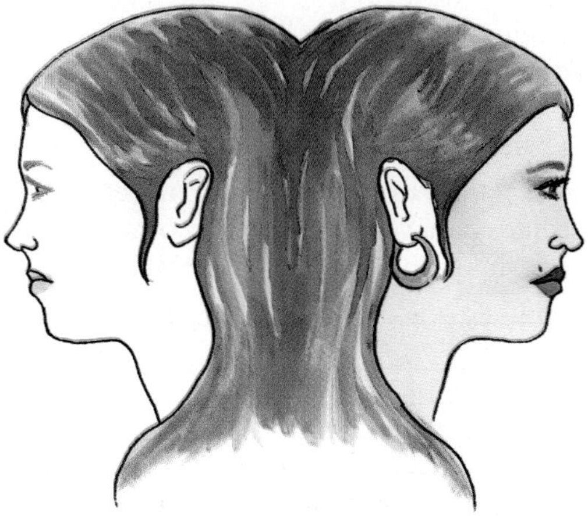

TRAGEDIA

Vicente Huidobro

MARÍA OLGA es una mujer encantadora. Especialmente la parte que se llama Olga.

Se casó con un mocetón grande y fornido, un poco torpe, lleno de ideas honoríficas, reglamentadas como árboles de paseo.

Pero la parte que ella casó era su parte que se llamaba María. Su parte Olga permanecía soltera y luego tomó un amante que vivía en adoración ante sus ojos.

Ella no podía comprender que su marido se enfureciera[1] y le reprochara[1] infidelidad. María era fiel, perfectamente fiel. ¿Qué tenía él que meterse con Olga?[2] Ella no comprendía que él no comprendiera[1]. María cumplía con su deber[3], la parte Olga adoraba a su amante.

¿Era ella culpable de tener un nombre doble y de las consecuencias que esto puede traer consigo?

Así, cuando el marido cogió el revólver, ella abrió los ojos enormes, no asustados, sino llenos de asombro, por no poder entender un gesto tan absurdo.

Pero sucedió que el marido se equivocó y mató a María, a la parte suya, en vez de matar a la otra. Olga continuó viviendo en brazos de su amante, y creo que aún sigue feliz, muy feliz, sintiendo sólo que es un poco zurda[4].

[1] Subjunctive verb forms referring to the past: **enfurecerse** *(to become angry)*, **reprochar** *(to reproach)*, and **comprender.**
[2] Why did he have to stick his nose in Olga's business?
[3] she did what she was supposed to do
[4] left-handed; awkward; incomplete

ACTIVIDAD 21: La narración **Parte A:** Vuelve a leer el cuento y marca todos los verbos que aparecen en el pretérito.

Parte B: Ahora lee sólo las frases del cuento que tienen un verbo en el pretérito y di para qué se usa el pretérito en este cuento.

Parte C: Vuelve a leer el cuento y marca todos los verbos que aparecen en el imperfecto.

Parte D: Ahora lee sólo las frases del cuento que tienen un verbo en el imperfecto y di para qué se usa el imperfecto en este cuento.

ACTIVIDAD 22: ¿Realidad o no? En parejas, discutan *(discuss)* el final del cuento. Decidan si el marido de verdad mató a María o si la acción de matarla fue solamente una metáfora. Estén preparados para defender su opinión.

ESCRITURA

Estrategia: *Narrating in the Past*

When narrating in the past, you need to say what happened (preterit) and add descriptive and background information (imperfect). As you saw while reading "Tragedia," it is by combining the preterit and the imperfect that one is able to give a complete narration in the past.

ACTIVIDAD 23: Una anécdota **Parte A:** Piensa en algo que ocurrió en el pasado. Puede ser una experiencia personal. Haz dos listas. La primera debe contar qué pasó y la segunda debe describir.

Qué pasó (pretérito)	Descripción (imperfecto)

Parte B: Ahora, combina las oraciones de la primera columna con las descripciones de la segunda para crear una historia con párrafos lógicos.

Parte C: Entrégale a tu profesor/a las listas de la Parte A, el (los) borrador(es) y la versión final.

Lo esencial II

El carro

1. las luces
2. el parabrisas
3. el limpiaparabrisas
4. la llanta
5. la puerta
6. el baúl
7. el tanque de gasolina

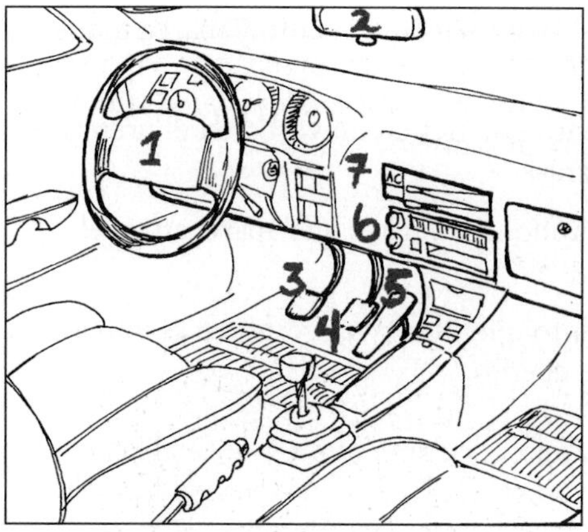

While in a car, practice vocabulary by quizzing yourself on car parts.

1. el volante
2. el (espejo) retrovisor
3. el embrague
4. el freno
5. el acelerador
6. el/la radio
7. el aire acondicionado

Otras palabras relacionadas con el carro

el aceite oil
la batería battery
el cinturón de seguridad seat belt
la licencia/el permiso de conducir driver's license
la matrícula/placa license plate
el motor engine

Verbos útiles

abrocharse el cinturón to buckle the seat belt
apagar to turn off
arrancar to start the car
chocar to crash
manejar/conducir to drive
pisar to step on
revisar to check

Conducir is an irregular verb. See Appendix A for conjugations.

ACTIVIDAD 24: Definiciones En grupos de cuatro, una persona da definiciones de palabras asociadas con los carros y las otras personas tienen que adivinar qué cosas son.

➤ A: Es un líquido que cambias cada dos meses.
B: El aceite.

ACTIVIDAD 25: El alquiler de un carro En grupos de tres, dos personas son amigos que van a alquilar un carro y la otra persona es el/la agente de alquiler. Tienen que decidir qué tipo de carro van a alquilar: **baúl grande/pequeño, aire acondicionado, radio, automático/con cambios,** etc.

ZX2
Escort ZX2 empezando desde $11,995 MSRP.
Ford Escort ZX2 (ilustrado) con detalles "Hot" y del Grupo Sport opcionales $14,090 MSRP. Título e impuestos son cargos adicionales.

ACTIVIDAD 26: Problema tras problema Todos conocemos a alguien que tiene un carro desastroso. ¿Cuáles son algunos problemas que puede tener un carro? Por ejemplo:

➤ Consume muchísima gasolina.

ACTIVIDAD 27: La persuasión En parejas, "A" es vendedor/a de carros en Los Ángeles, California, y "B" quiere comprar un carro. El/La vendedor/a tiene que convencer al/a la cliente de que debe comprar este carro; el/la cliente quiere un buen precio.

➤ A: Buenos días. ¿En qué puedo servirle?
B: Me interesa comprar este carro.
A: ¡Ah! Es un carro fantástico. Tiene llantas Michelín . . .

radiocassette estéreo	estándar
llantas Michelín	estándar
cinturones de seguridad	estándar
limpiaparabrisas trasero	estándar
motor de seis cilindros	estándar
frenos hidráulicos	estándar
retrovisor diurno y nocturno	estándar
transmisión automática	$799
aire acondicionado	$599
ventanillas y cierre automático	$249
asientos de cuero	$489
Precio total sin impuestos ni matrícula	$24.995
Garantía: 7/70.000	
35 millas por galón de gasolina	

Si manejas, te juegas la vida

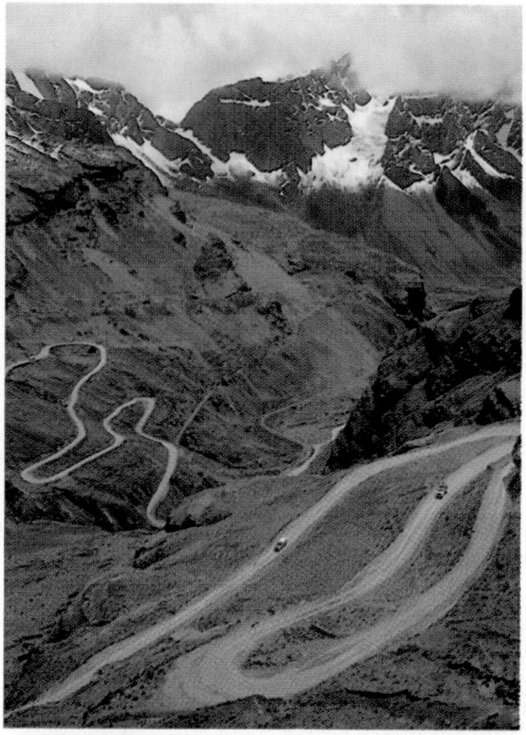

◄ *Cordillera Real, los Andes, Bolivia. ¿Te gustaría manejar en esta carretera?*

¡Qué lío!	What a mess!
¡Qué va!	No way!
para colmo	to top it all off
jugarse la vida	to risk one's life

Operaron a Carlitos y don Alejandro todavía tiene negocios que hacer. Por eso deja a la familia en Bogotá y se va en un carro alquilado hacia el sur del país. Don Alejandro tiene una conversación de larga distancia con su esposa.

ACTIVIDAD 28: ¿Cierto o falso? Mientras escuchas la conversación, marca **C** si estas oraciones son ciertas o **F** si son falsas. Corrige las oraciones falsas.

1. __C__ Cuando don Alejandro llamó, su esposa estaba preocupada.
2. __F__ Don Alejandro llegó muy tranquilo a Cali.
3. __C__ El carro alquilado era un desastre.
4. __F__ Las gasolineras estaban cerradas porque era mediodía.
5. __C__ Carlitos va a salir mañana del hospital.
6. __F__ Don Alejandro va a regresar en carro.
7. __F__ A don Alejandro le fascina viajar en carro por Colombia.

ROSAURA ¿Aló?

ALEJANDRO ¿Rosaura?

ROSAURA ¿Alejandro? ¡Por Dios! ¡Qué preocupada estaba! ¿Qué te pasó? ¿Por qué no me llamaste?

Stating intentions

ALEJANDRO Iba a llamarte ayer, pero no pude. No sabes cuántos problemas tuve con este carro que alquilé. Pero, ¿cómo sigue Carlitos?

ROSAURA Sigue mejor; no te preocupes. Pero, ¿qué te pasó con el carro? ¿Dónde estás ahora?

Describing

ALEJANDRO Pues, ya llegué a Cali, gracias a Dios, pero creí que nunca iba a llegar. ¡Qué lío! Manejar por los Andes es muy peligroso y, para colmo, el carro que alquilé casi no tenía frenos. Y como ya era tarde, las gasolineras estaban cerradas.

ROSAURA Entonces, ¿qué hiciste?

Narrating a series of completed actions

ALEJANDRO Pues seguí hasta que por fin encontré una gasolinera que estaba abierta. El mecánico era un hombre muy simpático y eficiente que arregló los frenos pronto, le echó gasolina al carro y revisó las llantas y el aceite.

ROSAURA ¡Virgen Santa! Pero, ¿estás bien?

ALEJANDRO Sí, sí. Por fin llegué esta mañana con los nervios destrozados y dormí unas horas.

ROSAURA Ojalá que ya no tengas más problemas. ¿Qué tal Cali?

ALEJANDRO Muy agradable; tiene un clima ideal que es un alivio después del frío constante de Bogotá. Y tú, ¿estás bien?

Expressing an unfulfilled obligation

ROSAURA Sí, sólo un poco cansada. Carlitos tenía que salir del hospital hoy, pero los médicos dicen que debemos esperar hasta mañana. ¿Cuándo regresas?

ALEJANDRO El jueves, si Dios quiere.

ROSAURA ¿Y piensas manejar?

ALEJANDRO ¡Qué va! Me voy por avión. Ahora entiendo por qué Colombia fue el primer país del mundo en tener aviación comercial. Si viajas en carro, ¡te juegas la vida!

ACTIVIDAD 29: ¡Vaya problemas! Después de escuchar la conversación otra vez, contesta estas preguntas.

1. Cuando don Alejandro llamó, ¿dónde estaba él y dónde estaba su esposa, Rosaura?
2. Don Alejandro tuvo muchos problemas. ¿Cuáles fueron?
3. ¿Cómo era el mecánico?
4. ¿Por qué es difícil viajar en carro por Colombia?
5. ¿Manejaste alguna vez en las montañas? ¿Cómo era? ¿Tenías miedo mientras manejabas?

ACTIVIDAD 30: Casi me muero En grupos de cinco, cuéntenles a sus compañeros una situación cuando se jugaron la vida.

➤ Javier bebió mucha cerveza, pero yo decidí ir con él en el carro. Él estaba manejando cuando, de repente, perdió el control y chocamos contra otro carro. Me di un golpe en la cabeza y terminé en un hospital. ¡Qué tonto fui! Aprendí que nunca se le debe permitir manejar a una persona después de beber.

¿LO SABÍAN?

Si viajas, vas a notar que en muchos países hispanos no es común tener autoservicio en las gasolineras; normalmente hay personas que atienden a los clientes. También es más común encontrar carros pequeños y con cambios. ¿Por qué crees que es común tener carros pequeños en muchos países hispanos?

▲ *San Juan, Puerto Rico.*

Hacia la comunicación II

I. Expressing Past Intentions and Responsibilities: *Iba a* + infinitive and *Tenía/Tuve que* + infinitive

1. To express what you were going to do, but didn't, use **iba a** + *infinitive*. To tell what you actually did, use the preterit.

Iba a estudiar, pero **fui** a una fiesta.	*I was going to study, but I went to a party.*

2. To express what you had to do, and perhaps didn't, use **tenía que** + *infinitive*.

Tenían que trabajar, pero **fueron** al cine.	*They had to/were supposed to work, but they went to the movies. (They did not fulfill their obligation.)*
—**Tenía que hablar** con el profesor.	*I had to/was supposed to speak with the professor.*
—¿Y? ¿Hablaste con él o no?*	*And? Did you speak with him or not?*

***NOTE:** The listener does not know whether or not the obligation was fulfilled and therefore has to ask for a clarification.

3. To express what you had to do and did, use **tuve que** + *infinitive*.

—**Tuve que ir** al médico.	*I had to go to the doctor. (I had to and did go.)*
—¿Qué te dijo el médico?	*What did the doctor tell you?*

After studying the grammar explanation, answer the following questions:

- In the sentences that follow, who actually went to buy a present, the man or the woman? **Ella fue a comprarle un regalo. Él iba a comprarle un regalo.**
- If someone said, **"Tenía que comprarle un regalo"**, what would be a logical response, **¿Qué compraste?** or **¿Lo compraste al fin?**

To review uses of **saber** and **conocer,** see Ch. 4.

II. *Saber* and *Conocer* in the Imperfect and Preterit

Saber and **conocer** express different meanings depending on whether they are used in the preterit or the imperfect. Note that the imperfect retains the original meaning of the verb.

	Imperfect	Preterit
conocer	knew	met (for the first time), became acquainted with
saber	knew	found out

Conocí a tu padre el sábado. ¡Qué simpático!	*I met your father on Saturday. He's really nice.*
Lo **conocía** antes de empezar a trabajar con él.	*I knew him before starting to work with him.*
Ella **supo** la verdad anoche.	*She found out the truth last night.*
Ella **sabía** la verdad.	*She knew the truth.*

III. Describing: Past Participle as an Adjective

The past participle can function as an adjective to describe a person, place, or thing. To form the past participle *(rented, done, said)* in Spanish, add **-ado** to the stem of all **-ar** verbs, and **-ido** to the stem of most **-er** and **-ir** verbs. When the past participle functions as an adjective it agrees in gender and number with the noun it modifies.

alquilar ⟶ alquil**ado**   perder ⟶ perd**ido**   servir ⟶ serv**ido**

Él fue a Cali en un carro **alquilado.**	*He went to Cali in a rented car.*
Sólo encontró gasolineras **cerradas.**	*He only found closed gas stations.*

Remember that **ser** is used to describe *the being* and **estar** is used to describe *the state of being.* When the past participle is used to emphasize a condition resulting from an action, it functions as an adjective that describes the state of being, and therefore, is used with **estar.**

Internet Do Workbook *Práctica mecánica II*, CSM, Web, and lab activities.

estar + *past participle*

Cerraron las gasolineras.	*They closed the gas stations.*
Las gasolineras **están cerradas** ahora.	*The gas stations are closed now.*
Ella se sentó.	*She sat down.*
Ya **está sentada.**	*She is already sitting/seated.*

ACTIVIDAD 31: Buenas intenciones En español, como en inglés, hay un refrán que dice, "No dejes para mañana lo que puedas hacer hoy." Pero, con frecuencia, todos dejamos para mañana lo que podemos hacer hoy. En parejas, digan qué acciones iban a hacer la semana pasada, pero no hicieron.

➤ Iba a visitar a mi hermana, pero no fui porque no tenía carro.

ACTIVIDAD 32: ¿Mala memoria? Su profesor/a organizó una fiesta para la clase, pero nadie fue. Ustedes tienen vergüenza y tienen que inventar buenas excusas. Empiecen diciendo, "Lo siento. Iba a ir, pero tuve que . . ."

ACTIVIDAD 33: ¿Eres responsable? Escribe tres cosas que tenías que hacer y no hiciste el fin de semana pasado y tres cosas que tuviste que hacer. Luego, en parejas, comenten por qué las hicieron y por qué no.

ACTIVIDAD 34: La sabiduría En parejas, digan qué personas o cosas conocían o qué información sabían antes de empezar el año escolar y qué personas o cosas conocieron o qué información supieron después de empezar el año.

➤ A: ¿Sabías el número de tu habitación?
B: Sí, lo sabía. / No, no lo sabía.
A: ¿Cuándo lo supiste?
B: Lo supe cuando llegué a la residencia.

1. la ciudad universitaria
2. dónde ibas a vivir
3. el nombre de tu compañero/a de cuarto o apartamento
4. tu compañero/a de cuarto o apartamento
5. tu número de teléfono
6. tus profesores
7. tu horario de clases
8. si tus clases iban a ser fáciles o difíciles

ACTIVIDAD 35: ¿Qué pasó? Terminen estas oraciones usando **estar** + *el participio pasivo* de un verbo apropiado: **aburrir, beber, decidir, dormir, encantar, levantar, pagar, preocupar, resfriar, terminar, vender** y **vestir.** Hay más verbos de los que necesitas.

Participio pasivo = past participle

1. El carro iba haciendo eses *(zig-zagged)* porque el conductor ________________.
2. La chica estaba en una clase de matemáticas y el profesor hablaba y hablaba y ella ________________.
3. Salí a comer con mi amigo y cuando iba a pagar la cuenta, el camarero me dijo que la cuenta ya ________________.
4. Queríamos comprar entradas para el cine, pero todas ________________.
5. El tenor, José Carreras, no pudo cantar porque ________________.

Use **estaba** + *past participle*, since you are describing in the past.

Past participles as adjectives agree in gender and number with the nouns they modify.

6. Mi padre ________________ en el sillón cuando terminó el programa de televisión.
7. Mi novio llegó temprano y tuvo que esperar porque todavía yo no ________________.
8. Mi esposa debía de llegar a las 8:00 y era la medianoche. Yo ________________.

ACTIVIDAD 36: Un poema **Parte A:** Alfonsina Storni (1892–1938), poeta argentina, escribió el poema "Cuadrados y ángulos" para hacer un comentario social. Primero, cierra los ojos y escucha mientras tu profesor/a lee el poema en voz alta. Después contesta esta pregunta: ¿Oíste mucha repetición de letras? ¿De palabras?

Parte B: En parejas, pongan las letras de los dibujos al lado de la línea del poema que representan.

Cuadrados y ángulos

Casas enfiladas[1], casas enfiladas,
casas enfiladas. _____
Cuadrados[2], cuadrados, cuadrados. _____
Casas enfiladas. _____
Las gentes ya tienen el alma[3] cuadrada, _____
ideas en fila _____
y ángulo en la espalda. _____
Yo misma he vertido[4] ayer una lágrima[5],
Dios mío, cuadrada. _____

[1] *in rows* [2] *squares* [3] *soul* [4] *shed* [5] *tear*

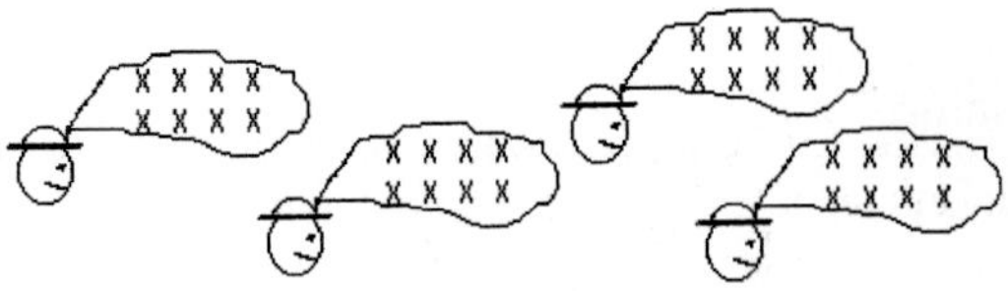
a.

b.

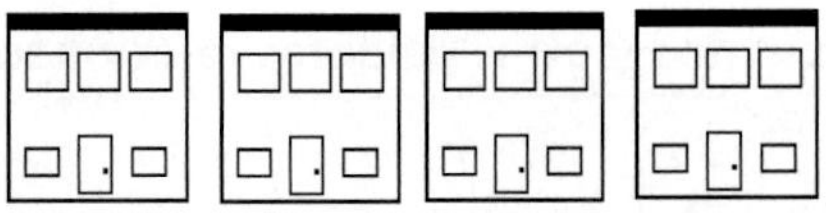
c.

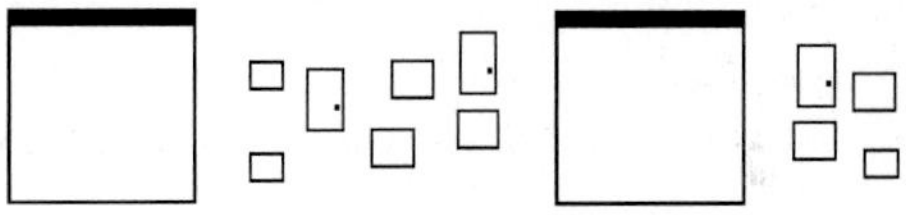
d.

e. 

f. 

g. 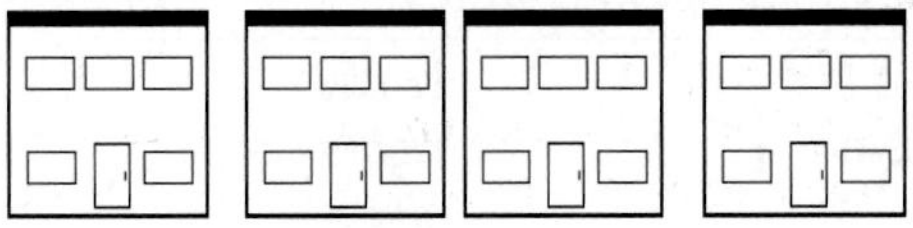

Parte C: Ahora, decidan cuál de las siguientes oraciones describe mejor el mensaje del poema. Justifiquen su respuesta.

1. Storni dice que la vida es aburrida porque todo es igual — no hay variedad.
2. Storni dice que la gente se conforma con las normas establecidas de la sociedad — no hay individualismo.

Parte D: Discutan estas preguntas y justifiquen sus respuestas.

1. ¿Storni se conforma con las normas establecidas o es individualista?
2. ¿Uds. se conforman con las normas establecidas o son individualistas?

ACTIVIDAD 37: Músicos, poetas y locos "De músico, poeta y loco, todos tenemos un poco", dice el refrán. Escribe un poema siguiendo las instrucciones.

primera línea:	un sustantivo
segunda línea:	dos adjetivos (es posible usar participios)
tercera línea:	tres acciones (verbos)
cuarta línea:	una frase relacionada con el primer sustantivo (cuatro o cinco palabras máximo)
quinta línea:	un sustantivo que resuma la idea del primer sustantivo

Vocabulario funcional

La salud

la ambulancia	*ambulance*
la fractura	*fracture, break*
la radiografía	*x-ray*
la sangre	*blood*
tener escalofríos	*to have the chills*

Ver página 266.

Los medicamentos y otras palabras relacionadas

Ver página 268.

El carro

Ver páginas 277–278.

Palabras y expresiones útiles

además	*besides*
ahora mismo	*right now*
casi	*almost*
jugarse la vida	*to risk one's life*
mientras	*while*
(No) Vale la pena.	*It's (not) worth it.*
(No) Vale la pena + *infinitive.*	*It's (not) worth* + -ing.
para colmo	*to top it all off*
¡Qué lío!	*What a mess!*
¡Qué va!	*No way!*
quejarse	*to complain*

Do Workbook *Práctica comunicativa II* and the *Repaso* section.

TravelTur

Do the CD-ROM video activities for more practice.

Recuerdos / El Yunque, Puerto Rico

Antes de ver

ACTIVIDAD 1: El Yunque Andrés González trabaja para la agencia TravelTur en Texas y ahora está en Puerto Rico filmando un anuncio comercial para su agencia. Él va a ir con su amigo Jorge a filmar en el Yunque. ¿Qué crees que sea el Yunque?

a. una playa
b. un parque
c. un pueblo típico
d. un estadio de basquetbol

Mientras ves

DESDE EL PRINCIPIO
HASTA 33:56

ACTIVIDAD 2: Un lugar maravilloso Ahora mira el siguiente segmento para confirmar o corregir tu predicción de la Actividad 1 y para saber qué ocurrió con las cotorras *(parrots)* en ese lugar en 1989 y por qué. Luego comparte tus respuestas con el resto de la clase.

¿LO SABÍAN?

El Yunque es el único bosque pluvial *(rain forest)* del sistema de parques nacionales de los Estados Unidos. En él se encuentran aproximadamente 240 tipos de árboles y plantas. En 1989 el Huracán Hugo causó muchísimo daño en ese bosque y se dice que se necesitarán 15 años para que todo vuelva a la normalidad.

DESDE 3:57
HASTA 34:51

ACTIVIDAD 3: La historia de Jorge Jorge le cuenta a Andrés una historia que él vivió en este lugar. Primero mira el segmento y después, lee la siguiente información y trata de completarla mientras lo miras otra vez. Al terminar, comparte tus respuestas con la clase.

Jorge tenía ________________ años.
Su papá y su hermano ________________.
Jorge ________________ un animal y lo ________________.
Sus padres lo ________________ y lo encontraron después de ________________ horas.
Cuando lo encontraron, Jorge ________________ porque tenía mucho miedo.

ACTIVIDAD 4: ¿Qué va a ocurrir? Después de recorrer el Yunque, Jorge sugiere hacer un picnic. Lee las siguientes preguntas y luego mira el video para encontrar las respuestas.

DESDE 34:51 HASTA EL FINAL

1. ¿Adónde van ellos y qué piden?
2. ¿Adónde va a ir Andrés para filmar su próximo anuncio comercial?
3. ¿A quién conoce en ese lugar?
4. ¿Dónde conoció a esa persona?

Después de ver

ACTIVIDAD 5: Bellezas naturales **Parte A:** Piensa en un lugar que hayas visitado y que tenga bellezas naturales. Anota la siguiente información:

nombre del lugar
qué había
qué hiciste
cuánto tiempo te quedaste en ese lugar
si te gustó o no y por qué

Parte B: En grupos de tres, hablen con sus compañeros para describir el lugar.

CAPÍTULO 12

▲ *Una pareja baila un tango sensual para un grupo de turistas, en el barrio de La Boca en Buenos Aires.*

CHAPTER OBJECTIVES

- Discussing music
- Ordering food and planning a meal
- Discussing past occurrences
- Describing geographical features
- Making comparisons
- Describing people and things

¡Qué música!

¡Qué chévere!	Great! *(Caribbean expression)*
cursi	overly cute; tacky, in bad taste
¿Algo más?	Something/Anything else?

Teresa ganó el partido de tenis y por eso Vicente la invitó a comer. Están en un restaurante argentino donde hay un conjunto de música.

ACTIVIDAD 1: ¿Cierto o falso? Mientras escuchas la conversación, marca **C** si la oración es cierta y **F** si es falsa.

1. __C__ Teresa aprendió a jugar al tenis en un parque de Puerto Rico.
2. __C__ Vicente juega bien al tenis.
3. __F__ Teresa pide sopa, una ensalada y churrasco.
4. ____ Vicente es un hombre muy romántico.
5. ____ A Teresa le gusta mucho cuando los músicos le tocan una canción.

CAMARERO Su mesa está lista . . . Aquí tienen el menú.

VICENTE Muchas gracias.

TERESA ¡Qué chévere este restaurante argentino! ¡Y con conjunto de música!

Being facetious

VICENTE Espero que a la experta de tenis le gusten la comida y los tangos argentinos con bandoneón y todo.

TERESA Me fascinan. Pero, juegas bastante bien, ¿sabes?

VICENTE Eso es lo que pensaba antes de jugar contigo; pero, ¿cómo aprendiste a jugar tan bien?

Describing habitual past actions

TERESA Cuando era pequeña aprendí a jugar con mi hermano mayor. Todas las tardes, después de la escuela, íbamos a un parque donde había una cancha de tenis y allí nos encontrábamos con unos amigos de mi hermano para jugar dobles. Seguí practicando y después de mucha práctica, empezamos a ganar.

VICENTE ¿Así que aprendiste con tu hermano?

TERESA No exactamente; mi padre se dio cuenta de que yo tenía talento y me buscó un profesor particular. Yo jugaba al tenis a toda hora; era casi una obsesión, no quería ni comer ni dormir.
VICENTE ¡Por eso! Ya decía yo . . .
CAMARERO ¿Qué van a comer?
TERESA Ay, no sé todavía. Perdón, ¿cuál es el menú del día?
CAMARERO De primer plato, hay sopa de verduras o ensalada mixta; de segundo, churrasco y de postre, flan con dulce de leche.

Ordering a meal

TERESA Me parece perfecto. Quiero el menú con sopa, por favor.
CAMARERO ¿Y para Ud.?
VICENTE También el menú, pero con ensalada. ¿El churrasco viene con papas fritas?
CAMARERO Sí. ¿Y de beber?
VICENTE Vino tinto, ¿no?
TERESA Sí, claro.
CAMARERO ¿Algo más?
VICENTE No, nada más, gracias. Teresa, este restaurante es fantástico. No sabes cuánto me gusta estar aquí contigo. Estoy con una chica no solamente inteligente y bonita sino también buena atleta. ¿Me quieres?
TERESA Claro que sí. ¿Y tú a mí?
VICENTE Por supuesto que sí . . . Mira, aquí vienen los músicos.
MÚSICOS *En mi viejo San Juan*
cuántos sueños forjé
en mis años de infancia . . .

Showing playful anger

TERESA ¡¡¡VICENTE!!! ¡Te voy a matar! ¡Qué cursi! ¿Cuánto les pagaste?

◀ *Un músico toca un bandoneón, el instrumento principal del tango. El bandoneón es parecido al acordeón, pero no tiene teclas* (keys) *sino botones.*

ACTIVIDAD 2: Preguntas Después de escuchar la conversación otra vez, contesta estas preguntas.

1. ¿Qué tipo de música se asocia con Argentina?
2. ¿Por qué es buena jugadora de tenis Teresa?
3. ¿Qué van a comer Vicente y Teresa?
4. ¿Por qué le gusta Teresa a Vicente?
5. ¿Crees que la última canción que tocan los músicos sea un tango?
6. ¿Por qué crees que los músicos fueron a la mesa de Vicente y Teresa a tocar esa canción?

ACTIVIDAD 3: ¿Cursi o chévere? Di si las siguientes cosas son cursis o chéveres.

➤ ¡Qué chévere es la playa de Luquillo en Puerto Rico!
¡Qué cursis son las tarjetas del día de San Valentín!

jugar al bingo	unas vacaciones en el Caribe
ganar la lotería	el concurso de Miss Universo
los videojuegos	Graceland y Elvis

Lo esencial I

I. Los instrumentos musicales

Other instruments: **el sintetizador, el oboe, la guitarra eléctrica, el bajo, el flautín, el piano**

As you listen to music, try to name all the instruments you hear.

1. el trombón
2. la trompeta
3. la batería
4. el violín
5. la flauta
6. el clarinete
7. el saxofón
8. el violonchelo

ACTIVIDAD 4: ¿Qué sabes de música? En parejas, decidan qué instrumentos necesitan estos grupos musicales.

una orquesta sinfónica
un conjunto de rock
una banda municipal

¿LO SABÍAN?

En España, muchas facultades de las diferentes universidades tienen **tunas** formadas por estudiantes que cantan y tocan guitarras, bandurrias *(mandolins)* y panderetas *(tambourines)*. Los tunos, o miembros de la tuna, llevan trajes al estilo de la Edad Media y cantan canciones tradicionales en restaurantes, en las plazas y por las calles. Generalmente, los tunos son hombres, pero últimamente es posible ver tunas de mujeres también.

▲ *Una tuna de mujeres en Salamanca, España.*

ACTIVIDAD 5: ¿Tocas? En grupos de tres, descubran el talento musical de sus compañeros. Pregúntenles qué instrumentos tocan o tocaban y averigüen algo sobre su experiencia musical, según las indicaciones.

Nombre ______________________________
Instrumento(s) ______________________________
Toca/Tocaba ____ muy bien ____ bien ____ un poco
Cuándo empezó a tocar ______________________________
Dónde aprendió a tocar ______________________________
Quién le enseña/enseñaba ______________________________
Cuánto tiempo practica/practicaba ______________________________
Si ya no toca, cuándo dejó de tocar y por qué ______________________________
____
Si no toca ningún instrumento, pregúntale cuál le gustaría tocar
____

ACTIVIDAD 6: Preferencias En parejas, planeen la música para una boda en una iglesia y para la recepción en un restaurante, sin preocuparse por el dinero. ¿Qué tipo de música quieren? ¿Qué instrumentos van a tocar los músicos?

¿LO SABÍAN?

Dos músicos españoles famosísimos del siglo XX son Andrés Segovia (1893–1987) y Pablo Casals (1876–1973). Segovia llevó la guitarra de la calle y de los bares a los teatros del mundo y la convirtió en un instrumento de música clásica. Pablo Casals tocaba el violonchelo; era maestro, compositor, director y organizador de festivales musicales. Salió de España en 1939 por no estar de acuerdo con la dictadura de Franco. Vivió en Francia y después en Puerto Rico hasta su muerte. Segovia y Casals dieron conciertos en lugares como el Lincoln Center y la Casa Blanca. Cuando murieron, el mundo perdió a dos músicos extraordinarios. ¿Te gusta la guitarra clásica? ¿Tienes algún disco compacto de Segovia o de Casals?

► *Pablo Casals, violonchelista español.*

II. La comida

1. el ajo
2. el pollo
3. la carne de res
4. el cordero
5. el cerdo
6. la coliflor
7. los espárragos
8. las habichuelas/judías verdes
9. las zanahorias

Think of the names of food items when you eat.

Verduras *(Vegetables)*

los frijoles beans
los guisantes/las arvejas peas
las lentejas lentils

Aves *(Poultry)*

el pavo turkey

Carnes *(Meats)*

el bistec (churrasco in Argentina) steak
la chuleta chop
el filete fillet; sirloin
la ternera veal

Postres

el flan Spanish egg custard
el helado ice cream

Gazpacho andaluz

2 kilos de tomates muy maduros
1/2 pepino
1 barrita de pan pequeña
un vaso (de los de vino) de aceite
sal
1 pimiento grande
1 cebolla grande
2 dientes de ajo
2 ó 3 cucharadas (de las de sopa) de vinagre

Primero, se pelan los tomates y se pasan por la licuadora. Mientras tanto, se ponen a remojar el pan y los pepinos (cortados en rodajas) en un poco de agua con sal. Se trituran juntos, en la licuadora, el pepino, el pimiento, la cebolla, el ajo, el aceite, el pan, el agua del pan, el vinagre y sal a gusto. Se mezcla este líquido con los tomates y se pasa todo, otra vez, por la licuadora. Se pone todo en la nevera. Se sirve con trocitos de pimiento, pepino, tomate y pan.

¿LO SABÍAN?

La comida básica en los países hispanos varía de región en región según la geografía. Por ejemplo, en la zona del Caribe la base de la comida son el plátano *(plantain)*, el arroz *(rice)* y los frijoles. El maíz *(corn)* es importante especialmente en México y Centroamérica, y la papa en la región andina de Suramérica. En el Cono Sur se come mucha carne, producto de las pampas argentinas. El nombre de muchas comidas también varía según la región; por ejemplo, judías verdes, habichuelas, porotos verdes, vainas y ejotes son diferentes maneras de decir *green beans*.

ACTIVIDAD 7: Una comida especial En parejas, Uds. necesitan planear una comida muy especial porque invitaron a su jefe a comer. Usen vocabulario de este capítulo y de otros: **primer plato, segundo plato, postre, bebida,** etc.

ACTIVIDAD 8: ¡Camarero! En grupos de cuatro, una persona es el/la camarero/a y las otras tres son clientes que van a comer juntos en el restaurante Mi Buenos Aires Querido. Tienen que pedir la comida. Antes de empezar, miren la lista de frases útiles que está a continuación.

Camarero/a	Clientes
¿Qué van a comer?	¿Está bueno/a el/la . . . ?
¿De primer plato?	¿Cómo está el/la . . . ?
¿De segundo plato?	Me gustaría el/la . . .
¿Qué desean beber?	¿Qué hay de primer/segundo plato?
El/La . . . está muy bueno/a hoy.	¿Viene con papas?
El/La . . . está muy fresco/a hoy.	¿Hay . . . ?
El menú del día es . . .	¿Cuál es el menú del día?
De postre tenemos . . .	¿Qué hay de postre?
Aquí tienen la cuenta *(bill)*.	La cuenta *(bill)*, por favor.

Mi Buenos Aires Querido

Casa del Churrasco
Castellana 240, Madrid

Primer plato	*pts.*
Sopa de verduras	700
Espárragos con mayonesa	900
Melón con jamón	1050
Tomate relleno	850
Ensalada rusa	600
Provoleta (queso provolone con orégano)	750

Segundo plato	
Churrasco con papas fritas	2200
Bistec de ternera con puré de papas	2000
Medio pollo al ajo con papas fritas	1700
Ravioles	1300
Lasaña	1300
Pan	150

Ensaladas	*pts.*
Mixta	700
Zanahoria y huevo	700
Waldorf	900

Bebidas	
Agua con o sin gas	425
Media botella	325
Gaseosas	325
Té	300
Café	300
Vino tinto, blanco	350

Postres	
Helado de vainilla, chocolate	650
Flan con dulce de leche	650
Torta de chocolate	700
Frutas de estación	650

Menú del día: ensalada mixta, medio pollo al ajo con papas, postre, café y pan 2600

Although this restaurant is in Madrid, the terminology used is typically Argentine. Prices are in **pesetas.**

Hacia la comunicación I

I. Negating: *Ni . . . ni*

To express *neither . . . nor* use **ni . . . ni.** If **ni . . . ni** is part of the subject, a plural form of the verb is normally used.

Ni él **ni** ella asisten a la clase.	*Neither he nor she attends the class.*
No como **ni** carne **ni** pollo.*	*I eat neither meat nor chicken.*

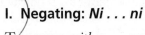

***NOTE:** When **no** precedes the verb, the first **ni** is often omitted: ***No* como carne *ni* pollo.**

II. Narrating and Describing: Preterit and Imperfect

Before studying the grammar explanation, answer these questions:

Review uses of the preterit and imperfect, Ch. 9, 10, and 11.

- In the following sentences, some of the verbs in boldface refer to past actions in progress or to actions that occurred repeatedly in the past. Identify these verbs. Are there any words that help identify habitual actions or actions in progress? If so, which?
  a. Cuando era pequeño **jugaba** con mi hermano mayor.
  b. El sábado pasado **jugué** al tenis.
  c. Todos los días **íbamos** al parque.
  d. Ellas siempre **salían** con sus amigos, **hacían** fiestas y **bailaban** mucho.
  e. Teresa **jugaba** al tenis mientras Claudia **estudiaba.**
  f. Don Alejandro **pensaba** en Teresa cuando ella lo **llamó** por teléfono.

Certain time expressions are often used with the imperfect, since one of its functions is to describe habitual or repetitive actions in the past.

Imperfect	
a menudo	frequently, often
con frecuencia	frequently, often
a veces	at times
algunas veces	sometimes
de vez en cuando	once in a while, from time to time
muchas veces	many times
siempre	always
todos los días/meses	every day/month

Notice the difference in meaning in the following sentences where the preterit denotes a completed past action and the imperfect is used to describe repetitive or habitual actions.

La semana pasada fuimos a la playa.	**Íbamos con frecuencia** a la playa.
Anteayer comí paella.	**A menudo comía** paella.
El mes pasado Vicente **jugó** al tenis dos veces.	En Costa Rica Vicente **jugaba** al tenis **de vez en cuando.**

The time expression **de repente** *(suddenly)* always takes the preterit. Other expressions such as **anoche, ayer, hace tres días, la semana pasada,** etc., can be used with either the preterit or the imperfect.

Anoche fuimos al cine.	*Last night we went to the movies.*
Anoche yo **miraba** televisión mientras Felipe **leía.**	*Last night I watched (was watching) TV while Felipe read (was reading).*

III. Describing: Irregular Past Participles

As you saw in Chapter 11, a past participle can be used as an adjective to describe a noun. The following verbs have irregular past participles:

Remember: Past participles used as adjectives agree in gender and number with the nouns they modify.

abrir	**abierto**	morir	**muerto**
cubrir	**cubierto**	poner	**puesto**
decir	**dicho**	romper	**roto**
escribir	**escrito**	ver	**visto**
hacer	**hecho**	volver	**vuelto**

—¿Abriste la puerta? *Did you open the door?*
—No, ya **estaba abierta.** *No, it was already open.*

La guitarra **estaba rota.** *The guitar was broken.*
Mi abuelo **está muerto.** *My grandfather is dead.*

Do Workbook *Práctica mecánica I* and corresponding CSM activities.

ACTIVIDAD 9: Los gustos **Parte A:** Marca lo que no te gusta.

____ el ajo
____ las arvejas
____ el brócoli
____ la carne de res
____ la cebolla
__X__ las coles de Bruselas
____ las chuletas de cerdo
____ la coliflor
____ el cordero
____ los espárragos
____ las espinacas
____ los filetes de ternera
____ el flan
____ los frijoles
____ la fruta
____ las habichuelas
____ los huevos fritos
____ el jamón
____ las lentejas
____ el pescado
____ el pollo
____ el queso
__X__ el tofú
____ las zanahorias

Popeye come espinacas.

Parte B: En parejas, entrevisten a su compañero/a para ver qué no le gusta comer.

➤ A: ¿Qué no te gusta comer?
B: No me gustan ni las habichuelas ni la carne de res ni . . .

ACTIVIDAD 10: De pequeño En parejas, miren la lista de la actividad anterior y digan qué comían y qué no comían cuando eran niños.

➤ Cuando era niño, no comía ni lentejas ni frijoles. Siempre comía sándwiches de jamón. Ahora me gustan las lentejas, pero no como frijoles.

ACTIVIDAD 11: Antes y después En grupos de tres, hagan un anuncio para la dieta "Kitakilos", basándose en las siguientes fotos del Sr. Delgado. Expliquen cómo era y qué hacía cuando estaba gordo, cuándo empezó la dieta y qué tuvo que hacer para bajar de peso *(lose weight)*. También expliquen cómo es y qué hace hoy.

ACTIVIDAD 12: Con frecuencia En parejas, digan cuándo o con qué frecuencia hicieron o hacían las siguientes actividades en su juventud. Usen el pretérito o el imperfecto según el caso y usen palabras como: **una vez, dos veces, a veces, de vez en cuando, con frecuencia, a menudo, todos los sábados, una vez al año,** etc. Sigan el modelo.

➤ Yo iba al dentista dos veces al año cuando era pequeña, ¿y tú?

1. ir al dentista
2. visitar Disneymundo o Disneylandia
3. ir a conciertos
4. comer pavo
5. ver películas
6. ir al teatro
7. visitar a tus abuelos
8. romper una ventana
9. asistir a misa o a un servicio religioso / ir a una sinagoga o una mezquita

ACTIVIDAD 13: ¿Qué hiciste ayer? En parejas, hablen de las cosas que hicieron ayer. Usen palabras como **primero, después, a las 8:30, mientras,** etc.

➤ Ayer me levanté a las . . . Después . . .

ACTIVIDAD 14: Una carta Diana le escribe una carta a una colega que es profesora de español en los Estados Unidos. Completa la carta con la forma y el tiempo correctos de los verbos que aparecen después de cada párrafo.

Madrid, 12 de octubre

Querida Vicky:

Ya hace cinco meses que ________ a España y por fin hoy ________ unos minutos para ________ tu carta. Las cosas aquí me van de maravilla. ________ en un colegio mayor, pero ahora ________ un apartamento con cuatro amigas hispanoamericanas. ________ muy simpáticas y estoy ________ mucho de España y también de Hispanoamérica.

(alquilar, aprender, contestar, llegar, ser, tener, vivir)

Durante el verano pasado, ________ clases todos los días. Por las mañanas, nosotros ________ a la universidad y por las tardes ________ museos y lugares históricos como la Plaza Mayor, el Palacio Real y el Convento de las Descalzas Reales. Cuando ________ por primera vez en el Museo del Prado, me ________ grandísimo, y solamente ________ las salas de El Greco y de Velázquez.

(entrar, ir, parecer, tener, ver, visitar)

________ enamorada de España. La música me ________ porque tiene mucha influencia árabe y gitana *(gypsy)*. El otro día ________ por la calle cuando ________ a unos niños gitanos cantando y bailando; ________ unos diez años y me ________ que, con frecuencia, ellos ________ en la calle para ________ dinero.

(caminar, cantar, decir, estar, fascinar, ganar, tener, ver)

Mis clases ________ hace dos meses; después ________ seis semanas de vacaciones y las clases ________ otra vez la semana pasada.

The letter continues on the next page.

Además de tomar clases, ______________ enseñando inglés desde junio para ______________ dinero.

(empezar, estar, ganar, tener, terminar)

Bueno, ya tengo que irme a la clase de Cervantes. Espero que ______________ un buen año en la escuela y ojalá que me ______________ pronto.

(escribir, tener)

Un abrazo desde España de tu amiga,

Diana

P. D. Saludos a todos los profesores.

ACTIVIDAD 15: Detectives En parejas, Uds. son el detective Sherlock Holmes y su ayudante Watson. Describan la escena que encontraron al entrar en un apartamento donde ocurrió un asesinato. Usen participios pasivos. Incluyan los participios de estos verbos: **abrir, cubrir, escribir, hacer, morir, poner, preparar, romper** y **servir.**

➤ Un plato estaba roto . . .

ACTIVIDAD 16: Inventen historias En grupos de cinco, Uds. están haciendo camping una noche de luna llena. Terminen el cuento que sigue entre los cinco. Usen palabras como **a menudo, a veces, algunas veces, con frecuencia** y **siempre** con el imperfecto. Usen palabras como **una vez, de repente, primero, después** y **a la medianoche** con el pretérito.

Era un martes 13. Era de noche y no había luces; hacía mucho frío. La pareja caminaba hacia la puerta de su casa cuando oyó un ruido. Siempre cerraban la puerta con llave, pero al llegar a la casa, la puerta estaba abierta y una ventana estaba rota. Iban a ir por la policía, pero el carro no funcionaba . . .

Do Workbook *Práctica comunicativa I.*

Nuevos Horizontes

LECTURA

Estrategia: *The Importance of Background Knowledge*

When reading an article, an essay, a poem, a novel, or song lyrics **(la letra)** on a specific topic, your background knowledge helps you to interpret the message being conveyed. Song lyrics may draw attention to an event in an attempt to enact change, or simply to keep the event in the memory of the people. This was particularly true in the United States during the tumultuous 1960s, when song writers such as Bob Dylan, Joan Baez, and John Lennon wrote songs in opposition to the Vietnam war.

You will read the lyrics to a song entitled "El Padre Antonio y su monaguillo[1] Andrés" by Rubén Blades. In order to best understand this song you must know the following background information:

> On March 24, 1980, Archbishop Óscar Arnulfo Romero was assassinated in El Salvador. An unknown assailant entered the church where he was saying Mass and shot him, killing him instantly. It is speculated that the assassin was a member of the military because Romero was considered a spokesperson for the poor and had expressed his opposition to repression and violence. Since his death, he has become a political symbol and, in Rome, people have petitioned the Vatican to make him a saint.

Rubén Blades is a Panamanian singer, actor, politician, and lawyer. He has acted in over twenty films, including *Crossover Dreams* and *The Milagro Beanfield War.*

To learn more about Archbishop Romero, search the Internet.

▲ *El Arzobispo Óscar Arnulfo Romero.*

ACTIVIDAD 17: Otras canciones En grupos de tres, nombren por lo menos tres canciones y digan cuál es el mensaje de cada una.

[1] *altar boy*

ACTIVIDAD 18: Mensajes Ahora vas a leer la letra de "El Padre Antonio y su monaguillo Andrés". Al leer, contesta estas preguntas.

1. Según la primera estrofa, ¿cómo es el Padre Antonio?
   a. burocrático
   b. agresivo
   c. sencillo
2. Según la segunda estrofa, ¿cómo es Andrés?
   a. un niño normal
   b. un niño muy inteligente
   c. un niño con conflictos
3. ¿Qué tragedia ocurrió y dónde tuvo lugar?
4. ¿El final de la canción es triste o expresa esperanza para el futuro?
5. ¿Cómo crees que sea la música de la canción?
   a. rápida con buen ritmo para bailar
   b. una balada lenta
   c. ni rápida ni lenta, pero seria

"El Padre Antonio y su monaguillo Andrés"

Rubén Blades

(canción dedicada al Padre A. Romero)

El padre Antonio Tejeira vino de España buscando
Nuevas promesas en estas tierras.
Llegó a la selva sin la esperanza de ser obispo,
Y entre el calor y entre los mosquitos habló de Cristo.
El Padre no funcionaba en el Vaticano entre papeles
Y sueños de aire acondicionado,
Y se fue a un pueblito en medio de la nada a dar su sermón.
Cada semana pa'[1] los que busquen la salvación.

El niño Andrés Eloy Pérez tiene diez años
Y estudia en la elementaria Simón Bolívar.
Todavía no sabe decir el credo correctamente.
Le gusta el río, jugar al fútbol y estar ausente.
Le han dado el puesto en la iglesia de monaguillo
A ver si la conexión compone al chiquillo.

Simón Bolívar fue el "George Washington" de Suramérica. Lo llaman "el Libertador".

[1] pa' = para

◄ *Rubén Blades*

Y la familia está muy orgullosa porque a su vez
Ellos creen que con Dios conectando a uno conecta a diez.

Suenan las campanas un - dos - tres
El Padre Antonio y su monaguillo Andrés.
Suenan las campanas otra vez . . .
El Padre Antonio y su monaguillo Andrés.

El Padre condena la violencia.
Sabe por experiencia que no es la solución.
Les habla de amor y de justicia
De Dios va la noticia librando en su sermón.

Suenan las campanas un - dos - tres
El Padre Antonio y su monaguillo Andrés.
Suenan las campanas otra vez . . .
El Padre Antonio y su monaguillo Andrés.

Al padre lo halló la guerra un domingo en misa,
dando la comunión en manga de camisa.
En medio del Padre Nuestro entró el matador
Y sin confesar su culpa le disparó.
Antonio cayó hostia[2] en mano y sin saber por qué.
Andrés se murió a su lado sin conocer a Pelé.
Y entre el grito y la sorpresa agonizando otra vez
Estaba el Cristo de palo parado en la pared.
Y nunca se supo el criminal quién fue
Del Padre Antonio y su monaguillo Andrés.
Pero suenan las campanas otra vez
El Padre Antonio y su monaguillo Andrés.

[2] *the Host*

Suenan las campanas
tierra va a temblar.
Suenan las campanas
por América.
Suenan las campanas
¡O Virgen Señora!
Suenan las campanas
¿Quién nos salva ahora?
Suenan las campanas
de Antonio y Andrés.
Suenan las campanas
óyelas otra vez.
Suenan las campanas
centroamericanas.
Suenan las campanas
por mi tierra hermana.
Suenan las campanas
mira y tú verás.
Suenan las campanas
el mundo va a cambiar.
Suenan las campanas
para celebrar.
Suenan las campanas
nuestra libertad.
Suenan las campanas
porque un pueblo unido.
Suenan las campanas
no será vencido.
Suenan las campanas
de Antonio y Andrés.
Suenan las campanas
suénenlas otra vez.
Suenan las campanas
por un cura bueno.
Suenan las campanas
Arnulfo Romero.
Suenan las campanas
de la libertad.
Suenan las campanas
por América.

ACTIVIDAD 19: Normal y corriente Rubén Blades intenta mostrarnos *(is trying to show us)* que el Padre Antonio es una persona normal y corriente y que Andrés es un niño típico. Busca líneas de la canción que muestren esto.

ACTIVIDAD 20: Descripción En tus propias palabras, describe qué pasó en la iglesia. ¿Qué estaba haciendo el Padre Antonio? ¿Y Andrés? ¿Qué ropa llavaban? ¿Qué ocurrió?

ACTIVIDAD 21: Las ideas En un concierto, Rubén Blades dijo: "En Latinoamérica matan a la gente, pero no la idea." Di qué opinas sobre este comentario.

ESCRITURA Estrategia: *Reporting*

As you learned in Chapter 11, when narrating in the past, you need to say what happened (preterit) and add descriptive and background information (imperfect). You should also construct a clear timeline of events for the reader. To do this, use words such as the following:

primero
luego/más tarde
media hora más tarde
de repente
mientras
después de una hora
después
al final

ACTIVIDAD 22: Un cuento **Parte A:** En un libro de texto, normalmente lees un cuento y después contestas preguntas para ver si entendiste o no el contenido. Ahora vas a hacer esta actividad pero al revés *(backwards)*. Usa la imaginación y contesta estas preguntas.

1. ¿Adónde fueron Ricardo y su esposa de vacaciones?
2. ¿Como era el lugar y qué tiempo hacía?
3. ¿Qué hicieron durante las vacaciones?
4. ¿Cómo se murió la esposa de Ricardo?
5. ¿Qué estaba haciendo Ricardo cuando se rompió la pierna?
6. La policía no dejó a Ricardo volver a su ciudad. ¿Por qué?
7. ¿Quién era la señora del vestido negro y los diamantes?
8. ¿Cómo era físicamente la señora?
9. ¿Qué importancia tiene ella?
10. Al fin, la policía supo la verdad. ¿Cuál era?

Parte B: Usa tus respuestas de la Parte A para escribir una historia coherente y lógica sobre lo que les pasó a Ricardo y a su esposa. Conecta tus ideas con palabras como **más tarde, mientras** y **de repente.**

historia/cuento = story

Parte C: Debes releer tu historia para ver si tiene lógica. También debes revisar cada uso del imperfecto y del pretérito.

Parte D: Entrégale las respuestas de la Parte A, los borradores y la versión final a tu profesor/a.

Lo esencial II

La geografía

Occidente/oeste = west; **oriente/este** = east

1. las cataratas
2. el río
3. la carretera
4. el puente
5. el pueblo
6. el lago
7. el valle
8. la montaña

Otras palabras relacionadas con la geografía

la autopista freeway, expressway
el bosque woods
el campo countryside
la ciudad city
la colina hill
la costa coast
la isla island
el mar sea
el océano ocean
la playa beach
el puerto port
la selva jungle
el volcán volcano

ACTIVIDAD 23: Asociaciones Asocia estos nombres con las palabras presentadas.

Amazonas, Cancún, Pacífico, Cuba, Mediterráneo, Titicaca, Andes, Iguazú, Baleares, Quito

ACTIVIDAD 24: Categorías En parejas, organicen las palabras relacionadas con la geografía en las siguientes categorías:

1. cosas que asocian Uds. con el agua
2. lugares donde normalmente hace calor
3. lugares donde normalmente hace frío
4. cosas que no forman parte de la naturaleza

Agua salada = salt water

¿LO SABÍAN?

La variedad geográfica de Hispanoamérica incluye fenómenos naturales como el Lago de Nicaragua que, aunque es de agua dulce *(fresh water),* tiene tiburones *(sharks)* y el Lago Titicaca, entre Bolivia y Perú, que es el lago navegable más alto del mundo. En los Andes está el Aconcagua, la montaña más alta del hemisferio. También hay erupción de volcanes y terremotos causados por una falla *(fault line)* que va de Centroamérica a Chile. Dos desastres que tuvieron eco en todo el mundo ocurrieron en 1985. El primero fue un terremoto que destruyó parte del centro y suroeste de México, y en el que murieron unas 25.000 personas. El segundo fue la erupción de un volcán en Colombia que destruyó un pueblo de más de 20.000 habitantes.

▲ *En el Lago Titicaca, entre Perú y Bolivia.*

ACTIVIDAD 25: ¿Dónde naciste tú? **Parte A:** En parejas, descríbanle a su compañero/a la geografía de la zona donde nacieron.

Parte B: Ahora, descríbanle a su compañero/a la geografía de una zona donde les gustaría vivir. Empiecen diciendo: **Quiero vivir en un lugar que tenga . . .**

ACTIVIDAD 26: La publicidad En grupos de tres, preparen un anuncio para la radio hispanoamericana para atraer más turismo a una zona específica de los Estados Unidos. Después, preséntenle los anuncios a la clase. Escojan una zona de la siguiente lista.

el suroeste, el noroeste, el noreste, la zona central *(Midwest)*, el sur, la Florida, Alaska, Hawai

El Dorado

▲ *Artefacto incaico* (Incan) *de oro, del Museo del Banco Central, Quito, Ecuador.*

sin embargo	however, nevertheless
verdadero/a	real, true
hoy (en) día	today; nowadays

Mientras Carlitos está en el hospital, tiene que seguir con sus estudios. Su padre encontró un profesor particular y él le manda leer al niño un cuento sobre El Dorado, una leyenda del tiempo de la conquista de América.

ACTIVIDAD 27: Motivos Antes de leer la leyenda, di por qué crees que vinieron los españoles a América y qué querían encontrar. Coméntalo con la clase.

¿Qué es El Dorado?

El Dorado

Cuando los españoles llegaron a América, oyeron hablar de El Dorado. Les preguntaban a los indígenas qué era El Dorado y ellos les decían que era el país legendario del hombre de oro,[1] el hombre más fabuloso del mundo. Como decían que allí había más oro que en ninguna otra parte del mundo, los españoles empezaron a buscar El Dorado desde México hasta el Río Amazonas, pasando por valles, montañas y ríos. Muchos perdieron la vida por el oro; sin embargo, nunca encontraron El Dorado porque era sólo una leyenda.

Se cree que la leyenda de El Dorado comenzó porque desde muchos años antes de la llegada de los españoles, el jefe de los indios chibchas (de una región que hoy en día es parte de Colombia) se cubría el cuerpo de oro y se bañaba en las aguas de una laguna sagrada[2] para adorar al Sol.

Los españoles no encontraron El Dorado porque no existía, pero sí encontraron una tierra fértil y rica, Hispanoamérica, que era y sigue siendo hoy en día un verdadero El Dorado.

El Dorado = gilded; covered with gold

Comparing

Describing habitual actions

[1] *gold* [2] *sacred*

ACTIVIDAD 28: El examen Cuando el profesor volvió, le hizo unas preguntas a Carlitos. Después de leer la leyenda, ¿puedes tú contestar las preguntas?

1. ¿Cómo era "El Dorado" que buscaban los españoles?
2. ¿Encontraron El Dorado finalmente?
3. ¿Por qué crees que murieron muchas personas buscando El Dorado?
4. ¿Hay un "El Dorado" en tu vida? ¿Cuál es?
5. ¿Qué pasó en California en el año 1849?

ACTIVIDAD 29: El Dorado de hoy día En el pasado los hombres buscaban El Dorado y nosotros seguimos buscándolo hoy. ¿Qué busca la gente hoy día? ¿Cuál es "El Dorado" de hoy día?

¿LO SABÍAN?

Ponce de León, explorador español, vino a América en busca de la mítica Fuente de la Juventud, pero no la encontró. Sin embargo, descubrió la Florida y le dio este nombre porque llegó allí durante la Pascua Florida *(Easter)*. ¿Conoces otras leyendas como la de La Fuente de la Juventud?

Hacia la comunicación II

I. Describing: Comparisons of Inequality

1. To compare two people or two things, use the following formula:

más / **menos**	+	*noun/adjective/adverb*	+	**que**

Hablamos **más español que** ellos. — *We speak more Spanish than they do.*
Mis clases son **más difíciles que** tus clases. — *My classes are more difficult than your classes.*
Me acosté **más tarde que** tú. — *I went to bed later than you.*
Hoy tengo **menos clases que** ayer. — *Today I have fewer classes than yesterday.*
Carlos es **menos estudioso que** su hermana. — *Carlos is less studious than his sister.*

2. To indicate that there is more or less than a certain amount, use the following formula:

más / **menos**	+	**de**	+	*number*

Hay **más de veinte** lenguas indígenas en Guatemala. — *There are more than twenty native languages in Guatemala.*
Me costó **menos de 20.000** pesos. — *It cost me less than 20,000 pesos.*

3. Some adjectives have both a regular and an irregular comparative form, as well as a change in meaning in some cases.

Regular Comparisons		
bueno	**más bueno**	*better; kinder**
malo	**más malo**	*worse; meaner; naughtier**
grande	**más grande**	*larger in size*
pequeño	**más pequeño**	*smaller in size*

*NOTE: **Más bueno** and **más malo** usually refer to *goodness* or lack of it.

Note: **Mayor** *(greater)* and **menor** *(lesser)* may be used with things as in **mayor/menor importancia** *(greater/lesser importance).*

Irregular Comparisons		
bueno	**mejor**	*better*
malo	**peor**	*worse*
grande	**mayor**	*older (person); greater*
pequeño	**menor**	*younger (person); lesser*

Las playas del Caribe son **mejores que** las playas del Pacífico.	*The Caribbean beaches are better than the Pacific beaches.*
Pablo es **menor que** Juan.	*Pablo is younger than Juan.*
Pablo es **más bueno que** Juan.	*Pablo is kinder/a better person than Juan.*
Pablo es **peor** estudiante **que** Juan.	*Pablo is a worse student than Juan.*

II. Describing: The Superlative

1. When you want to compare three or more people or things, use the following formula:

el/la/los/las *(noun)* **más**
el/la/los/las *(noun)* **menos** } + *adjective*

Toño es **el** (chico) **más optimista.**	*Toño is the most optimistic (young man).*
Raquel es **la mejor** (cantante) **del** conjunto.*	*Raquel is the best (singer) in the group.*

*NOTE:

a. In the superlative, *in* = **de: El fútbol es el deporte más popular *de* Suramérica.**

b. **Mejor** *(Best)* and **peor** *(worst)* usually precede the nouns they modify: **Lucía es mi *mejor* amiga. Luquillo es *la mejor* playa *de* Puerto Rico.**

2. As you saw in Chapter 6, the absolute superlative of an adjective *(very, extremely . . .)* can be expressed by attaching **-ísimo/a/os/as** to the adjective. When the adjective ends in a vowel, drop the final vowel and add **-ísimo: especial ⟶ especial*ísimo*, grande ⟶ grand*ísimo*.**

Después de trabajar tanto, estamos **cansadísimas.**	*After working so much, we are very, very tired.*

Note the use of accents with absolute superlatives.

Necessary spelling changes occur when **c, g,** or **z** are present in the last syllable.

feliz ⟶ felic**ísimo**
largo ⟶ largu**ísimo**
rico ⟶ riqu**ísimo**

El churrasco está **riquísimo.**	*The steak is really delicious.*

Internet Do Workbook *Práctica mecánica II,* CSM, Web, and lab activities.

NOTE: When **-ísimo** is added to an adjective that has a written accent, the accent in the adjective is dropped, for example: **fácil ⟶ facilísimo.**

ACTIVIDAD 30: Las vacaciones En parejas, "A" cubre la Columna B y "B" cubre la Columna A. Ustedes deben decidir adónde quieren ir de vacaciones. Con su compañero/a, describan y comparen diferentes características de los lugares para decidir cuál de los dos lugares les parece mejor.

➤ A: El Hotel Casa de Campo tiene tres canchas de tenis.
B: Pues el Hotel El Caribe tiene seis canchas.
A: Entonces el Hotel Caribe tiene más canchas de tenis que el Hotel Casa de Campo.

A	B
La Romana, República Dominicana	Cartagena, Colombia
Hotel Casa de Campo*****	Hotel El Caribe****
Media pensión	Pensión completa
Temperatura promedio 30°C	Temperatura promedio 27°C
Increíble playa privada	Playas fabulosas
Tres canchas de tenis	Seis canchas de tenis
Golf, windsurfing	Golf, pesca, esquí acuático
Discoteca	Casino
US$2.199 por persona en habitación doble por semana	US$2.599 por persona en habitación doble por semana

ACTIVIDAD 31: ¿Cuánto ganan? Di cuánto crees que gana una persona en las siguientes ocupaciones durante el primer año de trabajo. Sigue el modelo.

➤ El primer año de trabajo, un médico gana más de 50.000 dólares y menos de 75.000 dólares.

1. un/a abogado/a
2. un/a policía
3. un/a profesor/a de escuela secundaria
4. un/a trabajador/a social
5. un/a recepcionista
6. un beisbolista profesional

¿LO SABÍAN?

En español hay muchos dichos que son comparaciones. Es común oír expresiones como "Es más viejo que (la moda de) andar a pie", "Es más viejo que Matusalén", "Es más largo que una cuaresma *(Lent)*" o "Es más largo que una semana sin carne". Para hablar de la mala suerte se dice: "Es más negra que una noche". ¿Puedes inventar otras comparaciones?

ACTIVIDAD 32: Comparaciones Comparen estas personas, lugares o cosas. Usen el comparativo si hay dos cosas y el superlativo si hay tres.

➤ un disco compacto y un cassette — Un disco compacto es más caro que un cassette.
Nueva York, Chicago y Austin — Nueva York es la (ciudad) más grande de las tres.

1. el lago Superior, el lago Michigan y el lago Erie
2. Rosie O'Donnell y Jerry Springer
3. Alaska, California y Panamá
4. un Mercedes Benz y un Volkswagen
5. el Nilo, el Amazonas y el Misisipí
6. Will Smith y Puff Daddy
7. El Salvador, Colombia y México
8. las Cataratas del Iguazú y las del Niágara

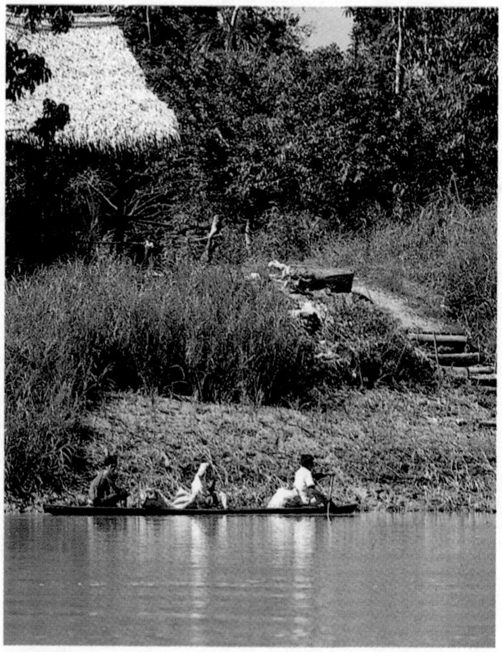

► *Río Amazonas, Perú.*

ACTIVIDAD 33: ¿Mejor o peor? En parejas, túrnense para preguntar cuál de las siguientes cosas son mejores o peores. Justifiquen sus respuestas.

1. unas vacaciones en las montañas o en la playa
2. tener un trabajo aburrido donde ganan muchísimo dinero o tener un trabajo interesante donde ganan poco dinero
3. ser hijo único o tener muchos hermanos
4. vivir en una ciudad o vivir en el campo
5. una cena romántica o un concierto
6. ir de camping o quedarse en un hotel elegante
7. el machismo o el feminismo

ACTIVIDAD 34: El mejor o el peor Uds. quieren comprar un perro. En grupos de tres, miren los perros y decidan cuál van a comprar y por qué. Usen frases como **Chuchito es más bonito que Toby. Toby es el más inteligente de todos. Rufi es la mejor porque . . .**

Rufi (hembra), 8 semanas

Toby (macho), 6 meses

Chuchito (macho), 6 meses

ACTIVIDAD 35: El Óscar En grupos de tres, hagan una lista de las mejores películas de este año y hagan nominaciones para estas categorías: **película dramática, película cómica, actor** y **actriz.** Digan por qué cada una de sus nominaciones es mejor que las otras y por qué debe ganar. Después, hagan una votación *(vote)*.

Vocabulario funcional

Do Workbook *Práctica comunicativa II.*

Instrumentos musicales

Ver página 292.

Vocabulario relacionado con la música

la banda	*band*
el conjunto	*group (as in rock group)*
la orquesta sinfónica	*symphony orchestra*

La comida

Ver páginas 294–295.

Vocabulario de restaurante

las bebidas	*drinks*
La cuenta, por favor.	*The check, please.*
¿Cómo está el/la . . . ?	*How is the . . . ?*
Me gustaría el/la . . .	*I would like . . .*
el menú/la carta	*menu*
la sopa	*soup*
la torta	*cake*

Expresiones usadas con el imperfecto

Ver página 297.

Más verbos

continuar	*to continue*
cubrir	*to cover*
romper	*to break*

La geografía

Ver página 306.

Los puntos cardinales

el este	*east*
el norte	*north*
el oeste	*west*
el sur	*south*

Palabras y expresiones útiles

¿Algo más?	*Something/Anything else?*
cursi	*overly cute; tacky, in bad taste*
hoy (en) día	*today; nowadays*
¡Qué chévere!	*Great! (Caribbean expression)*
ni . . . ni	*neither . . . nor*
sin embargo	*however, nevertheless*
verdadero/a	*real, true*

CAPÍTULO 13

▲ *El Carnaval Miami, en la Calle Ocho de la Pequeña Habana. Actualmente es el festival hispano más grande de los Estados Unidos.*

CHAPTER OBJECTIVES

- Discussing travel plans
- Expressing preferences about jewelry
- Talking about past experiences in relation to the present
- Expressing feelings about the past
- Talking about unintentional occurrences
- Giving directions and commands
- Making comparisons

La oferta de trabajo

ya que	since, because
¿De acuerdo?	O.K.?, Agreed?
sacar de un apuro (a alguien)	to get (someone) out of a jam

Don Alejandro ya regresó de Colombia y quiere hablar con Juan Carlos y con Álvaro para ofrecerles un trabajo.

ACTIVIDAD 1: ¿Qué oferta? Mientras escuchas la conversación, indentifica cuál es la oferta que hace don Alejandro y si los muchachos la aceptan.

JUAN CARLOS: Buenos días, don Alejandro.

ALEJANDRO: ¡Entren, entren muchachos! Buenos días. Encantado de verlos.

ÁLVARO: Igualmente, don Alejandro. ¿Cómo está?

Expressing a hope

ALEJANDRO: Bien, pero muy ocupado. Los invité a la oficina porque quiero hablarles sobre un posible trabajo y espero que todavía no hayan planeado sus vacaciones de Semana Santa.

Semana Santa = Holy Week

JUAN CARLOS: Yo no tengo ningún plan en particular. ¿Y tú, Álvaro?

ÁLVARO: No, yo tampoco. ¿De qué se trata?

Talking about the recent past

ALEJANDRO: Pues necesito ayuda con un grupo de cuarenta turistas que va a viajar por América. He contratado a un guía, pero necesito a alguien más. Teresa me mencionó que Uds. tenían algo de experiencia de ese tipo. ¿Pueden darme más detalles?

JUAN CARLOS: Yo fui guía turístico en Machu Picchu.

ÁLVARO Y yo he acompañado a algunos grupos de estudiantes a las Islas Canarias.

ALEJANDRO Bueno, me parece experiencia suficiente, ya que no van a tener Uds. toda la responsabilidad. El trabajo consiste en llevar al grupo de los aeropuertos a los hoteles, ir en las excursiones y ayudar al guía a resolver problemas. El tour va a los Estados Unidos, México, Guatemala y Venezuela. ¿Les interesa?

ÁLVARO ¡Me parece buenísimo! ¿Y a ti, Juan Carlos?

JUAN CARLOS Me encanta la idea.

Stating unintentional occurrences

ALEJANDRO Entonces . . . ah, casi se me olvida decirles algo importante. El viaje es gratis para Uds., por supuesto, y también reciben un pequeño sueldo. Mi secretaria puede darles más detalles. Luego podemos reunirnos la próxima semana para hablar con más calma. ¿De acuerdo?

JUAN CARLOS Cómo no, don Alejandro, y gracias por la oferta.

ALEJANDRO ¡Uds. son los que me sacan de un apuro! Fue un placer verlos.

ÁLVARO Adiós, don Alejandro. Gracias nuevamente.

JUAN CARLOS Hasta luego, don Alejandro.

ÁLVARO ¡Vamos a América! No lo puedo creer.

Inviting someone

JUAN CARLOS Vamos a hablar con la secretaria y luego te invito a tomar una cerveza para celebrarlo.

ACTIVIDAD 2: En el bar Después de escuchar la conversación otra vez, contesta estas preguntas.

1. ¿Cuándo es el viaje?
2. ¿Qué experiencia tienen los dos jóvenes?
3. ¿Sabes dónde están las Islas Canarias? ¿A qué país pertenecen?
4. ¿A cuántos países va a ir el grupo? ¿Cuáles son?
5. ¿Has viajado alguna vez en un tour organizado? ¿Adónde, con quiénes y en qué año?

¿LO SABÍAN?

Las Islas Canarias son siete islas volcánicas españolas que están en el Océano Atlántico, cerca de África. Son una meca para el turismo por su belleza natural. En las islas hay una gran variedad de paisajes: unas playas doradas y otras negras por la lava de los volcanes, montañas con valles fértiles de vegetación tropical y hasta desiertos con camellos. Tres de los nueve parques nacionales españoles están en las Islas Canarias. En las ciudades de Santa Cruz de Tenerife y Las Palmas de Gran Canaria, el turista tiene la oportunidad de gastar sus dólares, francos o marcos en las numerosas tiendas libres de impuesto.

▲ *El Teide (3716 metros), un volcán en la isla de Tenerife, Islas Canarias, España.*

ACTIVIDAD 3: Ya que . . . Forma oraciones escogiendo frases apropiadas de cada columna.

no tiene que pagar		quiere ir a la universidad
ahora puede salir		le dieron el trabajo
necesita dinero		no sale con su novia
tiene que celebrar		él lo confesó
la policía lo sabe	ya que	terminó la composición
le gustaría hacer un viaje		es gratis *(free)*
está contento		es padre
		no tiene gripe

Lo esencial I

El viaje

El/La guía is a person who guides; **la guía** is a guidebook.

La entrada = admission ticket; **el billete** (Spain)/**el boleto** (Hispanic America) = ticket for transport; **el ticket/tiquete** = ticket stub

Itinerario e instrucciones especiales para Juan Carlos y Álvaro:

PRIMER DÍA

10:45 Llegada a Miami del vuelo charter 726 de Iberia
Traslado del aeropuerto al hotel en autobús
($10,00 de **propina** para el **chofer**)

13:00 Almuerzo en el hotel

Tarde **libre** para ir a la playa

Explíquenle al grupo que en los Estados Unidos no es como en España donde la propina está incluida en el precio o se deja muy poco. Hay que dar un 15% a los camareros en los restaurantes y a los **taxistas**. A los botones en los hoteles, como en España, se les da $1 por cada maleta. A los **guías** y al chofer del autobús los pasajeros no tienen que darles nada; TravelTur les da propinas.

SEGUNDO DÍA

9:00 **Tour** por la ciudad en autobús con guía turístico
($25,00 propina para el guía)
Visita a Vizcaya (museo y jardines), el Seaquarium y el Metro Zoo
Entradas incluidas en el tour de la ciudad

Almuerzo libre
Sugerencias: el comedor del hotel; también hay muchas cafeterías cerca del hotel

Tarde: **Excursión opcional** a los Everglades
Precio: $15,00

Cena libre
Sugerencias: Joe's Stone Crab (mariscos), Los Ranchos (nicaragüense), Versailles (cubano), La Carreta (cubano), Monserrate (colombiano)

TERCER DÍA

Traslado del hotel al aeropuerto en autobús
($10,00 de propina para el chofer)
Tiempo para ir de compras en el aeropuerto
Los **impuestos** de los aeropuertos están incluidos en el precio del tour

13:00 Salida del vuelo 356 de Aeroméxico para México
Almuerzo a bordo

ACTIVIDAD 4: Las responsabilidades En grupos de tres, contesten las siguientes preguntas según el itinerario.

1. ¿Cuáles son algunas cosas que Juan Carlos y Álvaro tienen que explicarle al grupo?
2. ¿A quiénes les tienen que dar ellos propina? ¿A quiénes les tienen que dar propina los pasajeros?
3. ¿Cómo van a ir del aeropuerto al hotel y viceversa?
4. Ya que Álvaro y Juan Carlos tienen que ir en todas las excursiones, ¿qué van a ver ellos?

ACTIVIDAD 5: Preferencias **Parte A:** En parejas, entrevístense para ver cuáles son sus preferencias sobre los viajes.

1. ¿Te gusta tener mucho tiempo libre cuando viajas o prefieres tener muchas actividades planeadas?
2. ¿Te interesan las explicaciones históricas de los guías?
3. ¿Te interesa ver los monumentos de las ciudades que visitas o solamente quieres descansar?
4. ¿Te gustan las excursiones en autobús donde puedes conocer a gente nueva o prefieres alquilar un carro y explorar la zona con dos o tres amigos?
5. Cuando viajas, ¿compras libros para aprender algo de la zona o prefieres hacer una excursión con un guía que te explique todo?

Parte B: Ahora, sugiérele a tu compañero/a el viaje perfecto de acuerdo con sus preferencias. Usa oraciones como: **Me parece que . . . , (No) creo que . . . , ¿No te gustaría . . . ?**

A	B	C
4 días en la ciudad de México con 3 excursiones con guía turístico	4 días en Mazatlán con carro incluido para explorar la costa	2 días en la ciudad de México, tour opcional de la ciudad el segundo día. 2 días en la playa de Mazatlán.

Hacia la comunicación I

I. Speaking About Past Experiences: The Present Perfect

Acabar de + *infinitive* is another way to express the recent past: **Acabo de comprar una entrada.**

Review past participles, Ch. 11 and 12.

In Spanish, the perfect tenses are formed by combining a form of the auxiliary verb **haber** and a past participle. One of these tenses is the present perfect, which is used to express a recent past action or an action that occurred in the past but is related to the present in some way. It is formed as shown in the following table.

haber (present)			
he	hemos	+	*past participle*
has	habéis		
ha	han		

—¿**Han ido** Uds. a Suramérica alguna vez? — *Have you (ever) gone to South America?*
—No, nunca **hemos ido** a Suramérica. — *No, we have never gone to South America.*

II. Expressing Feelings About the Past: *Haya* + Past Participle

The present perfect subjunctive is used in the dependent clause when expressing doubt, emotion, etc., in the present about something that may have happened in the past. It is formed as follows:

que + *present subjunctive of* **haber** + *past participle*

Review the subjunctive, Ch. 8 and 9.

haber (present subjunctive)			
que **haya**	que **hayamos**	+	*past participle*
que **hayas**	que **hayáis**		
que **haya**	que **hayan**		

Dudamos que **hayan ido** de viaje. — *We doubt that they have gone on a trip.*
¿Crees que **haya comido** ya? — *Do you think that he/she has eaten already?*
Busco una persona que **haya estado** en Perú. — *I'm looking for someone who has been to Peru.*

Compare:

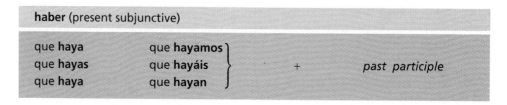

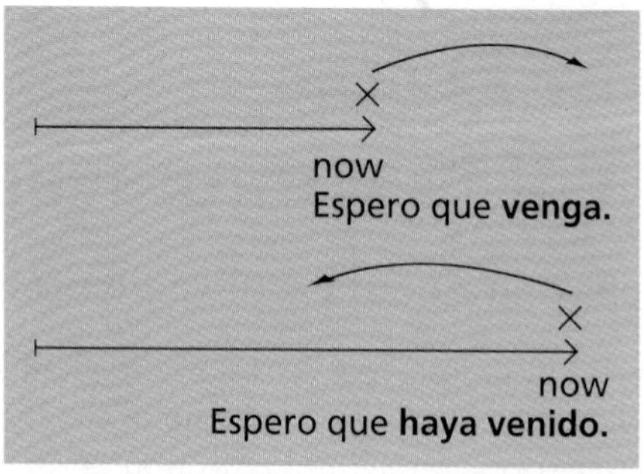

III. Talking About Unintentional Occurrences: *Se me olvidó* and Similar Constructions

1. To express accidental and unintentional actions or events, use the following construction with verbs like **caer, olvidar, perder, quemar,** and **romper:**

Remember: RID (Reflexive before Indirect; Indirect before Direct).

se me	se nos	+	*verb*
se te	se os		
se le	se les		

Se me olvidó llamarte ayer. — *I forgot to call you yesterday (unintentionally).*

Se nos quemó la tortilla. — *We burned the tortilla (unintentionally).*

BUT: Quemamos la carta. — *We burned the letter (intentionally).*

2. To form this construction, remember:

a. The verb agrees with what is lost, dropped, etc.

Se me perd**ieron las entradas.** — *I lost the tickets.*

b. The person who accidentally does the action is represented by an indirect-object pronoun, which may be clarified or emphasized by a phrase with **a: a mí, a él,** etc.

Se **le** perdió la maleta **(a Juan).** — *He lost the suitcase.*
(A mí) siempre se **me** olvida llevar los libros a clase. — *I always forget to take my books to class.*
Se **le** rompieron las gafas **(a Jorge).** — *Jorge's glasses broke.*

Do Workbook *Práctica mecánica I* and corresponding CSM activities.

ACTIVIDAD 6: De viaje **Parte A:** Entre todos, hagan una lista en la pizarra de lugares interesantes para visitar.

Parte B: Pregúntenles a algunos de sus compañeros si han estado en esos lugares. Si contestan que sí, pregúntenles cuándo fueron, con quién, cuánto tiempo estuvieron y qué hicieron.

➤ A: ¿Has estado en el parque de Yellowstone?

B: Sí, he estado.
A: ¿Cuándo fuiste?
B: Fui en el año 95.
A: ¿Qué hiciste?
B: . . .

B: No, no he estado nunca.
A: ¿Te gustaría ir?
B: Sí/No . . .

En el año 95 = en 1995

ACTIVIDAD 7: El Club Med El Club Med de Punta Cana, República Dominicana, está entrevistando gente para el puesto *(position)* de director de actividades. Ésta es la persona que entretiene a todos los huéspedes *(guests)* durante una semana, organizando bailes, competencias deportivas y otras actividades. En parejas, escojan el Papel A o B y sigan las instrucciones para su papel.

Papel A

Trabajas para el Club Med y vas a entrevistar a una persona para el puesto de director de actividades. La persona que buscas debe haber hecho las siguientes cosas: trabajar para el Club Med antes, tener experiencia con adultos o con niños y con primeros auxilios *(first aid)*. Buscas una persona que sea enérgica. Haz preguntas como la siguiente: ¿Has trabajado para el Club Med antes?

Papel B

Estás en una entrevista para el puesto de director de actividades del Club Med. Ésta es la información sobre ti que puede ayudarte a conseguir este trabajo: fuiste huésped *(guest)* en el Club hace dos años, tienes cuatro hermanos pequeños y enseñas educación física en una escuela. En este momento, eres estudiante en un curso de primeros auxilios *(first aid)*.

ACTIVIDAD 8: Las experiencias **Parte A:** Pregúntales a un mínimo de cuatro compañeros si han hecho las cosas de la lista que sigue. Si contestan que sí, pregúntales cuándo, cuántas veces, con quién y si les gustó. Si contestan que no, pregúntales si les gustaría hacerlas algún día.

➤ A: ¿Has piloteado un avión?
B: No, nunca.
A: ¿Te gustaría hacerlo?
B: ¡Qué va! No estoy loco/a. / Sí, me gustaría porque . . .

1. ganar algo en la lotería
2. nadar en el Caribe
3. ver un OVNI (objeto volador no identificado = *UFO*)
4. hacer un viaje por barco
5. jugar en un campeonato de basquetbol
6. escribir un poema
7. visitar un país donde se habla español
8. estudiar francés

Parte B: Ahora tu profesor/a va a hacerte algunas preguntas.

➤ Profesor/a: ¿Hay alguien en la clase que haya ganado la lotería?

S1: No, no hay nadie que haya ganado la lotería.

S2: Sí, hay alguien que ha ganado.
Profesor/a: ¿Quién es?
S2: Jim ganó la lotería el año pasado.

ACTIVIDAD 9: No te preocupes En parejas, tú y tu esposo/a se van de viaje con sus siete hijos a una playa de Puerto Vallarta, México. "A" preparó una lista de cosas que cada persona de la familia tenía que hacer y ahora quiere comprobar si las hicieron. "B" sabe qué hicieron y qué no hicieron todos. En la página 323, miren sólo su papel.

➤ Juan: hacer la maleta

A: Espero que Juan haya hecho la maleta.
B: Ya la hizo. / Todavía no la ha hecho, pero va a hacerla hoy.

A

1. Pablo: comprar los pasajes
2. Pepe y Manuel: ir al banco
3. Victoria y Ángela: comprar gafas de sol
4. Elisa: llevar el perro a la casa de su amiga
5. Guillermo y Manuel: obtener *(obtain)* sus pasaportes
6. Tu esposo/a: poner el Pepto-Bismol en la maleta
7. Victoria: hacer la reserva del hotel
8. Todos: poner los trajes de baño en la maleta

B

Tú sabes que tus hijos y tú han hecho las cosas que tenían que hacer, pero que tus hijas no las han hecho.

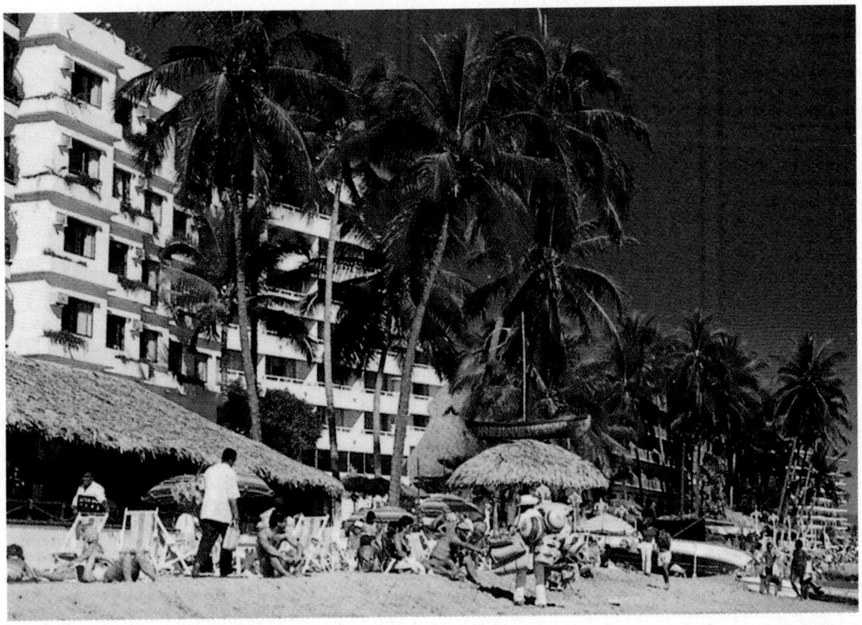

◀ *Una playa de Puerto Vallarta, México.*

ACTIVIDAD 10: Una llamada urgente En parejas, Uds. son hermanos y acaban de volver a casa. Ven que hay un mensaje en el contestador automático diciendo que sus padres están en el hospital y que Uds. deben ir allí. Reaccionen a esa llamada usando frases como **Dudo que hayan . . . , Es posible que . . . , No creo que . . .**

➤ Es posible que hayan tenido un accidente.

ACTIVIDAD 11: La mala suerte En grupos de cuatro, díganles a sus compañeros si alguna vez, al hacer un viaje, han tenido alguno de los siguientes problemas inesperados *(unexpected)*. Den detalles.

➤ Una vez se me olvidó el pasaporte en el avión . . .
Nunca se me ha olvidado el pasaporte . . .

1. perder la maleta
2. acabar el dinero
3. olvidar cosas en un hotel
4. romper algo en una tienda
5. perder las tarjetas de crédito
6. abrir el Pepto-Bismol en la maleta

ACTIVIDAD 12: Dichos En español hay muchos dichos que tienen la construcción **se me, se te,** etc. Unos muy populares son los siguientes:

Se le hace agua la boca.	Se le acabó la paciencia.
Se le fue la lengua.	Se le fue el alma *(soul)* a los pies.
Se le hizo tarde.	Se le cae la baba *(drool)*.

En parejas, adivinen el significado de cada dicho y digan qué dicho se puede usar en cada una de las siguientes situaciones.

1. Tenía que ir a la biblioteca por un libro; iba a ir a las siete, pero llegué a las ocho y ya estaba cerrada. ________________
2. El niño no debía decirle nada a nadie, pero le dijo a su abuela que sus padres tenían problemas económicos. ________________
3. Miguel está muy enamorado de Marcela y tiene ganas de salir con ella. ________________
4. Mi padre acaba de hacer un pan buenísimo. UMMMM a mí . . . ________________
5. Al final, el camarero se enfadó con los clientes y les tiró toda la comida encima. ________________
6. Raquel tuvo un accidente y su madre recibió una llamada del hospital. ________________

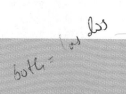

Do Workbook *Práctica comunicativa I.*

Nuevos horizontes

LECTURA

Estrategia: *Linking Words*

In a text, phrases and sentences are linked with connectors, or linking words, to provide a smooth transition from one idea to another. Linking words establish relationships between parts of a text. For example, in the sentence *My house is more beautiful than yours, more . . . than* expresses a comparison. In the sentence *I went to the movies and then I had dinner*, sequence is established by the words *and then*. The following list contains common Spanish linking words.

Function	Linking Words
Adding	**y, también, así como (también), además de** *(apart from)*, **asimismo** *(likewise)*, **a la vez** *(at the same time)*, **sino también** *(but also)*
Contrasting and Comparing	**a diferencia de, pero, sin embargo, por otro lado** *(on the other hand)*, **a pesar de que** *(in spite of)*, **aunque** *(although)*, **más/menos . . . que, al igual que** *(just like)*, **como**
Exemplifying	**por ejemplo**
Generalizing	**en general, generalmente**
Giving Reasons	**por, porque, puesto que/ya que** *(since)*
Showing Results	**por lo tanto** *(therefore)*, **por eso, como consecuencia/resultado, entonces**
Showing Sequence	**primero, después, luego, finalmente**

ACTIVIDAD 13: Preguntas Contesta estas preguntas antes de leer el texto.

1. ¿Quiénes fueron los primeros inmigrantes que llegaron a los Estados Unidos?
2. ¿Por qué vinieron?
3. ¿Dónde hay inmigrantes hispanos en los Estados Unidos?
4. ¿Crees que la cultura hispana es homogénea o heterogénea?
5. ¿Crees que los inmigrantes que vienen a los Estados Unidos pierden sus costumbres en las generaciones sucesivas?

ACTIVIDAD 14: El significado Las palabras que están en negrita en las siguientes oraciones van a aparecer en la lectura que sigue. Primero, lee estas oraciones y escoge la palabra en inglés que define la palabra en español.

1. Voy a **criar** a mis hijos exactamente como mis padres me **criaron.** Mis padres son fantásticos. *(to raise, to punish)*
2. Soy de Guatemala, pero vivo en México y no puedo volver a mi **patria** por razones políticas. *(patriot, homeland)*
3. Después de cometer muchos delitos *(crimes)* contra el pueblo, el nuevo gobierno mandó al ex presidente a vivir a otro país. En el **destierro** estaba muy triste y quería volver. *(prison, exile)*
4. Es increíble el **cariño** que tiene por su hijo de cinco meses: lo besa, lo baña y le lee cuentos infantiles. Su hijo es su vida. *(love, admiration)*
5. Después de dejar de salir con su ex novio, Marta quería **borrarlo** de la memoria. *(kill him, erase him)*
6. Es importante que las plantas tengan agua, sol y **abono** (el mejor es el natural que no contiene productos químicos). *(seed, fertilizer)*
7. Un bebé **recién** nacido pesa más o menos 3 kilos. *(newly, year old)*
8. Raúl va a dar su primer recital y su profesor de música le compró flores porque está muy **orgulloso** de él. *(proud, jealous)*

ACTIVIDAD 15: Asociaciones Al leer, asocia estas oraciones con las personas de las lecturas y escribe sus iniciales después de cada oración. ¡Ojo! Puede haber más de una persona para cada línea.

1. Nací y me crié en Cuba. ___________
2. Nací en Cuba, pero me crié en los Estados Unidos. ___________
3. Nací en los Estados Unidos de padres cubanos. ___________
4. Nada es gratis en este mundo. Hay que trabajar. ___________
5. Echo muchísimo de menos a mi familia en Cuba. ___________
6. Mi experiencia al salir de Cuba fue muy difícil, pero irónica. ___________
7. Me jugué la vida en el viaje a los Estados Unidos; fue muy peligroso. ___________
8. Tengo doble patria: me siento de Cuba y de los Estados Unidos. ___________
9. Me siento más cubano/a que norteamericano/a. ___________

Retratos y relatos

Las siguientes lecturas son citas de diferentes cubanos o personas de origen cubano que viven en los Estados Unidos. Cada uno tiene una historia diferente que refleja algún aspecto de la experiencia de ser cubano y vivir fuera de su patria. Algunos vinieron antes de subir Fidel Castro al poder en 1959 y otros después. Todos han pasado por lo menos parte del régimen de Castro en los Estados Unidos. Al leer sus historias, se puede ver un poco del alma de cada uno de ellos y así aprender algo más sobre los cubanos.

PAMELA MARÍA SMORKALOFF
Escritora, Nueva York, 1992

Mi familia emigró a los Estados Unidos en los años 30. Mi abuela me enseñaba en los libros *National Geographic* dónde estaba Cuba, porque después de la revolución en los partes meteorológicos no aparecía; la habían borrado.

Yo nací en Nueva York, pero desde pequeña mi madre y mi abuela me inculcaron la cultura cubana. Ellas no tenían idea, en ese entonces, que después de grande escribiría un estudio de la cultura literaria cubana, publicado en La Habana.

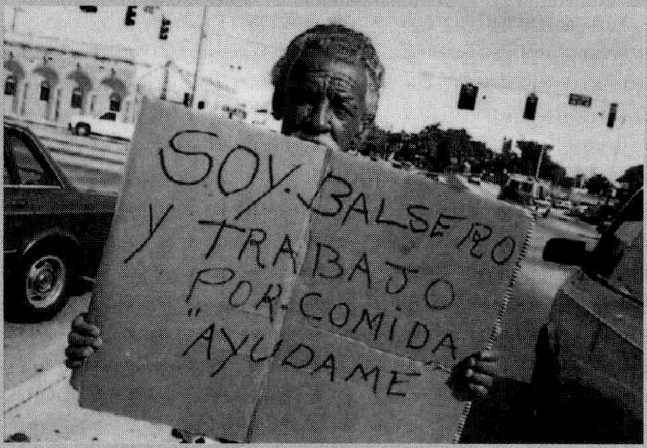

JULIO RAMÍREZ MARQUES
Desempleado, Miami, Florida, 1993

"Soy balsero y trabajo por comida. Ayúdame." Yo llegué aquí el 14 de noviembre. Un hombre ahí me dijo que eso era un mal ejemplo para los cubanos porque yo estaba pidiendo trabajo por comida. Yo le dije que yo no sé hacer otra cosa. Yo no sé robar. No sé quitarle la cartera a una vieja. No sé vender drogas. En Cuba yo trabajaba en abono químico. Soy de Regla y no tengo familia. Allá yo no podía vivir por el régimen que está muy malo.

HILDE F. CRUZ
All-Car Service, Washington Heights, Nueva York, 1992

Yo soy de Banes, Oriente. Nosotros nos fuimos de Cuba el 26 de septiembre de 1961. La lancha era de catorce pies y medio, con un motor fuera de borda de 15 H.P. Salimos para las Bahamas en un viaje como de 18 horas. Éramos cuatro en la lancha. Cuando llegamos a Nassau, el cubano que atendía a los cubanos recién llegados, por esas cosas del destino, ¡se llamaba Fidel Castro!

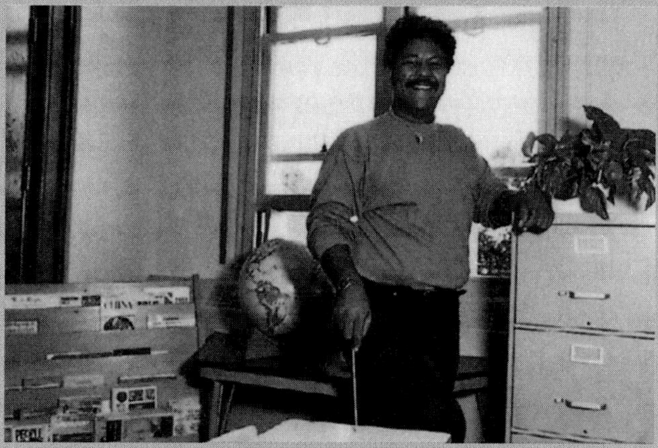

RUBÉN D. JIMÉNEZ
Maestro, Nueva York, 1992

Salí de Cuba hace más de 25 años y prácticamente me siento tan cubano como la caña de azúcar. Ser cubano exiliado es una ventaja amarga puesto que el destierro nos ha enseñado a querer a nuestra patria aún más.

Siempre pienso en el regreso a ver a mi familia, pues aunque hayan pasado tantos años, el amor y la relación familiar jamás se han perdido. ¿Qué les diría? ¿Cuál será la relación de ese momento en adelante? Verdaderamente es difícil tratar de recuperar el tiempo perdido, pero el cariño puede vencer. Los años pasan y mi juventud se va marchitando y el miedo de llegar viejo a Cuba y no poder disfrutarla me entristece.

Nací en La Habana, Cuba, procedente de una familia de clase media, y me crié en Nueva York. Hoy día soy maestro de educación especial en la misma escuela donde fui estudiante hace 25 años.

OFELIA COBIÁN
Agente de publicidad, Nueva York, 1992

Yo nací en Oriente, Cuba, el 13 de abril de 1966. Mi niñez fue feliz, **aunque** con muy pocas riquezas. En 1980 emigré junto con mi familia a los Estados Unidos. Soy el producto de dos culturas y de dos naciones. De mi hispanidad estoy muy orgullosa y es **por eso** que representé a la comunidad latina de Nueva York en un concurso internacional. **Por otro lado**, amo a este país **y**, aunque todo aquí no es perfecto, fue la mejor decisión que tomaron mis padres al traerme a este país para garantizarme un mejor futuro. Hoy en día, mi vida es **como** la de cualquier hispano neoyorquino y no la cambiaría por nada en el mundo.

ACTIVIDAD 16: Comparar En parejas, lean las historias una vez más y decidan cuál de las cinco personas es la más feliz y cuál es la más triste y por qué.

ACTIVIDAD 17: Enlaces Lee otra vez lo que dijo Ofelia Cobián y contesta estas preguntas.

1. ¿Qué cosas contrasta **aunque** en la línea 45?
2. ¿Qué resultado indica **por eso** en la línea 48?
3. ¿Qué sentimientos contrasta **Por otro lado** en la línea 50?
4. ¿Qué añade **y** en la línea 51?
5. ¿Qué cosas compara **como** en la línea 54?

ESCRITURA

Estrategia: *Comparing and Contrasting*

To compare or contrast two ideas is to present their similarities and differences. This may be done by presenting one idea and then the other or by presenting the similarities of both ideas followed by the differences. Look at how Ofelia Cobián contrasted her life in Cuba with her life in the United States. Also notice how linking words helped her to create cohesive and coherent sentences.

When writing a comparison, you may want to use a Venn Diagram to help organize your ideas. The following diagram reflects the paragraph written by Ofelia Cobián. The circle on the left contains information about her life in Cuba and the other has data about her life in the United States. Where the circles overlap there is information common to both the United States and Cuba.

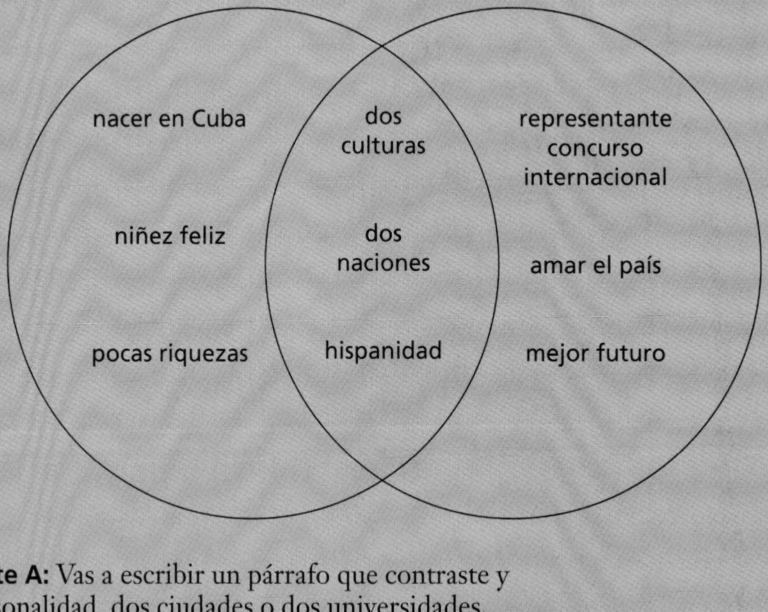

ACTIVIDAD 18: Contrastes **Parte A:** Vas a escribir un párrafo que contraste y compare dos elementos de tu personalidad, dos ciudades o dos universidades. Primero, haz un Diagrama Venn para organizar tus ideas. Después, escribe el párrafo.

Parte B: Revisa bien el párrafo. ¿Usaste frases como **sin embargo** y **a diferencia de**? Al terminar, entrégale el Diagrama Venn, los borradores y la copia final a tu profesor/a.

Consult the list of linking words on page 324 while writing.

Lo esencial II

I. Las joyas

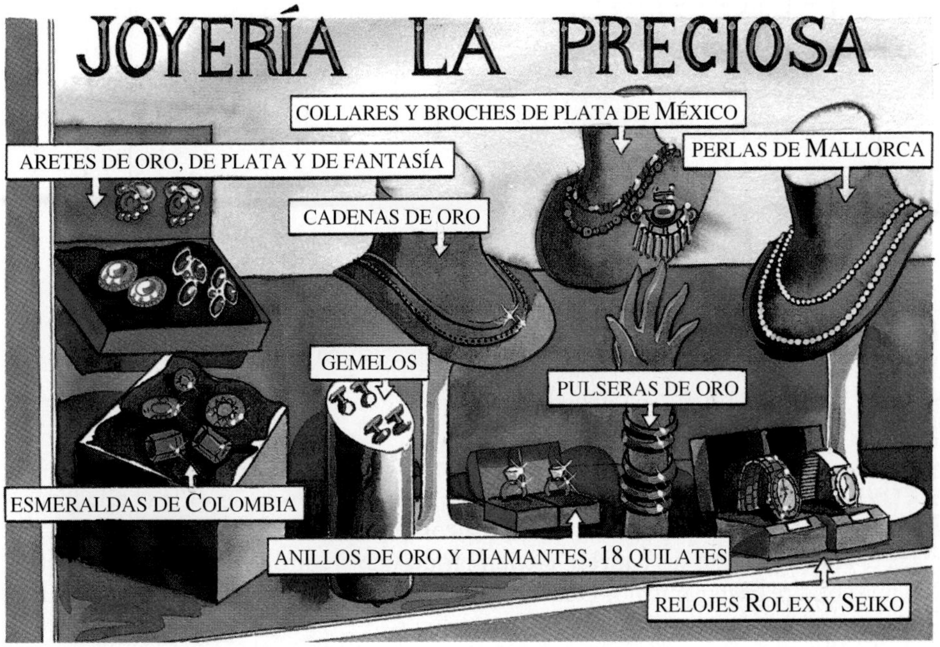

Anillo = **sortija; aretes** = **pendientes** (Spain); **pulsera** = **brazalete**

ACTIVIDAD 19: Dos horizontal y cuatro vertical En parejas, "A" cubre el Crucigrama *(Crossword puzzle)* B y "B" cubre el Crucigrama A. Para completar el crucigrama, Uds. tienen que darle pistas a la otra persona. "A" tiene las palabras verticales y "B" las horizontales. Túrnense para hacerse preguntas.

➤ A: ¿Qué es la quince horizontal?
B: Es una joya verde de Colombia que se usa en anillos y aretes.
A: ¡Ah! Es una esmeralda.

Crucigrama A

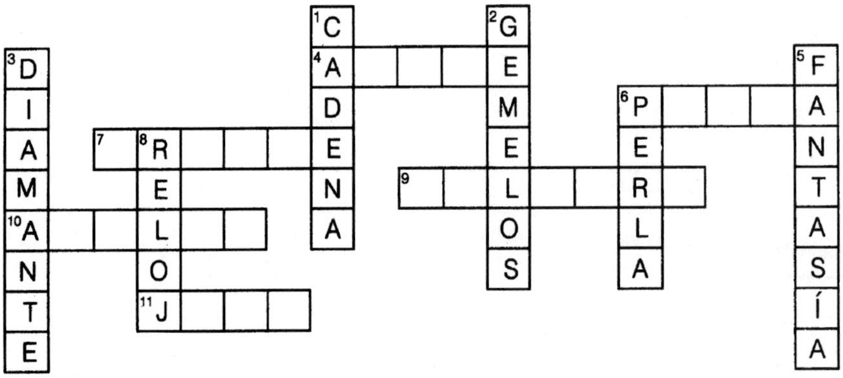

Wrist = **muñeca;** neck = **cuello**

Crucigrama B

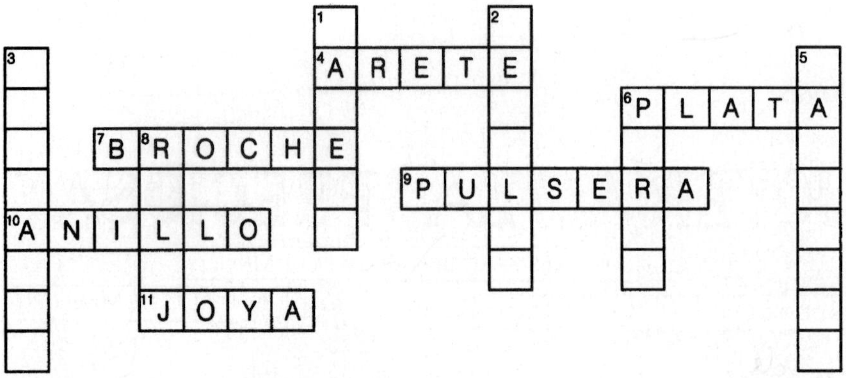

ACTIVIDAD 20: ¿Qué llevan? En parejas, digan todo lo que puedan sobre las joyas que llevan o no llevan sus compañeros de clase. Sigan el modelo.

➤ Jim lleva un arete y una cadena de oro. Paula lleva . . . No hay nadie que lleve . . .

ACTIVIDAD 21: Los regalos En grupos de tres, una persona es el/la vendedor/a y las otras personas son hermanos que van a comprar algo en la Joyería La Preciosa para el aniversario de sus padres. Tienen tarjetas de crédito y dinero, pero una persona no quiere gastar mucho. Decidan con la ayuda del/de la vendedor/a qué van a comprar para sus padres.

➤ A: Buenos días. ¿Puedo ayudarles? / ¿En qué puedo servirles?
B: Buenos días. Quisiéramos comprar algo para el aniversario de nuestros padres. ¿Tiene alguna sugerencia?
A: . . .

¿LO SABÍAN?

Colombia es el primer productor de esmeraldas del mundo y las exporta a todas partes. En Venezuela y en algunas regiones de Centroamérica se producen perlas verdaderas, que pueden ser de agua salada (de mar) o de agua dulce (de río). Si son de agua salada, son redondas, y si son de agua dulce, son de formas irregulares. Venezuela también produce diamantes. En la isla española de Mallorca se producen perlas cultivadas *(cultured)*, que por su buen precio y su excelente calidad se venden en todo el mundo. Asimismo, se aprecia mucho el ámbar de la República Dominicana.

▲ *Una mina de ámbar, República Dominicana.*

II. Cómo llegar a un lugar

Ayer un detective pasó todo el día observando los movimientos de un sospechoso *(suspect)*. Mira el dibujo y lee el informe del detective.

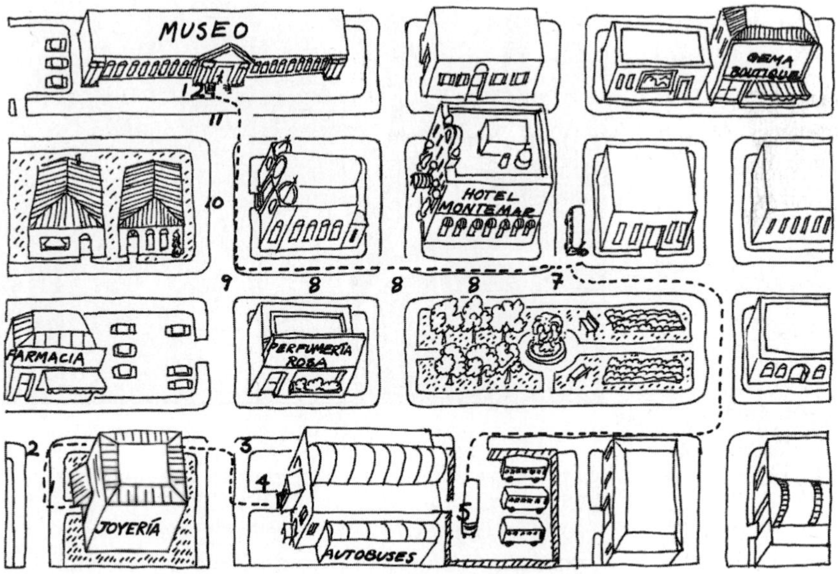

Derecho = **recto**

Cuadra = **manzana** (Spain), **bloque** (Puerto Rico)

1. El sospechoso salió de la joyería.
2. Caminó hasta **la esquina.**
3. En la esquina **dobló** a la derecha.
4. Caminó hasta la estación de autobuses.
5. **Tomó** el autobús.
6. **Bajó** del autobús.
7. **Cruzó** la calle.
8. **Siguió derecho** dos **cuadras.**
9. Dobló a la derecha en la esquina.
10. **Pasó por** la iglesia.
11. **Subió las escaleras.**
12. Entró en el museo.

ACTIVIDAD 22: ¿Adónde fue? Ayer la Dra. Llanos, quien está en la excursión de Juan Carlos y Vicente, salió del hotel y fue a comprar un perfume, unos pantalones y unos aretes. Mira el mapa de la página 331 que usó el detective y di qué camino tomó la señora. Comienza así: **La Dra. Llanos salió del hotel y . . .**

ACTIVIDAD 23: Cómo llegar a un lugar En parejas, explíquenle a su compañero/a cómo se va al correo, al banco o a otro lugar desde su clase. Luego su compañero/a le explica cómo llegar a otro sitio.

➤ A: ¿Cómo se llega a . . . ? ¿Puedes decirme cómo llegar a . . . ?
B: Primero, sales de la clase, después bajas las escaleras y . . .

Impresiones de Miami

así	like this/that
todo el mundo	everybody, everyone
volver a + *infinitive*	to do (something) again

Juan Carlos y Álvaro llegaron ayer a Miami con el grupo de turistas españoles y ahora regresan al hotel en el autobús después de hacer el tour de la ciudad.

ACTIVIDAD 24: Cierto o falso Mientras escuchas la conversación, identifica si estas oraciones son ciertas **(C)** o falsas **(F).**

1. C A los turistas les sorprendió ver que Miami no fuera una ciudad típica de los Estados Unidos.
2. F La Dra. Llanos estuvo en Cuba.
3. F Las películas presentan al norteamericano tal como es.
4. ____ El Sr. Ruiz y la Dra. Llanos no son muy buenos amigos.
5. C El Sr. Ruiz tiene que ir a la oficina de American Express mañana.

ÁLVARO Esperamos que les haya gustado el tour de la ciudad. Para mí fue una verdadera sorpresa.

DRA. LLANOS Es cierto. ¡Qué sorpresa encontrar una ciudad tan hispana en los Estados Unidos!

JUAN CARLOS Y Miami no es la única; hay hispanos en el suroeste, en California, en Nueva York . . .

SR. RUIZ ¡Y la Calle Ocho! ¡Qué interesante! Todo el mundo hablando con acento caribeño. Al cerrar los ojos me parecía volver a estar en La Habana. ¿Sabían que yo estuve allí hace muchos años? Me fascina, sencillamente, ¡me fascina! Y . . .

ÁLVARO ¿Vieron qué interesante pasear por las calles y ver restaurantes de tantos países hispanos? Hay muchos centroamericanos, ¿no?

JUAN CARLOS ¡Cómo no! Y suramericanos también.

Making comparisons

DRA. LLANOS De veras, los Estados Unidos es un país increíble. No creo que haya otro país tan variado como éste, con tal mezcla de gentes y costumbres. A nosotros nos sorprende este pluralismo cultural.

ÁLVARO Y qué distinta es la realidad del estereotipo que se ve en las películas. Pero los estereotipos son siempre así . . .

Giving a direct command

JUAN CARLOS Bueno, ¡atención! Ya hemos llegado al hotel. Escuchen, por favor. Ahora hay un rato libre para el almuerzo, pero por favor, si quieren ir a los Everglades, regresen a la una y media porque volvemos a salir a las dos.

SR. RUIZ ¡Virgen Santísima! ¡No encuentro mis cheques de viajero y los tenía en el bolsillo! ¿Ahora qué voy a hacer?

ÁLVARO Pero, los tiene Ud. en la mano, Sr. Ruiz.

Expressing annoyance

DRA. LLANOS ¡Qué hombre, Dios mío, qué hombre!

ACTIVIDAD 25: ¿Comprendiste? Después de escuchar la conversación otra vez, contesta las siguientes preguntas.

1. Según Juan Carlos, ¿en qué parte de los Estados Unidos hay muchos hispanos?
2. Según el Sr. Ruiz, ¿a qué ciudad se parece Miami y por qué?
3. Menciona dos cosas que le sorprendieron a la Dra. Llanos.
4. Álvaro menciona los estereotipos que se ven en las películas. ¿Cuáles son? ¿Cómo es el estereotipo del hispano? ¿Y del norteamericano? ¿Qué piensas de los estereotipos en general?

ACTIVIDAD 26: Volver a empezar Di las cosas que tienes que volver a hacer, completando estas frases.

➤ Si no entiendo las instrucciones, tengo que volver a leerlas.

1. Si no sale bien la comida, . . .
2. Si estás contando dinero y te interrumpen, . . .
3. Si el teléfono está ocupado, . . .
4. Si el profesor no está en su oficina, . . .
5. Si te devuelven una carta por no tener estampillas, . . .

Hacia la comunicación II

I. Describing: Comparisons of Equality

When you want to compare things that are equal, you can apply the following formulas:

tan + *adjective/adverb* + **como**

Mi hermano es **tan alto como** mi mamá.	*My brother is **as** tall **as** my mother.*
Llegaste **tan tarde como** tus hermanos.	*You arrived **as** late **as** your brothers.*

NOTE: When used without **como, tan** means *so:* **El artículo es *tan* informativo que les di una copia a todos mis amigos.**

tanto/a/os/as + *noun* + **como**

Tienes **tanto trabajo como** yo.	*You have **as much** work **as** I do.*
Hay **tantas mujeres como** hombres en el tour.	*There are **as many** women **as** men in the tour group.*

II. Making Requests and Giving Commands: Commands with *Usted* and *Ustedes*

Before studying the grammar explanation, answer the following question based on the conversation:

- In the paragraph that begins, **"Bueno, ¡atención! . . .",** which two verbs are used to give instructions?

1. To make a direct request or to give a command **(Ud., Uds.),** use the corresponding present subjunctive verb forms.

¡Hable (Ud.)!* **¡Hablen (Uds.)!**	*Speak!*
¡No **lleguen** tarde al concierto, por favor!	*Don't come late to the concert, please!*

*NOTE: Subject pronouns are seldom used with commands, but if they are, they follow the verb.

2. When reflexive or object pronouns are used with commands, follow these rules:

a. When the command is affirmative, the pronouns are attached to the end of the verb.

Remember to use accents.

¡Levánte**se** temprano!	*Get up early!*
¡Dígan**selo** a él!	*Tell it to him!*

b. When the command is negative, the pronouns immediately precede the verb.

Internet Do Workbook *Práctica mecánica II*, CSM, Web, and lab activities.

¡**No se** levante tarde!	*Don't get up late!*
¡**No se lo** digan a él, por favor!	*Please, don't tell it to him!*

ACTIVIDAD 27: Tan . . . como . . . Compara dos personas, animales o cosas de esta lista. Usa las palabras **tan . . . como . . . .** Usa la imaginación; las oraciones pueden ser absurdas.

➤ Freddy Krueger es tan feo como un cerdo.

Jennifer López
Jimmy Smits
una playa
una pelota
un elefante
una motocicleta
Madonna
una guitarra
Rush Limbaugh
Brad Pitt
Julia Roberts
Howard Stern
Freddy Krueger
Jesse Jackson
John Kennedy, Jr.
Michelle Pfeiffer
Bart Simpson
Barbara Walters
un perro
Arnold Schwarzenegger
un cerdo
Cameron Díaz
una computadora
Michael Jordan
Ricky Martin

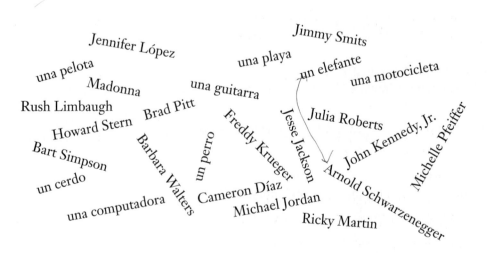

ACTIVIDAD 28: Las comparaciones En parejas, comparen a Adela y Consuelo, dos buenas amigas que tienen muchas cosas en común. "A" cubre la Columna B y "B" cubre la Columna A. Altérnense dando información.

➤ A: Adela tiene 28 años. ¿Y Consuelo?
B: 29. Entonces Adela es menor que Consuelo. / Entonces Consuelo es mayor que Adela.

A	B
Adela	Consuelo
1,70 (uno setenta)	1,65 (uno sesenta y cinco)
59 kilos	59 kilos
bonita	bonita
jugar bien al tenis	jugar bien al tenis
tener dos carros	tener dos carros
tener $10.000 en el banco	tener $1.000 en el banco

1,70 = 1 meter 70 centimeters (5 feet 7 inches)

ACTIVIDAD 29: ¿Quién dice qué? En parejas, decidan en qué situaciones se dicen estas frases.

1. No hable en voz alta.
2. No tiren papeles.
3. No fumen.
4. No toque.
5. Abróchense el cinturón de seguridad.
6. Llame a la policía.
7. Cómprelo hoy.

ACTIVIDAD 30: Sigan las instrucciones Escuchen las instrucciones y hagan las acciones de los siguientes gestos *(gestures)* hispanos.

Para indicar que una persona es tacaña *(stingy):*
1. Levántense.
2. Doblen el brazo derecho con la mano hacia arriba.
3. Cierren la mano derecha.
4. Abran la mano izquierda.
5. Pongan la mano izquierda debajo del codo derecho.
6. Con la palma de la mano izquierda, tóquense el codo varias veces.

Para indicar "no, no, no":
1. Levanten la mano derecha y pónganla enfrente del cuerpo con la palma de la mano hacia enfrente.
2. Cierren la mano.
3. Saquen el dedo índice hacia arriba.
4. Muevan el dedo índice de izquierda a derecha como un limpiaparabrisas.

ACTIVIDAD 31: Te toca a ti Lee las siguientes instrucciones y escribe los mandatos de los verbos indicados para poder hacer unos gestos típicos de la cultura hispana. Usa la forma de Uds. al escribir las instrucciones.

1. Para indicar que se debe tener cuidado:

    ____________ el dedo índice debajo del ojo y ____________ hacia abajo.
    (Poner, tirar)

2. Para indicar que una persona es delgada:

   ____________ la mano y ____________ el dedo meñique *(little finger)* hacia arriba. (Cerrar, levantar)

3. Para indicar que hay muchas personas en un lugar:

   Con la palma de la mano hacia arriba, ____________ la mano.

   ____________ los dedos hacia arriba. ____________ el pulgar *(thumb)* con los otros dedos. (cerrar, Extender, Tocar)

ACTIVIDAD 32: Los asistentes de vuelo Eres auxiliar de vuelo de la aerolínea costarricense TACA y vas a demostrar las instrucciones de seguridad en un avión. Lee individualmente las instrucciones que hay a continuación. No vas a entender todas las palabras, pero no importa. Intenta comprender las ideas principales. Después, escucha a tu profesor/a y demuestra las acciones para los pasajeros.

Buenos días y bienvenidos a bordo. Ahora unas medidas de seguridad. Abróchense el cinturón de seguridad. Mantengan el respaldo del asiento en posición vertical, la mesa en la posición inicial y pongan su equipaje de mano completamente debajo del asiento de adelante o en uno de los compartimientos de arriba. Por favor, obedezcan el aviso de no fumar. En el respaldo del asiento, delante de Uds., hay una tarjeta con información. Esta tarjeta les indica la salida de emergencia más cercana. Tomen unos minutos para leerla. En este avión hay dos puertas en cada extremo de la cabina y dos salidas sobre las alas. En caso de que sea necesario, el cojín del asiento puede usarse como flotador: pasen los brazos por los tirantes que están debajo del cojín. Si hay un cambio brusco de presión en la cabina, los compartimientos que contienen las máscaras de oxígeno se abren automáticamente. Entonces, pónganse la máscara sobre la nariz y la boca y respiren normalmente. Después, tomen la cinta elástica y póngansela sobre la cabeza. Después de ponerse la máscara, ajusten bien la máscara de sus niños. Gracias por su atención y esperamos que tengan un buen viaje a bordo de TACA.

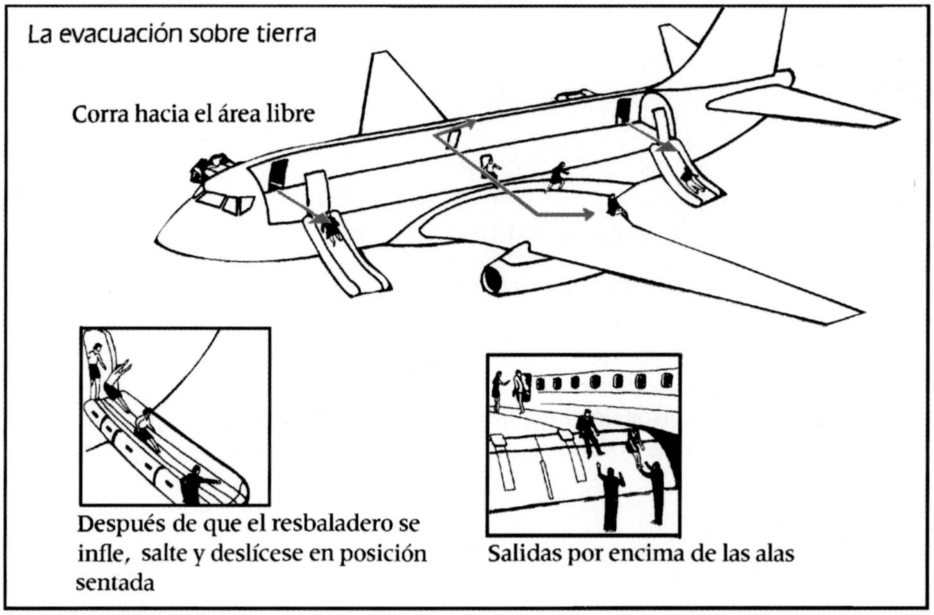

La evacuación sobre tierra
Corra hacia el área libre
Después de que el resbaladero se infle, salte y deslícese en posición sentada
Salidas por encima de las alas

ACTIVIDAD 33: En la calle En parejas, una persona lee el Papel A y la otra el Papel B.

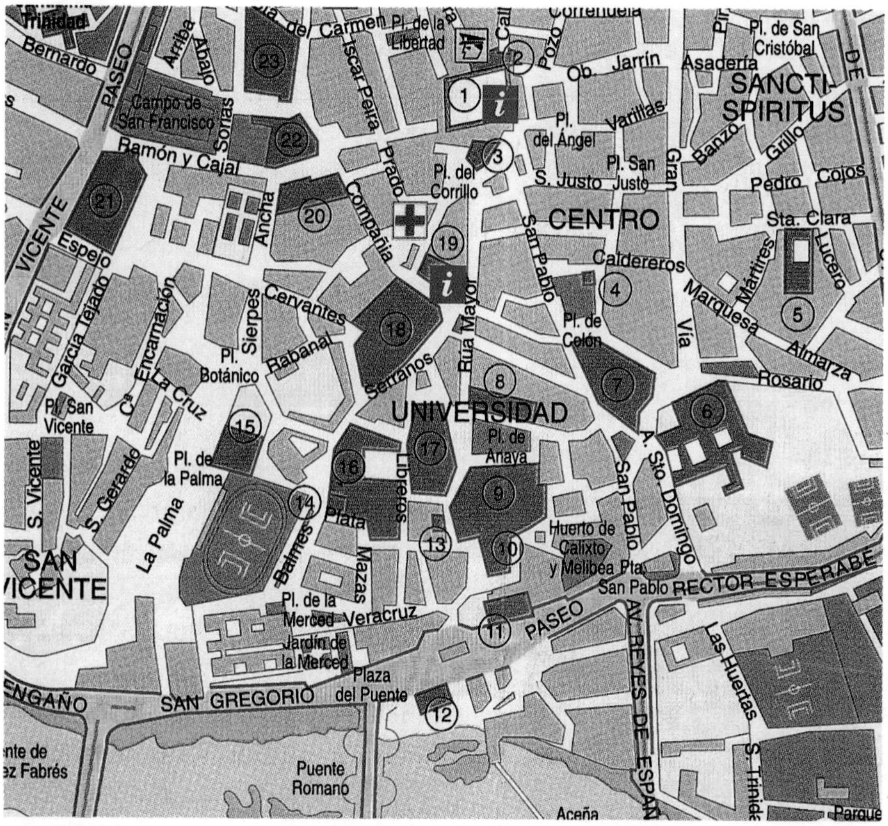

Lugares turísticos

1 La Plaza Mayor
4 La Torre del Clavero
6 La Iglesia de San Esteban
7 El Convento de las Dueñas
9 La Catedral Nueva
10 La Catedral Vieja
17 La Universidad
19 La Casa de las Conchas
21 El Colegio Mayor Arzobispo Fonseca

Papel A

Eres un/a turista en la ciudad de Salamanca. No tienes mapa y, por eso, vas a una agencia de viajes para averiguar *(to find out)* cómo llegar a algunos lugares. Los más populares en Salamanca son:

El Puente Romano (siglo I)	La Catedral Vieja (siglo XII y XIII)
La Plaza Mayor (siglo XIII)	San Esteban (siglo XVI)
La Casa de las Conchas	La Universidad (fundada en 1218)

Escoge dos lugares y pregúntale a la persona de la agencia cómo llegar.

Papel B

Trabajas en una agencia de viajes en Salamanca. Enséñale el mapa y usa las formas de los mandatos para decirle al/a la turista cómo llegar a los monumentos que le interesa ver.

Do Workbook *Práctica comunicativa II* and the *Repaso* section.

Vocabulario funcional

El viaje

el/la chofer	*driver, chauffeur*
la entrada	*entrance ticket*
la excursión	*excursion, side trip*
el/la guía turístico/a	*tour guide*
los impuestos	*taxes*
el itinerario	*itinerary*
libre	*free (with nothing to do)*
opcional	*optional*
la propina	*tip, gratuity*
el/la taxista	*taxi driver*
el tour	*tour*
el traslado	*transfer*

Las joyas

el anillo	*ring*
los aretes	*earrings*
el broche	*pin*
la cadena	*chain*
el collar	*necklace*
de fantasía	*costume (jewelry)*
el diamante	*diamond*
la esmeralda	*emerald*
los gemelos	*cuff links*
el oro	*gold*
la perla	*pearl*
la plata	*silver*
la pulsera	*bracelet*
el reloj	*watch*

Palabras y expresiones útiles

alguna vez	*(at) sometime; ever*
así	*like this/that*
el cheque de viajero	*traveler's check*
¿De acuerdo?	*O.K.?, Agreed?*
sacar de un apuro (a alguien)	*to get (someone) out of a jam*
tan	*so*
tan . . . como	*as . . . as*
tanto/a . . . como	*as much . . . as*
tantos/as . . . como	*as many . . . as*
todo el mundo	*everybody, everyone*
volver a + *infinitive*	*to do (something) again*
ya que	*since, because*

Cómo llegar a un lugar

bajar	*to go down*
bajar de	*to get off*
¿Cómo se llega a . . . ?	*How does one get to . . . ?*
cruzar	*to cross (the street)*
la cuadra	*city block*
doblar	*to turn*
la(s) escalera(s)	*stair(s), staircase*
la esquina	*corner*
pasar por	*to pass by/through*
¿Puede decirme cómo llegar a . . . ?	*Can you tell me how to get to . . . ?*
¿Sabe dónde está . . . ?	*Do you know where . . . is?*
seguir derecho	*to keep going straight ahead*
subir	*to go up*

Más verbos

caer	*to fall; to drop*
conseguir	*to get, obtain*
haber	*to have* (auxiliary verb)
obtener	*to obtain*
olvidar	*to forget*
pasar	*to spend (time)*
perder	*to lose*
quemar	*to burn*

TravelTur

Flor de mis cariños / Bogotá, Colombia

Do the CD-ROM video activities for more practice.

Antes de ver

ACTIVIDAD 1: El encuentro Andrés está en Bogotá, Colombia, y va a encontrarse con Cristina, su ex novia. En parejas, comenten qué creen sobre las siguientes ideas antes de ver el video:

1. dónde conoció Andrés a Cristina
2. si él va a estar contento de verla
3. si ella va a estar contenta de verlo
4. si él va a decirle piropos *(flirtatious remarks)* a ella
5. si ella va a decirle piropos a él

Mientras ves

ACTIVIDAD 2: ¿Adiviné? Ahora, mira el siguiente segmento para confirmar o corregir tus predicciones sobre los últimos cuatro puntos discutidos en la actividad anterior. Luego comparte tus ideas con el resto de la clase.

DESDE EL PRINCIPIO
HASTA 39:40

ACTIVIDAD 3: El plan Cristina ha planeado un paseo por algunos lugares importantes de Bogotá. Mira el siguiente segmento y completa la información sobre tres lugares que visitan.

DESDE 39:41
HASTA 42:20

Museo del ____________
Número de piezas/objetos: ____________
Precio de la entrada: ____________
Horario de cierre: ____________
Objetos que ellos ven: ____________

Quinta de ____________
Él fue el ____________ de América
Ellos ven: ____________

Hacienda Santa ____________
Este lugar es un centro ____________
Contrastes que observas: ____________

ACTIVIDAD 4: En silencio **Parte A:** Mira el siguiente segmento sin sonido y trata de adivinar qué ocurre. Luego cuéntale al resto de la clase lo que ocurrió.

DESDE 42:21
HASTA EL FINAL

Parte B: Después, mira el video con sonido para confirmar o corregir tu predicción y nuevamente comparte tus ideas con la clase.

¿LO SABÍAN?

Simón Bolívar es una figura central en la independencia del norte de Suramérica. Liberó del dominio español a Colombia, Venezuela, Ecuador, parte del Perú y lo que hoy en día es Bolivia. En 1819 llegó a ser el presidente de la Gran Colombia que estaba integrada por Colombia, Venezuela, Ecuador, Panamá y parte del Perú. A Bolívar y a José de San Martín se los considera los grandes héroes de la independencia de Suramérica. ¿Quiénes son los héroes de la independencia de los Estados Unidos?

Después de mirar

ACTIVIDAD 5: Tu opinión Después de mirar el último segmento, en parejas, den su opinión sobre las siguientes oraciones.

1. Mañana Andrés va a ir a Sopó solo.
2. Carlos está celoso *(jealous)* de Andrés.
3. Andrés está celoso de Carlos.
4. A Cristina le interesa más Carlos que Andrés.

ACTIVIDAD 6: La comparación En parejas, comparen físicamente a Andrés y a Carlos.

CAPÍTULO 14

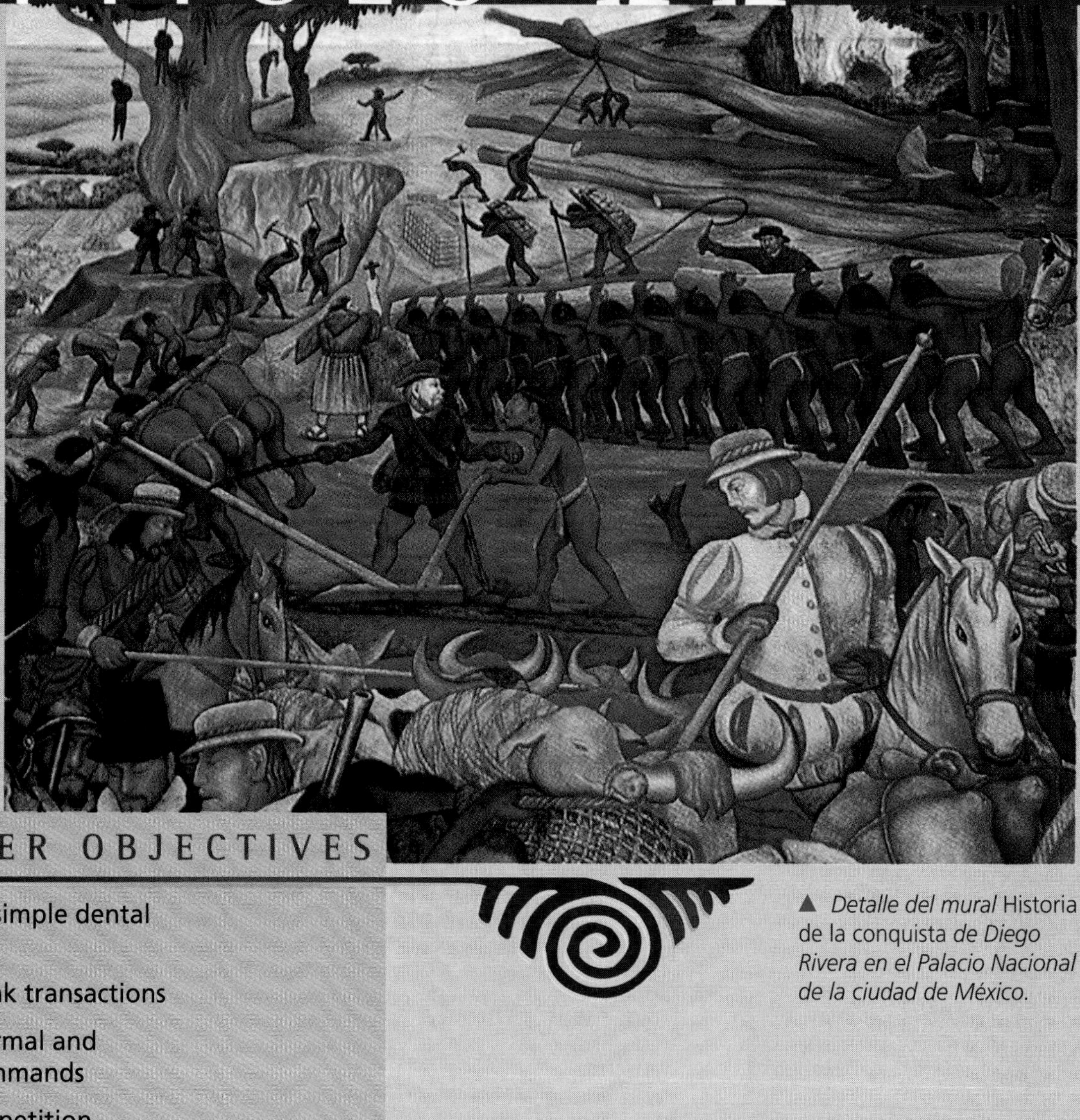

▲ *Detalle del mural* Historia de la conquista *de Diego Rivera en el Palacio Nacional de la ciudad de México.*

CHAPTER OBJECTIVES

- Explaining simple dental problems
- Making bank transactions
- Giving informal and indirect commands
- Avoiding repetition
- Expressing possession in an emphatic way
- Ordering and discussing breakfast

En México y con problemas

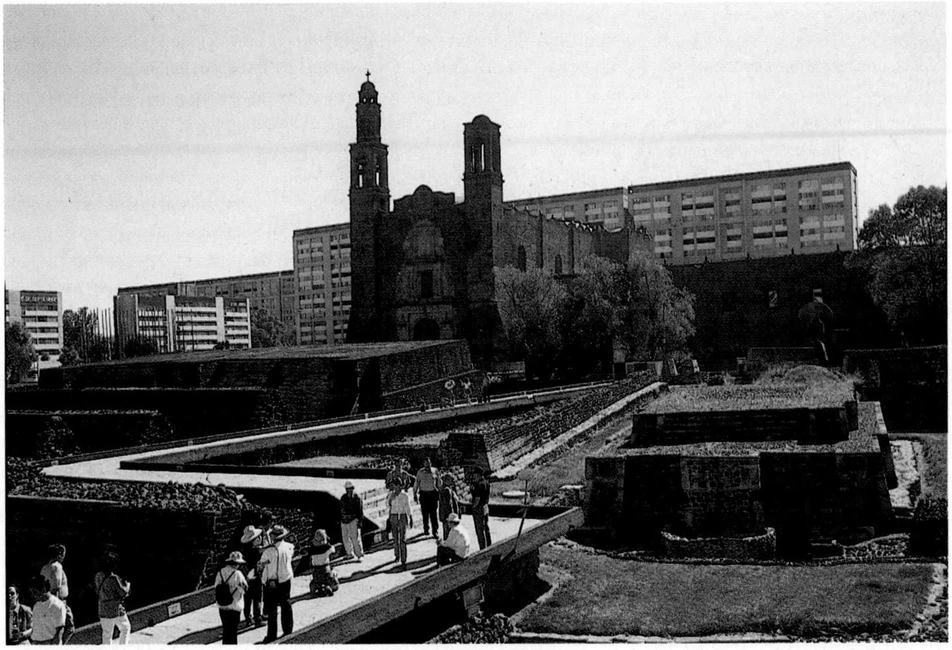

▲ *La Plaza de las Tres Culturas, México. ¿Puedes identificar cuáles son las tres culturas representadas?*

¡Basta (de . . .)!	(That's) enough (. . .)!
¡Ya voy!	I'm coming!
una enciclopedia ambulante	a walking encyclopedia
¡Ni loco/a!	Not on your life!

Mientras el grupo de turistas tiene unas horas libres en México, Álvaro y Juan Carlos dan un paseo.

ACTIVIDAD 1: Por la calle Mientras escuchas la conversación, indentifica las respuestas a estas preguntas.

1. ¿Qué es una "sala de torturas" para Álvaro?
2. ¿Adónde va a ir Juan Carlos?
3. ¿Por qué llama Álvaro a Juan Carlos "una enciclopedia ambulante"?

Giving an implied command

JUAN CARLOS Vamos, Álvaro, ya es tarde.
ÁLVARO ¡Ya voy! ¡Ay, ay, ay!
JUAN CARLOS ¿Qué te pasa? Ya son las nueve y sólo tenemos dos horas.
ÁLVARO ¡Ay! Mi muela, ¡qué dolor de muela!
JUAN CARLOS Te digo que vayas a un dentista.
ÁLVARO ¿A una sala de torturas? ¡Ni loco!
JUAN CARLOS Te lo dije en España. ¿Por qué no fuiste al dentista allá?

	ÁLVARO	Porque no me gusta y pensé que . . .
	JUAN CARLOS	¡Basta de tonterías! Allí veo el consultorio de un dentista y por última vez te digo que vayas ahora mismo o que dejes de quejarte.
	ÁLVARO	Bueno, bueno, voy. Mientras tanto, ve tú al banco para cambiar dinero.
Giving a negative command	JUAN CARLOS	No olvides que tenemos que estar en el hotel a las once para acompañar al grupo en el tour de la ciudad.
	ÁLVARO	¿Qué vamos a ver hoy? Lo leí en el itinerario anoche, pero se me olvidó.
	JUAN CARLOS	Tienes tanto dolor que te está afectando la cabeza, ¿no?
Insisting	ÁLVARO	Vamos, ¡dime!
	JUAN CARLOS	Vamos a ir por la Avenida de la Reforma hasta el Zócalo, que es la plaza principal, ¿te acuerdas? Allí vamos a ver la Catedral y los murales de Diego Rivera en el Palacio Nacional. Después vamos al Parque de Chapultepec a ver el castillo de Maximiliano y Carlota y por último, vamos a la Plaza de las Tres Culturas, donde hay edificios de apartamentos modernos, una iglesia colonial y ruinas de una pirámide azteca. ¿Y qué? ¿Ya se te está pasando la amnesia?
	ÁLVARO	¡Cuánto sabes! ¿Para qué le pagamos a un guía si tú eres una enciclopedia ambulante?
Giving a command	JUAN CARLOS	¡Deja de molestar! Ve al dentista mientras yo voy al banco y luego nos encontramos en el hotel. ¡Chau!

ACTIVIDAD 2: ¿Comprendiste? Después de escuchar la conversación otra vez, contesta estas preguntas.

1. ¿Adónde va a ir Álvaro? ¿Por qué no fue antes?
2. ¿A qué hora tienen que estar Álvaro y Juan Carlos en el hotel y por qué?
3. ¿Qué hay en el Zócalo?
4. ¿Qué van a visitar en el Parque de Chapultepec?
5. ¿Cuáles son las culturas representadas en la Plaza de las Tres Culturas?

¿LO SABÍAN?

Maximiliano y Carlota fueron emperadores de México, enviados allí por Napoleón III en 1864. Su imperio fue corto y desastroso. Cuando Napoleón les retiró su ayuda a los emperadores, Carlota fue a Europa para buscar apoyo, pero nadie quiso ayudarla; frustrada y desesperada, se volvió loca. Los mexicanos capturaron y ejecutaron *(executed)* a Maximiliano en 1867. Carlota vivió sesenta años más y murió en Bélgica.

HISTORIA

1862 Las tropas francesas de Bazaine entran en la capital.

1864 El archiduque Fernando Maximiliano, hermano del emperador Francisco José, acepta la corona mexicana que le ofrece una Junta de Notables a instancias de Napoleón III, emperador de los franceses.

1866 Las dificultades de la política exterior de Napoleón III y las que halla Maximiliano en México provocan el comienzo de la evacuación de las tropas francesas.

1867 Prosigue el éxito de la ofensiva republicana. Maximiliano, que había pretendido abdicar contra la oposición, queda sitiado en Querétaro. Entregada la plaza, es fusilado junto a los generales mexicanos Miramón y Mejía, que habían luchado a su favor. Benito Juárez es reelegido presidente constitucional.

ACTIVIDAD 3: Un buen amigo Cuando hablan dos amigos, como Juan Carlos y Álvaro, no es igual que cuando hablan dos personas que no se conocen bien. En parejas, lean la conversación e indiquen qué oraciones y comentarios de la conversación muestran que son amigos y por qué.

ACTIVIDAD 4: Una enciclopedia ambulante Si una persona sabe muchos datos, coloquialmente se dice que es "una enciclopedia ambulante". ¿Cómo se puede describir a las siguientes personas usando la palabra "ambulante"?

1. una persona que lleva muchas **joyas**
2. una persona que tiene muchos **medicamentos**
3. una persona que siempre lleva muchos **libros**
4. una persona que sabe **la definición de muchas palabras**
5. una persona que sabe mucha **geografía**

Lo esencial I

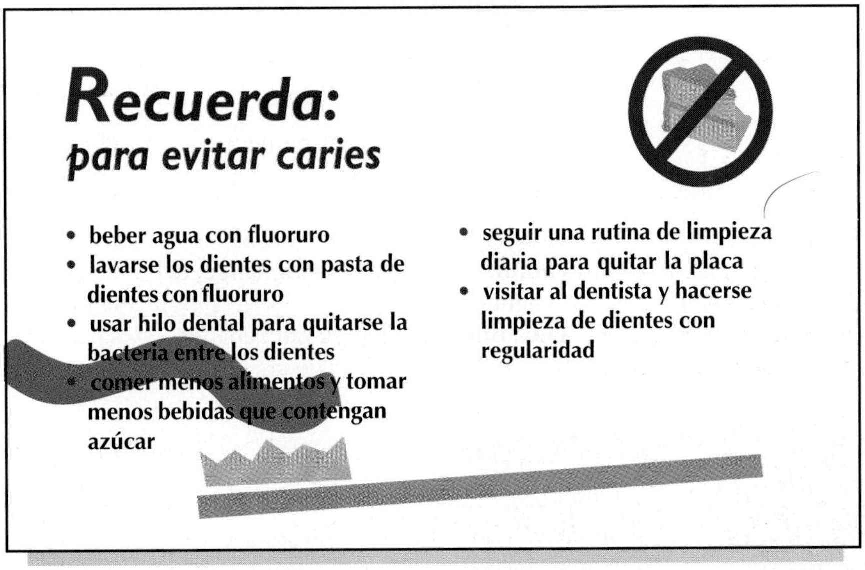
Recuerda:
para evitar caries
• beber agua con fluoruro
• lavarse los dientes con pasta de dientes con fluoruro
• usar hilo dental para quitarse la bacteria entre los dientes
• comer menos alimentos y tomar menos bebidas que contengan azúcar
• seguir una rutina de limpieza diaria para quitar la placa
• visitar al dentista y hacerse limpieza de dientes con regularidad

I. El consultorio del dentista

caérsele un empaste (a alguien) to lose a filling
la caries cavity
el diente tooth
el dolor de muela toothache
el empaste filling
el hilo dental dental floss
la limpieza de dientes teeth cleaning
la muela molar
la muela del juicio wisdom tooth

ACTIVIDAD 5: La historia dental Vas a ver a un nuevo dentista por primera vez y tienes que darle tu historia dental a su ayudante. En parejas, habla con el/la ayudante que necesita saber la siguiente información.

➤ número de empastes
A: ¿Cuántos empastes tiene?
B: No tengo ninguno. / Tengo . . .

1. fecha de la última limpieza dental
2. frecuencia de las visitas al dentista
3. higiene dental
4. número de muelas del juicio
5. problemas dentales recientes
6. sensibilidad al frío o al calor

ACTIVIDAD 6: El dolor de muela En parejas, una persona cubre el Papel A y la otra cubre el Papel B. Conversen por teléfono según las indicaciones.

Papel A

Tienes uno de estos problemas: un dolor de muela terrible y casi no puedes hablar; una muela sensible al calor y al frío y crees que puede ser una caries; se te cayó un empaste. Llamas al dentista para hacer una cita *(appointment)* urgente. Eres una persona muy insistente.

Papel B

Eres recepcionista en el consultorio de un dentista. Hoy estás pasando un mal día y estás de mal humor. Un/a paciente te llama por teléfono, pero a ti no te parece nada urgente. El dentista está ocupado hasta el mes que viene.

II. En la casa de cambio

el billete bill (paper money)
la caja cashier's desk
el/la cajero/a cashier
el cajero automático ATM
cambiar (dinero) to exchange; to change (money)
el cambio exchange rate; change
el cheque de viajero traveler's check
el (dinero en) efectivo cash
la firma signature
firmar to sign
la moneda currency; coin
sacar to take out; withdraw
la tarjeta de crédito credit card

▲ *Cajero automático en Caracas, Venezuela.*

¿LO SABÍAN?

Si viajas a un país hispano, puedes obtener dinero con una tarjeta de banco en los cajeros automáticos. Éstos te dan el dinero en la moneda del país y, por eso, tienes que calcular cuántos dólares estás sacando de tu cuenta. Si no cambias en un cajero automático, es bueno que cambies en un banco o en una casa de cambio porque las tiendas y los hoteles cobran una comisión alta. En algunos países no se puede cambiar dinero en todos los bancos; hay que hacerlo en casas de cambio o en bancos que tienen un aviso que dice "CAMBIO". También es bueno que lleves cheques de viajero, pues son más seguros y generalmente los bancos te dan mejor cambio por ellos. No es común pagar con cheques personales en tiendas, restaurantes o supermercados; las compras se hacen con dinero en efectivo o con tarjeta de crédito.

ACTIVIDAD 7: ¿Cómo pagas? En parejas, decidan cómo explicarle a un/a visitante hispano/a dónde o cuándo se paga en los Estados Unidos con dinero en efectivo, con cheque personal, con cheque de viajero o con tarjeta de crédito.

ACTIVIDAD 8: El dinero Los billetes de los Estados Unidos son todos del mismo color y tamaño *(size)*, pero en otros países, unos billetes son más grandes y otros más pequeños y de diferentes colores. En grupos de cinco, miren e identifiquen de dónde son estos billetes. ¿Quién o qué aparece en el billete? ¿Creen Uds. que sea bueno o malo tener billetes de diferentes tamaños y colores?

Ignacio Carrera Pinto is a Chilean war hero from the **Guerra del Pacífico.** He is known as **"el capitán de los 77".** Seventy-seven men under his command died while trying to hold off over 2000 Peruvians. **Parque Arqueológico de San Agustín,** Colombia, contains the most extensive collection of pre-Columbian stone sculpture (bill no longer in use). The bill depicting an **embera** Indian commemorates the Quincentennial. **Juan Pablo Duarte** is considered to be the founder of the Dominican Republic.

ACTIVIDAD 9: El cambio En parejas, "A" va a un banco en Puerto Rico a cambiar dólares por moneda de un país hispano; "B" trabaja en el banco. "B" le pregunta si quiere comprar o vender, qué moneda quiere, cuánto dinero quiere cambiar y le dice a cuánto está el cambio.

1 dólar estadounidense = 1,69 marcos

Cambio	$		
		España/peseta	144,23
		Francia/franco	5,69
Alemania/marco	1,69	Gran Bretaña/libra	0,61
Argentina/peso	1,00	Hong Kong/dólar	7,74
Brasil/real	1,20	Italia/lira	1.679,25
Canadá/dólar	1,52	Japón/yen	123,21
Colombia/peso	1.546,62	México/peso	10,01
Chile/peso	468,10	Venezuela/bolívar	572,85

Hacia la comunicación I

I. Making Requests and Giving Commands: Commands with *Tú*

Before studying the grammar explanation, answer the following questions based on the conversation:

- When Juan Carlos says to Álvaro, **"¡Deja de molestar!"**, is he making a suggestion or giving a command? Do you think Juan Carlos is using the **Ud.** or the **tú** form when talking to Álvaro?

1. In this book you have seen the singular familiar command **(tú)** used in the directions for many activities. To give an affirmative familiar command or to make a request, use the present indicative verb form corresponding to **él/ella/Ud.**

practicar ⟶ practica traer ⟶ trae subir ⟶ sube

Sube a mi habitación y **trae** el libro que está allí. — *Go up to my room and bring the book that is there.*
¡**Espera** un momento! — *Wait a minute!*

The familiar commands for the following verbs are irregular:

Sé is a familiar command; **se** is a reflexive pronoun and an object pronoun.

decir	**di**	salir	**sal**
hacer	**haz**	ser	**sé**
ir	**ve**	tener	**ten**
poner	**pon**	venir	**ven**

Ven acá y **haz** el trabajo. — *Come here and do the work.*
Sé bueno y **di** siempre la verdad. — *Be good and always tell the truth.*

Review formation of the subjunctive, Ch. 8.

2. To give a negative familiar command, use the **tú** form of the present subjunctive.

No vayas al dentista todavía. — *Don't go to the dentist yet.*
No salgas esta tarde. — *Don't go out this afternoon.*

NOTE: Subject pronouns are seldom used with familiar commands, but if they are, they follow the verb: **Estoy ocupado; ven tú. No lo hagas tú; yo voy a hacerlo.**

3. In familiar commands, as in **Ud.** and **Uds.** commands, the reflexive and the object pronouns immediately precede the verb in a negative command and are attached to the end of an affirmative command.

Note the need for an accent.

No se lo digas. — *Don't tell it to her.*
Levánta**te.** — *Get up.*

Vosotros affirmative commands: **decir** = **deci** + **d** ⟶ **decid.** Reflexive affirmative **vosotros** commands: **lavarse** = **lava** + **os** ⟶ **lavaos.** Negative **vosotros** commands: Use subjunctive forms.

4. The following chart summarizes the forms used for commands:

	Affirmative Commands	Negative Commands
(tú)	come*	no comas
(Ud.)	coma	no coma
(Uds.)	coman	no coman

*NOTE: All forms are identical to the subjunctive except the affirmative command form of **tú.**

Prepara un delicioso y refrescante vaso de Nescafé Frappé.
1. Pon Nescafé y azúcar a tu gusto en la coctelera.
2. Añade agua fría y hielo (hasta la mitad, aproximadamente).
3. Agita la coctelera, hasta hacer espuma.
4. Sírvelo en vaso largo.

II. Giving Indirect Commands: *Decir* + Subjunctive

To give an indirect command, you can use the verb **decir** in the independent clause and a verb in the subjunctive in the dependent clause.

Te **digo** que **vayas** al dentista.	*I'm telling you to go to the dentist.*
¡Oigan! Les **estoy diciendo** que **vengan.**	*Listen! I'm telling you to come.*

When using **decir:** *to tell that; to say that* = indicative; *to tell to* = subjunctive.

However, when the verb **decir** is used to give information, the verb in the dependent clause is in the indicative.

Él dice que no **va** a llover.	*He says that it's not going to rain.*
Le digo que **vamos** al Zócalo.	*I'll tell her that we're going to the Zócalo.*
Ella dice que **él** es buen dentista.	*She says that he is a good dentist.*

Do Workbook *Práctica mecánica I* and corresponding CSM activities.

ACTIVIDAD 10: Los mayores siempre mandan Los niños escuchan muchas órdenes todos los días. En parejas, hagan una lista de, por lo menos, cinco órdenes afirmativas y cinco órdenes negativas que normalmente oye un niño o una niña.

ACTIVIDAD 11: En el programa de David Letterman Tú tienes un perro muy inteligente y lo llevas al programa de David Letterman. Dale órdenes comunes y después mándale hacer "un truco estúpido". Usa verbos como **sentarse, levantarse, dar la pata** *(paw)*, **hablar, correr, saltar** *(to jump)*, **hacerse el muerto, traer**, etc.

Hacerse el/la + *adjective* = to pretend to be + *adjective*

ACTIVIDAD 12: ¡Cuántas órdenes! En grupos de tres, Uds. son tres hermanos que viven juntos e invitaron a comer a un amigo de su padre que está de visita en la ciudad. Tienen que darse órdenes para preparar la comida. Normalmente, los hermanos se contradicen *(contradict each other)* mucho.

➤ A: ¡Corre a la tienda y compra café!
B: ¡No compres café, compra té!
C: No, voy a comprar Pepsi.

ir al supermercado y comprar carne
lavar y secar los platos
salir y comprar cerveza
hacer una ensalada
limpiar la cocina
servir vino
preparar el pollo
hacer papas fritas

ACTIVIDAD 13: ¿Quién hace qué? En parejas, Uds. son Juan Carlos y Álvaro y tienen muchas cosas que hacer. Lean primero sólo las instrucciones para su papel; luego denle órdenes a la otra persona.

Juan Carlos

Quieres que Álvaro:
—mande tarjetas postales
—compre las entradas para el Ballet Folklórico
—llame al guía para ver la hora de salida mañana
—no le pague al guía todavía

Tú ya:
—hiciste una reserva en un restaurante

Álvaro

Quieres que Juan Carlos:
—compre las entradas para el Ballet Folklórico
—ponga un anuncio sobre el Ballet en el hotel
—haga una reserva en un restaurante
—pregunte cómo llegar al Ballet

Tú ya:
—llamaste al guía y sabes que el grupo sale mañana a las 7:30
—mandaste las tarjetas postales

ACTIVIDAD 14: Lo bueno y lo malo En grupos de tres, una persona tiene dudas sobre qué debe hacer y las otras personas son su conciencia buena y su conciencia mala. Después de escuchar las dos voces de la conciencia, la persona tiene que decidir qué va a hacer.

1. No tengo dinero y quiero un helado. ¿Debo robarme el helado?
2. No sé la respuesta, pero puedo ver el examen de Gonzalo. ¿Debo copiar la respuesta?
3. Se le cayeron veinte dólares de la bolsa a esa mujer. ¿Debo decirle algo o quedarme con el dinero?
4. No fui al trabajo ayer porque fui a la playa. ¿Debo mentirle a mi jefa y decirle que estuve enfermo/a?

ACTIVIDAD 15: ¿Quién lo dice? Di qué suelen decir un médico, un dentista, un abogado y un profesor.

Remember: Indirect command = subjunctive; information = indicative

➤ Un dentista siempre te dice que . . .

1. comer muchas verduras
2. hacerse limpieza de dientes una vez al año
3. los cigarrillos causar muchos problemas
4. no decirle nada a nadie
5. tomar buenos apuntes
6. tener problemas de estrés
7. ir al laboratorio
8. la clase empezar a las diez en punto
9. ser importante usar el hilo dental
10. hacer ejercicio físico
11. darle dinero por anticipado
12. tomar dos aspirinas y llamarlo mañana

ACTIVIDAD 16: Consejos En grupos de tres, hagan una lista de consejos sobre cosas que debe o no debe hacer una amiga hispana que viene a visitar la ciudad donde Uds. viven. Hay diferentes maneras de dar consejos: **Es bueno que . . . , (No) debes . . . , Te aconsejamos que . . . , Te digo que . . . , Es mejor que . . . ,** etc.

Do Workbook *Práctica comunicativa I.*

➤ Visita el museo.
Te digo que no camines sola por los parques de noche.

Nuevos horizontes

LECTURA

Estrategia: *Defining Style and Audience*

In novels or short stories, the author usually decides whether to write in third or first person. Some authors write in first person from the point of view of one of the characters, and the reader can only rely on what the character says and does to better understand the character and his/her perceptions of others. When writing in third person, the omniscient author can convey more information about the characters to the reader. A writer also chooses an audience (adults, teenagers, etc.). He/She keeps the audience in mind when writing the text.

As you read, it is useful to determine in which person the author is writing and who his/her audience is in order to best understand the work.

ACTIVIDAD 17: Antes de leer Uds. van a leer el cuento "Beatriz (Una palabra enorme)" del autor uruguayo Mario Benedetti. Antes de leerlo, en grupos de tres, expliquen qué es un **preso político.**

preso = prisionero
cárcel = prisión

ACTIVIDAD 18: Lectura rápida Lee rápidamente el primer párrafo para determinar si el cuento está escrito

a. en tercera persona.
b. en primera persona.
c. en primera persona desde el punto de vista de un personaje.

ACTIVIDAD 19: Identificar Mientras lees el cuento, identifica con qué personaje se relaciona cada frase de la lista. Escribe la letra de la frase al lado del nombre de cada personaje. Hay más de una respuesta correcta para algunos personajes y una frase puede relacionarse con más de un personaje.

Mario Benedetti _____	Rolando _____
el papá _____	Graciela _____
Beatriz _____	Angélica _____

a. una amiguita
b. el tío de la narradora
c. un prisionero político
d. la madre de la narradora
e. la esposa del prisionero
f. la narradora
g. el autor del cuento
h. una niña pequeña
i. vive en Libertad
j. tiene ideas
k. su perro se llama Sarcasmo
l. la más alunada

Beatriz (Una palabra enorme)

Mario Benedetti

Libertad es una palabra enorme. Por ejemplo, cuando terminan las clases, se dice que una está en libertad. Mientras dura la libertad, una pasea, una juega, una no tiene por qué estudiar. Se dice que un país es libre cuando una mujer cualquiera o un hombre cualquiera hace lo que se le antoja°. Pero hasta los países libres tienen cosas muy prohibidas. Por ejemplo matar. Eso sí, se pueden matar mosquitos y cucarachas, y también vacas para hacer churrascos. Por ejemplo está prohibido robar, aunque no es grave que una se quede con algún vuelto° cuando Graciela, que es mi mami, me encarga alguna compra. Por ejemplo está prohibido llegar tarde a la escuela, aunque en ese caso hay que hacer una cartita, mejor dicho la tiene que hacer Graciela, justificando por qué. Así dice la maestra: justificando.

lo que quiere

el cambio (monedas)

Libertad quiere decir muchas cosas. Por ejemplo, si una no está presa, se dice que está en libertad. Pero mi papá está preso y sin embargo está en Libertad, porque así se llama la cárcel donde está hace ya muchos años. A eso el tío Rolando lo llama qué sarcasmo. Un día le conté a mi amiga Angélica que la cárcel en que está mi papá se llama Libertad y que el tío Rolando había dicho qué sarcasmo y a mi amiga Angélica le gustó tanto la palabra que cuando su padrino le regaló un perrito le puso de nombre Sarcasmo. Mi papá es un preso pero no porque haya matado o robado o llegado tarde a la escuela. Graciela dice que mi papá está en Libertad, o sea está preso, por sus ideas. Parece que mi papá era famoso por sus ideas. Yo también a veces tengo ideas, pero todavía no soy famosa. Por eso no estoy en Libertad, o sea que no estoy presa.

Si yo estuviera presa, me gustaría que dos de mis muñecas°, la Toti y la Mónica, fueran también presas políticas. Porque a mí me gusta dormirme abrazada por lo menos a la Toti. A la Mónica no tanto, porque es muy gruñona°. Yo nunca le pego, sobre todo para darle ese buen ejemplo a Graciela.

Ken y Barbie son muñecas

una persona que protesta mucho

▲ *Mural de protesta en un barrio obrero de Santiago, Chile.*

Ella me ha pegado pocas veces, pero cuando lo hace yo quisiera tener muchísima libertad. Cuando me pega o me rezonga yo le digo Ella, porque a ella no le gusta que la llame así. Es claro que tengo que estar muy alunada° para llamarla Ella. Si por ejemplo viene mi abuelo y me pregunta dónde está tu madre, y yo le contesto Ella está en la cocina, ya todo el mundo sabe que estoy alunada, porque si no estoy alunada digo solamente Graciela está en la cocina. Mi abuelo siempre dice que yo salí la más alunada de la familia y eso a mí me deja muy contenta. A Graciela tampoco le gusta demasiado que yo la llame Graciela, pero yo la llamo así porque es un nombre lindo. Sólo cuando la quiero muchísimo, cuando la adoro y la beso y la estrujo° y ella me dice ay chiquilina no me estrujes así, entonces sí la llamo mamá o mami, y Graciela se conmueve y se pone muy tiernita y me acaricia° el pelo, y eso no sería así ni sería tan bueno si yo le dijera mamá o mami por cualquier pavada°.

O sea que la libertad es una palabra enorme. Graciela dice que ser un preso político como mi papá no es ninguna vergüenza. Que casi es un orgullo. ¿Por qué casi? Es orgullo o es vergüenza. ¿Le gustaría que yo dijera que es casi vergüenza? Yo estoy orgullosa, no casi orgullosa de mi papá, porque tuvo muchísimas ideas, tantas y tantísimas que lo metieron preso por ellas. Yo creo que ahora mi papá seguirá teniendo ideas, tremendas ideas, pero es casi seguro que no se las dice a nadie, porque si las dice, cuando salga de Libertad para vivir en libertad, lo pueden meter otra vez en Libertad. ¿Ven como es enorme?

de mal humor

abrazar fuertemente

tocar con amor

cosa sin importancia / tontería

ACTIVIDAD 20: Después de leer En parejas, contesten las siguientes preguntas.

1. El cuento está escrito desde el punto de vista de una niña, pero ¿es un cuento para niños o adultos? Expliquen su respuesta.
2. Al escribir el cuento, el autor usa letras mayúsculas y minúsculas para las mismas palabras. ¿Cuál es la diferencia entre **libertad** y **Libertad**? ¿Cuál es la diferencia entre **ella** y **Ella**?

ACTIVIDAD 21: El futuro En parejas, comparen a Beatriz con su padre. ¿Son parecidos o muy diferentes? Justifiquen su respuesta. Imagínense que han pasado veinte años y Beatriz ya es adulta. ¿Cómo es? ¿Qué hace?

ESCRITURA **Estrategia: *Journal Writing***

In the story you just read, Beatriz justified why she thought *liberty* was such an enormous word; she recorded her thoughts. For many people, the recording of their thoughts in journals or diaries helps them clarify their beliefs. Beatriz appears to be very spontaneous in her writing with one thought leading to another. This allows her to freely examine her feelings.

To write a journal or diary, concentrate on the day's highlights, making comments and jotting down your impressions about what happened. Write down your thoughts freely, focusing on the content of the writing, not its form. This spontaneous style of writing helps ideas flow and minimizes writer's block.

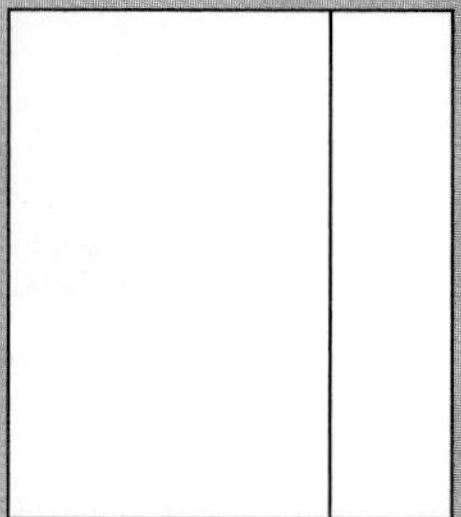

ACTIVIDAD 22: Día tras día Divide las hojas en dos columnas, una ancha *(wide)* y otra angosta *(narrow)*. En la parte ancha, escribe durante un mínimo de tres días. Incluye las cosas importantes que ocurrieron y haz comentarios. La segunda columna es para que tu profesor/a haga comentarios sobre tus ideas.

Lo esencial II

El desayuno

Practice these words when cooking, eating breakfast, etc.

1. el yogur
2. la tostada
3. el café
4. la mermelada
5. la mantequilla
6. el croissant/la medialuna
7. el jugo/zumo

Otras cosas relacionadas con el desayuno

los churros y el chocolate Spanish crullers and hot chocolate
la fresa strawberry
las galletas cookies; crackers
los huevos (fritos, revueltos, duros) eggs (fried, scrambled, hard-boiled)
la naranja orange
la salchicha sausage
el tocino bacon

¿LO SABÍAN?

En los países hispanos es normal tomar un desayuno ligero *(light)* que puede consistir en café con leche y tostadas, croissants o galletas con mantequilla o mermelada. No es común comer huevos y tocino para el desayuno. Por lo general, poca gente come cereal. En España, muchos jóvenes pasan la noche en las discotecas y a primera hora de la mañana van a las cafeterías para tomar desayuno de churros y chocolate.

ACTIVIDAD 23: Las calorías Divide las comidas de la página 355 en dos categorías: las comidas que tienen muchas calorías y las que tienen pocas.

ACTIVIDAD 24: Las preferencias Habla con algunos compañeros para averiguar qué desayunan durante la semana y el fin de semana. Si comen huevos, pregúntales cómo los prefieren.

ACTIVIDAD 25: Una tostada, ¡ya va! En grupos de cuatro, "A" es el/la camarero/a y "B", "C" y "D" son clientes que entran en la cafetería para tomar el desayuno. Antes de pedir, cada persona debe leer solamente las instrucciones de su papel, que están a continuación.

A No hay tocino, pero hay salchichas. No hay croissants, ni churros ni jugo de naranja, sólo hay jugo de tomate.

B Hoy quieres un desayuno fuerte porque no vas a poder almorzar.

C Estás a dieta, así que quieres algo ligero y un café con leche para despertarte.

D Te encantan los churros y el chocolate. Siempre comes algo dulce *(sweet)* por la mañana.

Se vende como pan caliente = Se vende como churros (España)

¿LO SABÍAN?

En español hay muchos dichos relacionados con la comida:

1. **Se vende como pan caliente** se usa cuando una cosa es muy popular y se vende mucho en las tiendas.
2. **Estoy hecho/a una sopa** se dice cuando uno está muy mojado/a después de caminar en la lluvia o hacer ejercicio.
3. **Se puso (rojo) como un tomate** se dice cuando uno tiene vergüenza y se pone rojo.
4. **No sabe ni papa** se usa cuando una persona es ignorante.

¿Hay equivalentes en inglés para estos dichos? ¿Qué dichos relacionados con la comida conoces en inglés?

En Yucatán

▲ *Ruinas mayas de Chichén Itzá, península de Yucatán, México.*

pasarlo bien/mal	to have a good/bad time
por un lado . . . por otro lado	on the one hand . . . on the other hand
tenerle fobia a . . .	to have a fear of . . . ; to hate

Juan Carlos está en Yucatán, México, dónde buscó un cybercafé para poder escribirles un mensaje electrónico a sus amigas en España.

ACTIVIDAD 26: Cierto o falso Lee rápidamente el mensaje de Juan Carlos, y marca si estas oraciones son ciertas **(C)** o falsas **(F).**

1. _____ Juan Carlos y Álvaro lo están pasando muy bien en México.
2. _____ Álvaro tenía una caries.
3. _____ El grupo de Álvaro tiene gente divertida.
4. _____ El Sr. Ruiz llega tarde para el desayuno.
5. _____ Las ruinas de Yucatán son aztecas.

Composición de mensajes

Enviar | Citar | Adjuntar | Dirección | Parar

Asunto: ¡Saludos!

Direcciones | **Adjuntos**

Enviar a: davilac@ipcex.es

Cc:

Hola, chicas. ¿Cómo están? Por aquí todo bien. Con todas las responsabilidades de la excursión, no he tenido tiempo ni para mandar postales, pero hoy encontré un cybercafé y decidí mandarles un mensaje electrónico. Estamos bien y muy contentos conociendo lugares interesantísimos, aunque Álvaro estuvo mal de la muela que ya le molestaba en España y, claro, . . . por fin tuvo que ir al dentista y le pusieron un empaste enorme. Yo le digo que es un cobarde, pero es que el pobre les tiene fobia a los dentistas. Ahora, un secreto y no se lo digan a Álvaro, pero yo les tengo fobia a los ascensores.[1]

Expressing extreme interest

Aquí lo estamos pasando muy bien. O sea, por un lado, es una responsabilidad, pero por otro nos encanta el trabajo de líderes y aprendemos mucho en cada lugar. Dividimos a la gente en dos grupos: el de Álvaro tiene personas un poco sosas, pero el mío es muy divertido. En mi grupo hay un señor, el Sr. Ruiz, que es excéntrico y, a veces, algo desconsiderado. Siempre llega tarde para tomar el desayuno y lo tenemos que esperar para ir a las excursiones. ¡Un día de éstos lo vamos a dejar en el hotel!

Comparing and contrasting

México me fascina. En algunos aspectos es como Perú, y se ve bastante la cultura indígena, pero en otros es totalmente distinto y, en algunas partes, la influencia de los Estados Unidos es fuerte. México, la ciudad, es increíblemente grande con gente y tráfico por todas partes. Hemos aprendido expresiones mexicanas como "jale" en vez de "tire" y "camión" en vez de "autobús".

Ya hace dos días que estamos en Yucatán. Las ruinas mayas y toltecas son diferentes de las incaicas de Perú, pero también son fascinantes. Ayer estuvimos en Chichén Itzá; es un lugar misterioso donde se practicaban ritos de sacrificios humanos. Lo que más me gustó fue el Caracol, una torre redonda, y también me fascinó el Castillo, el templo principal del dios Kukulkán.

¡Ah! Me está llamando Álvaro. Pues, tengo que irme corriendo con el grupo. Álvaro les manda besos y yo también. Oye, Claudia, ¡te echo de menos! Un beso y chau.

Juan Carlos

---

[1] *elevators*

ACTIVIDAD 27: ¿Comprendiste? Lee cada pregunta y busca rápidamente la respuesta en el texto del mensaje electrónico.

1. Sabemos que Álvaro les tiene fobia a los dentistas. ¿A qué le tiene fobia Juan Carlos? ¿Tienes tú alguna fobia?
2. ¿Por qué dice Juan Carlos que el Sr. Ruiz es desconsiderado?
3. ¿Qué piensa hacerle Juan Carlos al Sr. Ruiz?
4. ¿Cuáles son algunas diferencias entre el español de España y el de México?
5. ¿Dónde están ahora los turistas? ¿Qué visitaron?
6. ¿Por qué crees que Juan Carlos dice que las ruinas mayas son diferentes de las ruinas incaicas de Perú?
7. ¿Has viajado alguna vez en tour? ¿Adónde fuiste? ¿Había alguien como el Sr. Ruiz en el grupo?

ACTIVIDAD 28: Los pros y los contras Di cuáles son los pros y los contras de las siguientes acciones.

➤ leer el periódico
Por un lado es bueno leer el periódico porque sabes qué pasa en el mundo, pero por otro lado generalmente las noticias son muy tristes.

1. tomar café
2. correr
3. mirar televisión
4. viajar en tour
5. trabajar como guía
6. visitar lugares históricos

Hacia la comunicación II

I. Avoiding Repetition: Nominalization

Before studying the grammar explanation, answer the following question based on Juan Carlos's e-mail:

- In the second paragraph of the e-mail, when Juan Carlos says, "**. . . el de Álvaro . . . pero el mío . . .** ," is he referring to **las responsabilidades, los grupos,** or **el trabajo**?

Nominalization consists of avoiding the repetition of a noun by using only its corresponding article and the word or words that modify the noun.

Nos gustan las ruinas mayas y **las ruinas aztecas** también.
Nos gustan las ruinas mayas y **las aztecas** también.

Pon unas mesas aquí y **unas mesas** allí.
Pon unas mesas aquí y **unas** allí.

La casa que quería comprar y **la casa que compré** son muy diferentes.
La casa que quería comprar y **la que compré** son muy diferentes.

Tu sobrino y **los sobrinos de ella** llegaron ayer.
Tu sobrino y **los de ella** llegaron ayer.

NOTE: The indefinite article **un** becomes **uno** when the noun is eliminated.

Tengo un carro negro y **un carro blanco.**
Tengo un carro negro y **uno blanco.**

Review possessive adjectives, Ch. 3.

II. Expressing Possession: Long Forms of Possessive Adjectives and Pronouns

1. Possessive adjectives have corresponding long forms that are used for emphasis. The long forms agree in gender and in number with the noun being modified, and they always follow the noun.

mío/a/os/as	nuestro/a/os/as
tuyo/a/os/as	vuestro/a/os/as
suyo/a/os/as	suyo/a/os/as

Un amigo **mío** vino a verme.	*A friend of mine came to see me.*
Esa habitación **tuya** siempre está sucia.*	*That room of yours is always dirty.*

*NOTE: Except for **ese amigo mío,** if the long forms of possessive adjectives are used with a demonstrative adjective, the connotation is usually pejorative.

2. The possessive pronouns, which have the same forms as the possessive adjectives, are a form of nominalization.

ADJECTIVE		el/la/los/las + POSSESSIVE PRONOUN
Mi grupo es divertido, pero	⟶	**el tuyo** es aburrido.
Ella tiene su casa y	⟶	nosotros tenemos **la nuestra.**
¿Es su maleta?	⟶	No, es **mía.***

Do Workbook *Práctica mecánica II,* CSM, Web, and lab activities.

*NOTE: After **ser,** the definite article may be omitted: **Ésta es tu maleta, pero ésa es (la) mía.**

ACTIVIDAD 29: En la tienda En parejas, formen dos conversaciones lógicas. Tienen la primera oración de cada conversación y deben terminarlas sólo con oraciones de la siguiente lista. Al final van a tener dos conversaciones de seis líneas cada una. Las primeras dos oraciones son:

Conversación A	**Conversación B**
—¿Desea ver una camisa?	—¿Quiere ver un vestido?
— ???	— ???

_____ Me gusta mucho, pero déjeme ver la blanca también.
_____ ¿Le gusta? Tengo una igual en blanco.
_____ Prefiero el azul.
_____ ¿Le gusta más el blanco o el azul?
_____ ¿Prefiere la blanca o la azul?
_____ Sí. El azul, por favor.
_____ ¿Le gusta? Tengo el mismo en blanco.
_____ Sí. Una azul, por favor.
_____ Voy a llevar las dos.
_____ Me gusta, pero también quiero ver el blanco.

ACTIVIDAD 30: ¿Qué prefieres? En parejas, pregúntenle a su compañero/a qué cosas prefiere de la siguiente lista.

➤ la sopa de verduras / la sopa de pescado
A: ¿Te gusta más/Prefieres la sopa de verduras o la de pescado?
B: Me gusta más/Prefiero la de verduras.

1. la clase de geografía / la clase de cálculo
2. los carros grandes / los carros pequeños
3. las ruinas de Machu Picchu / las ruinas de Chichén Itzá
4. el equipo de los Yanquis / el equipo de los Mets
5. un restaurante vegetariano / un restaurante chino
6. un reloj de oro / un reloj de plata
7. un tour organizado / un tour independiente

ACTIVIDAD 31: Los míos son mejores Saca dos cosas—un bolígrafo, un cuaderno, un libro, una chaqueta, un suéter, etc. Tu compañero/a tiene que tener las mismas cosas. Después intenta convencer a tu compañero/a de que tus cosas son mejores. Sigue el modelo.

➤ A: Mi bolígrafo es mejor que el tuyo.
B: No, el mío es mejor porque no es de plástico.
A: Pero el mío . . .

ACTIVIDAD 32: Un poco de preocupación En grupos de tres, "A" es un/a agente de policía y "B" y "C" son dos personas que perdieron a sus hijas en el aeropuerto. Sigan las instrucciones para su papel.

A: Eres policía. Dos personas preocupadas vienen a decirte que no encuentran a sus hijas. Necesitas la siguiente información para tu informe. Entrevista a las dos personas simultáneamente. Usa oraciones como **¿Cuántos años tiene su hija? ¿Y la suya? ¿De qué color es el pelo de la suya?**

Niños perdidos
Sexo: M ____ F ____
Edad ____
Nombre ________ Apellidos ________
Color de pelo ________ Color de ojos ________
Ropa ________________
Objetos personales que tiene ________
Comentarios ________________

Niños perdidos
Sexo: M ____ F ____
Edad ____
Nombre ________ Apellidos ________
Color de pelo ________ Color de ojos ________
Ropa ________________
Objetos personales que tiene ________
Comentarios ________________

B: No encuentras a tu hija de cinco años y estás preocupado/a. Mira el dibujo y descríbesela al/a la policía.

C: No encuentras a tu hija de siete años y estás preocupado/a. Mira el dibujo y descríbesela al/a la policía.

ACTIVIDAD 33: La confusión En grupos de cinco, uno de Uds. es el/la camarero/a de un restaurante y los otros son un grupo de amigos que están desayunando allí. Sigan las instrucciones para su papel.

Clientes

Uds. están sentados y el camarero va a traer la comida. Miren los dibujos y decidan quién pidió qué. Hay cuatro platos diferentes, pero dos personas pidieron la misma cosa. Contesten las preguntas del/de la camarero/a usando frases como **Sí, son míos,** o **No, no es mío.**

Camarero/a

No te acuerdas quién pidió qué. Mira los platos que aparecen arriba y hazles preguntas a los clientes como: **¿Para quién son las tostadas? ¿Son suyas?**

The waiter should use **Ud.** with customers.

ACTIVIDAD 34: El orgullo En parejas, Uds. son dos mujeres de negocios que están en un avión y empiezan a hablar sobre sus familias. Para hablar de las "fotos" que están abajo, usen oraciones como las siguientes: **—Mi esposo es abogado. —El mío es ingeniero.**

Vocabulario funcional

Palabras y expresiones útiles

¡Basta (de . . .)!	*(That's) enough (. . .)!*
la cita	*appointment; date*
dulce	*sweet*
una enciclopedia ambulante	*a walking encyclopedia*
¡Ni loco/a!	*Not on your life!*
pasarlo bien/mal	*to have a good/bad time*
por un lado . . . por otro lado	*on the one hand . . . on the other hand*
quejarse (de)	*to complain (about)*
tenerle fobia a . . .	*to have a fear of . . . ; to hate*
¡Ya voy!	*I'm coming!*

En el consultorio del dentista

Ver página 345.

En la casa de cambio

Ver página 346.

El desayuno

Ver página 355.

CAPÍTULO 15

▲ *Ruinas mayas en plena selva. Tikal, Guatemala.*

CHAPTER OBJECTIVES

- Discussing animals, the environment, and ecology
- Describing personality traits
- Expressing pending actions
- Making suggestions
- Requesting information
- Expressing a past action that preceded another past action

Pasándolo muy bien en Guatemala

▲ *Vendedoras de comida en el mercado de Chichicastenango, Guatemala.*

al + *infinitive*	upon + *-ing*
Me cae (la mar de) bien.	I like him/her (a lot).
Me cae mal.	I don't like him/her.

El grupo de turistas está en Guatemala y hoy se dividieron en dos grupos para hacer diferentes excursiones. Juan Carlos fue con un grupo y Álvaro con el otro. Acaban de regresar al hotel.

ACTIVIDAD 1: ¿Qué dices? Mientras escuchas la conversación, anota las respuestas a estas preguntas.

1. ¿Adónde fue el grupo de Álvaro?
2. ¿Adónde fue el grupo de Juan Carlos?
3. En tu opinión, ¿quiénes se divirtieron más y por qué?

DRA. LLANOS ¡Qué cansada estoy! ¿Y tú, Álvaro?
ÁLVARO Yo también, pero valió la pena hacer el viaje a Tikal.
JUAN CARLOS O sea, que les gustó, ¿eh?
DRA. LLANOS Fue interesantísimo; imagínate, ruinas mayas en medio de una selva tropical tan verde y con tal variedad de pájaros cantando por todos lados. Fue maravilloso.
ÁLVARO Después de ver tanta belleza, no entiendo por qué destruyen la selva.

Speculating about future actions

DRA. LLANOS: Sí, es triste. Parece que el ser humano no va a estar satisfecho hasta que lo destruya todo. Es una pena que seamos así.

ÁLVARO: . . . ¿Y vosotros en Antigua y Chichicastenango? ¿Qué tal, Juan Carlos?

JUAN CARLOS: Fue fantástico. Antigua es una ciudad colonial bella, con muchas iglesias y muy tranquila.

DRA. LLANOS: ¿Y Chichicastenango?

JUAN CARLOS: El pueblo nos encantó porque es muy pintoresco y el mercado tiene unas artesanías fabulosas. El grupo compró de todo; creo que ya no queda nada en el mercado.

Requesting information

DRA. LLANOS: ¿Y qué hizo el Sr. Ruiz esta vez?

JUAN CARLOS: Cada día está más gracioso. Al llegar al mercado, se puso a regatear por un vestido que quería comprar para su hija.

ÁLVARO: ¿Y qué pasó?

JUAN CARLOS: No lo van a creer. Le pidió ayuda a una mujer que, según él, tenía la misma talla que su hija y siguió regateando quince minutos más. ¡Hasta la mujer, con el vestido puesto, empezó a ayudarle a regatear!

Showing dislike

DRA. LLANOS: ¡Qué vergüenza!

JUAN CARLOS: Nada de vergüenza. Fue divertidísimo. Al final el vendedor le dio un descuento y también le regaló un cinturón. Se hicieron amigos.

DRA. LLANOS: ¡Ay! Ese pesado me cae tan mal . . .

ÁLVARO: Pues a mí me cae la mar de bien. Cuando llegue a España, quiero conocer a su familia. Deben ser todos tan graciosos como él. Seamos justos, es un hombre inofensivo.

Stating future intentions

DRA. LLANOS: Por mi parte, cuando yo vuelva a España, no lo quiero volver a ver ni pintado en la pared.

ACTIVIDAD 2: ¿Comprendiste? Después de escuchar la conversación otra vez, escoge la respuesta correcta.

1. Según Álvaro la selva tropical . . .
   a. está intacta b. está en peligro c. tiene ruinas aztecas
2. La ciudad de Antigua . . .
   a. tiene ruinas mayas b. es de la época colonial c. está en la selva
3. La Dra. Llanos usa la palabra **pesado** para referirse al Sr. Ruiz. Ella quiere decir que el Sr. Ruiz . . .
   a. es gordo b. molesta mucho c. es divertido
4. El vendedor le regaló un cinturón al Sr. Ruiz porque él . . .
   a. le cayó bien b. compró mucho c. *a* y *b*

ACTIVIDAD 3: ¿Cómo te cae? Haz una lista de cinco actores y actrices que te caen bien y cinco que te caen mal. Al terminar, en parejas, pregúntenle a su compañero/a qué piensa de los actores de su lista.

➤ A: ¿Te cae bien Nicholas Cage?
B: Me cae (muy/la mar de) bien. / Me cae (muy) mal.
A: ¿Por qué?
B: Porque . . .

¿LO SABÍAN?

Guatemala, México, Ecuador, Perú, Paraguay y Bolivia son los países de Hispanoamérica que tienen la población indígena más numerosa y donde todavía se ven más aspectos de las culturas y de las tradiciones indígenas. Aproximadamente el 50% de los guatemaltecos son descendientes de los mayas y conservan las costumbres y las lenguas de sus antepasados *(ancestors)*. En Guatemala se hablan todavía más de veinte lenguas indígenas y hoy en día, el gobierno está estableciendo programas educativos en las escuelas para enseñarles a los niños indígenas en sus propias lenguas.

► *Ecuador es un país de contrastes. Mercado de Latacunga en la Sierra Cotopaxi, Ecuador.*

Lo esencial I

I. Los animales

1. el elefante
2. el oso
3. el león
4. la serpiente
5. el pez
6. el pájaro
7. el mono

1. el gato
2. la vaca
3. el toro
4. el perro
5. el caballo
6. la gallina

ACTIVIDAD 4: Categorías Pon los animales en las siguientes categorías: animales que trabajan; animales que el hombre caza *(hunts);* animales peligrosos; animales que pesan más de 50 kilos; animales domésticos; animales salvajes *(wild).*

ACTIVIDAD 5: Características En parejas, clasifiquen los animales de los dibujos anteriores según los siguientes adjetivos.

➤ grande El animal más grande es el elefante.

1. feo
2. gracioso
3. rápido
4. tímido
5. valiente
6. simpático
7. tonto
8. bonito
9. inteligente
10. cobarde *(cowardly)*

► *Un biólogo les da de comer a unos guacamayos* (macaws) *en la reserva de Tambopata, Perú.*

¿LO SABÍAN?

La llama, la vicuña, la alpaca y el guanaco son animales de la familia del camello que viven en los altiplanos de los Andes. Tanto el guanaco como la vicuña son salvajes y están en peligro de extinción, pues los indígenas de los Andes los cazan para usar su piel *(hide)* y su lana, que es muy fina y muy cara. La llama y la alpaca han sido domesticadas por los indígenas, y se emplean como animales de carga en zonas muy elevadas de los Andes. Pueden llevar cargas hasta de cuarenta y cinco kilos (100 libras). De la llama y la alpaca se usan también su leche y su carne, además de su lana y su piel.

► *Cargando una llama, Latacunga, Ecuador.*

ACTIVIDAD 6: Definiciones Uds. van a describir animales. Para hacerlo, necesitan saber que un pájaro tiene dos **alas,** que come con el **pico** y que los animales tienen **patas,** no piernas. En parejas, "A" cierra el libro y "B" hace descripciones de animales para que "A" adivine qué animal es. "B" describe los siguientes animales:

vaca mono serpiente caballo perro león

Ahora, cambien de papel. "A" describe los siguientes animales.

pájaro elefante toro oso pez gallina

ACTIVIDAD 7: Los animales hablan En parejas, usen la imaginación y túrnense para decir las frases que diría un animal. La otra persona debe adivinar qué animal es. Sigan el modelo.

➤ A: Me gusta vivir en la selva porque yo soy el rey.
B: Eres un león.

ACTIVIDAD 8: ¿Te gustan los animales? En grupos de tres, pregúntenles a sus compañeros si tienen o alguna vez tuvieron un animal doméstico. Luego comenten los pros y los contras de tener un animal en una casa y compartan sus ideas con el resto de la clase.

The word *pet* has a Spanish equivalent in a few countries only. For example, in Mexico and Puerto Rico, **la mascota** is used.

II. El medio ambiente

El medio ambiente = environment

1. la lluvia ácida
2. la fábrica
3. la contaminación
4. la basura

Both **contaminación** and **polución** are used, but the former is more common.

5. el reciclaje; reciclar
6. la conservación; conservar
7. la energía solar

Otras palabras relacionadas con el medio ambiente

la destrucción; destruir
la ecología
en peligro *(in danger)*
la energía nuclear
la extinción

ACTIVIDAD 9: Salvar el planeta En grupos de tres, miren los anuncios y hablen sobre el mensaje de cada uno.

ACTIVIDAD 10: La conservación, ¿sí o no? Hazle una encuesta sobre la ecología a uno de tus compañeros y después comenta los resultados con la clase.

1. ¿Estás a favor o en contra de estas fuentes de energía?

   nuclear   a favor _____   en contra _____
   solar   a favor _____   en contra _____
   carbón   a favor _____   en contra _____

2. Las armas nucleares son . . . para un país.

   esenciales _____   importantes _____
   peligrosas _____   inútiles _____

3. ¿Haces algún esfuerzo por reciclar materiales?

   latas de aluminio   sí _____   a veces _____   no _____
   periódicos   sí _____   a veces _____   no _____
   papel   sí _____   a veces _____   no _____
   botellas   sí _____   a veces _____   no _____

4. El control del gobierno sobre las fábricas es . . .

   excesivo _____   adecuado _____
   insuficiente _____   no sé _____

5. ¿Le has escrito una carta sobre la contaminación a algún político?

   sí _____   no _____

6. La extinción de especies de animales . . . .

   afecta mucho al ser humano _____
   afecta poco al ser humano _____

7. ¿Haces algo para reducir la cantidad de contaminación?

   no usar plástico _____
   tener un coche económico _____
   no usar fluorocarburos (productos aerosoles) _____
   reusar bolsas de papel o de plástico _____
   no comprar verduras y frutas en paquetes _____
   otras cosas ______________________________

▲ *Selva, Costa Rica.*

ACTIVIDAD 11: La basura Hay gente que dice que se conoce un país por su basura. En grupos de cuatro, hablen sobre los siguientes temas:

1. ¿Cuál es la multa *(fine)* por tirar basura en las calles o en las carreteras de su estado?
2. Alaska y otros estados han sufrido grandes derrames *(spills)* de petróleo que han afectado la ecología del área. ¿Qué sugerencias pueden dar Uds. para evitar esos desastres? ¿Quién debe tener la responsabilidad de limpiar los derrames que ocurren?

3. Una compañía de Beverly Hills, California, empaca *(packs)* y vende la basura de muchos de sus vecinos famosos. ¿Qué piensan Uds. de eso? ¿Creen que es diferente esa basura de la de otros lugares? ¿Por qué?
4. ¿Debe hacer más el gobierno para promocionar el transporte público? ¿Y para buscar alternativas a la gasolina? ¿Qué medios de transporte público tiene tu ciudad? ¿Usas el transporte público?

Hacia la comunicación I

I. Expressing Pending Actions: The Subjunctive in Adverbial Clauses

Before studying the grammar explanation, answer this question:

- Which of the following sentences refers to an action that may occur in the future?
  a. **Cuando llegue a España quiero conocer a su familia.**
  b. **Cuando llegué a España quería conocer a su familia.**

Remember: After a preposition, use an infinitive: **Después de llegar a casa . . .**

1. To express *completed* actions or *habitual* actions that have already happened, use the indicative with adverbial conjunctions such as **cuando, después de que,** and **hasta que.**

Habitual

Siempre preparo la cena **cuando llego** a casa.	*I always prepare dinner when I get home.*
Preparaba la cena **cuando llegaba** a casa.	*I used to (would) prepare dinner when I got home.*

Completed

Preparé la cena **cuando llegué** a casa.	*I prepared dinner when I got home.*

2. To express intentions or actions that have not occurred yet and are *pending*, use the subjunctive with **cuando, después de que,** and **hasta que.**

Pending

Voy a preparar la cena **cuando llegue** a casa.	*I'm going to prepare dinner when I get home.*
¿Qué vas a hacer mañana **después de que llegue** tu sobrina?	*What are you going to do tomorrow after your niece arrives?*
Vamos a trabajar **hasta que terminemos.**	*We'll work until we finish.*

NOTE: No change of subject is necessary when these adverbial conjunctions are followed by the subjunctive.

II. Making Suggestions: *Let's . . .*

1. When you want to suggest to someone that he/she do something with you, use a **nosotros** command, which is identical to the subjunctive form.

Let's go = **vámonos** or **vamos**

Ya es tarde. **Volvamos** a casa.	*It's late already. Let's go home.*
¡**Hagámoslo** ahora!	*Let's do it now!*
No le **digamos** nada a Isabel.	*Let's not tell Isabel anything.*

2. When the **nosotros** command is followed by **se** or by the reflexive pronoun **nos,** drop the final **-s** from the command form.

¿Vamos a prepararle la comida? ⟶ Sí, **¡preparémosela!**
¿Quieres que nos levantemos? ⟶ Bien, **¡levantémonos!**

BUT:

¿Vamos a preparar la comida? ⟶ Sí, **¡preparémosla!**
¿Quieres que lo levantemos? ⟶ Sí, **¡levantémoslo!**

III. Requesting Information: *¿Qué?* and *¿Cuál/es?*

1. In most cases, the uses of **¿qué?** *(what?)* and **¿cuál/es?** *(which?)* are similar in Spanish and English.

¿**Qué** pasa?	*What's going on?/What's up?*
¿**Qué** tienes?	*What do you have?/What's the matter?*
¿**Cuál** prefieres?	*Which do you prefer?*
¿**Cuáles de** tus amigas son uruguayas?	*Which of your friends are Uruguayan?*

2. Both **¿qué?** and **¿cuál/es?** followed by the verb **ser** express *what.*

Use **¿qué + ser . . . ?** only when asking for a *definition* or a *classification,* such as a political affiliation, religion, or nationality.

¿**Qué es** antropología?	*What is anthropology? (definition)*
¿**Qué eres,** demócrata o republicano?	*What are you, a Democrat or a Republican? (classification)*

NOTE: **¿Qué es eso/esto?** is used to ask for the identification of an unknown item or action.

Use **¿cuál/es + ser . . . ?** in all other cases.

¿**Cuál es** la tarea para mañana?	*What is the homework for tomorrow?*
¿**Cuál es** el país más grande de Hispanoamérica?	*What is the largest country in Hispanic America?*
¿**Cuáles son** tus pasatiempos favoritos?	*What are your favorite pastimes?*

3. Use **qué** when a noun follows: **¿qué** + *noun . . .* ?

¿**Qué idiomas** hablas?	*What/Which languages do you speak?*
¿En **qué país** nacieron tus padres?	*In what/which country were your parents born?*

Do Workbook *Práctica mecánica I* and corresponding CSM activities.

ACTIVIDAD 12: Tus planes futuros Termina estas frases y después, pregúntales a algunos compañeros cuáles son sus planes para el futuro.

1. Después de que termine los estudios universitarios . . .
2. Voy a trabajar hasta que . . .
3. Cuando tenga cincuenta y cinco años . . .

ACTIVIDAD 13: Un poco de variedad **Parte A:** Muchas personas se quejan de no tener variedad en la vida y de que su rutina diaria siempre sea igual. Termina estas oraciones con lo que haces normalmente.

Habitual and completed actions = indicative; pending actions = subjunctive

1. Todos los días cuando termina la clase, yo . . .
2. Cuando llega el verano, yo . . .
3. Todos los días cuando entro en mi casa, yo . . .
4. Cuando llega el fin de semana, mis amigos y yo . . .
5. Los sábados cuando voy a fiestas, yo . . .

Parte B: Ahora, cuéntale a un/a compañero/a qué haces normalmente y qué vas a hacer para cambiar tu rutina. Sigue el modelo.

➤ Todos los días **cuando termina** la clase, voy a la cafetería de la universidad y tomo café, pero mañana **cuando termine** la clase, pienso ir a una cafetería italiana y pedir cannoli de chocolate y cappuccino.

ACTIVIDAD 14: Los padres de Juan Carlos Juan Carlos le describe su familia al Sr. Ruiz. Completa el párrafo que sigue con la forma y tiempo correctos de los verbos entre paréntesis.

Remember: After a preposition, use the infinitive.

Mis papás se casaron cuando ______________ (tener) veinticinco años. Yo nací cuando mi mamá ______________ (tener) veintinueve años. Después de ______________ (tener) a mis cuatro hermanos menores, mi mamá ______________ (dejar) de trabajar. Mi papá es abogado y trabajó quince años con la misma compañía hasta que ______________ (cambiar) de trabajo y empezó a trabajar para el gobierno. Dice que cuando ______________ (cumplir) sesenta y dos años va a dejar el trabajo, pero hasta que yo no lo ______________ (ver), no voy a creerlo porque es un hombre que vive para el trabajo. Dice que después de que ______________ (dejar) de trabajar, va a hacer cruceros por el Caribe durante los inviernos.

ACTIVIDAD 15: ¿Y tu familia? En parejas, después de leer la descripción de la familia de Juan Carlos, hablen con su compañero/a sobre su familia y sus planes para el futuro.

ACTIVIDAD 16: ¡Sorpresa! En grupos de tres, Uds. van a planear una fiesta de sorpresa *(surprise)* para un/a amigo/a que se va a casar. Den sugerencias.

➤ Invitemos a todo el mundo.
Alquilemos un salón en un restaurante.

ACTIVIDAD 17: Un día de viaje En grupos de tres, Uds. están en la ciudad de Guatemala por un solo día y tienen que aprovechar *(take advantage of)* el tiempo. Lean el siguiente folleto sobre la ciudad y decidan qué van a hacer.

➤ Veamos . . . Visitemos . . .

MUSEOS

- **Museo Nacional de Arqueología y Etnología** Parque Aurora, Zona 13. Trajes típicos de Guatemala. Modelo de Tikal. Esculturas, cerámicas, textiles, colección de máscaras. Excelente colección de jade. Entrada: *$4,00.
- **Museo Nacional de Historia** Parque Aurora, Zona 13. Colección de animales y pájaros embalsamados. Mariposas. Especímenes geológicos. Entrada gratis.
- **Popol Vuh. Museo de Arqueología** La Reforma 8-60, Zona 9. Amplia colección de artefactos precolombinos y coloniales. Entrada: *$1,20 (estudiantes $0,40). $5,00 por tomar fotografías.

* precios en dólares norteamericanos

RESTAURANTES

- **El Rodeo** Avenida 7, 14-84, Zona 9. Bistecs excelentes. **$**
- **Hola** Avenida Las Américas, Zona 14. Comida francesa e italiana. **$$**
- **Los Antojitos** Calle 17, 6-28, Zona 1. Comida regional (bananas, aguacates, sopa, pollo, arroz, frijoles negros). Música. **$$$**
- **Señor Sol** Calle 5, 11-32, Zona 1. Comida vegetariana. **$**

IGLESIAS

- **Catedral** Calle 8 y Avenida 7. Se terminó de construir en 1815. Fue dañada por un terremoto en 1976. Pinturas y estatuas de la ciudad de Antigua.
- **San Francisco** Avenida 6 y Calle 13, Zona 1. Escultura de la Cabeza Sagrada, originalmente de Extremadura. Interesante museo con pinturas.
- **Capilla de Yurrita** Ruta 6 y Vía 8. Zona 4. Construida en 1928. Estilo de iglesia ortodoxa rusa.

TIENDAS ARTESANALES

- **La Momosteca** Avenida 7, 14-48, Zona 1. Textiles y objetos de plata.
- **La Placita** Calle 18 y Avenida 5. Ropa y maletas de cuero.
- **Mercado del Sur** Avenida 6, 19-21, Zona 1. Mercado de comidas, sección de artesanías.
- **Pasaje Rubio** Calle 9, cerca de Avenida 6. Objetos de plata y monedas.

ACTIVIDAD 18: La entrevista estudiantil Completa las siguientes preguntas sobre los estudios académicos con **qué** o **cuál/es.** Luego usa las preguntas para entrevistar a tres compañeros de la clase a quienes no conozcas bien. Háblale sobre las respuestas al resto de la clase.

Qué + **ser** = definition or classification; **Cuál** + **ser** = all other cases

1. ¿________ eres, estudiante de carrera o de posgrado?
2. ¿________ asignaturas tienes este semestre?
3. ¿________ es tu clase favorita?
4. ¿________ son las clases más difíciles?
5. ¿________ problemas tuviste al llegar a la universidad?
6. ¿________ piensas hacer cuando termine el semestre?
7. ¿________ son tus planes para el futuro?

De carrera = undergraduate; **de posgrado** = graduate student

ACTIVIDAD 19: Cultura general En parejas, preparen un examen de quince preguntas sobre cultura general. Después de preparar el examen, dénselo a algunos compañeros para que lo hagan.

Do Workbook *Práctica comunicativa I.*

➤ ¿Cuál es la capital de Honduras?
¿Qué idiomas se hablan en Guatemala?

Nuevos horizontes

LECTURA

Estrategia: *Mind Mapping*

Mind mapping is a way of brainstorming before you read a text in order to activate your background knowledge and predict the contents of a reading selection. To apply this technique, you start with a key concept and jot down related ideas in different directions radiating from the key concept. This technique lets your mind run freely to tap whatever is stored in it. In the following example you can see how the mind-mapping technique was applied to the word **hogar** *(home)*.

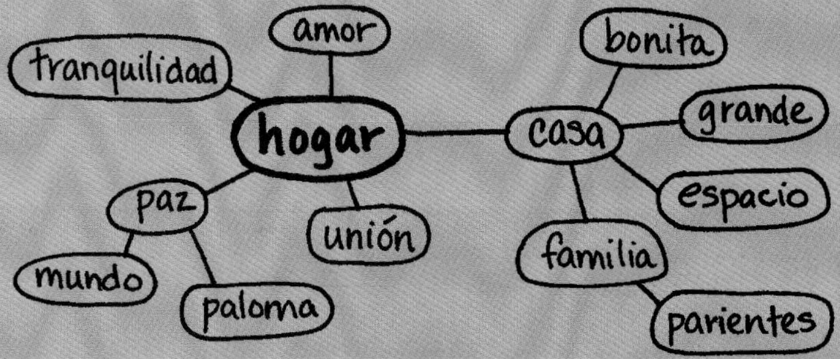

ACTIVIDAD 20: El mapa mental En parejas, hagan un mapa mental con la palabra **ecología** y luego compártanlo con el resto de la clase. Después piensen en los temas relacionados con este concepto que puedan aparecer en el artículo de la página 377 sobre la ecología en Hispanoamérica. Por último, lean el artículo "Pobre tierra" de la revista peruana *Debate* para confirmar sus predicciones.

ACTIVIDAD 21: Problemas y soluciones En parejas, usen la información del artículo que leyeron para decidir qué acciones de la segunda columna disminuyen los problemas de la primera columna. Puede haber más de una respuesta posible para cada uno.

1. desechos peligrosos _____
2. lluvia ácida _____
3. destrucción de la capa de ozono _____
4. basura acumulada _____
5. efecto invernadero _____
6. contaminación ambiental _____
7. extinción de la naturaleza y la vida salvaje _____

a. tomar el autobús para ir al trabajo
b. volver a usar las bolsas del supermercado
c. no comprar botas de piel de caimán
d. comprar botellas de cristal reciclable
e. no usar detergentes
f. apagar las luces cuando no se usa un cuarto
g. abrir las ventanas del carro cuando hace calor
h. revisar el carro con frecuencia
i. usar ropa de algodón y no de poliéster

¡Pobre tierra!

DEBATE identificó los principales problemas ecológicos que sufre nuestro planeta. Junto a una breve explicación de cada uno de ellos, DEBATE ofrece consejos prácticos que se pueden seguir desde la propia casa para mejorar el medio ambiente.

Desechos peligrosos
Son productos químicos que contaminan el agua, el aire y los alimentos.

• Utilice jabón de lavar en lugar de detergentes y lejía, éstos contienen fosfatos que contaminan ríos y mares. • Utilice menos bolsas y empaques plásticos. • Use baterías recargables en sus aparatos, las descartables contienen cadmio, gas que permanece en el medio ambiente. • Prefiera envases de vidrio reciclables en lugar de botellas, latas, o envases descartables.

Lluvia ácida
Los gases tóxicos producidos por los vehículos de motor y las fábricas, permanecen en la atmósfera, luego son condensados, y caen nuevamente a la tierra en forma de lluvia o nieve, lo cual destruye plantas y animales y erosiona incluso los edificios.

• Controle los gases tóxicos de los vehículos y maquinaria manteniéndolos en buen estado. • Disminuya el consumo de petróleo, utilice otros medios de transporte: bicicletas, caminatas; comparta movilidad.

Destrucción de la capa de ozono
La capa de ozono protege a la tierra y a sus habitantes de la radiación solar de los rayos ultravioletas. Esta capa protectora se está destruyendo rápidamente por la contaminación. Un solo átomo de gas dañino destruye 100.000 moléculas de ozono. La radiación que recibe la tierra destruye el sistema inmunológico del ser humano; además, ha elevado el número de casos de cáncer a la piel. • Evite usar aire acondicionado en su casa, oficina o automóvil. • No utilice aerosoles.

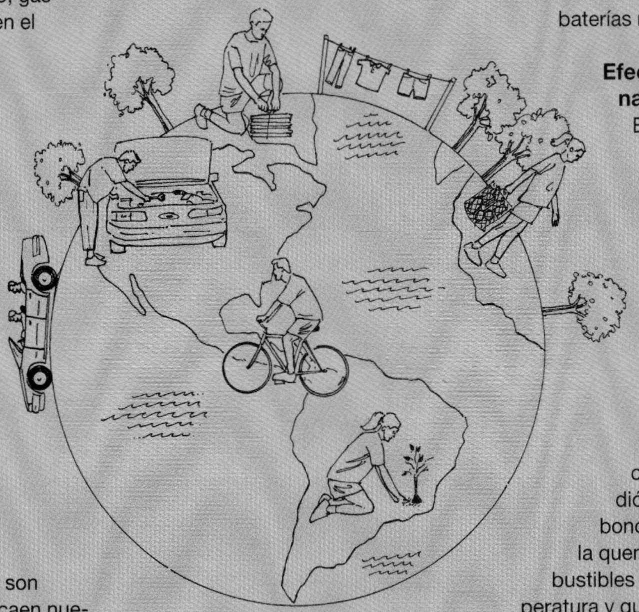

Basura acumulada
Los depósitos para basura en las ciudades estarán ocupados al máximo de su capacidad dentro de los próximos años, y los miles de metros cuadrados de desperdicios aumentan día a día. • Utilice menos envases plásticos. • Recicle el papel periódico. • Evite los pañales plásticos porque demoran 500 años en desintegrarse: prefiera los de tela. • Compre baterías recargables.

Efecto invernadero
El efecto invernadero es el fenómeno que regula la temperatura de la tierra. Debido a la contaminación, el efecto invernadero ha llegado al punto de ser perjudicial. El exceso de dióxido de carbono proveniente de la quema de combustibles eleva la temperatura y queda atrapado en la atmósfera, recalentando la tierra.

• Disminuya su consumo de electricidad. • Mantenga su automóvil y artefactos eléctricos en buen estado. • Alumbre con fluorescentes compactos: dan mayor luminosidad, ahorran 75% de la energía y duran entre 5 y 10 años. • Comparta la movilidad al colegio y a la oficina: ahorra en gasolina y contamina menos. • Maneje menos y camine más. Movilícese en bicicleta.

Contaminación ambiental
El aire que respiramos es sucio e insano. La contaminación del medio ambiente es el resultado del uso del petróleo en vehículos y maquinaria. Ello produce el recalentamiento de la tierra y es la causa principal de los casos de cáncer al pulmón en los países en vías de desarrollo. Las recomendaciones son las mismas que para el efecto invernadero.

Extinción de la vida salvaje
El crecimiento de la población mundial, la destrucción de bosques, la contaminación de los mares y la comercialización de pieles y colmillos de animales, han ocasionado la desaparición de muchas especies. Tres especies animales o vegetales desaparecen al día, con lo cual para el año 2010 habrá desaparecido el 20% de las especies de la fauna y flora.

• Guarde periódicos viejos y papel que no sirva, envíelo a reciclar a una planta papelera. Le pagarán por kilo. • Evite las bolsas y envases plásticos: use canastas, cajas de cartón (que también se pueden reciclar), o bolsas de papel. • Lave con jabón en lugar de detergente. • No compre artículos fabricados con pieles o colmillos de animales salvajes. • Prefiera siempre artículos orgánicos: telas de fibras naturales en lugar de sintéticas o de plástico.

ESCRITURA Estrategia: *Mind Mapping*

The mind-mapping technique described under the *Lectura* section (page 376) can also be used as a prewriting strategy. This is a useful way of generating ideas in a nonlinear and unstructured way. Once you finish your mind map, choose the main ideas and organize them.

ACTIVIDAD 22: El progreso **Parte A:** Haz un mapa mental con la palabra **progreso** en el centro. Incluye tanto los aspectos positivos como los negativos.

Parte B: Escoge las ideas más interesantes del mapa mental y escribe un bosquejo *(outline)* para hacer una composición sobre el **progreso.** Después, escribe la composición.

Parte C: Entrégale el mapa mental, el bosquejo, el borrador (o los borradores), y la versión final a tu profesor/a.

Lo esencial II

La personalidad

Associate these adjectives with friends or relatives to help you remember them.

agresivo/a aggressive
amable nice
ambicioso/a ambitious *(negative connotation)*
astuto/a astute
capaz capable
cobarde cowardly
creído/a conceited, vain
encantador/a charming
honrado/a honest
ignorante ignorant
indiferente indifferent, apathetic
insoportable unbearable
justo/a fair
orgulloso/a proud
perezoso/a lazy
sensato/a sensible
sensible sensitive
valiente brave

¿Cómo eres? ¿Te conoces bien a ti mismo?

1. Cuando tienes un problema, ¿lo resuelves o no haces nada?
2. Cuando cometes un error, ¿lo admites?
3. Cuando un amigo te habla de sus problemas, ¿lo escuchas?
4. Si necesitas trabajo, ¿lo buscas activamente?

ACTIVIDAD 23: ¿Cómo somos? De la lista anterior, escoge la característica que más te describa, la que menos te describa y anótalas. Escoge también una característica que describa a tu compañero/a y la que menos lo/la describa. Luego en parejas, comparen las palabras y digan por qué las seleccionaron.

ACTIVIDAD 24: ¿Positivo o negativo? En grupos de tres, decidan cuáles de las palabras de la lista anterior representan defectos y cuáles representan cualidades deseables. ¿Es positivo o negativo ser orgulloso o ambicioso? ¿Creen que sea igual en otras culturas?

ACTIVIDAD 25: Los famosos Describe cómo son estas personas: Dennis Rodman, Barbra Streisand, Helen Hunt, Jimmy Smits y Tori Spelling.

Sí, mi capitán

▲ *El puerto de La Guaira, Venezuela.*

dar una vuelta	to take a ride; to go for a stroll/walk
llevarse bien/mal (con alguien)	to get along/not to get along (with someone)

El grupo de turistas salió de Guatemala para hacer un crucero por el Mar Caribe.

ACTIVIDAD 26: Cierto o falso Mientras escuchas el anuncio del capitán, marca si estas oraciones son ciertas **(C)** o falsas **(F)**.

1. _____ Hace buen tiempo.
2. _____ Durante la conquista se exportaba plata desde La Guaira.
3. _____ La Guaira es una ciudad muy moderna.
4. _____ El Sr. Ruiz va a invitar a las personas del grupo a cenar esta noche porque es su cumpleaños.

Identifying oneself

¡Atención! ¡Atención! Señores pasajeros: Les habla el capitán Leyva. Espero que estén disfrutando del crucero y del agradable clima caribeño. Avanzamos a una velocidad promedio de quince nudos *(knots)* y, como les había prometido ayer, hoy tenemos un día claro y despejado, de sol brillante y poco viento y una temperatura de veintiocho grados centígrados: un día ideal para hacer una parada en La Guaira, Venezuela. La Guaira era el puerto exportador de cacao más importante durante la conquista y más tarde se convirtió en un centro no sólo de exportación sino también de importación. Hoy día, es el puerto más importante del país. Es una ciudad del siglo XVI y un lugar de mucho turismo. Tenemos un día para ir de compras, descansar en las playas cercanas y dar una vuelta por la ciudad antes de seguir para Caracas, que queda más o menos a una hora por autobús.

Describing weather

Informing

It is common in Spain for the person celebrating a birthday to invite others out.

Este . . . ¿cómo? . . . Un momento por favor . . . ¡Atención! Acaban de informarme que es el cumpleaños del Sr. Pancracio Ruiz, un miembro del grupo que se lleva muy bien con todo el mundo. Él quiere invitarnos a todos a tomar una copa esta noche en el Club Tanaguarenas. Le damos las gracias y le deseamos un feliz cumpleaños.

Thanking

Gracias por la atención prestada y espero que pasen un día muy agradable.

ACTIVIDAD 27: ¿Comprendiste? Después de escuchar el anuncio del capitán otra vez, contesta estas preguntas.

1. ¿Dónde van a hacer escala hoy?
2. ¿Cuál es la importancia de ese lugar?
3. ¿Qué va a hacer el grupo allí?
4. ¿Has viajado alguna vez en crucero o conoces a alguien que haya viajado en crucero? ¿Adónde fuiste o adónde fue? ¿Con quién?

¿LO SABÍAN?

El origen de los nombres de algunos países hispanoamericanos es muy variado. Por ejemplo, cuando llegaron los españoles a Venezuela, vieron casas construidas sobre pilotes *(stilts)* en el agua y recordaron a Venecia, en Italia. Por eso, llamaron a esa tierra Venezuela, que quiere decir "pequeña Venecia". Colón les dio su nombre a Puerto Rico y a Costa Rica porque cuando llegó a esos lugares vio que tenían una rica vegetación. Uruguay es una palabra indígena que quiere decir "río de los pájaros". Nicaragua lleva el nombre del jefe indígena que los españoles encontraron en esa región. ¿Sabes qué significan las palabras Colorado, Nevada, Montana y Texas?

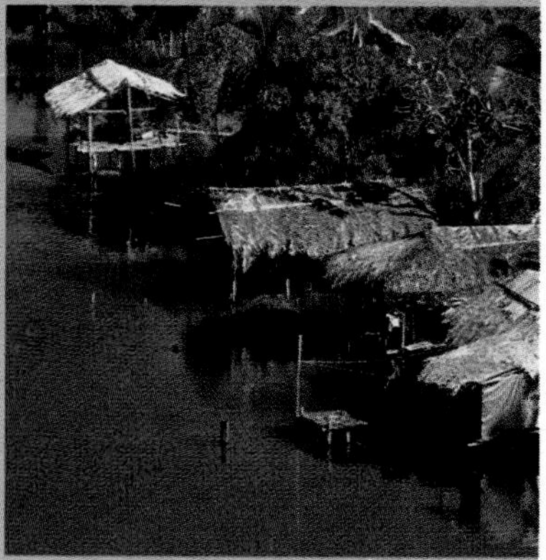

▲ *Casas sobre pilotes en Venezuela.*

ACTIVIDAD 28: ¿Bien o mal? En parejas, pregúntenle a su compañero/a el nombre de dos personas con quienes se lleva bien y dos personas con quienes se lleva mal y por qué. Pueden ser amigos, compañeros de trabajo, profesores, vecinos *(neighbors)*, etc.

Hacia la comunicación II

I. Talking About the Past: The Past Perfect

Review formation of the past participle, Ch. 11 and 12.

Before studying the grammar explanation, answer the following question:

- In the following sentence, which of the two highlighted actions happened first? **La Dra. Llanos, a quien *conocí* ayer cuando ya *había salido* el barco, es española.**

The past perfect tense is used to express a past action that occurred prior to another past action. To express this tense use the following formula:

haber (imperfect)			
había	habíamos	+	*past participle*
habías	habíais		
había	habían		

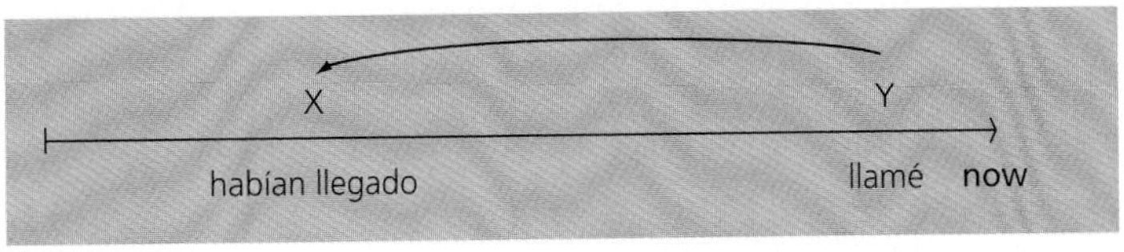

Ellos ya **habían llegado** cuando los llamé.	*They had already arrived when I called them.*
¿**Habías estudiado** para el examen de ayer?	*Had you studied for yesterday's exam?*
Cuando llegaste, el barco ya **había salido**.	*When you arrived, the ship had already left.*

II. Other Uses of *Por*

1. **Por** is used to express rate or measurement.

Se vende la gasolina **por** litro.	*Gas is sold by the liter.*
La velocidad máxima es de 110 km **por** hora.	*The speed limit is 110 km an hour.*

2. **Por** is used with many common expressions.

por (pura) casualidad	by (pure) chance	**por si (acaso)**	(just) in case
por eso	that's why	**por suerte**	luckily
por lo menos	at least	**por supuesto**	of course

Llevemos abrigo **por si acaso** hace frío.	*Let's take coats in case it's cold.*
Por suerte llegué a tiempo.	*Luckily I arrived in time.*

Ellos tienen, **por lo menos,** un millón de dólares. — *They have at least a million dollars.*

¿**Por casualidad,** tienes tiempo para ayudarme? — *Do you, by any chance, have time to help me?*

Note that relative pronouns have no accents.

III. Relating Ideas: The Relative Pronouns *Que, Lo que,* and *Quien*

1. Relative pronouns connect or relate two clauses and refer to a person or thing in the first clause. The most common relative pronoun is **que,** which can refer to both persons and things.

La llama es un animal.
La llama vive en los Andes. } La llama es un animal **que** vive en los Andes.

El señor llamó.
El señor es ingeniero. } El señor **que** llamó es ingeniero.

When *what* is not a question word, use **lo que.**

2. To refer to a situation or occurrence in its entirety, use **lo que.**

Lo que me dijiste no es verdad. — *What (The thing that) you told me isn't true.*

Nos molestó **lo que** pasó esta mañana. — *What happened this morning bothered us. (The speaker knows what happened.)*

3. The relative pronoun **quien/es** is preferred after a preposition when referring to people.

No conozco al chico **con quien** sales. — *I don't know the young man you are dating.*

Le vendí el apartamento a los señores **de quienes** me hablaste. — *I sold the apartment to the couple whom you spoke to me about.*

Internet Do Workbook *Práctica mecánica II,* CSM, Web, and lab activities.

ACTIVIDAD 29: La historia En parejas, completen las dos oraciones que siguen. Después inventen cinco oraciones más que presenten una acción que ya había ocurrido cuando ocurrió otra.

1. John F. Kennedy ya ________________ (morir) cuando Neil Armstrong ________________ (llegar) a la luna.
2. La Guerra de Vietnam ya ________________ (terminar) cuando yo ________________ (nacer).

ACTIVIDAD 30: Ya había . . . En parejas, cuéntenle a su compañero/a tres cosas interesantes que ya habían hecho antes de empezar los estudios universitarios.

➤ Antes de empezar mis estudios universitarios ya había . . .

sacar el permiso de manejar
obtener mi primer trabajo
ir a Europa
visitar la universidad
asistir a una fiesta en la universidad
hablar con un/a profesor/a de la universidad
asistir a un partido de fútbol o basquetbol de la universidad
recibir una beca *(scholarship)*
conocer a mi compañero/a de cuarto

ACTIVIDAD 31: Por supuesto Completa estas situaciones de forma lógica, usando una expresión con **por.**

1. Odio a mi jefe/a y . . .
2. Para vivir bien económicamente hay que tener . . .
3. Mi hermana quiere ser una buena arquitecta . . .
4. No sé si va a nevar, pero . . .
5. Mi moto es muy rápida; puede ir a . . .
6. Yo sé que tengo razón y . . .
7. ¡Qué bueno! No tenía la tarea y . . .
8. Conocí a mi novio/a . . .

ACTIVIDAD 32: 1492 Completa este párrafo sobre los conquistadores españoles con **que, lo que** o **quien/es.**

En el primer viaje ________________ hizo Cristóbal Colón a América, llegó a una isla ________________ él llamó Hispaniola. Colón y sus hombres, para ________________ fue una sorpresa encontrar una tierra fértil y bella, tomaron posesión de la isla en nombre de los Reyes de España, ________________ habían pagado los gastos de la expedición. Hoy en día, en la isla hay dos países ________________ son la República Dominicana y Haití. ________________ es interesante es que en Haití no se habla español sino francés, aunque la isla es el lugar donde comenzó la dominación española de América.

ACTIVIDAD 33: Esa cosa Cuando no recuerdas o no sabes la palabra exacta para algo, necesitas describirlo. En parejas, usen **que** para explicar las palabras que buscan. Describan palabras relacionadas con animales, medicina, un carro, ropa y comida.

➤ A: Es un líquido que le echamos al carro.
B: Ah, la gasolina.

◀ *Esta gasolinera argentina ofrece alconafta, combustible hecho de caña de azucar.*

ACTIVIDAD 34: Un nuevo amigo En parejas, cuéntenle a su compañero/a sobre un/a nuevo/a amigo/a que tienen, completando las siguientes frases. Usen la imaginación.

Conocí a un/a chico/a que . . .
Lo que más me gusta de él/ella . . .
Es una persona que . . .
No sé lo que . . .
Creo que es una persona a quien . . .
Es una persona con quien . . .

ACTIVIDAD 35: La tecnología **Parte A:** En los últimos cincuenta años, la tecnología ha avanzado muy rápidamente. En grupos de tres, comenten qué tipo de tecnología ya existía cuando Uds. nacieron y qué cosas no existían. Usen oraciones como **Cuando nací ya habían inventado las computadoras, pero no había computadoras portátiles.**

Hay = there is/are; **había** = there was/were

Parte B: Hablen de la tecnología actual. Usen oraciones como **Ahora es muy común tener computadora personal que nos ayude en el trabajo.**

Parte C: Usen la imaginación para predecir cuáles van a ser los avances tecnológicos del siglo XXI. Usen frases como **En el año 2020, cuando tenga . . . años, es posible que no exista el dinero en efectivo.**

Parte D: Usen la imaginación para predecir cuáles van a ser los problemas del medio ambiente en el siglo XXI y cómo podemos evitar o solucionar estos problemas con o sin la tecnología. Usen frases como **Lo que más me preocupa es/son . . . , Los países que . . . , Los animales que . . . Lo que hay que hacer es . . . ,** etc.

Vocabulario funcional

Do Workbook *Práctica comunicativa II* and the *Repaso* section.

Los animales

Ver páginas 367–368.

El medio ambiente

la basura	*garbage*
la conservación	*conservation*
conservar	*to conserve, preserve*
la contaminación	*pollution*
la destrucción	*destruction*
destruir	*to destroy*
la ecología	*ecology*
en peligro	*in danger*
la energía	*energy*
nuclear	*nuclear*
solar	*solar*
la extinción	*extinction*
la fábrica	*factory*
la lluvia ácida	*acid rain*
el medio ambiente	*environment*
el reciclaje; reciclar	*recycling; to recycle*

La personalidad

Ver página 378.

Expresiones con *por*

Ver página 381.

Palabras y expresiones útiles

al + *infinitive*	*upon* + -ing
dar una vuelta	*to take a ride; to go for a stroll/walk*
llevarse bien/mal (con alguien)	*to get along/not to get along (with someone)*
Me cae (la mar de) bien.	*I like him/her (a lot).*
Me cae mal.	*I don't like him/her.*
nacer	*to be born*

TravelTur

Milagros / Sopó, Colombia

Do the CD-ROM video activities for more practice.

Antes de ver

ACTIVIDAD 1: Algo inesperado Andrés va a encontrarse con su ex novia Cristina y su nuevo "amigo" Carlos para ir al pueblo de Sopó, pero algo inesperado ocurre. En parejas, hablen de los siguientes puntos: qué puede ocurrir y cómo se va a sentir Andrés. Luego compartan sus ideas con el resto de la clase.

Mientras ves

DESDE EL PRINCIPIO
HASTA 46:25

ACTIVIDAD 2: ¿Tenías razón? Ahora mira el primer segmento y confirma o corrige tus predicciones.

DESDE 46:26
HASTA 47:59

ACTIVIDAD 3: En Sopó Hoy en Sopó hay un evento especial: una carrera de observación. Mira el segmento y busca la siguiente información:

1. en qué consiste este evento
2. qué parte del evento ves
3. quiénes participan

DESDE 48:00
HASTA EL FINAL

ACTIVIDAD 4: La fuente milagrosa En el próximo segmento, Cristina le muestra a Andrés una fuente donde la gente pide milagros *(miracles)* y uno de ellos dos decide pedir uno. Mira el video y después di quién pide el milagro y en qué consiste.

Después de ver

ACTIVIDAD 5: El futuro incierto Después de ver el último segmento, di qué crees que va a pasar entre Cristina, Andrés y Carlos. Justifica tu opinion.

ACTIVIDAD 6: La ecología En el video, Cristina dice que la contaminación en Bogotá no es muy grave y que en su país hay un gran interés por la ecología. En grupos de tres, discutan las siguientes preguntas.

1. ¿Hay mucho interés por la ecología en este país?
2. Si contestas que sí, ¿es este interés algo que está de moda o es algo serio? Explica tu respuesta.
3. ¿Qué hace la gente para proteger el medio ambiente en este país?

CAPÍTULO 16

▲ *Caracas, la capital de Venezuela.*

CHAPTER OBJECTIVES

- Discussing photography and camera equipment
- Establishing job requirements and discussing benefits
- Expressing future plans
- Expressing hypothetical actions
- Expressing probability in the present and past

Ya nos vamos . . .

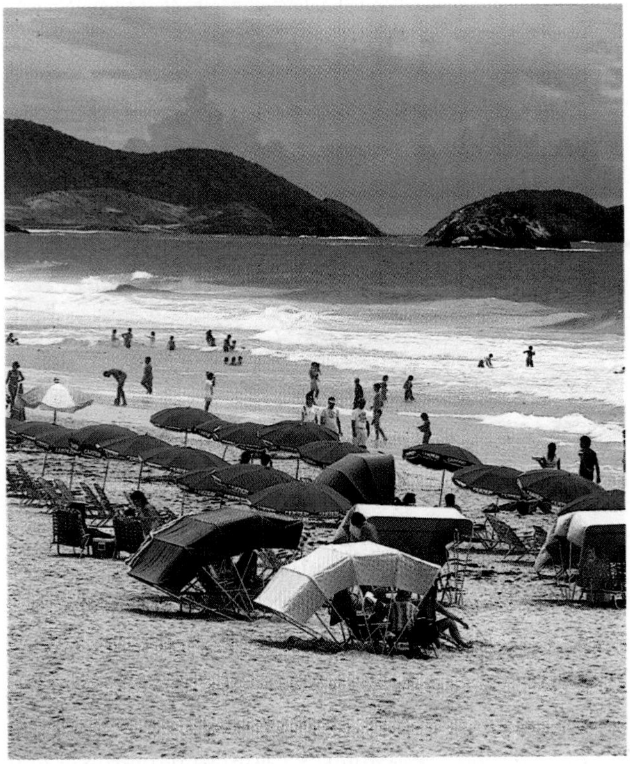

◀ *Una playa de la Isla Margarita, Venezuela.*

dejar boquiabierto (a alguien)	to leave (someone) dumbfounded
es hora de + *infinitive*	it's time + *infinitive*
antes que nada	before anything else

Es el último día del tour y Juan Carlos y Álvaro están en la playa de La Guaira aprovechando los últimos momentos de descanso antes de regresar esta noche a España con el grupo de turistas.

ACTIVIDAD 1: Temas principales Mientras escuchas la conversación, indica los temas que se mencionan.

_____ el clima del Caribe
_____ civilizaciones indígenas
_____ la falta de industria en Venezuela
_____ lo aburrido que es Caracas
_____ la vida nocturna de Caracas
_____ los problemas médicos de Álvaro

Speaking hypothetically

JUAN CARLOS Y se acaban las vacaciones . . . ¿Tú tienes ganas de regresar a España? Por mi parte, yo preferiría quedarme aquí, disfrutando unos días más de la playa y el sol del Caribe.

Discussing the future

ÁLVARO Yo tampoco tengo ganas de volver a la rutina diaria y, además, me ha encantado conocer estos países. Tendré que volver pronto para conocer otros.

JUAN CARLOS Ya sabía yo que te gustaría. Pero, dime, ¿qué fue lo que más te gustó?

Generalizing

ÁLVARO No sé . . . Sería difícil decidir. Lo más fascinante y lo nuevo para mí fueron las ruinas indígenas de México y Guatemala. México me pareció increíble por su variedad en todo: comida, gente . . . y los colores . . . colores por todas partes. Pero me encantó todo. Por ejemplo, ayer en Caracas lo que más . . .

JUAN CARLOS ¿Sabes lo que me sorprendió a mí? Yo nunca me había dado cuenta de que en Venezuela la industria nacional es algo relativamente nuevo y que . . .

Expressing amazement

ÁLVARO Pero, hombre, es lógico, porque con los petrodólares antes podían importarlo todo; en cambio, ahora que el precio del petróleo ha bajado tienen que diversificar su economía; pero, como te iba a decir, lo que me dejó boquiabierto fue ver lo cosmopolita que es Caracas. ¡Qué de discotecas y cines! Y . . . toda esa experiencia gracias a don Alejandro.

JUAN CARLOS Trabajar con el grupo ha sido una experiencia magnífica, aunque hay que ser muy diplomático.

ÁLVARO ¡Ya lo creo! Especialmente con la Dra. Llanos y el Sr. Ruiz . . . , pero, es hora de volver, Juan Carlos. Cuando llegue a España, antes que nada tengo que ir al oculista . . .

Reporting

JUAN CARLOS De verdad, ¡qué mala suerte tienes, Álvaro! Primero te molesta la muela y ahora se te pierde el lente de contacto . . . Sí, será mejor que lleguemos pronto porque quién sabe qué más te pasará. ¡Ay, Dios mío! Mira qué hora es y yo le prometí al Sr. Ruiz que iría . . .

ÁLVARO Y hablando del rey de Roma . . . Ahí viene el Sr. Ruiz.

JUAN CARLOS ¡Por Dios! Mira el traje de baño que lleva y como siempre, sacando fotos.

ÁLVARO ¡Qué barbaridad! ¡Ese traje tiene más colores que todo México!

ACTIVIDAD 2: ¿Comprendiste? Después de escuchar la conversación otra vez, contesta estas preguntas.

1. ¿Quieren volver a España Juan Carlos y Álvaro?
2. ¿Qué fue lo que más le gustó a Álvaro?
3. ¿Por qué Venezuela ha tenido que diversificar su economía?
4. ¿Qué tiene que hacer Álvaro en cuanto llegue a España?
5. ¿Crees que les gustó a los muchachos viajar con el grupo? ¿Te gustaría viajar a Hispanoamérica con un grupo de turistas?

ACTIVIDAD 3: Lo mejor En grupos de cuatro, decidan qué fue lo mejor y lo peor de todo el viaje para los muchachos y para los turistas. Usen frases como **lo más divertido fue . . . ; ahora, lo triste es . . . ; lo peor era que . . . .**

¿LO SABÍAN?

Venezuela es un país con muchos contrastes geográficos.

- Al oeste se encuentran las montañas nevadas *(snow capped)* de los Andes.
- Al sur se puede explorar la selva amazónica.
- Hay más o menos 3.000 kilómetros de playas blancas.
- El Lago Maracaibo es el lago más grande de Suramérica.
- El Río Orinoco es el tercer río en longitud de Suramérica.
- El Salto Ángel es la catarata más alta del mundo, con 807 metros de alto.

3.000 kilómetros = 1.864 millas

807 metros = 2.647 pies

ACTIVIDAD 4: ¿Sabes el refrán? Parte A: Cuando Álvaro y Juan Carlos están hablando del Sr. Ruiz, Álvaro lo ve venir y dice **"Hablando del rey de Roma (pronto asoma** *[he soon shows up]***)"**. Aquí hay más refranes populares. Intenta completarlos con una terminación lógica de la lista que está a continuación.

1. _____ Del odio al amor . . .
2. _____ Dime con quién andas . . .
3. _____ El dar es honor . . .
4. _____ En boca cerrada . . .
5. _____ Llama al pan, pan, . . .
6. _____ Quien mucho duerme . . .
7. _____ Ojos que no ven . . .
8. _____ Más vale tarde . . .
9. _____ Quien más tiene, . . .
10. _____ Más vale estar solo . . .

a. corazón que no siente.
b. y el pedir, dolor.
c. hay sólo un paso.
d. más quiere.
e. no entran moscas *(flies)*.
f. y te diré quién eres.
g. poco aprende.
h. que mal acompañado.
i. que nunca.
j. y al vino, vino.

Parte B: Ahora, en parejas, inventen situaciones para cada refrán. Por ejemplo, En boca cerrada no entran moscas:

➤ John no sabía que Carla ya no sale con Pete y le preguntó por él delante de su nuevo novio.

Lo esencial I

En la óptica

In some Hispanic countries it is common for optical stores to sell cameras and develop film.

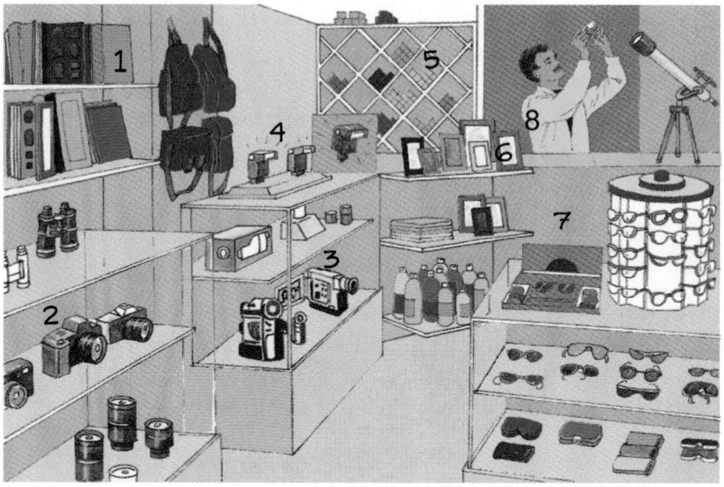

1. el álbum (de fotos)
2. la cámara/máquina de fotos
3. la cámara de video
4. el flash
5. el rollo/carrete
6. el marco
7. las gafas/los anteojos
8. el/la oculista

Otras palabras relacionadas con la óptica

blanco y negro; color black and white; color
la diapositiva slide
enfocar to focus
el enfoque focus
los lentes de contacto (blandos/duros) contact lenses (soft/hard)
la pila battery
revelar (fotos) to develop (photos)
sacar fotos to take pictures

¿LO SABÍAN?

En todas las lenguas hay "frases hechas" que a menudo son iguales o parecidas en varios idiomas. Sin embargo, si miras la lista que sigue, verás una diferencia curiosa entre estas frases en español y su equivalente en inglés.

agua y jabón
besos y abrazos
blanco y negro
de pies a cabeza
huevos y jamón
perros y gatos
tarde o temprano
vivo o muerto

¿Cuáles son las expresiones correspondientes en inglés?

ACTIVIDAD 5: Entrevistas Habla con diferentes personas de la clase y escribe el nombre de las personas que usen o necesiten las siguientes cosas. Haz preguntas como **¿Cuándo usas anteojos?, ¿Usas anteojos sólo para leer?**

Busca personas que . . .

1. usen anteojos sólo para leer
2. usen lentes de contacto blandos
3. usen lentes de contacto de color
4. usen anteojos para ver de lejos
5. usen anteojos para manejar
6. no usen anteojos

¿Qué venden en esta tienda? ¿Venden anteojos para hombres? ¿Mujeres? ¿Niños? ¿Tienen mucha variedad?

UNICENTRO
de la
Visión
GARANTIZADO POR LA ORGANIZACION
BEHRENS
tiene la recomendación cariñosa: regale ANTEOJOS.
Los tenemos de todas las marcas y de todos los precios
para DAMAS o CABALLEROS.
¡Venga antes de que sea tarde!
vea nuestra colección de anteojos de sol y monturas.

ACTIVIDAD 6: Los consejos fotográficos En grupos de cuatro, escriban un mínimo de cuatro consejos para sacar una buena foto.

➤ Hay que revisar las pilas.

ACTIVIDAD 7: Las quejas En parejas, "A" trabaja en una óptica y cubre el Papel B. "B" es un/a cliente y cubre el Papel A. El/La cliente recibe unas fotos que salieron bastante mal. Lean sólo las instrucciones para su papel.

Papel A

Trabajas en una óptica en México y revelas fotos. A veces los clientes te culpan *(blame)* por revelar mal las fotos, pero usas máquinas automáticas para hacer el revelado. Muchas veces son ellos los que no sacan bien las fotos. Ahora viene un/a cliente a buscar sus fotos, que no son muy buenas. Es evidente que la persona que las sacó no es muy buen fotógrafo: una foto tiene poca luz y otra está borrosa *(blurry)*.

Papel B

Estás haciendo turismo en México y ayer dejaste un rollo de fotos para revelar en una óptica. Hoy, al recibirlas, ves que las fotos salieron mal y te parece tú crees que las revelaron mal. Habla con el/la empleado/a para quejarte; empieza diciendo, **Estas fotos están horribles . . .**

Hacia la comunicación I

I. Describing: *Lo* + Masculine Singular Adjective

To characterize something in a general or abstract way, use the neutral article **lo** with a masculine singular adjective.

Lo bueno es que regresaron sin problemas. — *The good thing is that they returned without any problems.*
Lo más **interesante** del viaje fue la gente. — *The most interesting part of the trip was the people.*
Lo difícil para los españoles era la comida mexicana picante. — *The difficult thing for the Spaniards was the hot Mexican food.*

After studying the preceding examples, answer the following questions:

- What does the title of the movie, ***Lo bueno, lo malo y lo feo*** with Clint Eastwood mean in English? What would it mean if it were ***El bueno, el malo y el feo***?

II. Expressing the Future: The Future Tense

Before studying the grammar explanation, answer the following question based on the conversation:

- Álvaro says, **"Tendré que volver pronto . . ."**, and Juan Carlos says, **"Sí, será mejor que lleguemos pronto . . . ."** Can you think of another way to say these sentences?

As you have already seen, the future may be expressed with the present indicative or with the construction **ir** + **a** + *infinitive:* **Te veo mañana. Voy a ver a mi padre mañana.** The future may also be expressed with the future tense. To form the future tense, add the following endings to the infinitives of **-ar, -er,** and **-ir** verbs.

mirar		traer		ir	
mirar**é**	mirar**emos**	traer**é**	traer**emos**	ir**é**	ir**emos**
mirar**ás**	mirar**éis**	traer**ás**	traer**éis**	ir**ás**	ir**éis**
mirar**á**	mirar**án**	traer**á**	traer**án**	ir**á**	ir**án**

Note that the **nosotros** form has no accent.

El año que viene, Teresa y Marisel **irán** a Suramérica. — *Teresa and Marisel will go to South America next year.*
Si el vuelo llega a tiempo, Juan Carlos **comerá** con Claudia. — *If the flight arrives on time, Juan Carlos will eat with Claudia.*

The following groups of verbs have an irregular stem in the future tense, but use the same endings as regular verbs.

haber → **habré**	poner → **pondré**	decir → **diré**
poder → **podré**	salir → **saldré**	hacer → **haré**
querer → **querré**	tener → **tendré**	
saber → **sabré**	venir → **vendré**	

Hay = there is/are
Habrá = there will be

Habrá muchos amigos esperando a los turistas. — *There will be many friends waiting for the tourists.*

Si Álvaro llega hoy, él y Diana **saldrán** a cenar esta noche. — *If Álvaro arrives today, he and Diana will go out to eat tonight.*

III. Expressing Hypothetical Actions and Reporting: The Conditional

The conditional tense may be used to express something that you would do in a hypothetical situation. It is also used to report what someone said. The formation of this tense is similar to the future tense in that it uses the same stems. Add the conditional endings (**ía, ías, ía,** etc.) to all stems.

The conditional endings are the same as those of imperfect **-er** and **-ir** verbs. Unlike the imperfect endings, they are added to an irregular stem or to the infinitive.

mirar	
miraría	miraríamos
mirarías	miraríais
miraría	mirarían

traer	
traería	traeríamos
traerías	traeríais
traería	traerían

ir	
iría	iríamos
irías	iríais
iría	irían

¡Comprar el carro de Gonzalo! Yo no lo **haría.** — *Buy Gonzalo's car! I wouldn't do it. (hypothetical)*

Álvaro me dijo que me **traería** unos aretes de jade mexicano. — *Álvaro told me that he would bring me some Mexican jade earrings. (reporting)*

The following groups of verbs have the same irregular stems in the conditional as they do in the future.

Hay = there is/are
Habría = there would be

Infinitive	Stem	Conditional
haber	habr-	**habr**ía
poder	podr-	**podr**ía
querer	querr-	**querr**ía
saber	sabr-	**sabr**ía
poner	pondr-	**pondr**ía
salir	saldr-	**saldr**ía
tener	tendr-	**tendr**ía
venir	vendr-	**vendr**ía
decir	dir-	**dir**ía
hacer	har-	**har**ía

Con el dinero que gana en la agencia, Teresa **podría** ir a Puerto Rico. — *With the money she earns at the agency, Teresa could (would be able to) go to Puerto Rico.*

—No sé qué **haría** sin ella —dijo Juan Carlos. — *"I don't know what I would do without her," said Juan Carlos.*

Do Workbook *Práctica mecánica I* and corresponding CSM activities.

ACTIVIDAD 8: Los críticos En parejas, escojan una película muy interesante que Uds. dos hayan visto y comenten distintos aspectos de la película. Usen expresiones como **lo bueno, lo malo, lo inesperado, lo interesante, lo cómico, lo triste, lo peor de todo.**

➤ Lo mejor fue el final porque . . .
Lo más divertido fue cuando . . .

ACTIVIDAD 9: ¿Qué pasará? Todos los años, los periódicos publican predicciones para el año siguiente. ¿Qué predicciones publicarán para el año que viene? En parejas, preparen diez predicciones para personas famosas y para el país en general.

➤ Oprah y Stedman se casarán.
El presidente de los Estados Unidos irá a Perú.

ACTIVIDAD 10: La suerte En parejas, "A" predice el futuro; "B" no cree en estas cosas, pero de todos modos, visita a "A" para divertirse. "A" va a predecir la vida amorosa, el número de hijos, el trabajo, la salud, etc., de "B". Al terminar, cambien de papel.

ACTIVIDAD 11: "El qué dirán" En muchos países hispanos, como en los Estados Unidos, la opinión de los vecinos es importante. En parejas, imagínense que Uds. viven en un pueblo pequeño. Si hacen las siguientes cosas, ¿qué harán los vecinos?

➤ si cuelgan *(hang)* la ropa delante de la casa
Si colgamos la ropa delante de la casa, los vecinos protestarán.

1. si hacen muchas fiestas en su casa
2. si pintan el exterior de la casa de color morado
3. si ponen flamencos rosados de plástico delante de la casa
4. si sus hijos tienen un conjunto de rock y ensayan *(rehearse)* en el garaje con la puerta abierta
5. si tienen un gran danés que ladra *(barks)* a toda hora

ACTIVIDAD 12: Mentiras inocentes ¿Has mentido alguna vez para evitar problemas o por el bien de otra persona? Decide qué harías en las siguientes situaciones. Después, en parejas, compartan las respuestas con su compañero/a.

➤ Acabas de comprar algo y el vendedor te da el cambio; te das cuenta de que hay $10 de más.

a. decírselo al vendedor
b. darle las gracias
c. algo diferente

Yo le diría que me dio $10 de más. / Le daría las gracias y saldría. / Sería honrado/a y le devolvería el dinero. / (etc.)

For hypothetical situations, use the conditional.

1. Vuelves de un viaje por México y traes diez botellas de tequila en el carro; el agente de aduanas te pregunta si traes alcohol.
   a. decirle que sí
   b. decirle que no
   c. algo diferente

2. Tu esposo/a se está muriendo de cáncer, pero él/ella no lo sabe.
   a. decirle la verdad
   b. no decirle nada
   c. algo diferente
3. Un policía te detiene porque tú manejabas a 125 kilómetros por hora y el límite de velocidad es de 100.
   a. pedirle perdón por tu error
   b. decirle que ibas a 105
   c. algo diferente
4. Un niño de cuatro años te dice que su hermana mayor le dijo que Santa Claus no existía.
   a. explicarle la verdad
   b. decirle que su hermana le mintió
   c. algo diferente
5. Sabes que un amigo casado sale con otra mujer.
   a. no hacer nada
   b. hablar con él
   c. algo diferente
6. Tu mejor amigo/a va a estar en tu ciudad el viernes y Uds. quieren pasar el día juntos, pero tú tienes que trabajar.
   a. explicarle la verdad a tu jefe/a
   b. llamar al trabajo por la mañana y decir que estás enfermo/a
   c. algo diferente

125 kilómetros por hora = 80 mph

ACTIVIDAD 13: El dilema Hay problemas con el motor de un avión y el avión se está cayendo. Hay ocho pasajeros y un piloto, pero sólo hay cuatro paracaídas *(parachutes)*. En grupos de cuatro, lean las descripciones de las personas y decidan a quiénes les darían Uds. los paracaídas y por qué.

➤ Lo importante es que Antonio Sánchez tiene tres hijos; por eso le daría uno de los paracaídas.

1. Antonio Sánchez: 44 años, piloto, casado y con tres hijos
2. Pilar Tamayo: 34 años, soltera, doctora famosa por sus investigaciones sobre métodos anticonceptivos
3. Lola del Rey: 23 años, soltera, actriz; fue Miss Ecuador y salió segunda en el concurso de Miss Universo; hizo viajes cantando para los soldados
4. Tommy González: 10 años, estudiante de cuarto grado, jugador de fútbol
5. Angustias Ramírez: 63 años, casada, con cinco hijos y siete nietos, abuela de Tommy González; ayuda a los pobres en un programa de la iglesia
6. Enrique Vallejo: 46 años, divorciado, con tres hijos, político importante, liberal, líder del movimiento laboral
7. El Padre Pacheco: 56 años, cura católico de una iglesia para trabajadores migratorios, fundador del programa E.S.D. (Escuela Sin Drogas), una escuela para jóvenes que eran drogadictos
8. Lulú Camacho y Víctor Robles: 25 y 28 años, dos atletas que se dedican a levantar pesas y que participan en competencias internacionales; hacen anuncios en la televisión para el Club Cuerposano

Do Workbook *Práctica comunicativa I.*

Nuevos horizontes

LECTURA

Estrategia: *Understanding the Writer's Purpose*

In writing a text, the writer chooses a purpose, such as informing, convincing, or entertaining. A writer does this by painting a picture with his/her words. In order to form one's own opinions about what one reads, it is important to note the writer's bias and how it can affect what he/she writes. By recognizing a writer's purpose and biases one can better filter the information presented.

ACTIVIDAD 14: A primera vista Mira las dos fotos que acompañan los artículos. Luego lee los títulos de los artículos y el subtítulo del segundo. Di cuál de los artículos preferirías leer y por qué.

ACTIVIDAD 15: Propósito Lee los dos artículos sobre Guatemala y decide cuál de las siguientes palabras describe mejor el propósito de cada artículo: informar, criticar, persuadir o entretener. Justifica tus respuestas con ejemplos específicos.

¡Magnífico Tikal!

Viajar a Tikal no es fácil, pero resulta una experiencia inolvidable en la que siempre se aprende algo, y sobre todo, nutre nuestro orgullo como guatemaltecos y como descendientes de los Mayas, una de las civilizaciones antiguas más admirables, comparables con los antiguos griegos o egipcios en el viejo mundo.

▲ *Ruinas maya en plena selva. Tikal, Guatemala.*

El valor histórico de Tikal es muy grande, como grande es también el valor turístico que tiene para nuestro país, pues sin duda es el mayor atractivo que Guatemala puede ofrecer a los extranjeros que visitan lo que ha dado a llamarse "el mundo Maya" y que incluye un recorrido por Yucatán (México), Petén y Honduras, en un proyecto de explotación conjunto de estos países.

Si bien es cierto que Petén es el departamento más aislado y hasta cierto punto abandonado del país, en medio de la selva está Tikal, lo que obliga a pensar en la necesidad de seguir desarrollando la infraestructura turística, no sólo para facilitar la llegada de extranjeros, sino para buscar también que más guatemaltecos puedan apreciar algo de lo mucho que tenemos.

Por eso es que sería excelente que las autoridades de turismo y las empresas que se dedican al turismo receptivo, buscaran la forma de realizar excursiones al menor precio posible, con el fin de que muchas personas puedan viajar a Petén y disfrutar de ese patrimonio que trasciende a los guatemaltecos y se convierte en verdadero patrimonio de la humanidad.

Sería buena idea que se promocionara mucho internamente y que se crearan paquetes especiales—más accesibles—, desde el transporte, alimentación, hospedaje y el tour mismo.

FAMILIA CALABAY SICAY

GUATEMALA

En San Antonio de Palopó, la población indígena lucha por su supervivencia

Guatemala ha vivido bajo el terror de la guerra civil.[1] El balance es elocuente: 100.000 muertos—alrededor de uno de cada 20 habitantes—, 400 pueblos destruidos y un éxodo de más de 100.000 personas hacia los campos de refugiados de México. Durante más de un siglo, la nación ha estado controlada por su poderoso ejército y por un puñado de familias ricas descendientes de europeos. En la base de la pirámide social, desposeídos de cualquier tipo de privilegio, están los indígenas mayas, que constituyen más de la mitad de la población. La familia Calabay Sicay pertenece a la tribu de los cakchiqueles, uno de los 22 colectivos indígenas de Guatemala. Viven en San Antonio de Palopó, un hermoso lugar a orillas del lago Atitlán. Aquí se respira tranquilidad. Sin embargo, sus habitantes se resisten tenazmente a relacionarse con extranjeros.

Los Calabay Sicay son campesinos, por eso es frecuente encontrar a Lucía atando en manojos las cebollas que cultiva Vicente, su marido, y que después venden en el mercado de Sololá, la ciudad importante más próxima. Ese trabajo es casi un descanso. La vida en San Antonio de Palopó no es fácil. Las comodidades escasean, y por no tener no tienen ni agua corriente en la casa. Para *matar* el poco tiempo libre del que disponen, Lucía hila pulseras y bolsas en un telar pequeño. Vicente utiliza otro más grande para tejer *las cobijas* (mantas) con las que se tapan sus tres hijos.

RETRATO ROBOT

- Número de personas que viven en la casa: 5.
- Tamaño de la vivienda: 29,4 M². Una habitación con la cocina independiente.
- Semana laboral: padre, 60 horas; madre, todo el día.
- Equipamiento doméstico: radios: 1. Teléfonos: 0. Televisores: 0. Automóviles: 0.
- Posesiones más apreciadas: para la madre, un cuadro religioso y la Biblia. Para el padre, un casete portátil. Para las hijas, las muñecas. Para el hijo, un balón de fútbol.
- Renta per capita: 132.160 pesetas.[2]
- Porcentaje de sus ingresos que la familia Calabay Sicay dedica a comida: 66%.
- Desearían adquirir: televisor, cacerolas, sartenes, mesa de cocina.
- Número de veces que la familia ha estado a más de 50 Km de su casa: 0.
- Desean para el futuro: se conforman con sobrevivir.

[1] *The Guatemalan Civil War lasted 36 years and ended in 1996.*
[2] *132.160 pesetas = about $942 per capita per year.*

ACTIVIDAD 16: ¿Entendiste? Después de leer los dos artículos, contesta estas preguntas.

1. El autor dice que Tikal es una maravilla maya, pero identifica un problema. ¿Cuál es el problema y qué solución sugiere?
2. En términos generales, ¿cómo se compara la vida de la familia Calabay Sicay con lo que sabes de la vida de los indígenas de los Estados Unidos?

ACTIVIDAD 17: Comparar En grupos de tres, comparen la imagen de Guatemala que intenta pintar cada autor a través de su artículo.

ESCRITURA

Estrategia: *Writing a Summary*

See Ch. 13 for more linking words.

A summary includes the main points of a text, without details. As with a description, you address the questions *who?*, *what?*, *where?*, *when?*, and *why?* In order to do a summary, it is helpful to list the main points of the text first and then to use connectors or linking words to join the ideas. When writing a summary, remember to use the following phrases to support, expand upon, or contrast ideas:

a la vez	por ejemplo	sin embargo
en general	por un lado . . . por el otro	

ACTIVIDAD 18: Un resumen **Parte A:** Vas a escribir un resumen de dos párrafos de lo que acabas de leer sobre Guatemala. Para organizarte, haz una lista que incluya información sobre los puntos importantes de los dos artículos: las magníficas ruinas mayas, el turismo, la falta de infraestructura, la vida de los indígenas, etc.

Parte B: Escribe tu resumen de dos párrafos. Relee el borrador para ver si incluiste frases como **a la vez** y **en general.** Escribe la versión final.

Parte C: Entrégale la lista, el borrador y la versión final a tu profesor/a.

Lo esencial II

En busca de trabajo

la carta de recomendación letter of recommendation
completar to fill out
contratar to contract, hire
el contrato contract
el curriculum (vitae)/currículo résumé, curriculum vitae
el desempleo unemployment
despedir to fire
el empleo job, position; employment
la entrevista interview
la experiencia experience
el puesto job, position
el seguro médico medical insurance
solicitar to apply for
la solicitud application
el sueldo salary
el título title; (university) degree
trabajar medio tiempo/tiempo completo to work part time/full time

ESPAÑA

EXTRANJEROS

REGISTRO

(Régimen General)

SOLICITUD DE PERMISO DE TRABAJO Y RESIDENCIA

POR FAVOR, NO ESCRIBA EN LOS ESPACIOS SÓMBREADOS. VEA INSTRUCCIONES AL DORSO. RELLENELO A MAQUINA O CON BOLIGRAFO NEGRO Y LETRA DE IMPRENTA

DATOS DEL TRABAJADOR

Apellido(s) ______ Nombre ______

Apellido de nacimiento ______ País de nacionalidad ______

Lugar de nacimiento (localidad) ______ País de nacimiento ______

Fecha de nacimiento (día, mes y año) ______ Sexo ______ Estado civil ______ Profesión habitual ______

Núm. de afiliación a la Seguridad Social española (1) ______ Titulación y conocimientos especiales ______

Apellido(s) y nombre de la madre ______ Apellido(s) y nombre del padre ______

¿TUVO PERMISO DE RESIDENCIA Y TRABAJO CON ANTERIORIDAD A ESTA SOLICITUD? (2) No ☐ Sí ☐ ¿Por cuenta propia? ☐ ¿Por cuenta ajena? ☐

SI YA TRABAJA O VA A TRABAJAR: Dependencia laboral (2) Cuenta propia ☐ Cuenta ajena ☐

ACTIVIDAD 19: Definiciones Termina estas frases con una palabra o frase lógica de la lista presentada en la sección *En busca de trabajo*.

1. Antes de una entrevista, tienes que completar una ______________.
2. Para solicitar un trabajo es bueno pedirles a varias personas una ______________.
3. Sólo trabajas veinte horas por semana; es decir que trabajas ______________ y no ______________.
4. La cantidad de dinero que recibes por semana o por mes es tu ______________.
5. Tu historia profesional se llama ______________.
6. Un beneficio que te pueden dar es ______________.

¿LO SABÍAN?

En muchos países hispanos se divide el sueldo anual en catorce pagos en vez de doce. De esta forma, una persona recibe normalmente el doble del sueldo mensual en julio y en diciembre. Mucha gente usa este dinero, llamado el aguinaldo, para las vacaciones y para las compras de Navidad. ¿Te gustaría recibir bonos, o prefieres repartir el dinero en doce pagos iguales?

ACTIVIDAD 20: ¿Quién lo hace? Decide quién o quiénes hacen las siguientes acciones: un futuro jefe, un jefe, un ex jefe, un futuro empleado, un empleado.

1. anunciar un puesto de trabajo
2. recibir seguro médico
3. despedir a alguien
4. firmar un contrato
5. leer una solicitud
6. completar una solicitud
7. escribir cartas de recomendación
8. hacer el curriculum vitae
9. recibir sueldo
10. participar en una entrevista

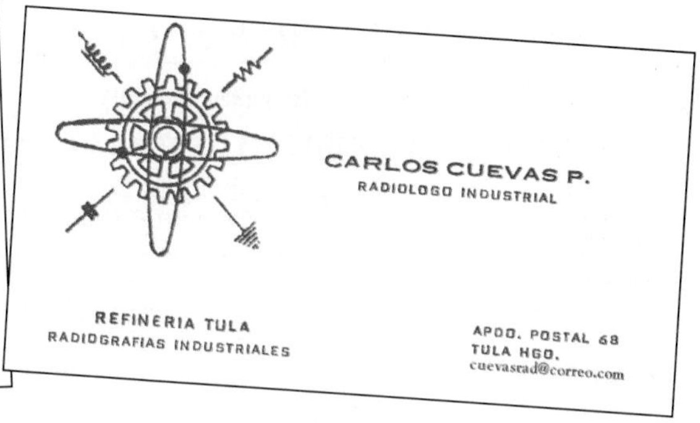

ACTIVIDAD 21: Buscando trabajo En parejas, "A" busca empleo y "B" es consejero/a en la agencia de empleos de la universidad. "A" quiere saber qué posibilidades de empleo hay, qué beneficios tienen, qué documentos tendrá que presentar, y qué debe incluir en su curriculum. Lean sólo las instrucciones para su papel.

Papel A

Tienes título universitario en economía y estás empezando tus estudios de posgrado; por eso, necesitas un trabajo de medio tiempo. Tu idioma materno es el inglés pero hablas francés y español. Durante tus años de escuela secundaria trabajaste en McDonald's y mientras estudiabas en la universidad trabajabas en una compañía de importación escribiendo las cartas dirigidas a países hispanos y a Francia.

Papel B

Los siguientes son dos puestos disponibles *(available)*. Averigua las cosas que sabe hacer "A" y recomiéndale uno de estos puestos.

Camarero/a en el restaurante elegante El Charro; lunes, martes, fines de semana; 25 horas semanales; sueldo según experiencia; propinas; 2 semanas de vacaciones; sin seguro médico.
Requisitos: buena presencia; con experiencia; carta de recomendación del último jefe; curriculum; conseguir la solicitud en el restaurante. Avenida Guanajuato 3252.

Traductor/a para compañía de seguros; bilingüe (español/inglés); horario variable—más o menos 20 horas por semana; $25 por página; seguro médico incluido.
Requisitos: un año de experiencia; examen de español e inglés; 3 cartas de recomendación; curriculum; título universitario.
Para conseguir la solicitud, llamar al 467 43 89.

ACTIVIDAD 22: El puesto ideal Ahora, el/la consejero/a quiere simular una entrevista. "A" y "B" deben practicar entrevistas para los puestos presentados en la actividad anterior. Cambien de papel después de la primera entrevista.

¿A trabajar en la Patagonia?

▲ *El Cerro Fitz Roy y un glaciar en la Patagonia, Argentina.*

los chismes	gossip
resultó ser . . .	it/he/she turned out to be . . .
tomarle el pelo (a alguien)	to pull someone's leg

Juan Carlos y Álvaro acaban de regresar de su viaje, y mientras estaban en Venezuela, Juan Carlos conoció a un señor que le habló de un posible empleo. Ahora él está otra vez en Madrid con Teresa y Claudia, contándoles sobre el viaje y completando la solicitud.

ACTIVIDAD 23: Escucha y responde Mientras escuchas la conversación, anota las respuestas a estas preguntas.

1. ¿Dónde conoció Juan Carlos al señor?
2. ¿Por qué tiene el señor interés en ayudar a Juan Carlos?
3. ¿Qué tiene que hacer Juan Carlos?
4. ¿Está contento don Alejandro con el trabajo de Juan Carlos y Álvaro?
5. Si Juan Carlos consigue el trabajo, ¿adónde irá?

TERESA ¿Por qué no sigues contándonos de la Dra. Llanos y el Sr. Ruiz? Ayer no terminaste de explicarnos por qué ella lo odiaba a muerte. No me sorprendería verlos después muy amigos.

JUAN CARLOS ¿Amigos, ellos? Nunca. ¡Estás loca! Tú no los viste en el viaje.

CLAUDIA Y, ¿por qué no? Del odio al amor hay sólo un paso . . .

Expressing urgency

JUAN CARLOS Bueno, dejémonos de chismes y ayúdenme a terminar esta solicitud, pues quiero mandarla antes de que cierren el correo esta tarde.

TERESA Lo que no entiendo es que te fuiste de viaje y llegaste con una oferta de trabajo. ¿Cómo es posible?

Approximating

JUAN CARLOS Fue pura casualidad. Estábamos en Venezuela celebrando el cumpleaños del Sr. Ruiz en un club y me puse a hablar con un señor peruano que tendría unos cuarenta años. Resultó ser gerente de una empresa de ingenieros e íntimo amigo de un tío mío.

CLAUDIA Para mala suerte, Álvaro, y para suerte loca, Juan Carlos.

JUAN CARLOS Bueno, entonces cuando supo quién era mi tío y que yo estudiaba ingeniería, me dijo que por qué no solicitaba un puesto con su empresa. Y ahora tengo que mandarles esta solicitud a los jefes de personal.

CLAUDIA O sea, conoce a tu tío, ¿eh? . . . Eso se llama tener palanca.

JUAN CARLOS Bueno, pero también tengo un buen curriculum, ¿no? Oye, Teresa, ¿crees que tu tío me escribiría una carta de recomendación?

Wondering

TERESA Por supuesto. Él está feliz con los comentarios de la gente del tour, pues todo lo que dicen de ti y de Álvaro son maravillas. Lo malo es que esta tarde sale para Londres y no sé dónde estará ahora . . . Lo llamo ahora mismo a ver si está en la oficina.

JUAN CARLOS Con la recomendación de don Alejandro es posible que me den el puesto sin entrevistarme, ¿no crees?

CLAUDIA ¡Un momento, un momento! Lo que yo quisiera saber es dónde es ese trabajo . . . Creo que yo tengo derecho a saber . . . ¿eh?

JUAN CARLOS Pues . . . Lo único es que . . . es que es . . . es en la Patagonia . . .

CLAUDIA ¿La Patagonia? Pero, ¡eso está muy lejos!

JUAN CARLOS ¡Calma, calma! Te estoy tomando el pelo. La oferta de trabajo es para Caracas, no para la Patagonia y ¡con un buen sueldo . . . !

ACTIVIDAD 24: Un resumen Después de escuchar la conversación otra vez, digan, en parejas, cinco oraciones que resuman la conversación entre Juan Carlos y las dos chicas.

ACTIVIDAD 25: Predicciones Escribe las respuestas a las siguientes preguntas y después, en parejas, comparen sus respuestas con las de su compañero/a. Deben estar preparados para defender sus predicciones.

1. Algún día, ¿serán amigos el Sr. Ruiz y la Dra. Llanos?
2. ¿Qué dirá don Alejandro en la carta de recomendación?
3. ¿Le darán el empleo a Juan Carlos?
4. ¿Qué pasará con Claudia y Juan Carlos?

¿LO SABÍAN?

En español se dice que si una persona está debajo de un árbol grande, está protegida por su sombra *(shade)*. Este dicho se refiere a lo importante que es conocer a personas de influencia para obtener un buen puesto o, a veces, para que le hagan favores. Esta costumbre tiene diferentes nombres en diferentes países hispanos: el enchufe, la corbata, la conexión, la palanca, tener padrino, etc. ¿Crees que esta costumbre sea común en muchos países? ¿Puedes pensar en algunas palabras o expresiones en inglés que se relacionen con esta costumbre? ¿Sabes de alguien que haya obtenido su puesto con "palanca"?

ACTIVIDAD 26: Al fin Di qué ocurrió en las siguientes situaciones, usando la frase **resultó ser** para terminar las oraciones.

1. Compré un coche nuevo y . . .
2. Conseguí un puesto con la O. N. U. (Organización de las Naciones Unidas) y . . .
3. Cuando un amigo mío conoció a su primera novia, ella era simpática, trabajadora y tenía ambiciones, pero después de unos años . . .
4. Para Juan Carlos el viaje . . .

Hacia la comunicación II

I. Expressing Probability: The Future and the Conditional

The future and the conditional tenses are often used to express probability or to wonder about a situation. When you wonder about the present, use the future tense. When you wonder about the past, use the conditional.

—¿Cuántos años **tendrá** ese muchacho?	*I wonder how old that guy is.*
—**Tendrá** unos diecinueve.	*He's probably (He must be) about nineteen.*
—¿Qué hora **será**?	*I wonder what time it is.*
—**Serán** las 3:00.	*It must be (It's probably) 3:00.*
—¿Cuántos años **tendría** cuando se casó?	*I wonder how old he was when he got married. (How old could he have been when he got married?)*
—**Tendría** unos veinticinco.	*He probably was (must have been) about twenty-five.*
—¿Qué hora **sería** cuando llegaron los chicos?	*What time could it have been when the guys arrived?*
—**Serían** las 3:00 de la mañana.	*It must have been (It probably was) 3:00 A.M.*

II. The Subjunctive in Adverbial Clauses

Remember the acronym **ESCAPA.**

The following adverbial conjunctions are always followed by the subjunctive:

E	**en caso (de) que**	in the event that; in case
S	**sin que**	without
C	**con tal (de) que**	provided that
A	**antes (de) que**	before
P	**para que**	in order that, so that
A	**a menos que**	unless

En caso de que llueva, no iremos al parque.	*In the event that it rains, we won't go to the park.*
Van a entrar **sin que** nadie los **oiga.**	*They're going to come in without anybody hearing them.*
Yo voy, **con tal de que** tú **vayas** conmigo.	*I'll go provided that you go with me.*
Llámame **antes de que salgas** para Caracas.	*Call me before you leave for Caracas.*
Me va a dar su cámara **para que saque** fotos del viaje.	*He's going to give me his camera so that (in order that) I can take pictures of the trip.*
Juan Carlos no aceptará el puesto **a menos que** Claudia **vaya** con él.	*Juan Carlos won't accept the job unless Claudia goes with him.*

NOTE: **Sin que, para que,** and **antes de que** take the subjunctive when there is a change of subject. If there is no change of subject, use an infinitive immediately after the prepositions, omitting the word **que.**

Internet Do Workbook *Práctica mecánica II,* CSM, Web, and lab activities.

Trabajo **para que mi familia viva** bien.
Trabajo **para vivir** bien.

Ella se va a casar **sin que sus padres** lo **sepan.**
Ella se va a casar **sin decirles** nada a sus padres.

ACTIVIDAD 27: Situaciones Imagínate qué están haciendo las personas que dicen estas oraciones.

There are multiple possibilities.

➤ "Me encanta esta música."
Estará en un concierto.

1. "Está deliciosa. Realmente eres un genio."
2. "No puedo continuar. Estoy cansadísima."
3. "No me interrumpas. Debo terminar esto lo antes posible."
4. "Justo ahora que estoy aquí, suena el teléfono."

ACTIVIDAD 28: Los misterios de la vida En parejas, digan por qué creen que ocurrieron estas cosas.

➤ Gloria no fue a la entrevista de trabajo.
Estaría enferma.

1. No aceptaron a tu amigo Alfredo, un estudiante excelente, en la facultad de medicina.
2. Desaparecieron misteriosamente tus amigos Mariano y Rosa.
3. Tu amigo Felipe nunca tenía dinero y la semana pasada compró un carro nuevo.
4. Tu perra estaba muy gorda. Siempre tenía hambre y no hacía más que comer y dormir.

ACTIVIDAD 29: Usa la imaginación Completa las siguientes frases de forma original usando expresiones como **antes de que, sin que, para que.**

Remember: **ESCAPA.**

➤ Juan Carlos no irá a Caracas a menos que le den el trabajo.

1. Don Alejandro entrevista a personas . . .
2. Teresa estudia turismo . . .
3. Claudia piensa casarse con Juan Carlos . . .
4. No le van a dar el trabajo a Juan Carlos . . .
5. Vicente y Teresa irán de vacaciones a Centroamérica . . .
6. Claudia le pregunta a Juan Carlos sobre sus planes . . .
7. Diana quiere quedarse en España . . .

ACTIVIDAD 30: Los deseos de los padres Muchas veces nuestros padres nos piden que hagamos cosas que no queremos hacer. Cuando ocurre esto, tenemos tres opciones: decir que sí, decir que no o negociar con ellos. Cuando negociamos, les ponemos condiciones. Pon condiciones a los siguientes pedidos de tus padres.

1. Tus padres quieren que tú salgas con el hijo de uno de sus amigos que va a visitar la ciudad. No conoces a ese joven, pero es posible que no te caiga bien.

   No saldré con él a menos que . . .

2. Tus padres quieren que tú pases el fin de semana con ellos para celebrar una reunión familiar, pero tus amigos van a hacer una fiesta fabulosa.

   Iré a la reunión familiar con tal de que . . .

3. Tú quieres cambiar de universidad, pero tus padres se oponen.

   Cambiaré de universidad después de que . . .

ACTIVIDAD 31: Los últimos detalles **Parte A:** Uds. van a llevar a un grupo de estudiantes norteamericanos de dieciséis años a México para que vivan con familias mexicanas durante un mes. Rellena la carta (en la página 406) que recibieron las familias mexicanas que van a hospedar *(host)* a los estudiantes. Usa las expresiones **en caso de que, sin que, con tal de que, antes de que, para que** y **a menos que.**

Estimados señores:

Muchas gracias por participar en nuestro programa de intercambio estudiantil. Ésta es la última carta que les voy a escribir antes de la llegada de los jóvenes a México. A continuación hay información que puede ayudarlos:

1. ____________ los estudiantes lleguen, Uds. van a recibir su nombre, su dirección en los Estados Unidos y el nombre de sus padres. Si no tienen esta información, por favor comuníquense con nuestra oficina.
2. ____________ su estudiante tenga un accidente o se enferme, deben llevarlo a la Clínica de la Magdalena. Todos los estudiantes tienen seguro médico. Uds. no tienen que pagar nada. No tienen que avisar a la oficina ____________ sea algo grave.
3. Los estudiantes no pueden hacer viajes a otras ciudades ____________ tengan permiso escrito de sus padres y ____________ Uds. avisen a nuestra oficina.
4. Los estudiantes pueden salir de noche ____________ Uds. les den permiso. ____________ no tengan problemas, les recomendamos que impongan una hora de llegada.
5. Nuestra oficina no permite que los estudiantes cambien de casa ____________ el estudiante, la familia y el director del programa lo consideren necesario.

Los estudiantes llegarán el sábado a las 11:32 de la mañana en el vuelo número 357 de Aeroméxico. Allí los espero frente a la sala de aduanas número 2 para recibir a los estudiantes.

Los saluda atentamente,

Rafael Gris Vicens

Rafael Gris Vicens

Parte B: Uds. quieren que los chicos representen bien a los Estados Unidos mientras estén en México, pero temen que pueda haber problemas. Aquí hay algunas preocupaciones que Uds. tienen. En grupos de tres, hablen de la lista y sus posibles consecuencias.

Habrá problemas con el alcohol.
No querrán probar la comida.
Llegarán tarde por la noche.
Saldrán sin pedir permiso.
No hablarán español.
Aprenderán malas palabras en la calle y las usarán en la casa.

Parte C: En grupos de tres, preparen lo que les dirán a los chicos para evitar problemas. Estén preparados para decirlo enfrente de la clase. Por ejemplo: **No deben salir de la casa sin que sus padres mexicanos les den permiso porque . . . Deben recordar que sus padres mexicanos son sus padres en México y . . . .**

Vocabulario funcional

Do Workbook *Práctica comunicativa II.*

En la óptica

el álbum (de fotos)	*photo album*
la cámara/máquina de fotos	*camera*
la cámara de video	*video camera*
el flash	*flash*
las gafas/los anteojos	*eyeglasses*
el marco	*frame*
el/la oculista	*eye doctor*
el rollo/carrete	*film*

Otras palabras relacionadas con la óptica

Ver página 390.

En busca de trabajo

Ver página 398.

Palabras y expresiones útiles

antes que nada	*before anything else*
los chismes	*gossip*
dejar boquiabierto (a alguien)	*to leave (someone) dumbfounded*
es hora de + *infinitive*	*it's time* + infinitive
inesperado	*unexpected*
resultó ser . . .	*it/he/she turned out to be . . .*
tomarle el pelo (a alguien)	*to pull someone's leg*

CAPÍTULO 17

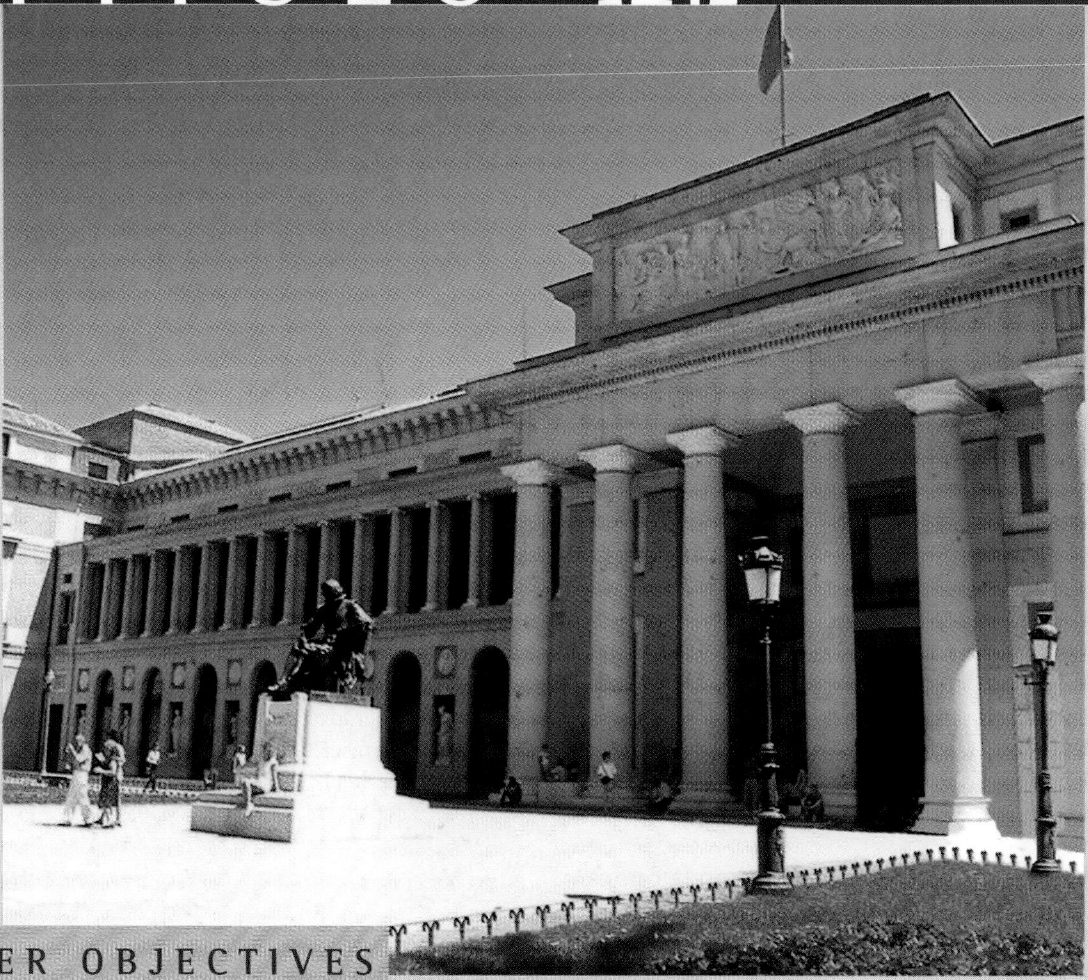

▲ *El Museo del Prado, Madrid, España. Estatua de Diego Rodríguez de Silva y Velázquez, famoso pintor español.*

CHAPTER OBJECTIVES

- Discussing art and giving opinions about art
- Expressing doubts and emotions in the past
- Giving implied commands in the past
- Expressing your ideas on love and romance
- Expressing reciprocal actions
- Describing hypothetical situations

El arte escondido

▲ Los fusilamientos del tres de mayo, *Francisco de Goya y Lucientes (1746–1828), español.*

no veo la hora de + *infinitive*	I can't wait + *infinitive*
dar a conocer	to make known
en seguida	at once, right away

Diana y Álvaro van en el carro escuchando la radio cuando oyen una noticia increíble.

ACTIVIDAD 1: Busca información Mientras escuchas la conversación y la noticia, anota las respuestas a las siguientes preguntas.

1. ¿Cuándo tendrá examen Álvaro?
2. ¿Qué se encontró en la casa de la señora?
3. ¿Qué le pasó a la señora?
4. ¿Qué le molesta a Álvaro?
5. ¿Cuántas veces ha ido Álvaro al Museo del Prado?

Showing impatience

ÁLVARO No veo la hora de terminar el trimestre. A propósito, quería preguntarte, ¿qué tal van tus clases?

DIANA Pronto tendré exámenes.

ÁLVARO Sí, yo tengo uno de derecho penal el martes que viene.

DIANA Y yo, uno de literatura.

ÁLVARO ¡Huy! Literatura, ¡qué aburrido!

DIANA De aburrido, nada. A mí me encanta.

ÁLVARO Pero la literatura es . . .

EL LOCUTOR ¡Atención! Interrumpimos para dar una noticia de última hora . . .

DIANA ¡Calla, calla! Escucha.

EL LOCUTOR La dirección del Museo del Prado dio a conocer hoy el hallazgo de un cuadro, hasta ahora desconocido, de Goya. Se trata de una de las pinturas de su época negra. El cuadro se encontró en la casa de una señora de noventa y ocho años que murió en la provincia de Zaragoza. Cuando sus hijos estaban sacando los muebles de la casa, encontraron la pintura debajo de la cama. Dijeron que no sabían nada del cuadro, pero que era posible que fuera de un pariente coleccionista. Al principio se dubaba que fuera un original, pero al examinarla, los expertos en seguida se dieron cuenta de que era una obra maestra del gran pintor español. Al pedirle una declaración al director del museo, sólo ha dicho que valoran el cuadro en cientos de millones . . .

Expressing doubt

ÁLVARO Un loco del siglo XVIII pintó algo para que otro loco del siglo XX pagara millones por su cuadro.

Expressing purpose

DIANA ¡Qué poco entiendes! El loco serás tú.

Showing displeasure

ÁLVARO Es que no me interesa mucho el arte; la arquitectura me fascina, pero los cuadros . . .

DIANA ¿Has visitado el Museo del Prado alguna vez?

Inquiring about past actions

ÁLVARO No, pero . . .

DIANA Eres un inculto, mañana te llevo porque tengo que ir allí. Y vas a recibir una lección de arte.

ACTIVIDAD 2: ¿Comprendiste? Después de escuchar la conversación otra vez, completa estas oraciones.

1. Diana y Álvaro tienen exámen porque . . .
2. La pintura de Goya se encontró . . .
3. El valor de la obra . . .
4. Diana le dice a Álvaro que es un loco porque . . .
5. Álvaro prefiere . . .
6. Mañana Álvaro . . .

¿LO SABÍAN?

Uno de los mejores museos de arte del mundo es el Museo del Prado de Madrid. El Prado tiene una colección artística de más de tres mil pinturas y unas cuatrocientas esculturas de artistas de todo el mundo. Además de obras de El Greco, Velázquez, Goya, Ribera y muchos otros artistas españoles, el Prado tiene la segunda colección de pintores flamencos del mundo, con obras de Rubens, El Bosco, Van Dyck y Brueghel. En otro museo de Madrid, el Centro de Arte Reina Sofía, se puede ver la obra más política de Picasso, *Guernica*, y los dibujos que hizo el pintor cuando preparaba esta famosa obra.

Goya was the Garry Trudeau of his time. (Trudeau created the cartoon strip *Doonesbury.*) Goya's instrument was the brush.

ACTIVIDAD 3: No veo la hora . . . Escribe una lista de cuatro cosas que deseas que ocurran muy pronto. Después, en parejas, comparen su lista con la de su compañero/a y pregúntenle por qué quiere que pasen estas cosas.

➤ No veo la hora de terminar el semestre.

Lo esencial I

El arte

Remember **el arte,** like **el agua.**

1. el/la artista
2. el cuadro/la pintura
3. el dibujo
4. el/la modelo
5. el/la escultor/a
6. la escultura

▲ *¿Te gusta visitar museos? ¿Te gustaría visitar éste?*

When studying, try to associate these words with people or things: **pintor** = **Picasso; estatua** = **Venus de Milo.**

Otras palabras relacionadas con el arte

el bodegón still life
la copia copy
dibujar to draw, sketch
la escena scene
la estatua statue
la exhibición/exposición exhibition
la obra maestra masterpiece
el original original
el paisaje landscape
pintar to paint
el/la pintor/a painter
el retrato portrait

ACTIVIDAD 4: ¿Hay artistas en la clase? En parejas, háganle las siguientes preguntas a su compañero/a para ver si es una persona artística o una persona a quien le gusta el arte.

1. Cuando eras pequeño/a, ¿dibujabas o pintabas mucho?
2. Hoy día, ¿dibujas en los cuadernos durante tus clases o cuando hablas por teléfono?
3. ¿Te gusta dibujar? ¿Pintar? ¿Has hecho alguna escultura?
4. ¿Has tomado clases de arte?
5. ¿Hay cuadros en tu casa o apartamento? ¿Son originales o copias?
6. ¿Te gusta visitar museos? ¿Cuál fue el último museo que visitaste? ¿Qué viste?
7. ¿Qué pintores/artistas te gustan y por qué?

¿LO SABÍAN?

Muchos artistas hacen comentarios sociales como los hizo Goya hace doscientos años. El arte mexicoamericano es un comentario social importante en los Estados Unidos. Los mexicoamericanos comenzaron a pintar murales urbanos en Chicago en 1968 y hoy en día hay murales en otras ciudades del país, especialmente en Los Ángeles. Estos murales representan, de forma a veces satírica, la historia mexicana, el movimiento de los trabajadores agrícolas y la tradición mexicana en los Estados Unidos; en ellos se ve la influencia de los grandes muralistas de México.

◄ La antorcha *(torch)* de Quetzalcóatl, *Leo Tanguma, mexicoamericano. Este mural muestra la historia del mexicoamericano y su lucha por mantener sus costumbres dentro de la sociedad de los Estados Unidos.*

ACTIVIDAD 5: Críticos de arte En grupos de cuatro, miren los cuadros de este capítulo y coméntenlos dando sus impresiones. Usen frases como **lo interesante es . . . , lo curioso es . . . , lo que (no) me gusta es . . .** , etc. Incluyan el nombre del artista y del cuadro.

➤ Lo interesante de *Los fusilamientos del tres de mayo* de Goya es que no se ven las caras de los militares.

ACTIVIDAD 6: Usa la imaginación En parejas, escojan uno de los siguientes cuadros para inventar una historia sobre lo que ocurrió fuera del cuadro antes y después de que lo pintaran. Usen la imaginación para crear la historia y usen el pretérito y el imperfecto para contarla. Sigan el modelo sobre el cuadro de Goya en la página 409.

➤ Era el tres de mayo y la gente tenía miedo y estaba cansada, cuando los soldados capturaron a un grupo de hombres . . .

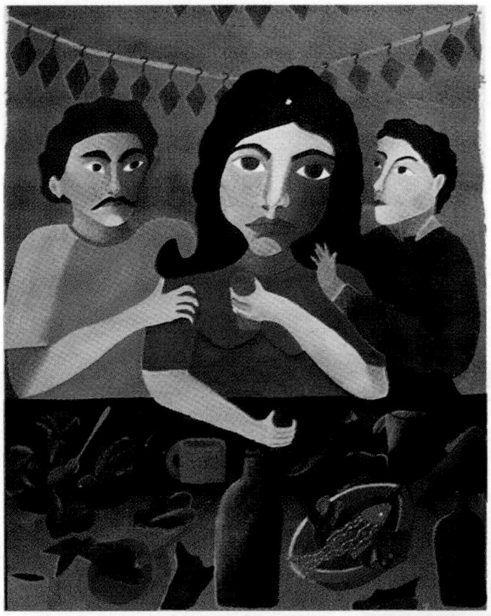

▶ *(Derecha)* La mujer solitaria en una cantina, *Luz Ríos Duarte, costarricense. (Abajo izquierda)* Antes del juego, *Claudio Bravo, chileno. (Abajo derecha)* Toro y gente, *Francisco Amighetti, costarricense.*

Hacia la comunicación I

I. Asking and Requesting: *Preguntar* versus *Pedir*

Remember: **hacer preguntas** = to ask questions.

1. Use the verb **preguntar** when reporting a question that was asked or talking *about* a question that will be asked.

Me **preguntaron** cuántos años tenía.	*They asked me how old I was.*
Le voy a **preguntar** si quiere ir al museo conmigo.	*I'm going to ask her if she wants to go to the museum with me.*

2. Use the verb **pedir** when reporting or talking about a request *for* something or *for* someone to do something.

Pidieron varios millones por el cuadro.	*They asked several million for the painting.*
Vamos a **pedirles** el dinero.	*We are going to ask them for the money.*
Ellos siempre me **piden** que los visite.*	*They always ask me to visit them.*

***NOTE:** Remember that the subjunctive is used after **pedir** in a dependent clause introduced by **que.**

II. Speaking About the Past: The Imperfect Subjunctive

Review uses of the subjunctive, Ch. 8, 9, 13, 14, 15, and 16.

Before studying the grammar explanation, answer this question:

- What is the difference between the following pairs of sentences?
  a. **Se duda que el cuadro sea de Goya** and **Se dudaba que el cuadro fuera de Goya.**
  b. **Diana quiere que Álvaro vaya al museo** and **Diana quería que Álvaro fuera al museo.**

A. Formation of the Imperfect Subjunctive

You use the imperfect subjunctive in the same circumstances as the present subjunctive, except that you are referring to the past. To conjugate any verb in the imperfect subjunctive, apply the following rules:

1. Put the verb in the **Uds./ellos** form of the preterit:	**cerrar ⟶ cerraron**
2. Drop the final **-ron:**	**cerra-**
3. Add the appropriate **-ra** endings:	**cerrara, cerraras,** etc.

cerrar	
cerr**aron**	
que cerr**ara**	que cerr**áramos***
que cerr**aras**	que cerr**arais**
que cerr**ara**	que cerr**aran**

ser	
fu**eron**	
que fu**era**	que fu**éramos***
que fu**eras**	que fu**erais**
que fu**era**	que fu**eran**

salir	
sali**eron**	
que sali**era**	que sali**éramos***
que sali**eras**	que sali**erais**
que sali**era**	que sali**era**

*NOTE: The **nosotros** form always takes an accent.

Quería que **vinieras** temprano.	*I wanted you to come early.*
Busqué un cuadro que **fuera** famoso.	*I looked for a painting that was famous.*
Teresa **iba** a llevar a Carlitos al museo para que **viera** un cuadro de Goya.	*Teresa was going to take Carlitos to the museum so that he could see one of Goya's paintings.*

B. Using the Subjunctive Tenses

In order to decide which form of the subjunctive to use **(hable, haya hablado,** or **hablara),** follow these three guidelines:

1. If the first clause refers to the future or present, use the present subjunctive in the dependent clause to refer to a future or present action.

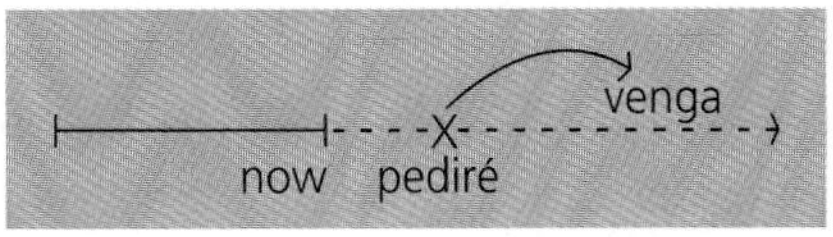

Le **pediré** que **venga** mañana.	*I'll ask him (in the future) to come tomorrow (in the future).*
Dile que **venga** esta noche.	*Tell him to come tonight.*

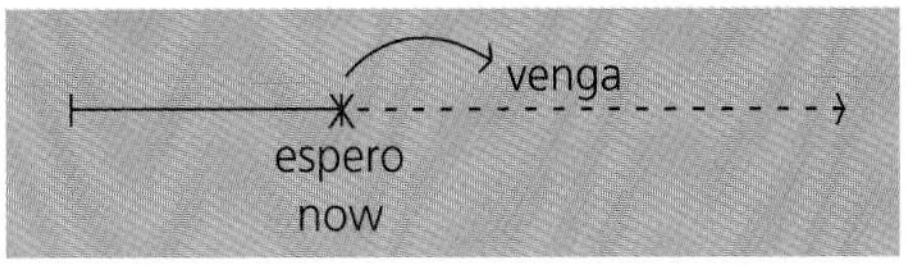

Espero que **venga** el sábado.	*I hope (right now) that he's coming on Saturday (in the future).*

Me alegro de que **esté** bien. *I'm happy (right now) that he is well (right now).*

2. If the first clause refers to the present, use the present perfect subjunctive in the dependent clause to refer to a past action.

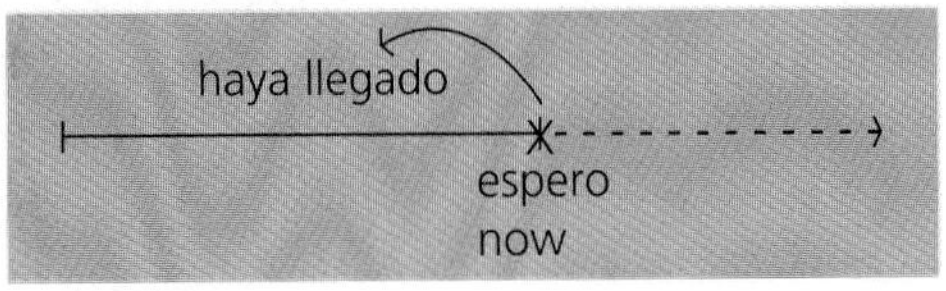

Espero que **haya llegado.** *I hope (right now) that he has arrived (at some time in the past).*

3. If the first clause refers to the past, use the imperfect subjunctive in the dependent clause to refer to the past.

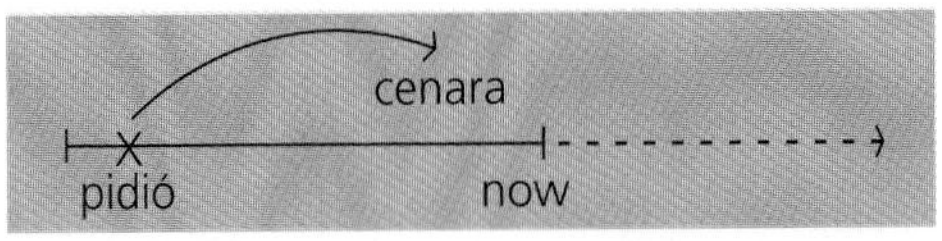

Me **pidió** que **cenara** con él. *He asked me to have dinner with him.*

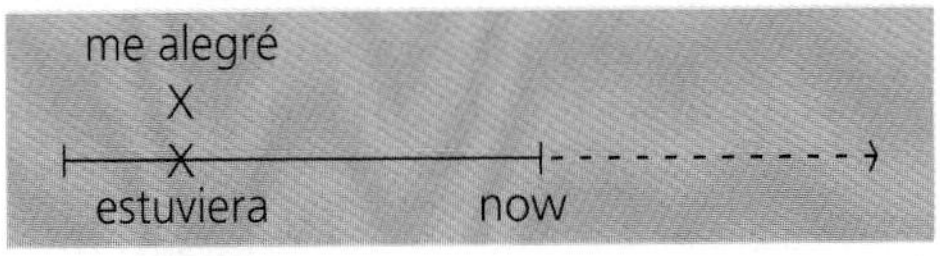

Do Workbook *Práctica mecánica I* and corresponding CSM activities.

Me alegré de que **estuviera** bien. *I was happy that he was well (at the same time in the past).*

ACTIVIDAD 7: En el consultorio Usa **siempre me preguntan** y **siempre me piden** para formar oraciones que diría un paciente hipocondríaco que visita a muchos médicos.

1. cómo me siento
2. si tengo fiebre
3. que explique los síntomas
4. mi número de seguro social
5. qué me duele
6. si duermo bien
7. qué como
8. si prefiero píldoras o inyecciones
9. que coma más frutas
10. que vuelva dentro de una semana

ACTIVIDAD 8: La indecisión Tú tienes un jefe que siempre cambia de idea. Lee estas oraciones que explican qué quiere hoy y compáralo con lo que quería ayer.

Be careful with imperfect and preterit!

➤ Hoy mi jefe me dice que me vista de una manera más formal, pero ayer me dijo que me vistiera de una manera mucho más informal.

1. Hoy mi jefe quiere que yo aprenda a usar una computadora IBM, pero ayer . . .
2. Hoy mi jefe me aconseja que tome las vacaciones en marzo, pero ayer . . .
3. Hoy mi jefe me dice que le prepare café, pero ayer . . .
4. Hoy mi jefe quiere un recepcionista nuevo que sepa hablar francés, pero ayer . . .
5. Hoy mi jefe pide que los documentos estén listos para mañana, pero ayer . . .
6. Hoy mi jefe busca un sistema de teléfonos que tenga cuatro líneas, pero ayer . . .
7. Hoy mi jefe quiere ir a Quito antes de que termine la semana, pero ayer . . .

ACTIVIDAD 9: Consejos En parejas, hablen de los consejos que les dieron sus padres, otros parientes o sus maestros cuando Uds. eran pequeños. ¿Cómo se comparan estos consejos con los consejos que les dan esas personas hoy día? Usen oraciones como **Antes me aconsejaban que . . . , pero ahora creen que es mejor que yo . . . ; Cuando tenía diez años un profesor me dijo que . . . para que . . . , pero ahora . . .**

Remember: Present or future ⟶ present subjunctive or present perfect subjunctive. Past ⟶ imperfect subjunctive.

ACTIVIDAD 10: ¿Qué sabes? En parejas, terminen las oraciones de forma lógica; si no saben, inventen una respuesta lógica.

1. Simón Bolívar, José Martí, José de San Martín y Bernardo O'Higgins lucharon contra los españoles para que el pueblo hispanoamericano . . .
2. Todo el mundo tiene que ayudar a salvar la selva antes de que . . .
3. Hay que conservar el medio ambiente para que . . .
4. Los romanos vivieron seis siglos en España antes de que . . .

ACTIVIDAD 11: La duda Siempre hay gente que duda de los nuevos descubrimientos. En grupos de tres, imaginen qué dudas tenían los españoles a finales del siglo XV cuando oyeron que los Reyes Isabel y Fernando le habían dado dinero a Cristóbal Colón para buscar una nueva ruta a las Indias. Usen frases como **dudaban que . . . , era imposible que . . . , no creían que . . . , pensaban que estaba loco porque . . .**

Do Workbook *Práctica comunicativa I.*

Nuevos horizontes

LECTURA

Estrategia: *Timed Reading*

One way of improving your reading speed is by timing yourself when you read. The advantage of this technique is that it forces you to focus on main ideas instead of stopping to wonder about individual words. Regular practice of this technique can help you learn to read faster and also hone in on key ideas. You will have a chance to practice this strategy while you read the selection.

ACTIVIDAD 12: Mira y contesta Antes de leer el texto, contesta estas preguntas.

1. ¿Qué crees que representen las obras de arte que hay en esta página y en la siguiente? ¿Por qué crees que sean tan gordas las personas?
2. En tu opinión, ¿qué quiere expresar el artista?
3. ¿Por qué crees que se pinta un cuadro o se hace una escultura?

ACTIVIDAD 13: Lectura veloz En dos minutos, lee los siguientes textos sobre el artista Fernando Botero. Concéntrate en buscar las ideas principales que se presentan.

▲ Los Músicos, *Fernando Botero.*

"Después de haber estado colonizados durante siglos, nosotros los artistas hispanoamericanos sentimos con especial fuerza la necesidad de encontrar nuestra propia autenticidad. El arte ha de ser independiente… Quiero que mi pintura tenga raíces, porque estas raíces son las que dan sentido y verdad a lo que se hace. Pero, al mismo tiempo, no quiero pintar únicamente campesinos sudamericanos. Quiero poder pintar de todo, así también a María Antonieta, pero siempre con la esperanza de que todo lo que toque reciba algo del alma sudamericana…"

Esta es la primera gran exposición individual de Fernando Botero en España. Organizada por la Kunsthalle de Munich, se ha exhibido ya en Bremen y Frankfurt, de donde llega a Madrid, ciudad en que finaliza su intinerario.

Junto al casi centenar de obras que integran la exposición itinerante, procedentes de Galerías, Museos y Colecciones privadas de E.E. U.U. y Europa, se presentarán unas 30 obras más entre pinturas, dibujos y esculturas de la colección del artista, que quiere subrayar así la importancia que concede a su exposición en Madrid.

El mundo creado por Botero—nutrido del arte de Piero della Francesca, Velázquez, Rubens, Ingres o Bonard entre otros—es un mundo imaginario, una distorsión poética de lo cotidiano, en donde subyace la realidad latinoamericana que Botero transforma.

Sus temas surgen de las ciudades de su juventud, padres e hijos, curas, monjas, cardenales, militares, etc., que no sólo quedan plasmados en los óleos, sino también en sus monumentales esculturas; "gigantismo" no exento de inocencia que provoca en el espectador una respuesta de acercamiento a su obra, por otro lado difícil de olvidar, ya que la originalidad de su estilo la convierte inmediatamente en reconocible.

Botero ha realizado desde 1951 exposiciones individuales y colectivas, en las más importantes galerías y museos, en muchos de los cuales sus obras se encuentran en la colección permanente.

▲ Hombre a caballo, *Fernando Botero.*

ACTIVIDAD 14: Preguntas Después de leer el texto, contesta las siguientes preguntas.

1. ¿Dónde tuvo lugar la exposición de las obras de Botero?
2. ¿De dónde son las pinturas de esta exhibición?
3. ¿Qué influencias tuvo este artista?
4. ¿Cuáles son los temas de sus pinturas?
5. Botero dice que "El arte ha de ser *(should be)* independiente". ¿Independiente de qué?

ESCRITURA

Estrategia: *Describing a Scene*

To describe a scene for an audience who will not see it, look carefully at all the details and make a list of those that are essential to include. A description can include not only the physical characteristics but also the feelings that the scene evokes in you. To do this, use phrases such as **Al mirarlo siento . . .**, **Me parece que . . .**, and **Me da la impresión de que . . . .** You may also want to speculate as to the message the artist was trying to convey. Use phrases such as **El artista quería que**

nosotros . . . and **La artista esperaba que la gente . . . .** The idea is to try to recreate not only the painting itself but also the sentiments it evoked in you.

ACTIVIDAD 15: Descripción de un cuadro **Parte A:** Observa detenidamente el siguiente grabado al aguafuerte *(etching)* de Francisco de Goya. Haz una lista de elementos de la obra. Por ejemplo: **grabado, Goya, búhos** *(owls)* y **murciélagos** *(bats)* **volando.**

Parte B: Escribe qué sientes al mirar este grabado y por qué.

Parte C: Contesta estas preguntas. **¿Qué quiere decir la frase que se ve en el grabado? En tu opinión, ¿qué quería Goya que pensáramos al verlo?**

Parte D: Finalmente, escribe una descripción que incluya también tu interpretación del grabado. Usa todos los datos de las Partes A, B y C al expresar tu opinión.

Parte E: Entrégale todas las hojas a tu profesor/a con la versión final.

El sueño de la razón produce monstruos, *Francisco de Goya.*

Lo esencial II

La expresión del amor

abrazar/el abrazo

besar/el beso

la novia vestida para la boda

Amante = lover (of a married person)

Otras palabras relacionadas con el amor

el/la amante lover *(usually a negative connotation)*
amar to love
la aventura amorosa affair
el cariño affection
casarse (con) to get married (to)
el compromiso engagement
el corazón heart
divorciarse (de) to get divorced (from)
el divorcio divorce
enamorarse (de) to fall in love (with)
estar comprometido/a to be engaged
estar enamorado/a (de) to be in love (with)
feliz happy
la novia girlfriend; fiancée; bride
el novio boyfriend; fiancé; bridegroom
odiar to hate
la pareja couple; lovers *(positive connotation)*
mi/tu pareja partner, significant other, lover *(positive connotation)*
pelearse (con) to fight (with)
querer a to love someone
querido/a, cariño dear *(terms of endearment)*
salir con to date, go out with (someone)
separarse (de) to separate
ser celoso/a to be a jealous person
la soledad loneliness
tener celos (de)/estar celoso/a (de) to be jealous (of)

ACTIVIDAD 16: Opiniones **Parte A:** Lee estas oraciones y marca **sí** si te identificas con lo que dicen y **no** si no te identificas con lo que dicen.

1. _____ Te enamoras fácilmente.
2. _____ Te molesta ver parejas que se besan y se abrazan en público.
3. _____ Es importante salir con una persona por lo menos un año para conocerla bien antes de casarse.
4. _____ Te gustaría casarte en una iglesia, sinagoga, etc.
5. _____ Para casarse, es más importante que exista amistad que amor.
6. _____ Te casarías con una persona que no supiera besar bien.
7. _____ Es mejor vivir juntos antes de casarse.
8. _____ Muchas parejas se divorcian rápidamente sin intentar solucionar los problemas.
9. _____ En la televisión hay demasiadas aventuras amorosas y eso no refleja la realidad.
10. _____ Te gusta usar palabras como "cariño", "querido/a" y "mi amor" cuando hablas con tu novio/a.
11. _____ El refrán que dice "Más vale estar solo que mal acompañado" es verdad.
12. _____ El refrán "Donde hubo fuego, cenizas *(ashes)* quedan" es verdad.
13. _____ Las familias no tradicionales ofrecen tanto amor a los hijos como las familias tradicionales.
14. _____ Las mujeres tienen tantas aventuras amorosas como los hombres.

Parte B: En grupos de tres, comparen sus respuestas y decidan:

1. quién es la persona más romántica
2. quién es la persona menos tradicional

◄ *¿Celebras el Día de los Enamorados? ¿Cómo lo celebras?*

ACTIVIDAD 17: La boda En parejas, Uds. están comprometidos y van a casarse dentro de un mes. Escojan el Papel A o B y lean solamente las instrucciones para su papel. Después conversen según las indicaciones.

Papel A

El fin de semana pasado fuiste a una fiesta sin tu novio/a y conociste a otro/a. Esta persona te gusta muchísimo y has decidido no casarte. Ve a casa de tu novio/a para decirle que no quieres casarte, pero sé diplomático/a para no herir *(hurt)* mucho sus sentimientos.

Papel B

Estás planeando todos los detalles de tu boda y justo en ese momento llega tu novio/a. Pregúntale a quién invitó él/ella y si reservó el salón para la fiesta.

ACTIVIDAD 18: Una telenovela Las telenovelas siempre tienen un argumento *(plot)* muy complicado. Aquí tienen Uds. seis personajes que necesitan nombre, profesión y personalidad. En grupos de tres, descríbanlos y escriban una sinopsis breve del argumento de tres episodios de la telenovela para publicarla en una revista. Usen las palabras de la lista *La expresión del amor.*

La pregunta inesperada

◄ Don Quijote, *Pablo Ruiz Picasso (1881–1973), España.*

invitar	to invite; to treat
por algo será	there must be a reason

Juan Carlos invitó a Claudia a pasar el día en Alcalá de Henares, una pequeña ciudad que está a media hora de Madrid.

ACTIVIDAD 19: Busca la información Mientras escuchas la conversación, anota qué hay en Alcalá de Henares y después, di por qué están allí Juan Carlos y Claudia.

Hypothesizing

CLAUDIA ¿Por qué insististe en venir a Alcalá de Henares? No me dices nada, ¿eh? Tú te andas con unos misterios como si tuvieras algún secreto . . .

JUAN CARLOS Pero, ¿no te parece romántico estar aquí, en el lugar donde nació Cervantes? Si no fuera por él, no existiría Dulcinea y entonces yo no te podría llamar "mi Dulcinea".

CLAUDIA Por favor, Juan Carlos, no seas cursi y vamos a almorzar que me estoy muriendo de hambre.

JUAN CARLOS Bueno, vamos a comer en la Hostería del Estudiante.

CLAUDIA ¡Huy, huy, huy! ¿A qué se debe tanta elegancia? ¿Qué vamos a celebrar, tu nuevo puesto en Caracas? Supongo que me vas a invitar, ¿no?

JUAN CARLOS Claro que te voy a invitar. Si venimos a Alcalá de Henares, por algo será . . .

En la Hostería del Estudiante (después de la comida)

CLAUDIA La comida estaba deliciosa. ¿Tomamos el café en otro lugar?

JUAN CARLOS No, mejor nos quedamos aquí porque quiero hablarte. Claudia . . . este . . . nosotros nos queremos, ¿no?

CLAUDIA Claro que nos queremos. ¿A qué viene esa pregunta? No sé qué te pasa hoy; estás tan . . . tan no sé qué . . .

JUAN CARLOS Pues es que . . . ya casi se acaba el año . . . y . . . yo me voy a Venezuela y tú te vuelves a Colombia.

CLAUDIA No me lo recuerdes . . . Pero vamos a estar cerca . . . Vas a ir a visitarme, ¿no?

JUAN CARLOS Por supuesto, pero . . . ya nos conocemos desde hace un año y . . . ¿Sabes que mi abuelo le propuso matrimonio a mi abuela aquí mismo hace cincuenta y cuatro años? Y . . . estaba pensando que . . . ¿Por qué no nos casamos tú y yo?

Popping the question

Showing disbelief

CLAUDIA ¿Cómo? . . . ¿Me estás tomando el pelo?

JUAN CARLOS Claudia, ¡por favor! Hablo en serio. Quiero que te cases conmigo, que te vayas a Caracas conmigo y que pasemos el resto de nuestra vida juntos.

CLAUDIA Juan Carlos . . .

Hypothesizing

CLIENTES Si fuera más joven yo me casaría con él . . . ¡Di que sí! . . . ¡Contesta que sí! ¡Acepta! . . . ¡No lo hagas sufrir! ¡Cásate!

ACTIVIDAD 20: ¿Comprendiste? Después de escuchar la conversación otra vez, contesta estas preguntas.

1. ¿Por qué es romántico Alcalá de Henares para Juan Carlos?
2. ¿Qué sabes de Cervantes?
3. ¿Qué van a hacer Juan Carlos y Claudia ahora que casi se acaba el año?
4. ¿Por qué fueron a la Hostería del Estudiante y no a otro restaurante?
5. ¿Crees que Claudia diga que sí o que no? ¿Por qué?
6. En tu opinión, ¿cómo es Juan Carlos? ¿Romántico? ¿Cursi? ¿Cómo?

¿LO SABÍAN?

Alcalá de Henares fue un centro cultural muy importante en siglos pasados. Por su universidad pasaron muchas personas famosas, incluso el escritor más famoso de la lengua española, Miguel de Cervantes Saavedra. Cervantes escribió *El ingenioso hidalgo Don Quijote de la Mancha*, la novela cumbre de la literatura española. La figura de Don Quijote representa el idealismo y Sancho Panza, su fiel compañero, el realismo. Del *Quijote* viene la palabra "Dulcinea", que tiene una connotación parecida a la de *Juliet* en inglés.

ACTIVIDAD 21: Los estereotipos Los hispanos tienen fama de ser muy románticos. En cambio, los norteamericanos tienen fama de ser fríos y poco apasionados. En grupos de cuatro, hablen sobre esta pregunta: ¿Creen que sean ciertos estos estereotipos? Justifiquen su opinión.

Hacia la comunicación II

I. Expressing Reciprocal Actions

Él la besa.

Ella lo besa.

Ellos se besan.

1. To express a reciprocal action (something people do *to each other* or *to one another*), use the reflexive pronouns **nos, os,** and **se** with the corresponding form of the verb. Some common verbs used reciprocally are **abrazar, amar, besar, escribir, mirar, llamar, odiar,** and **querer.**

Review placement of reflexive pronouns, Ch. 4.

Las amigas **se** escrib**en** a menudo.	*The friends write to each other often.*
Cuando entró mamá, **nos** est**ábamos** besando.	*When Mom came in, we were kissing (each other).*

2. You may use **el uno al otro** *(each other)* for clarification or emphasis. **El uno al otro** agrees in gender and number with the nouns or pronouns being modified.

Ellas se llaman **la una a la otra** todos los días.	*They call each other every day.*
Al ganar, los miembros del equipo se abrazaron **los unos a los otros.**	*Upon winning, the team members hugged each other.*

NOTE: Use the masculine forms for a male and a female or males and females.

Él y **ella** se besaron **el uno al otro.**

After studying the grammar explanation, answer this question:

- How many interpretations can you give for the sentence, **Nosotros nos miramos**?

II. Expressing Hypothetical Situations: Clauses with *Si*

1. When making a hypothetical statement about possible future plans, use the present indicative after **si,** and the present, **ir a** + *infinitive* or the future in the result clause.

Si Clause		Result Clause
Si + *present indicative*	+	present tense **ir a** + *infinitive* future tense

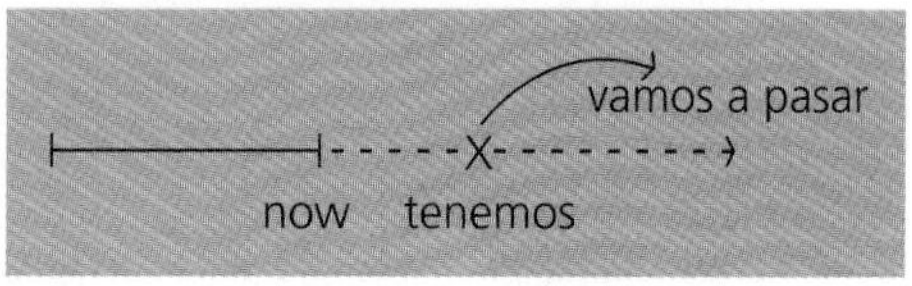

Si tenemos tiempo, **pasamos/ vamos a pasar** la tarde en el museo.	*If we have time, we are going to spend the afternoon in the museum.*
Si tengo dinero, **iré** a Machu Picchu.	*If I have money, I will go to Machu Picchu.*

When the subjunctive is used after **si,** it must be a form of the subjunctive in the past.

2. To express hypothetical situations about the present, use the imperfect subjunctive after **si** and the conditional in the result clause. Notice in the examples that the **si** clause expresses information that is contrary-to-fact.

Si Clause		Result Clause
Si + *imperfect subjunctive*	+	conditional

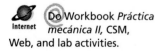

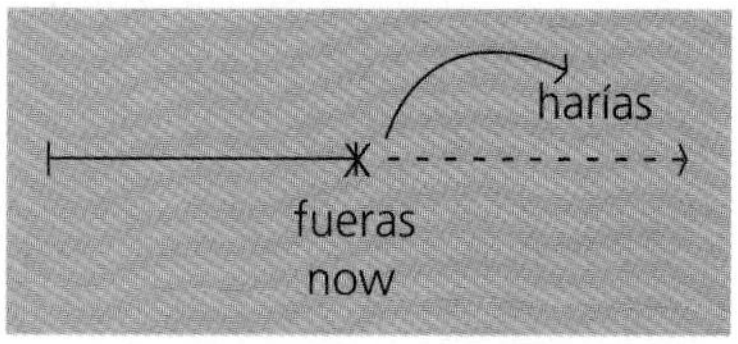

Si fueras presidente, ¿qué **harías**?	*If you were president (which you are not), what would you do?*
Si tuviera dinero, **iría** a Machu Picchu.	*If I had money (which I don't right now), I would go to Machu Picchu.*

After studying the grammar explanation, answer these questions:

- What is the difference in meaning between **Si tengo dinero, iré al cine** and **Si tuviera dinero, iría al cine**?
- How would you say the following sentence in Spanish: *I would (do it) if I could, but I can't, so I won't*?

Internet Do Workbook *Práctica mecánica II*, CSM, Web, and lab activities.

ACTIVIDAD 22: La felicidad matrimonial Explica qué pasa en cada dibujo, usando los verbos que se presentan.

gritar

no/hablar/mirar

mirar

mirar

mirar

besar

abrazar

hablar

ACTIVIDAD 23: Luz, cámara, acción En grupos de tres, una persona es directora de películas y las otras dos (un hombre y una mujer) son actores. Los dos actores deben cerrar el libro ahora mismo. El/la director/a va a leer en voz alta las siguientes líneas (el guión) mientras los actores representan la escena.

Escena romántica
(Él y ella están sentados.)

Acción:
Él mira hacia la puerta y ella mira hacia la ventana.
Él la mira a ella.
Él mira la pizarra.
Ella lo mira a él.
Ella mira hacia la ventana otra vez.
Él la mira a ella.
Ella lo mira a él.
Se miran tiernamente por 5 segundos.
Él le toca la mano a ella.
Ella la retira y mira hacia la ventana.
Él se pone de pie enfrente de ella.
Se miran intensamente.
Ella se levanta.
Él la abraza.
Ella no lo abraza y se sienta otra vez.
Él se pone de rodillas y le dice: “Lo siento”.
Ella se ríe.
Ellos se abrazan.
Se besan (si el director o la directora quiere).
FIN

ACTIVIDAD 24: ¿Qué pasaría? En parejas, discutan qué pasaría en estas situaciones.

1. si no tuviéramos electricidad
2. si no existiera el teléfono
3. si pudiéramos viajar a través del tiempo
4. si los jóvenes no pudieran mirar televisión
5. si no existiera una edad mínima para beber alcohol en los Estados Unidos
6. si hubiera una mujer como presidenta de los Estados Unidos

ACTIVIDAD 25: A locas y a tontas **Parte A:** En grupos de seis, preparen situaciones hipotéticas. Tres personas leen el Papel A y tres personas leen el Papel B. Sigan las instrucciones.

Papel A

Usen la imaginación y escriban cinco situaciones como las siguientes usando la forma de **yo** (cuanto más exageradas las ideas, mejor): **Si yo ganara $100 por hora . . . , Si tuviera un león en casa . . . , Si estuviera en Siberia . . . ,** etc.

Papel B

Usen la imaginación y escriban cinco resultados como los siguientes usando la forma de **yo** (cuanto más exageradas las ideas, mejor): **. . . tendría ocho carros, . . . sería feliz, . . . pondría mis zapatos en el armario,** etc.

Parte B: Cuando estén listos, miren todas las frases del grupo y hagan combinaciones para formar oraciones. Compartan con la clase las que más les gusten.

➤ Si estuviera en Siberia, sería feliz.

ACTIVIDAD 26: Mi media naranja **Parte A:** Tu vida romántica está muy mal últimamente y por eso, decides ir a la agencia "Corazones solitarios" para encontrar a la persona de tus sueños. Tienes que completar un formulario. (El formulario continúa en la página 429.)

Nombre ______________________________

Edad _____

Soltero/a _____ Divorciado/a _____

Intereses: ______________________________

Estoy contento/a cuando ______________________________

Creo que la inteligencia de una persona es tan importante como su apariencia física. Sí _____ No _____

Termina estas frases: Si la persona que me selecciona . . .

fuera quince años mayor que yo, ______________________________

tuviera otra religión, ______________________________

fuera mucho más baja que yo, ______________________________

no tuviera dinero, ______________________________

no quisiera hijos, ______________________________

no tuviera estudios universitarios, ________________

viviera a más de cinco horas de mi casa, ________________

Creo que una noche perfecta es cuando ________________

Parte B: Ahora, vas a tener una entrevista con un/a empleado/a de la agencia. Trabajen en parejas, y basen la entrevista en las respuestas del formulario de la Parte A. Después, cambien de papel.

➤ A: Veo que a Ud. le interesa esquiar. ¿Le importaría salir con una persona que no esquiara?
B: Sí, me molestaría porque viajo a muchos centros de esquí.

Do Workbook *Práctica comunicativa II.*

Vocabulario funcional

El arte

el/la artista	*artist*
el cuadro/la pintura	*painting*
el dibujo	*drawing, sketch*
el/la escultor/a	*sculptor*
la escultura	*sculpture*
el/la modelo	*model*

Otras palabras relacionadas con el arte

Ver página 412.

La expresión del amor

abrazar	*to hug, embrace*
el abrazo	*hug, embrace*
besar	*to kiss*
el beso	*kiss*

Otras palabras relacionadas con el amor

Ver página 421.

Palabras y expresiones útiles

dar a conocer	*to make known*
en seguida	*at once, right away*
invitar	*to invite; to treat*
no veo la hora de + *infinitive*	*I can't wait* + infinitive
por algo será	*there must be a reason*

TravelTur

¿Solos por fin? / Bogotá, Colombia

Do the CD-ROM video activities for more practice.

Antes de ver

ACTIVIDAD 1: ¿Qué saben? En parejas, hablen de lo que saben hasta ahora sobre Andrés, Cristina y Carlos.

Mientras ves

ACTIVIDAD 2: En Bogotá Mira el primer segmento y busca información para responder a estas preguntas:

DESDE EL PRINCIPIO
HASTA 53:02

1. ¿A quiénes conoció Andrés?
2. ¿Qué hicieron?
3. ¿Cuál es un deporte popular en Colombia?
4. ¿Quiénes lo practican?

ACTIVIDAD 3: En silencio Mira el siguiente segmento en silencio e intenta adivinar qué ocurrió. Comparte tus ideas con la clase; luego mira el segmento con sonido y vuelve a compartir tus ideas. Toma apuntes si quieres.

DESDE 53:03
HASTA 54:04

ACTIVIDAD 4: El amor En este último segmento, Andrés y Cristina están solos y pueden hablar de sus sentimientos. Mira el segmento y contesta las siguientes preguntas. Mira el video otra vez si es necesario.

DESDE 54:05
HASTA EL FINAL

1. ¿En qué lugares están solos?
2. ¿Cuál es la relación actual entre Cristina y Carlos?
3. ¿Cuáles son las opciones que consideran Andrés y Cristina para su futuro? (hay tres)
4. En tu opinión, ¿qué es lo más divertido de este segmento?

Después de ver

ACTIVIDAD 5: Hablando del amor Después de mirar el video, completa estas ideas relacionadas con Andrés, Cristina y Carlos.

1. Andrés y Cristina están tomados de la mano sin que . . .
2. Andrés sugiere mudarse de San Antonio a Bogotá para que . . .
3. Al final, Andrés apaga la cámara antes de que . . .
4. Carlos se casará con Cristina a menos que . . .

ACTIVIDAD 6: La telenovela Completa este párrafo con los nombres Cristina, Carlos o Andrés según lo que ya sabes. Después compara tus respuestas con las de un/a compañero/a.

______________ y ______________ eran novios, pero dejaron de verse y ______________ volvió a Bogotá donde conoció a ______________ y ellos empezaron a salir. Después de varios años, ______________ llegó a Bogotá y vio a ______________. ______________ no sabía que ______________ tuviera un nuevo novio, ______________. ______________ compró una flor para ______________, pero no se la dio porque la vio a ella con ______________. Después ______________ estaba muy triste, pero por la noche ______________ se peleó con ______________. Ahora ______________ y ______________ están pensando volver a salir juntos.

ACTIVIDAD 7: ¿Qué ocurrió después? En grupos de tres, hagan los papeles de Andrés, Cristina y Carlos. Continúen la última escena de este segmento donde Cristina y Andrés están a punto de darse un beso. Imagínense que llega Carlos y los ve.

CAPÍTULO 18

▲ *Aeropuerto de Barajas, Madrid.*

CHAPTER OBJECTIVES

- Reviewing
- Reading and performing a short play

La despedida

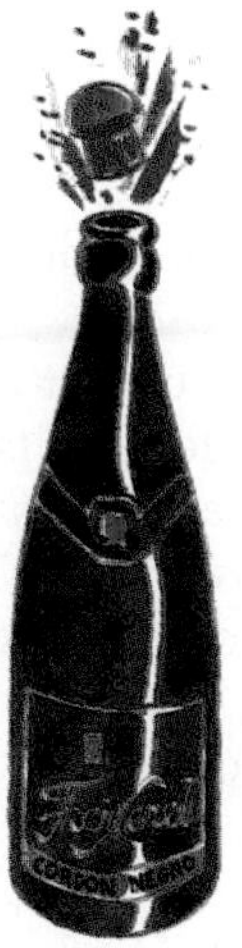

darle a alguien las gracias	to thank someone
llevarle la contraria (a alguien)	to disagree with someone
cada loco con su tema	to each his/her own (literally: each crazy person with his own theme)
¡Que vivan los novios!	Long live the bride and groom!

En el capítulo anterior, Juan Carlos le propuso matrimonio a Claudia. Claudia decidió aceptar y ahora los dos van a volver a Colombia para hacer los preparativos para la boda. La conversación tiene lugar en el aeropuerto de Barajas en Madrid donde están sus amigos para hacerles una despedida.

ACTIVIDAD 1: La despedida Mientras escuchas la conversación, marca los temas que se mencionan.

_____ recuerdos del año	_____ los nervios
_____ don Alejandro y su ayuda	_____ los exámenes finales
_____ qué van a beber	_____ una obra de teatro
_____ qué van a comer	_____ un brindis *(a toast)*

CLAUDIA Teresa, no te olvides de darle a don Alejandro las gracias otra vez por toda la ayuda que nos dio a Juan Carlos y a mí este año.

ISABEL De verdad, él ha sido como un padre para todos nosotros.

CAMARERO ¿Qué van a tomar?

JUAN CARLOS Champán para todos. Hay que celebrar.

CAMARERO Bueno, ¿dos botellas?

JUAN CARLOS Sí, y ocho copas.

CLAUDIA Para mí no. Un té.

JUAN CARLOS ¿Un té? ¿Estás bien?

CLAUDIA Sí, estoy bien, sólo un poco nerviosa.

JUAN CARLOS Camarero, dos botellas de champán, ocho copas y un té. Por lo menos vas a participar en el brindis y no se puede brindar con una taza de té.

CLAUDIA Bueno, tomaré sólo un poquito.

TERESA ¡Ay! Los nervios de la novia.

JUAN CARLOS Y del novio. Todavía no conozco a la familia de Claudia y nunca he estado en Colombia.

CLAUDIA Ya te dije que no te preocuparas. Todos te van a querer mucho y te va a encantar Colombia. Yo tampoco conozco a tu familia.

JUAN CARLOS A través de mis cartas ya te conocen perfectamente y les caes muy bien. Yo sólo espero que tú y yo tengamos una vida feliz y que no nos peleemos como en la obra de teatro que vimos la semana pasada.

CLAUDIA Sí, cada vez que él decía negro, ella decía blanco.

JUAN CARLOS Negro.

CLAUDIA Blanco, te dije.

JUAN CARLOS ¿Me vas a llevar la contraria? Negro.

MUJERES Blanco.

HOMBRES Negro.

VICENTE Cada loco con su tema y ésos del drama sí que estaban locos, completamente locos.

CLAUDIA Tú y yo nunca seremos así. Siempre vamos a hablar.

JUAN CARLOS Y a escucharnos el uno al otro. Así no vamos a tener problemas después de casarnos.

CAMARERO Aquí tienen Uds. un té, ocho copas y dos botellas de champán.

VICENTE Mira, el champán es Cordón Negro.

MUJERES Blanco.

HOMBRES Negro.

VICENTE Bueno, negro o blanco, quiero hacer un brindis.

TERESA Sí, un brindis.

VICENTE Espero que Claudia y Juan Carlos sean felices en su vida matrimonial o por lo menos que no se peleen mucho por cosas de poca importancia, que todos nosotros podamos ir a Colombia para la boda y que don Alejandro encuentre unos pasajes muy baratos para que vayamos sin que nos cueste un ojo de la cara. ¡Que vivan los novios!

TODOS ¡Que vivan!

ACTIVIDAD 2: Los detalles Escucha la conversación otra vez y contesta estas preguntas.

1. Don Alejandro los ayudó mucho a todos este año. ¿Con qué lo compara Isabel?
2. ¿Qué piden para tomar?
3. ¿Qué pide Claudia y por qué?
4. Todos vieron una obra de teatro la semana pasada. ¿Cuál crees que sea el título del drama?
5. Vicente hace un brindis y pide tres deseos. ¿Cuáles son?

ACTIVIDAD 3: ¡Que vivan! En la conversación, Vicente dice **¡Que vivan los novios!** Es muy típico oír deseos con la construcción **que** + ***subjuntivo*** en una celebración. Expresa tus deseos sobre el final del curso y el examen final.

➤ ¡Que el examen sea justo!

Una obra de teatro

LECTURA

Estrategia: *Reading a Play*

A play is meant to be seen and heard. Therefore, while reading a play it is important to visualize the action that is occurring. In order to do this, one must focus on the three integral parts of any play:

- a description of the set including lighting
- the stage directions which tell the actors how to respond, what gestures to make, and where to go
- the dialogue

You will read a short, one-act play by Virgilio Piñera (1912–1980), a Cuban author. This work is entitled *Estudio en blanco y negro* and is representative of a genre called "theater of the absurd."

ACTIVIDAD 4: Llevarle la contraria En parejas, lean otra vez la parte de la conversación del principio del capítulo donde Claudia y Juan Carlos hablan del drama que vieron. Si tuvieran que crear un drama con esa información, ¿de qué trataría? ¿Quiénes serían los personajes principales?

Use the conditional to hypothesize

el personaje = character in a play
el carácter = character of a person

ACTIVIDAD 5: Según el contexto Antes de leer el drama *Estudio en blanco y negro* de Virgilio Piñera, debes aprender el significado de algunas palabras que encontrarás. Intenta sacar el significado de las palabras en negrita *(bold)*.

1. Mira estos dos como están **arrullándose,** parece que están muy enamorados.
   a. peleándose b. abrazándose c. sentándose
2. Siempre me molesta cuando alguien **alza la voz** al hablar con los extranjeros. El problema es que ellos no entienden bien el español, no es que no puedan oír.
   a. habla en voz baja b. habla con claridad c. habla en voz alta
3. El otro día Juan **se me declaró** pero yo le dije que no lo quería. El pobre estaba muy triste.
   a. me dijo que me quería
   b. me propuso que viviéramos juntos
   c. me propuso que nos separáramos
4. —Un hombre me insultó en la calle.
   —**¡Qué más te da!** Ni lo conoces y nunca lo vas a volver a ver.
   a. ¡No importa! b. ¡Qué molesto! c. ¡Qué significativo!

5. —Yo que tú, le diría que debe aceptar el trabajo.
   —**¿Quién te dio vela en este entierro?** Él no es ni tu novio ni tu marido y de verdad no tienes por qué opinar.
   a. Gracias por tu opinión.
   b. No estoy de acuerdo con tu opinión.
   c. No es asunto tuyo, por eso no puedes opinar.
6. —Mi hermano me dijo que no iba a contarles nada a mis padres con tal de que yo le diera 1.000 pesos.
   —Conque **chantaje,** ¿eh?
   a. dinero para comprar algo en una tienda
   b. dinero para que otra persona no hable
   c. dinero para otra persona por un servicio
7. Pepe y Carlos se pelearon y Pepe **le dio dos bofetadas a Carlos.** Debías de haberlo visto. El pobre Carlos tenía el ojo totalmente cerrado y se le cayó un diente.
   a. le pegó   b. le habló en voz alta   c. le rompió algo
8. —¿Qué quieres que te diga?
   —Quiero **que seas franca,** no quiero oír más mentiras.
   a. que digas la verdad
   b. que seas puntual
   c. que des la respuesta correcta
9. Pobre Carmela, se le murió el marido y después perdió al hijo en un accidente de tráfico. La pobre se volvió loca y la pusieron en un **manicomio.**
   a. hospital para enfermos mentales
   b. hospital para pacientes con problemas físicos
   c. centro de rehabilitación para gente con problemas de drogadicción
10. —Creo que **encendí la candela** hoy con Pablo.
    —¿Se enfadó contigo? ¿Por qué?
    —Le conté un chiste sobre calvos y creo que se ofendió.
    a. terminé algo   b. causé problemas   c. justifiqué mi opinión

◀ *Una actuación en la Plaza Mayor de Madrid.*

Estudio en blanco y negro

Virgilio Piñera

Una plaza. Estatua ecuestre en el centro de la plaza. En torno a la estatua, cuatro bancos de mármol. En uno de los bancos se arrulla una pareja. Del lateral derecho un HOMBRE que se cruza con otro HOMBRE que ha salido del lateral izquierdo exactamente junto a la estatua. Al cruzarse se inmovilizan y se dan la vuelta como si se hubieran reconocido. La acción tiene lugar durante la noche.

HOMBRE 1°: Blanco . . .

HOMBRE 2°: ¿Cómo ha dicho?

HOMBRE 1°: He dicho blanco.

HOMBRE 2°: *(Denegando con la cabeza.)* No . . . no . . . no . . . no . . . Blanco, no; negro.

HOMBRE 1°: He dicho blanco, y blanco tiene que ser.

HOMBRE 2°: Así que ésas tenemos . . . *(Pausa.)* Pues yo digo negro. Cámbielo si puede.

HOMBRE 1°: Y lo cambio. *(Alza la voz.)* Blanco.

HOMBRE 2°: Alza la voz para aterrorizarme, pero no irá muy lejos. Yo también tengo pulmones. *(Gritando.)* Negro.

HOMBRE 1°: *(Ya violento agarra a HOMBRE 2° por el cuello.)* Blanco, blanco y blanco.

HOMBRE 2°: *(A su vez agarra por el cuello a HOMBRE 1°, al mismo tiempo que se libra del apretón de éste con un brusco movimiento.)* — Negro, negro y negro.

HOMBRE 1°: *(Librándose con igual movimiento del apretón del HOMBRE 2°, frenético.)* Blanco, blanco, blancooooo . . .

HOMBRE 2°: *(Frenético.)* Negro, negro, negrooooo . . .

Las palabras "blanco" y "negro" llegan a ser ininteligibles. Después sobreviene el silencio. Pausa larga. HOMBRE 1° ocupa un banco. HOMBRE 2° ocupa otro banco. Desde el momento en que ambos hombres empezaron a gritar, los novios han suspendido sus caricias y se han dedicado a mirarlos con manifiesta extrañeza.

NOVIO: *(A la NOVIA.)* Hay muchos locos sueltos . . .
NOVIA: *(Al NOVIO, riendo.)* Y dilo . . . *(Pausa.)* El otro día . . .
NOVIO: *(Besando a la NOVIA.)* Déjalos. Cada loco con su tema. El mío es besarte. Así. *(Vuelve a hacerlo.)*
NOVIA: *(Al NOVIO, un tanto bruscamente.)* Déjame hablar. Siempre que voy a decir algo me comes a besos. *(Pausa.)* Te figuras que soy nada más que una muñequita de carne . . .
NOVIO: *(Contemporizando.)* Mima, yo no creo eso.

Mima and **mami** are used interchangeably as terms of endearment in Cuba.

NOVIA: *(Al NOVIO más excitada.)* Sí que lo crees. Y más que eso. *(Pausa.)* El otro día me dijiste que los hombres estaban para pensar y las mujeres para gozar.
NOVIO: *(Riendo.)* ¡Ah, vaya! ¿Es eso lo que tenías guardado? Por eso dijiste: «El otro día . . .»
NOVIA: *(Moviendo la cabeza.)* No, no es eso. Cuando dije «el otro día» es que iba a decir . . . *(Se calla.)*
NOVIO: *(Siempre riendo.)* Acaba por decirlo.
NOVIA: *(Con mohín de pudor.)* Es que me da pena.
NOVIO: *(Enlazándole la cintura con ambos brazos.)* Pena con tu papi . . .
NOVIA: Nada, que el otro día un loco se me declaró, y si no llega a ser por un perro, lo paso muy mal. Figúrate que . . . *(Se calla.)*
NOVIO: *(Siempre riendo.)* ¿Qué hizo el perro? ¿Lo mordió?
NOVIA: No, pero le ladró, el loco se asustó y se mandó a correr.
NOVIO: *(Tratando de besarla de nuevo.)* Bueno, mima, ya lo dijiste. Ahora déjate dar besitos por tu papi. *(Une la acción a la palabra.)*
HOMBRE 2°: *(Mostrando el puño al HOMBRE 1° lo agita por tres veces.)* Negro.
HOMBRE 1°: *(Negando por tres veces con el dedo índice en alto.)* Blanco.
NOVIO: *(A la NOVIA.)* Esto va para largo. Mima, vámonos de aquí. *(La coge por la mano.)*
NOVIA: *(Negándose.)* Papi, ¡qué más te da! . . . Déjalos que griten.
NOVIO: *(Resignado.)* Como quieras. *(Con sensualidad.)* ¿Quién es tu papito rico?
NOVIA: *(Con sensualidad.)* ¿Y quién es tu mamita rica?
HOMBRE 1°: *(Se para, se acerca a la pareja, pregunta en tono desafiante.)* ¿Blanco o negro?
NOVIO: *(Creyendo habérselas con un loco.)* Lo que Ud. prefiera, mi amigo.
HOMBRE 1°: Lo que yo prefiera, no. ¿Blanco o negro?
NOVIO: *(Siempre en el mismo temperamento.)* Bueno, la verdad que no sé . . .
HOMBRE 1°: *(Enérgico.)* ¡Cómo que no sabe! ¿Blanco o negro?
NOVIA: *(Mirando ya a HOMBRE 1° ya a su NOVIO, de súbito.)* Blanco.

NOVIO: *(Mirando a su NOVIA y dando muestras de consternación.)* ¿Blanco? . . . No; blanco, no; negro.

NOVIA: *(Excitada.)* Que te crees tú eso. He dicho blanco.

NOVIO: *(Persuasivo.)* Mima, ¿me vas a llevar la contraria? *(Pausa.)* Di negro, como tu papi lo dice.

NOVIA: *(Con mohín de disgusto.)* ¿Y por qué te voy a dar el gusto? Cuando el loco preguntó, yo dije blanco. *(Pausa.)* Vamos a ver: ¿por qué también no dijiste blanco?

NOVIO: *(Siempre persuasivo, pero con violencia contenida.)* Mima, di negro, complace a tu papi. ¿Qué más te da decirlo?

NOVIA: Pídeme lo que quieras, menos que diga negro. Dije blanco, y blanco se queda.

NOVIO: *(Ya violento.)* ¿De modo que le das la razón a ese tipejo y me la quitas a mí? *(Pausa.)* Pues vete con él.

NOVIA: *(Con igual violencia.)* ¡Ah!, ¿sí? ¿Conque chantaje? Pues oye: ¡blanco, blanco, blanco, blanco! *(Grita hasta desgañitarse, terminando en un acceso de llanto. Se deja caer en el banco ocultando la cara entre las manos.)*

HOMBRE 1°: *(Se arrodilla a los pies de la NOVIA, saca un pañuelo, le seca las lágrimas, le toma las manos, se las besa, con voz emocionada y un tanto en falsete:)* ¡Gracias, señorita, gracias! *(Pausa. Se para. Gritando.)* ¡Blanco!

NOVIA: *(Mirándolo extrañada.)* ¿Quién te dio vela en este entierro? *(Pausa.)* ¡Negro, negro, negro!

NOVIO: *(Se sienta junto a la NOVIA, le coge las manos, se las besa.)* Gracias mami; gracias por complacer a tu papi. *(Hace por besarla, pero ella hurta la cara.)*

NOVIA: ¡Que te crees tú eso! ¡Blanco, blanco!

HOMBRE 1°: *(A la NOVIA.)* Así se habla.

NOVIO: *(A HOMBRE 1°, agresivo.)* Te voy a partir el alma . . .

HOMBRE 2°: *(Llegando junto al NOVIO.)* Déle dos bofetadas, señor. Usted es de los míos.

NOVIO: *(A HOMBRE 2°.)* No se meta donde no lo llaman.

HOMBRE 2°: *(Perplejo.)* Señor, usted ha dicho, como yo, negro.

NOVIO: *(A HOMBRE 2°.)* ¡Y qué! Pues digo blanco. ¿Qué pasa?

NOVIA: *(Amorosa.)* Duro y a la cabeza, papi. Te quiero mucho.

NOVIO: *(A la NOVIA.)* Sí, mami; pero eso es aparte. No le permito a ese tipejo que hable en mi nombre. Si digo negro es porque yo mismo lo digo.

NOVIA: *(Al NOVIO.)* Pero ahora mismo acabas de decir blanco.

NOVIO: *(A la NOVIA.)* Por llevarle la contraria, mami; por llevársela. *(Pausa.)* Desde un principio dije negro, y si tú me quieres también debes decir negro.

NOVIA: *(Categórica.)* Ni muerta me vas a oír decir negro. Hemos terminado. *(Adopta una actitud desdeñosa y mira hacia otro lado.)*

NOVIO: *(Igual actitud.)* Bueno, cuando te decidas a decir negro me avisas. *(Se sienta en otro banco.)*

HOMBRE 1° y HOMBRE 2° ocupan los dos bancos restantes. La escena se oscurece hasta un punto en que no se distinguirán las caras de los actores. Se escuchará en sordina, cualquier marcha fúnebre por espacio de diez segundos. De nuevo se hace luz.

NOVIO: *(Desde su banco, a la NOVIA.)* ¿Cómo se llama este parque?

NOVIA: *(Con grosería, sin mirarlo.)* Ni lo sé ni me importa.

NOVIO: *(Se para, va al banco de su novia, se sienta junto a ella.)* Vamos, mami, no es para tanto . . . *(Trata de abrazarla.)*

NOVIA: *(Se lo impide.)* Suelta . . . Suelta . . .

HOMBRE 1°: *(Desde su banco.)* Éste es el Parque de los Mártires.

NOVIA: *(Sin mirar a HOMBRE 1°.)* No me explico, sólo se ve un mártir.

HOMBRE 1°: *(A la NOVIA.)* Se llama Parque de los Mártires desde hace veinticinco años. Hace diez erigieron la estatua ecuestre. Es la del general Montes.

HOMBRE 2°: *(Se para, camina hacia el banco donde están los novios.)* Perdonen que intervenga en la conversación. *(Pausa.)* Sin embargo, les interesará saber que el general Montes fue mi abuelo.

HOMBRE 1°: *(Se para, camina hacia el banco donde están los novios. A HOMBRE 2°.)* ¿Es cierto, como se dice, que el general murió loco?

HOMBRE 2°: Muy cierto. Murió loco furioso.

HOMBRE 1°: *(A HOMBRE 2°.)* Se dice que imitaba el ladrido de los perros. ¿Qué hay de verdad en todo esto?

HOMBRE 2°: *(A HOMBRE 1°.)* No sólo de los perros, también de otros animales. *(Pausa.)* Era un zoológico ambulante.

HOMBRE 1°: *(A HOMBRE 2°.)* La locura no es hereditaria.

HOMBRE 2°: *(A HOMBRE 1°.)* No necesariamente. Que yo sepa, en mi familia ha sido el único caso.

NOVIA: *(A HOMBRE 2°.)* Perdone, pero soy tan fea como franca. Para mí, usted es un loco de atar.

HOMBRE 2°: *(Con suma cortesía y un dejo de ironía.)* Perdón, señorita; su opinión es muy respetable. Ahora bien: siento defraudarla. No estoy loco. Me expreso razonablemente.

NOVIA: *(A HOMBRE 2°.)* ¿Cuerdo usted? ¿Cuerdo se dice? ¿Y cuerdo se cree? *(Pausa.)* ¿Así que usted llega a un parque, se para y grita: «¡Negro!», y cree estar cuerdo? *(Pausa.)* Pues mire, por menos que eso hay mucha gente en el manicomio. *(Pausa. A HOMBRE 1°.)* Y usted no se queda atrás. Entró por allí *(Señala el lateral derecho.)* gritando «¡Blanco!».

HOMBRE 1°: *(A la NOVIA.)* Siempre es la misma canción. Si uno grita blanco o cualquier otra cosa, en seguida lo toman por loco. *(Pausa.)* Pues sepa que me encuentro en pleno goce de mis facultades mentales.

HOMBRE 2°: *(A la NOVIA.)* Igual cosa me ocurre a mí. Nadie, que yo sepa, está loco por gritar blanco, negro u otro color. *(Pausa.)* Vine al parque; de pronto me entraron unas ganas locas de gritar algo. Pues grité «¡Negro!» y no pasó nada, no se cayó el mundo.

NOVIO: *(A HOMBRE 2°.)* ¿Que no pasó nada? Pues mire: mi novia y yo nos hemos peleado.

HOMBRE 2°: Lo deploro profundamente. *(Pausa.)* Ahora bien: le diré que eso es asunto de ustedes. *(A HOMBRE 1°.)* ¿Vive por aquí?

HOMBRE 1°: No, vivo en la playa; pero una vez por mes vengo a efectuar un pago en ese edificio de la esquina. *(Señala con la mano.)* Usted comprenderá que el tramo es más corto atravesando el parque. *(Pausa.)* Y usted, ¿vive en este barrio?

HOMBRE 2°: Allí, en la esquina. *(Señala con la mano.)* Es la casa pintada de azul. ¿La ve? La de dos plantas. En ella murió el general.

NOVIO: *(Nervioso, a ambos hombres.)* ¡Oigan! Ustedes ahí muy tranquilos conversando después de haber encendido la candela . . .

HOMBRE 1°: *(Mirando a HOMBRE 2° y después mirando al NOVIO.)* ¿La candela? . . . No entiendo.

NOVIO: ¡Pues claro! Se pusieron a decir que si blanco, que si negro; nos metieron en la discusión, y mi novia y yo, sin comerlo ni beberlo, nos hemos peleado por ustedes.

HOMBRE 2°: *(Al NOVIO.)* Bueno, eso de sin comerlo ni beberlo se lo cuenta a otro. Usted se decidió por negro.

NOVIO: Porque ella dijo blanco. *(Pausa. A la NOVIA.)* A ver, ¿por qué tenía que ser blanco?

NOVIA: *(Al NOVIO.)* ¿Y por qué tenía que ser negro? A ver, dime.

NOVIO: *(A la NOVIA.)* Mami, no empieces . . .

NOVIA: *(Al NOVIO.)* ¡Anjá! Conque no empiece . . . ¿Y quién empezó?

NOVIO: *(A la NOVIA.)* Mira, mami, yo lo que quiero es que no tengamos ni un sí ni un no. ¿Qué trabajo te cuesta complacer a tu papi?

NOVIA: *(Al NOVIO.)* Compláceme a mí. Di blanco. Anda, dilo.

NOVIO: *(A la NOVIA.)* Primero muerto y con la lengua cosida. Negro he dicho y negro seguiré diciendo.

HOMBRE 1°: *(Al NOVIO.)* Que se cree usted eso. Es blanco.

NOVIO: *(Se levanta, desafiante.)* ¿Qué te pasa? Está bueno ya, ¿no? No me desmoralices a mi novia. *(A la NOVIA.)* Mami, di que es negro.

NOVIA: *(Se levanta hecha una furia. Al NOVIO.)* No, no y mil veces no. Es blanco y seguirá siendo blanco.

HOMBRE 1°: *(Cuadrándose y saludando militarmente.)* Es blanco. *(Al NOVIO, presentándole el pecho abombado.)* Puede matarme, aquí mi corazón; pero seguiremos diciendo blanco. *(A la NOVIA.)* ¡Valor, señorita!

NOVIO: *(A HOMBRE 1°.)* Y yo te digo que es negro y te voy a hacer tragar el blanco.

HOMBRE 2°: *(Gritando.)* ¡Negro, negro!

NOVIA: *(Gritando.)* ¡Blanco!

NOVIO: *(Gritando.)* ¡Negro!

HOMBRE 1°: *(Gritando.)* ¡Blanco!

HOMBRE 2°: *(Gritando.)* ¡Negro!

Ahora todos gritan indistintamente «blanco» o «negro». Las palabras ya no se entienden. Agitan los brazos.

HOMBRE 3°: *(Entrando por el lateral izquierdo, atraviesa el parque gritando:)* ¡Amarillo! ¡Amarillo! ¡Amarillo!

Los cuatro personajes enmudecen y se quedan con la boca abierta y los brazos en alto.

HOMBRE 3°: *(Vuelve sobre sus pasos, siempre gritando:)* ¡Amarillo! ¡Amarillo! ¡Amarillo! *(Desaparece. Telón.)*

FIN DE
ESTUDIO EN BLANCO Y NEGRO

ACTIVIDAD 6: ¿Cuánto entendiste? Contesta estas preguntas sobre el drama.

1. ¿Dónde tiene lugar la acción?
2. ¿Cuántos personajes hay? ¿Quiénes son?
3. ¿Cómo empieza la pelea entre los hombres?
4. ¿Al principio qué piensan los jóvenes de los dos hombres?
5. ¿Quiere responder el novio cuando el Hombre 1° le pregunta si es blanco o negro? ¿Por qué sí o no?
6. ¿Cómo empieza la pelea entre los dos jóvenes?
7. ¿Cómo se llama el parque y de quién es la estatua?
8. La novia cree que el Hombre 2° es **un loco de atar.** ¿El Hombre 2° se considera loco o cuerdo?
9. En las líneas 184–185, el novio acusa a los dos hombres de **encender la candela.** ¿A qué se refiere?
10. ¿Cómo termina el drama?
11. Para ti, ¿cuál es el mensaje del drama?

ACTIVIDAD 7: Luz, cámara, acción En grupos de seis, ensayen el drama para representarlo enfrente de la clase. Una persona es el/la director/a y los otros son los personajes. Tomen de diez a quince minutos para ensayar su actuación.

Note: The director should use commands to tell the actors what to do. For example: **Siéntate allí. Di esta frase con más emoción.**

◄ *El rodaje de una película en Madrid.*

ACTIVIDAD 8: El feminismo y el machismo En el drama hay varios ejemplos de machismo y de feminismo. Busca los ejemplos y prepárate para defender tu opinión.

➤ Él le dijo a ella que quería que ella . . . Eso es típico del machismo porque. . .

ACTIVIDAD 9: Su vida En parejas, háganse las siguientes preguntas sobre su vida.

1. ¿Alguna vez has tenido una pelea con alguien sobre algo totalmente insignificante? Si contestas que sí, ¿recuerdas de qué se trataba?
2. ¿Conoces a alguien que sea muy machista? Si contestas que sí, ¿te molesta su actitud? ¿Por qué sí o no?
3. ¿Conoces a alguien que sea muy feminista? Si contestas que sí, ¿te molesta su actitud? ¿Por qué sí o no?

ACTIVIDAD 10: Opiniones En parejas, contesten individualmente estas preguntas y después comparen sus respuestas. Defiendan sus opiniones.

Review contrary-to-fact statements.

1. ¿Cómo reaccionarías si tu pareja ganara más dinero que tú?
2. Si estuvieras con un grupo de amigos y si tu pareja dijera algo con lo cual no estuvieras de acuerdo, ¿le llevarías la contraria? ¿Por qué sí o no? Si dices que dependería de las circunstancias, explica las circunstancias.
3. ¿Cómo reaccionarías si tu hermana o una amiga estuviera casada con un hombre que no trabajara y que se ocupara de la casa y de los niños? ¿Cómo reaccionarían tus padres?
4. ¿Cómo reaccionarías si tu pareja te tratara como el novio del drama? ¿Y si tu pareja te tratara como la novia?

ACTIVIDAD 11: El futuro En parejas, imagínense que la pareja del drama *Estudio en blanco y negro* se casa. ¿Cómo será su vida en el futuro? ¿Serán felices? ¿Vivirán tranquilamente? ¿Se pelearán? Hagan predicciones usando el futuro.

Predicting the future

ACTIVIDAD 12: Narración en el pasado En parejas, Uds. son críticos de teatro y van a hacer una crítica de *Estudio en blanco y negro*. Primero, hablen de cómo era el escenario, de qué trataba el drama, qué ocurrió, los temas de machismo y feminismo y si les gustó la obra o no.

Narrating and describing in the past and expressing opinions

FIN DE CURSO

ACTIVIDAD 13: Preparándose para el examen **Parte A:** En grupos de tres, hablen de cómo se van a preparar para el examen final. Anoten sus ideas.

➤ Usaremos el programa de computadora.

Use future tense

Parte B: Conviertan las oraciones de la Parte A en mandatos para darle órdenes al resto de la clase.

➤ Usaremos el programa de computadora. ⟶ Usen el programa de computadora.

Use commands

ACTIVIDAD 14: La última actividad Felicitaciones, Uds. acaban de terminar el curso de español. En grupos de tres hablen de los siguientes temas.

1. Mencionen tres cosas que aprendieron este año sobre el mundo hispano, que no sabían antes.
2. Hablen de cómo usarán el español en el futuro. Deben pensar, por lo menos, en cinco posibilidades.

TravelTur

Al fin y al cabo / San Antonio, Texas

Do the CD-ROM video activities for more practice.

Antes de ver

ACTIVIDAD 1: De regreso en San Antonio Andrés está de regreso en San Antonio, Texas. Antes de mirar el video, habla de las siguientes ideas: los lugares que visitó, para qué visitó esos lugares, qué va a hacer Andrés en San Antonio ahora.

Mientras ves

DESDE EL PRINCIPIO HASTA 1:03:39

ACTIVIDAD 2: Imágenes comerciales Andrés le va a mostrar a su jefa los anuncios comerciales que grabó. Mira el video y anota para cada anuncio por lo menos tres imágenes importantes para un turista. También anota el comentario que hacen Andrés o su jefa sobre cada lugar.

Madrid:	**Sevilla:**
____________________	____________________
____________________	____________________
____________________	____________________
Comentario de Andrés:	Comentario de su jefa:
____________________	____________________
Puerto Rico:	**Colombia:**
____________________	____________________
____________________	____________________
____________________	____________________
Comentario de Andrés:	Comentario de su jefa:
____________________	____________________

DESDE 1:03:40 HASTA EL FINAL

ACTIVIDAD 3: ¿Y Andrés y Cristina? Mira el segmento final en el que Andrés menciona una visita de Cristina. Luego comparte tus ideas con el resto de la clase sobre lo que va a pasar entre Cristina y Andrés.

Después de ver

ACTIVIDAD 4: Las vacaciones Imagínense que pueden elegir uno de los cuatro lugares que acaban de ver para ir de vacaciones. En grupos de tres, hablen de las siguientes ideas y tomen apuntes para describirle su preferencia a la clase.

1. a qué lugar irían y por qué
2. cómo viajarían
3. cuánto tiempo se quedarían
4. en que época del año irían
5. qué harían allí
6. con quién o quiénes irían

Reference Section

APPENDIX A
Verb Charts

NOTE: In the sections on stem-changing and spelling-changing verbs, only tenses in which a change occurs are shown.

Regular Verbs

Infinitive	hablar	comer	vivir
Present participle	hablando	comiendo	viviendo
Past participle	hablado	comido	vivido

Simple Tenses

	hablar	comer	vivir
Present indicative	habl**o**	com**o**	viv**o**
	as	**es**	**es**
	a	**e**	**e**
	amos	**emos**	**imos**
	áis	**éis**	**ís**
	an	**en**	**en**
Imperfect indicative	habl**aba**	com**ía**	viv**ía**
	abas	**ías**	**ías**
	aba	**ía**	**ía**
	ábamos	**íamos**	**íamos**
	abais	**íais**	**íais**
	aban	**ían**	**ían**
Preterit	habl**é**	com**í**	viv**í**
	aste	**iste**	**iste**
	ó	**ió**	**ió**
	amos	**imos**	**imos**
	asteis	**isteis**	**isteis**
	aron	**ieron**	**ieron**
Future indicative	hablar**é**	comer**é**	vivir**é**
	ás	**ás**	**ás**
	á	**á**	**á**
	emos	**emos**	**emos**
	éis	**éis**	**éis**
	án	**án**	**án**
Conditional	hablar**ía**	comer**ía**	vivir**ía**
	ías	**ías**	**ías**
	ía	**ía**	**ía**
	íamos	**íamos**	**íamos**
	íais	**íais**	**íais**
	ían	**ían**	**ían**

	hablar	comer	vivir
Affirmative and negative commands	**tú:** habl**a**, no habl**es** **Ud.:** habl**e**, no habl**e** **Uds.:** habl**en**, no habl**en** **vosotros/as:** habl**ad**, no habl**éis**	com**e**, no com**as** com**a**, no com**a** com**an**, no com**an** com**ed**, no com**áis**	viv**e**, no viv**as** viv**a**, no viv**a** viv**an**, no viv**an** viv**id**, no viv**áis**
Present subjunctive	que habl**e** **es** **e** **emos** **éis** **en**	que com**a** **as** **a** **amos** **áis** **an**	que viv**a** **as** **a** **amos** **áis** **an**
Imperfect subjunctive	que habl**ara** **aras** **ara** **áramos** **arais** **aran**	que com**iera** **ieras** **iera** **iéramos** **ierais** **ieran**	que viv**iera** **ieras** **iera** **iéramos** **ierais** **ieran**

Compound Tenses

	hablar	comer	vivir
Present perfect indicative	he hablado has hablado, *etc.*	he comido has comido, *etc.*	he vivido has vivido, *etc.*
Pluperfect indicative	había hablado habías hablado, *etc.*	había comido habías comido, *etc.*	había vivido habías vivido, *etc.*
Future perfect	habré hablado habrás hablado, *etc.*	habré comido habrás comido, *etc.*	habré vivido habrás vivido, *etc.*
Conditional perfect	habría hablado habrías hablado, *etc.*	habría comido habrías comido, *etc.*	habría vivido habrías vivido, *etc.*
Present perfect subjunctive	que haya hablado hayas hablado, *etc.*	que haya comido hayas comido, *etc.*	que haya vivido hayas vivido, *etc.*
Pluperfect subjunctive	que hubiera hablado hubieras hablado, *etc.*	que hubiera comido hubieras comido, *etc.*	que hubiera vivido hubieras vivido, *etc.*

Stem-Changing Verbs

	-ar verbs: e > ie		-er verbs: e > ie	
Infinitive	**pensar** to think		**entender** to understand	
Present indicative	**pienso** **piensas** **piensa**	pensamos pensáis **piensan**	**entiendo** **entiendes** **entiende**	entendemos entendéis **entienden**
Affirmative commands	**piensa** **piense**	pensad **piensen**	**entiende** **entienda**	entended **entiendan**
Present subjunctive	que **piense** **pienses** **piense**	pensemos penséis **piensen**	que **entienda** **entiendas** **entienda**	entendamos entendáis **entiendan**

	-ar verbs: **o > ue**		-er verbs: **o > ue**	
Infinitive	**contar** to tell; to count		**volver** to return	
Present indicative	**cuento**	contamos	**vuelvo**	volvemos
	cuentas	contáis	**vuelves**	volvéis
	cuenta	**cuentan**	**vuelve**	**vuelven**
Affirmative commands	**cuenta**	contad	**vuelve**	volved
	cuente	**cuenten**	**vuelva**	**vuelvan**
Present subjunctive	que **cuente**	contemos	que **vuelva**	volvamos
	cuentes	contéis	**vuelvas**	volváis
	cuente	**cuenten**	**vuelva**	**vuelvan**

	-ir verbs: **e > i, i**	
Infinitive	**servir** to serve	
Present participle	**sirviendo**	
Present indicative	**sirvo**	servimos
	sirves	servís
	sirve	**sirven**
Affirmative commands	**sirve**	servid
	sirva	**sirvan**
Present subjunctive	que **sirva**	**sirvamos**
	sirvas	**sirváis**
	sirva	**sirvan**
Preterit	serví	servimos
	serviste	servisteis
	sirvió	**sirvieron**
Imperfect subjunctive	que **sirviera**	
	sirvieras, *etc.*	

	-ir verbs: **e > ie, i**		-ir verbs: **o > ue, u**	
Infinitive	**sentir** to feel; to regret		**dormir** to sleep	
Present participle	**sintiendo**		**durmiendo**	
Present indicative	**siento**	sentimos	**duermo**	dormimos
	sientes	sentís	**duermes**	dormís
	siente	**sienten**	**duerme**	**duermen**
Affirmative commands	**siente**	sentid	**duerme**	dormid
	sienta	**sientan**	**duerma**	**duerman**
Present subjunctive	que **sienta**	**sintamos**	que **duerma**	**durmamos**
	sientas	**sintáis**	**duermas**	**durmáis**
	sienta	**sientan**	**duerma**	**duerman**
Preterit	sentí	sentimos	dormí	dormimos
	sentiste	sentisteis	dormiste	dormisteis
	sintió	**sintieron**	**durmió**	**durmieron**
Imperfect subjunctive	que **sintiera**		que **durmiera**	
	sintieras, *etc.*		**durmieras**, *etc.*	

Verbs With Spelling Changes

	Verbs in **-car:** **c** > **qu** before **e**		Verbs in **-gar:** **g** > **gu** before **e**	
Infinitive	**buscar** to look for		**llegar** to arrive	
Preterit	**busqué**	buscamos	**llegué**	llegamos
	buscaste	buscasteis	llegaste	llegasteis
	buscó	buscaron	llegó	llegaron
Affirmative commands	busca	buscad	llega	llegad
	busque	**busquen**	**llegue**	**lleguen**
Present subjunctive	que **busque**	**busquemos**	que **llegue**	**lleguemos**
	busques	**busquéis**	**llegues**	**lleguéis**
	busque	**busquen**	**llegue**	**lleguen**

	Verbs in **-ger** and **-gir:** **g** > **j** before **a** and **o**		Verbs in **-guir:** **gu** > **g** before **a** and **o**	
Infinitive	**coger** to pick up		**seguir** to follow	
Present indicative	**cojo**	cogemos	**sigo**	seguimos
	coges	cogéis	sigues	seguís
	coge	cogen	sigue	siguen
Affirmative commands	coge	coged	sigue	seguid
	coja	**cojan**	**siga**	**sigan**
Present subjunctive	que **coja**	**cojamos**	que **siga**	**sigamos**
	cojas	**cojáis**	**sigas**	**sigáis**
	coja	**cojan**	**siga**	**sigan**

	Verbs in **-zar: z** > **c** before **e**	
Infinitive	**empezar** to begin	
Preterit	**empecé**	empezamos
	empezaste	empezasteis
	empezó	empezaron
Affirmative commands	empieza	empezad
	empiece	**empiecen**
Present subjunctive	que **empiece**	**empecemos**
	empieces	**empecéis**
	empiece	**empiecen**

	Verbs in **-eer:** unstressed **i** > **y**	
Infinitive	**creer** to believe	
Present participle	**creyendo**	
Preterit	creí	creímos
	creíste	creísteis
	creyó	**creyeron**
Imperfect subjunctive	que **creyera**	**creyéramos**
	creyeras	**creyerais**
	creyera	**creyeran**

Irregular Verbs

	caer to fall	**conducir** to drive
Present indicative	caigo, caes, cae, caemos, caéis, caen	conduzco, conduces, conduce, conducimos, conducís, conducen
Preterit	caí, caíste, cayó, caímos, caísteis, cayeron	conduje, condujiste, condujo, condujimos, condujisteis, condujeron
Imperfect	caía, caías, *etc.*	conducía, conducías, *etc.*
Future	caeré, caerás, *etc.*	conduciré, conducirás, *etc.*
Conditional	caería, caerías, *etc.*	conduciría, conducirías, *etc.*
Present subjunctive	que caiga, caigas, caiga, caigamos, caigáis, caigan	que conduzca, conduzcas, conduzca, conduzcamos, conduzcáis, conduzcan
Imperfect subjunctive	que cayera, cayeras, cayera, cayéramos, cayerais, cayeran	que condujera, condujeras, condujera, condujéramos, condujerais, condujeran
Participles	cayendo, caído	conduciendo, conducido
Affirmative commands	cae, caed caiga, caigan	conduce, conducid conduzca, conduzcan

	conocer to know, be acquainted with	**construir** to build
Present indicative	conozco, conoces, conoce, conocemos, conocéis, conocen	construyo, construyes, construye, construimos, construís, construyen
Preterit	conocí, conociste, conoció, conocimos, conocisteis, conocieron	construí, construiste, construyó, construimos, construisteis, construyeron
Imperfect	conocía, conocías, *etc.*	construía, construías, *etc.*
Future	conoceré, conocerás, *etc.*	construiré, construirás, *etc.*
Conditional	conocería, conocerías, *etc.*	construiría, construirías, *etc.*
Present subjunctive	que conozca, conozcas, conozca, conozcamos, conozcáis, conozcan	que construya, construyas, construya, construyamos, construyáis, construyan
Imperfect subjunctive	que conociera, conocieras, conociera, conociéramos, conocierais, conocieran	que construyera, construyeras, construyera, construyéramos, construyerais, construyeran
Participles	conociendo, conocido	construyendo, construido
Affirmative commands	conoce, conoced conozca, conozcan	construye, construid construya, construyan

	dar to give	**decir** to say; to tell
Present indicative	doy, das, da, damos, dais, dan	digo, dices, dice, decimos, decís, dicen
Preterit	di, diste, dio, dimos, disteis, dieron	dije, dijiste, dijo, dijimos, dijisteis, dijeron
Imperfect	daba, dabas, *etc.*	decía, decías, *etc.*
Future	daré, darás, *etc.*	diré, dirás, *etc.*
Conditional	daría, darías, *etc.*	diría, dirías, *etc.*
Present subjunctive	que dé, des, dé, demos, deis, den	que diga, digas, diga, digamos, digáis, digan
Imperfect subjunctive	que diera, dieras, diera, diéramos, dierais, dieran	que dijera, dijeras, dijera, dijéramos, dijerais, dijeran
Participles	dando, dado	diciendo, dicho
Affirmative commands	da, dad dé, den	di, decid diga, digan

	estar to be	**freír** to fry
Present indicative	estoy, estás, está, estamos, estáis, están	frío, fríes, fríe, freímos, freís, fríen
Preterit	estuve, estuviste, estuvo, estuvimos, estuvisteis, estuvieron	freí, freíste, frió, freímos, freísteis, frieron
Imperfect	estaba, estabas, *etc.*	freía, freías, *etc.*
Future	estaré, estarás, *etc.*	freiré, freirás, *etc.*
Conditional	estaría, estarías, *etc.*	freiría, freirías, *etc.*
Present subjunctive	que esté, estés, esté, estemos, estéis, estén	que fría, frías, fría, friamos, friáis, frían
Imperfect subjunctive	que estuviera, estuvieras, estuviera, estuviéramos, estuvierais, estuvieran	que friera, frieras, friera, friéramos, frierais, frieran
Participles	estando, estado	friendo, frito
Affirmative commands	está, estad esté, estén	fríe, freíd fría, frían

	haber to have *(auxiliary verb)*	**hacer** to do; to make
Present indicative	he, has, ha, hemos, habéis, han	hago, haces, hace, hacemos, hacéis, hacen
Preterit	hube, hubiste, hubo, hubimos, hubisteis, hubieron	hice, hiciste, hizo, hicimos, hicisteis, hicieron
Imperfect	había, habías, *etc.*	hacía, hacías, *etc.*
Future	habré, habrás, *etc.*	haré, harás, *etc.*
Conditional	habría, habrías, *etc.*	haría, harías, *etc.*
Present subjunctive	que haya, hayas, haya, hayamos, hayáis, hayan	que haga, hagas, haga, hagamos, hagáis, hagan
Imperfect subjunctive	que hubiera, hubieras, hubiera, hubiéramos, hubierais, hubieran	que hiciera, hicieras, hiciera, hiciéramos, hicierais, hicieran
Participles	habiendo, habido	haciendo, hecho
Affirmative commands	———	haz, haced haga, hagan

	ir to go	**oír** to hear
Present indicative	voy, vas, va, vamos, vais, van	oigo, oyes, oye, oímos, oís, oyen
Preterit	fui, fuiste, fue, fuimos, fuisteis, fueron	oí, oíste, oyó, oímos, oísteis, oyeron
Imperfect	iba, ibas, iba, íbamos, ibais, iban	oía, oías, *etc.*
Future	iré, irás, *etc.*	oiré, oirás, *etc.*
Conditional	iría, irías, *etc.*	oiría, oirías, *etc.*
Present subjunctive	que vaya, vayas, vaya, vayamos, vayáis, vayan	que oiga, oigas, oiga, oigamos, oigáis, oigan
Imperfect subjunctive	que fuera, fueras, fuera, fuéramos, fuerais, fueran	que oyera, oyeras, oyera, oyéramos, oyerais, oyeran
Participles	yendo, ido	oyendo, oído
Affirmative commands	ve, id vaya, vayan	oye, oíd oiga, oigan

	poder (ue) to be able, can	**poner** to put
Present indicative	puedo, puedes, puede, podemos, podéis, pueden	pongo, pones, pone, ponemos, ponéis, ponen
Preterit	pude, pudiste, pudo, pudimos, pudisteis, pudieron	puse, pusiste, puso, pusimos, pusisteis, pusieron
Imperfect	podía, podías, *etc.*	ponía, ponías, *etc.*
Future	podré, podrás, *etc.*	pondré, pondrás, *etc.*
Conditional	podría, podrías, *etc.*	pondría, pondrías, *etc.*
Present subjunctive	que pueda, puedas, pueda, podamos, podáis, puedan	que ponga, pongas, ponga, pongamos, pongáis, pongan
Imperfect subjunctive	que pudiera, pudieras, pudiera, pudiéramos, pudierais, pudieran	que pusiera, pusieras, pusiera, pusiéramos, pusierais, pusieran
Participles	pudiendo, podido	poniendo, puesto
Affirmative commands	———	pon, poned ponga, pongan

	querer (ie) to want; to love	saber to know (how)
Present indicative	quiero, quieres, quiere, queremos, queréis, quieren	sé, sabes, sabe, sabemos, sabéis, saben
Preterit	quise, quisiste, quiso, quisimos, quisisteis, quisieron	supe, supiste, supo, supimos, supisteis, supieron
Imperfect	quería, querías, *etc.*	sabía, sabías, *etc.*
Future	querré, querrás, *etc.*	sabré, sabrás, *etc.*
Conditional	querría, querrías, *etc.*	sabría, sabrías, *etc.*
Present subjunctive	que quiera, quieras, quiera, queramos, queráis, quieran	que sepa, sepas, sepa, sepamos, sepáis, sepan
Imperfect subjunctive	que quisiera, quisieras, quisiera, quisiéramos, quisierais, quisieran	que supiera, supieras, supiera, supiéramos, supierais, supieran
Participles	queriendo, querido	sabiendo, sabido
Affirmative commands	quiere, quered quiera, quieran	sabe, sabed sepa, sepan

	salir to leave; to go out	ser to be
Present indicative	salgo, sales, sale, salimos, salís, salen	soy, eres, es, somos, sois, son
Preterit	salí, saliste, salió, salimos, salisteis, salieron	fui, fuiste, fue, fuimos, fuisteis, fueron
Imperfect	salía, salías, *etc.*	era, eras, era, éramos, erais, eran
Future	saldré, saldrás, *etc.*	seré, serás, *etc.*
Conditional	saldría, saldrías, *etc.*	sería, serías, *etc.*
Present subjunctive	que salga, salgas, salga, salgamos, salgáis, salgan	que sea, seas, sea, seamos, seáis, sean
Imperfect subjunctive	que saliera, salieras, saliera, saliéramos, salierais, salieran	que fuera, fueras, fuera, fuéramos, fuerais, fueran
Participles	saliendo, salido	siendo, sido
Affirmative commands	sal, salid salga, salgan	sé, sed sea, sean

	tener to have	**traer** to bring
Present indicative	tengo, tienes, tiene, tenemos, tenéis, tienen	traigo, traes, trae, traemos, traéis, traen
Preterit	tuve, tuviste, tuvo, tuvimos, tuvisteis, tuvieron	traje, trajiste, trajo, trajimos, trajisteis, trajeron
Imperfect	tenía, tenías, *etc.*	traía, traías, *etc.*
Future	tendré, tendrás, *etc.*	traeré, traerás, *etc.*
Conditional	tendría, tendrías, *etc.*	traería, traerías, *etc.*
Present subjunctive	que tenga, tengas, tenga, tengamos, tengáis, tengan	que traiga, traigas, traiga, traigamos, traigáis, traigan
Imperfect subjunctive	que tuviera, tuvieras, tuviera, tuviéramos, tuvierais, tuvieran	que trajera, trajeras, trajera, trajéramos, trajerais, trajeran
Participles	teniendo, tenido	trayendo, traído
Affirmative commands	ten, tened tenga, tengan	trae, traed traiga, traigan

	valer to be worth	**venir** to come
Present indicative	valgo, vales, vale, valemos, valéis, valen	vengo, vienes, viene, venimos, venís, vienen
Preterit	valí, valiste, valió, valimos, valisteis, valieron	vine, viniste, vino, vinimos, vinisteis, vinieron
Imperfect	valía, valías, *etc.*	venía, venías, *etc.*
Future	valdré, valdrás, *etc.*	vendré, vendrás, *etc.*
Conditional	valdría, valdrías, *etc.*	vendría, vendrías, *etc.*
Present subjunctive	que valga, valgas, valga, valgamos, valgáis, valgan	que venga, vengas, venga, vengamos, vengáis, vengan
Imperfect subjunctive	que valiera, valieras, valiera, valiéramos, valierais, valieran	que viniera, vinieras, viniera, viniéramos, vinierais, vinieran
Participles	valiendo, valido	viniendo, venido
Affirmative commands	val, valed valga, valgan	ven, venid venga, vengan

ver to see	
Present indicative	veo, ves, ve, vemos, veis, ven
Preterit	vi, viste, vio, vimos, visteis, vieron
Imperfect	veía, veías, veía, veíamos, veíais, veían
Future	veré, verás, *etc.*
Conditional	vería, verías, *etc.*
Present subjunctive	que vea, veas, vea, veamos, veáis, vean
Imperfect subjunctive	que viera, vieras, viera, viéramos, vierais, vieran
Participles	viendo, visto
Affirmative commands	ve, ved vea, vean

Reflexive Verbs

levantarse to get up; to stand up		
Present indicative		me levanto, te levantas, se levanta nos levantamos, os levantáis, se levantan
Participles		levantándose, levantado
Affirmative and negative commands	**tú:**	levántate, no te levantes
	Ud.:	levántese, no se levante
	Uds.:	levántense, no se levanten
	vosotros/as:	levantaos, no os levantéis

APPENDIX B
Answers to Grammar Questions

Chapter 1, I, page 20

I.
- Él se llama = *His name is.* Ella se llama = *Her name is.*
- Me llamo . . . / Soy . . .
- ¿Cómo te llamas? / ¿Cómo se llama Ud.?
- ¿Cómo se llama Ud.?

Chapter 1, I, page 21

II.
- ¿De dónde eres?
- ¿De dónde es Ud.?
- Mi madre es de . . .
- Mi novio/novia es de . . .

Chapter 1, II, page 32

III.
- 1. ¿De dónde eres?; ¿De dónde es Ud.? 2. ¿Eres de Lima/Caracas . . . ?; ¿Es Ud. de Lima/Caracas ... ?; Eres de Lima/Caracas, ¿no?; Ud. es de Lima/Caracas, ¿no? 3. Eres de Quito, ¿no?/¿verdad?; Ud. es de Quito, ¿no?/¿verdad?; ¿Eres de Quito?; ¿Es Ud. de Quito?
- Sí, son de Guatemala.; No, no son de Guatemala.; No, son de . . .

Chapter 2, I, page 45

II.
- Me gusta la revista; Me gustan los periódicos de Nueva York; Me gusta el video; Me gusta el estéreo de Carmen.

Chapter 2, I, page 45

II.
- A Raúl no le gusta la novela. A Raúl no le gustan las novelas.
- You (sir, madam) like tea; He likes tea; She likes tea.
- A Tomás le gusta la música.
- Al señor Porta le gusta la Coca-Cola y a la señora Bert no (le gusta la Coca-Cola).

Chapter 2, I, page 45

III.
- Tengo/Tenemos radio.
- Tenemos televisor.
- ¿Tiene Ud. estéreo?
- Mis amigos no tienen video.

Chapter 2, I, page 46

III.
- *'s* = **de**
- El disco compacto es de Carlos; El disco compacto es del Sr. González; El disco compacto es de la Srta. López; El disco compacto es de los estudiantes.
- ¿De quién es la toalla?
- ¿De quién(es) son las plantas?

Chapter 2, II, page 57

III.
- Álvaro is referring to a future action.

Chapter 3, II, page 79

I.
- Carmen está cansad**a**.
- ¿Cómo es ella? = *What is she like?* ¿Cómo está ella? = *How is she (feeling, doing)?*
- Use **ser** with *generous, courageous, interesting,* and *honest,* since these describe the being. Use **estar** with *upset* and *elated,* since these describe the state of being.

Chapter 6, II, page 156

I.
- **Les** refers to Olga and Nando; **le** refers to **nadie**; **les** refers to Olga and Nando.
- No.

Chapter 7, II, page 180

I.
- a. las botellas b. el niño c. el ron
- No, they receive the action.
- Before the verb: **¿Dónde las pongo?**

Chapter 7, II, page 182
II. • Elena.
• Ramón.

Chapter 8, I, page 194
I. • No.
• What the women are looking for.

Chapter 8, II, page 208
II. • Two: **yo, tú;** Two: **tú, yo.**
• Que.

Chapter 8, II, page 209
II. • **No quiero** + **que** + change of subject in the sixth stanza, thus necessitating the use of the subjunctive. The tenth stanza has no change of subject.

Chapter 9, I, page 220
I. • Possibility.
• Certainty.

Chapter 10, I, page 247
I. • ***Te*** refers to **tú** (the mother) and ***la*** refers to **la tarjeta. *Te*** refers to **tú (Vicente)** and ***lo*** refers to **el regalo.**

Chapter 10, II, page 258
II. • Habitual actions in the past.

Chapter 11, I, page 270
I. • One action in progress interrupted by another.
• a. Telling time in the past. b. Telling age in the past. c. Describing in the past (weather). d. Habitual or repetitive past action.

Chapter 11, II, page 283
I. • The woman.
• ¿Lo compraste al fin?

Chapter 12, I, page 297
I. • a. jugaba b. jugué c. íbamos d. salían, hacían, bailaban e. jugaba, estudiaba f. pensaba; *words that help:* c. todos los días d. siempre e. mientras

Chapter 13, II, page 334
II. • Escuchen, regresen.

Chapter 14, I, page 348
I. • He is giving a command and he is using the **tú** form.

Chapter 14, II, page 359
I. • He is referring to **los grupos.**

Chapter 15, I, page 372
I. • The first sentence (a).

Chapter 15, II, page 381
I. • **Había salido** happened first.

Chapter 16, I, page 392
I. • First title: *The good thing, the bad thing, and the ugly thing.* Second title: *The good one (person), the bad one (person), and the ugly one (person).*

Chapter 16, I, page 392
II. • Tengo que/Voy a tener que volver pronto. Sí, es/va a ser mejor que lleguemos pronto.

Chapter 17, I, page 414
II. • a. Doubt in the present vs. doubt in the past. b. Influence (wish) in the present vs. influence in the past.

Chapter 17, II, page 425
I. • We look at ourselves. We look at each other. We looked at ourselves. We looked at each other.

Chapter 17, II, page 426
II. • In the first sentence there's a chance that the speaker will have the money and will go to the movies. In the second sentence, the speaker doesn't have the money to go to the movies; the statement is hypothetical.
• Lo haría si pudiera, pero no puedo, así que no lo haré.

APPENDIX C
Accentuation and Syllabication

Diphthongs

1. A diphthong is the combination of a weak vowel (i, u) and a strong vowel (a, e, o), or the combination of two weak vowels. When two vowels are combined, the strong vowel or the second of two weak vowels takes a slightly greater stress in the syllable:

vu*e*lvo *a*utomático ti*e*ne concienci*a* ci*u*dad

2. When the stress of the word falls on the weak vowel of a strong-weak combination, no diphthong occurs and the weak vowel takes a written accent mark to break the diphthong:

pa-ís dí-a tí-o en-ví-o Ra-úl

Stress

1. If a word ends in **n, s,** or a **vowel,** the stress falls on the *next-to-last syllable.*

lava**pla**tos e**xa**men **ho**la aparta**men**to

2. If a word ends in any **consonant** other than **n** or **s,** the stress falls on the *last syllable.*

espa**ñol** us**ted** regu**lar** prohi**bir**

3. Any exception to rules 1 and 2 has a written accent mark on the stressed vowel.

televisi**ó**n tel**é**fono **á**lbum cent**í**metro

4. Question and exclamation words (**cómo, dónde, cuál, qué,** etc.) always have accents.

5. Certain words change meaning when written with an accent although pronunciation remains the same.

cómo	how	**como**	like
dé	give	**de**	of/from
él	he/him	**el**	the
más	more	**mas**	but
mí	me	**mi**	my
sí	yes	**si**	if
sólo	only	**solo**	alone
té	tea	**te**	you
tú	you	**tu**	your

6. Demonstrative pronouns usually have a written accent to distinguish them from demonstrative adjectives (except for **esto, eso,** and **aquello,** which are always neuter pronouns).

éste este niño éstas estas blusas

Syllabication

1. Syllables usually end in a vowel.

ca-sa ba-su-ra dro-ga

2. A diphthong is never separated unless the stress of the word falls on the weak vowel of a strong-weak vowel combination.

a-mue-blar ciu-dad ju-lio BUT: dí-a

3. Two consonants are usually separated. Remember that **ch, ll,** and **rr** are each a single consonant in Spanish.

al-qui-ler por-te-ro ca-le-fac-ción BUT: pe-rro

4. The consonants **l** and **r** are never separated from the preceding consonant, except from the letter **s.**

po-si-ble a-cla-rar a-bri-go BUT: ais-lar

5. When there is a cluster of three consonants, the first two stay with the preceding vowel unless the third consonant is an **l** or an **r,** in which case the last two consonants stay with the vowel that follows.

ins-ti-tu-ción BUT: ex-pli-car des-crip-ción

6. When there is a cluster of four consonants, they are always divided between the second and third consonants.

ins-crip-ción ins-truc-ción

SPANISH-ENGLISH VOCABULARY

This vocabulary includes most of the active vocabulary presented in the chapters. (Some exceptions are the months of the year, adjectives of nationality, many numbers, names of cities and countries, and many obvious cognates.) The list also includes many receptive words found throughout the chapters. The definitions are limited to the context in which the words are used in this book. Active words are followed by a number that indicates the chapter in which the word appears as an active item; the abbreviation *Pre.* refers to the *Capítulo preliminar.*

The following abbreviations are used:

adj.	adjective	*n.*	noun
adv.	adverb	*part.*	participle
aux.	auxiliary	*pl.*	plural
f.	feminine	*sing.*	singular
inf.	infinitive	*subj.*	subjunctive
m.	masculine	*v.*	verb

a to; at; **al (a + el)/a la** to the; **A la/s . . .** At . . . o'clock. 5; **~ la vez** at the same time 16; **~ lo mejor** perhaps 10; **~ menudo** often 12; **~ partir de** starting from, **~ pesar de que** in spite of; **¿~ qué hora . . . ?** At what time . . . ? 5; **¿~ quién?** to whom; **~ tiempo** on time 7; in time; **~ veces** at times 12; **~ ver.** Let's see.
abajo below
abanicarse to fan oneself
el abanico fan
abarcar to embrace; contain
abierto/a open
el/la abogado/a lawyer 1
el abono fertilizer
abrazar to hug; to embrace 17
el abrazo hug; embrace 17
el abrigo coat 5
abrir to open 6; **Abre/Abran el libro en la página . . .** Open your book to page . . . Pre.
abrocharse el cinturón to buckle the seat belt 11
el/la abuelo/a grandfather/grandmother 6
aburrido/a: estar ~ to be bored; **ser ~** to be boring 3
aburrirse como una ostra to be really bored (literally, "to be bored like an oyster") 10
acabar de + *inf.* to have just + *past part.* 5
acaso: por si ~ in case 15
la acción action
el aceite oil 9
el acelerador accelerator 11
el acento accent
acentuar to accent
aceptado/a accepted
aceptar to accept, agree to do
el acercamiento closeness
acercarse to approach, come near
ácido/a: la lluvia ácida acid rain 15
acompañar to accompany 7
aconsejar to advise 8
el acontecimiento event
acordarse (o > ue) de to remember
acostar (o > ue) to put someone to bed 5
acostarse (o > ue) to go to bed 5
acostumbrarse a to become accustomed to
la actividad activity Pre.; **Mira/Miren la actividad . . .** Look at activity . . . Pre.
activo/a active, lively
el actor/la actriz actor 1
actual present-day, current
acuerdo: ¿De ~? Agreed? O.K.? 13
adecuado/a adequate
además besides 11
Adiós. Good-by. Pre.
la adivinanza guessing game
adivinar to guess
la admisión admission
¿Adónde? Where? (with verb of motion); **¿~ vas?** Where are you going? 3
adorar to adore
adquirir to acquire
adquisitivo: el poder ~ purchasing power
la aduana customs 7; **el/la agente de aduanas** customs official
la aerolínea airline 7
el/la aeromozo/a flight attendant
el aeropuerto airport 7
afectar to affect
afeitar: la crema de~ shaving cream 2
afeitarse to shave 4
el afiche poster
la afición liking, fondness

el/la aficionado/a enthusiast, fan
afirmar to state, assert
agarrar to seize, grab 18
la agencia de viajes travel agency 3
el/la agente: ~ de aduanas customs official; **~ de viajes** travel agent 1
agradable pleasant
agredir to assault, attack
agresivo/a aggressive 15
agrícola agricultural
el agua (*f.*) water 8; **~ de colonia** cologne 2; **~ dulce** fresh water; **~ potable** drinking water; **~ salada** salt water
el aguacate avocado
el agujero hole
ahora now; **~ mismo** right now 11
ahorrar to save
el aire acondicionado air conditioning 11
al aire libre outdoors
aislado/a isolated
el ajedrez chess 9; **jugar (al) ajedrez** to play chess 9
el ajo garlic 12
ajustar to adjust; to fasten
al + *inf.* upon + *-ing* 15; **al igual que** just like
el ala (*f.*) wing
el albergue hostel
el álbum (de fotos) (photo) album 16
alcanzar to reach
la alcoba bedroom
alcohólico/a alcoholic
la alconafta fuel made of sugar cane
alegrarse de to be happy about 9
la alegría happiness
la alfombra rug 8
algo something 6; **¿~ más?** Something/Anything else? 12; **Por ~ será.** There must be a reason. 17
el algodón cotton 5
alguien someone 6
algún/alguno/a/os/as some/any 7; **alguna vez** (at) some time; ever 13; **algunas veces** sometimes 12
aliviar to alleviate
el alivio relief
allá over there 4
allí there 4
el alma (*f.*) soul
el almacén department store
almorzar (o > ue) to have lunch 5
el almuerzo lunch
¿Aló? Hello? 7
el alojamiento lodging, accommodation
alquilar to rent 8
el alquiler the rent 8
alrededor around
alternar to alternate
el altiplano high plateau
alto/a tall 3
alucinar to hallucinate; **me alucina** it really surprises me
el/la alumno/a student
alzar to raise
el ama de casa (*f.*) housewife 1
amable nice 15
el/la amante lover (usually negative) 17
amar to love 7
amargo/a bitter
amarillo/a yellow 5
ambicioso/a ambitious (negative connotation) 15
el ambiente atmosphere; **el medio ~** the environment 15
ambos/as both
la ambulancia ambulance 11
ambulante: una enciclopedia ~ a walking encyclopedia 14
el/la amigo/a friend
la amistad friendship
la amnesia amnesia
el amor love; **¡Por ~ de Dios!** For heaven's sake! (literally, "For the love of God!") 8
amueblado/a furnished 8
amueblar to furnish
el analfabetismo illiteracy
anaranjado/a orange (color) 5
el/la anciano/a old man/woman
andar to go; to walk; to amble
andinismo; hacer ~ mountain climbing, mountaineering
andino/a Andean
la anexión annexation
la angustia anguish
el anillo ring 13
el aniversario anniversary
anoche last night 6
anotar to take notes, jot down
anteayer the day before yesterday 6
los anteojos eyeglasses 16
el/la antepasado/a ancestor
anterior former, previous, front part
antes before; **~ de** (+ *inf.*) before + *-ing*; **~ que nada** before anything else 16
el antibiótico antibiotic 11
el anticonceptivo contraceptive
el anticuerpo antibody
la antigüedad antiquity, ancient times
antiguo/a ancient, antique
antipático/a unpleasant; disagreeable 3
la antorcha torch
anunciar to advertise; announce
el anuncio advertisement, notice, announcement
añadir to add 9; to increase
el año year 1; **~ Nuevo** New Year's Day; **~ pasado** last year 6; **~ que viene** next year; **cumplir años** to have a birthday 4
apagar to turn off 11
aparecer to appear
apartado/a remote
el apartamento apartment 8
aparte separate; **~ de** apart from
la apatía apathy
apático/a apathetic, indifferent
el apellido: el primer apellido first last name (father's name) 1; **el segundo apellido** second last name (mother's maiden name) 1
apoyar to support
el apoyo support
apreciado/a esteemed
apreciar to value, appreciate
aprender to learn 3
aprovechar to make use of, take advantage of
aproximadamente approximately
la apuesta bet, wager
apuntar to jot down
el apunte note; annotation; **tomar apuntes** to take notes
el apuro: sacar de un apuro (a alguien) to get (someone) out of a jam 13
aquí here 4
la araña spider
el árbol tree
el arca treasure chest, coffer
el arco arch
el área/prefijo area code 7
el arete earring 13

el argumento argument (reasoning); plot
el armario closet 8
el/la arqueólogo/a archaeologist
el/la arquitecto/a architect
arrancar to start the car 11
arreglar to fix; to arrange 9; **~ el carro** to fix the car 9
el arreglo arrangement
arriba above, up
arroba @ 10
arrojarse to throw oneself
el arroz rice
arrullarse to cuddle
la artesanía craftsmanship, handicraft
el artículo article
el/la artista artist 17
la arveja pea 12
el ascensor elevator
asegurar to assure
el asesinato murder
así like this/that 13; **así es** that's right
el asiento seat 7
la asignatura subject (school)
asimilarse to assimilate
asimismo likewise
asistir a to attend (class, church, etc.) 6
asociar to associate
asomar to appear
el asombro amazement, astonishment
la aspiradora vacuum cleaner 8
la aspirina aspirin 11
astuto/a astute 15
el asunto matter, subject
asustado/a frightened
asustarse to be frightened
atar to tie
el/la atleta athlete 1
atraer to attract
atrás back, behind, rear
atrasar to slow down, delay; to be late
atravesar to cross
aumentar to increase
el aumento increase
aun even
aún still, yet
aunque although
el auto car 6
el autobús bus 6
la autopista freeway, expressway 12
el autorretrato self-portrait
auxilios: primeros ~ first aid
avanzado/a advanced
el ave (*f.*) bird; poultry 12
la avenida avenue
la aventura adventure; **~ amorosa** (love) affair 17
averiguar to find out (about)
el avión airplane 6; **por avión** air mail
avisar to advise; to inform
el aviso sign
ayer yesterday 6
la ayuda help
el/la ayudante helper, assistant
ayudar to help 7; **~ a** + *inf.* to help + *inf.*
la azafata female flight attendant
el azafrán saffron
el azúcar sugar
azul blue 5

la baba: caérsele ~ (a alguien) to drool/dote (over someone)
la bahía bay
bailar to dance 2
el bailarín/la bailarina dancer
el baile dance
bajar to go down; **~ de** to get off 13
bajo/a short (in height) 3; low (voice)
el bajo first floor
la balada ballad
el balcón balcony
el balneario seaside resort
el/la balsero/a rafter (person)
el banano banana; banana tree
el banco bank 3; bench
la banda band 12
el bandoneón concertina, type of accordion
la bandurria lute-like instrument
bañarse to bathe 4
la bañera bathtub 8
el baño bathroom 7; **el traje de baño** bathing suit 5
barato/a cheap, inexpensive 5
la barba beard 4
barbaridad: ¡Qué ~ ! How awful!
el barco ship, boat 6
la barra slash (http://www) 10
el barrio neighborhood
basado/a based
basar to base
el basquetbol basketball 10
¡Basta (de . . .)! (That's) enough (. . .)! 14
bastante enough
bastardilla: en ~ in italics
la basura garbage, waste 15; **sacar ~** to take out the garbage
la batalla battle
la batata sweet potato
el bate bat 10
la batería battery 11; drums 12
la batidora blender
el baúl trunk 11
beber to drink 2
la bebida drink 12
la beca scholarship
el béisbol baseball 10
la belleza beauty
bello/a beautiful; **bellísimo/a** very beautiful 6
besar to kiss 17
el beso kiss 17
la biblioteca library 3
la bicicleta bicycle 6
el bidé bidet 8
bien O.K.; well Pre.
bienvenido/a welcome
el bigote mustache 4
bilingüe bilingual
el billar billiards 9
el billete bill (paper money) 14; ticket
la biología biology 2
el bistec steak 12
blanco/a white 5; **blanco y negro** black and white 16
blando/a soft 16
el bloque block
la blusa blouse 5
la boca mouth 4
la boda wedding 6
el bodegón still life 17
la bofetada a slap (on the face)
la bola: ~ de bolos bowling ball 10
el boleto ticket
el bolígrafo ballpoint pen Pre.
los bolos bowling 10
la bolsa stock exchange; bag
el bolso: ~ de mano hand luggage 7

bonito/a pretty 3
boquiabierto: dejar ~ (a alguien) to leave (someone) dumbfounded 16
bordado/a embroidered
borracho/a drunk 3
el borrador rough draft
borrar to erase
borroso/a blurry
el bosque woods 12; **~ pluvial** rain forest
el bosquejo outline
bostezar to yawn
la bota boot 5
la botánica store that sells herbs, candles, books, and religious articles (Puerto Rico, Cuba)
la botella bottle
el botones bellboy 7
el boxeo boxing 10
el brazalete bracelet
el brazo arm 4
breve brief
brindar to toast
el brindis toast
la brisa breeze
el broche brooch 13
el/la bromista joker (person)
el bronce bronze, brass
el/la brujo/a witch
la brújula compass
bueno/a good 3; **es ~** it's good 8; **Buenas noches.** Good night. Good evening. Pre.; **Buenas tardes.** Good afternoon. Pre.; **Buenos días.** Good morning. Pre.
el buscador search engine 10
buscar to look for 6
la búsqueda search
el buzón mailbox 10

el caballero gentleman
el caballo horse 15
la cabeza head 4
la cabina cabin
cabo: al fin y al ~ after all
cada each, every; **~ loco con su tema** to each his own (literally, "each crazy person with his own theme") 18
la cadena chain 13; network
caer to fall; to drop 13; **caérsele un empaste** to lose a filling 14; **Me cae (la mar de) bien.** I like him/her a lot. 15; **Me cae mal.** I don't like him/her. 15
el café coffee 2
la cafetera coffeepot 8
la cafetería cafeteria, bar 1
la caída fall, drop
el caimán alligator
la caja cashier's desk 14; box
el/la cajero/a cashier 14
el cajero automático ATM 14
la calabaza gourd
el calcetín sock
la calculadora calculator 2
el cálculo calculus
la calefacción heat (house) 8
el calendario calendar
cálido/a warm, hot
caliente warm
¡Calla! Quiet!
callado/a quiet, silent
callarse to be silent, keep quiet
la calle street 8
calor: hace ~ it's hot 4; **tener ~** to be hot 5
calvo/a bald
los calzoncillos/calzones men's/women's underwear
la cama bed 2
la cámara camera 2; **~ de video** video camera 16
el/la camarero/a waiter/waitress 1
cambiar to change; **~ de papel** to switch roles; **~ (dinero)** to exchange, to change (money) 14; **cambiando de tema** changing the subject 10
el cambio exchange rate; change 14; exchange; **cambio de raíz** stem change; **en cambio** in exchange; on the other hand; instead
los cambios gears (car); **con cambios** manual (transmission)
el camello camel
caminar to walk 2
la caminata walk, stroll
el camino road, path
el camión truck 6
la camisa shirt 5
la camiseta T-shirt 5
la campana bell
el campeón/la campeona champion 10
el campeonato championship
el/la campesino/a peasant, farmer
el campo countryside 12; field; **~ de fútbol** soccer field
el canal de televisión TV channel
la canasta basket
la cancha (tennis, basketball) court
la canción song
la candela fire, heat; **encender ~** to start a fight (literally, "to light the candle/fire")
la canica marble (for games)
cansado/a tired 3
el cansancio fatigue, tiredness, weariness
el/la cantante singer
cantar to sing 2
la cantidad quantity
el canto singing, song
la caña (de azúcar) (sugar) cane
la capa de ozono ozone layer
el caparazón shell
capaz capable 15
la capital capital (city); **¿Cuál es ~ de . . . ?** What is the capital of . . . ? Pre.
el capítulo chapter
la cápsula capsule 11
la cara face 4; **Cuesta un ojo de ~.** It costs an arm and a leg. 5
el cardamomo cardamom
la carga load, cargo, burden
cargar to carry, transport
la caries cavity (dental) 14
el cariño affection 17; **cariño/a** dear (term of endearment) 17
la carne meat 12; **~ de res** beef 12
caro/a expensive 5; **Te va a salir caro.** It's going to cost you. 10
la carrera course of study; career; race
la carreta wagon, cart
el carrete (roll of) film 16
la carretera road, highway 12
el carro car 6
la carta letter 4; menu 12; **~ de recomendación** letter of recommendation 16
las cartas: jugar a ~ to play cards 9

el cartel poster
el/la cartero letter carrier 10
la casa house; home 3; **echar ~ por la ventana** to go all out (literally, "to throw the house out the window") 6
casado/a; está ~ (con) is married (to) 6
casarse (con) to marry; to get married (to) 6
el casco de bicicleta, moto, fútbol americano bicycle, motorcycle, football helmet 10
casi almost 11
la casilla box
caso: en ~ (de) que in case that
el cassette tape, cassette 2
las castañuelas castanets
el castillo castle
casualidad: por (pura) ~ by (pure) chance 15
las cataratas waterfalls 12; cataracts (of the eyes)
catarro: tener ~ to have a cold 11
el/la cazador/a hunter
cazar to hunt
la cebolla onion 9
la cédula ID card
celebrar to celebrate
celos: tener ~ (de) to be jealous (of) 17
celoso/a: estar ~ (de) to be jealous (of) 17; **ser ~** to be jealous 17
celular: el teléfono ~ cell phone 2
la cena dinner
cenar to have supper/dinner
la ceniza ash
el centavo cent
el centenar hundred
centígrados centigrade/Celsius 4
cepillarse: ~ el pelo to brush one's hair 4; **~ los dientes** to brush one's teeth 4
el cepillo: ~ de dientes toothbrush 2; **~ de pelo** hairbrush 2
cerca de near 6
cercano/a near, close by
el cerdo pork 12; pig
el cereal cereal
el cerebro brain
cero zero 1
cerrado/a closed
la cerradura lock
cerrar (e > ie) to close 5; **Cierra/Cierren el libro.** Close your book. Pre.
la cerveza beer 2
el cetro scepter
el champán champagne
el champú shampoo 2
el chantaje blackmail
Chao. By. / So long. Pre.
la chaqueta jacket 5
el charango small, five-stringed guitar
la charla talk, conversation
charlar to chat, talk
Chau. By. / So long. Pre.
el cheque check; **~ de viajero** traveler's check 13
chévere: ¡Qué chévere! Great! (Caribbean expression) 12
el/la chico/a boy/girl 1
el chile chili pepper
la chimenea chimney
el/la chiquillo/a a young child
los chismes gossip 16
el chiste joke, funny story
chocar to crash 11
el chocolate chocolate, hot chocolate 14
el chofer driver, chauffeur 13
el chorizo sausage (pork, seasoned)
la chuleta chop 12
el churrasco steak (Argentina) 12
el churro Spanish cruller 14
el ciclismo cycling 10
el/la ciclista cyclist
cien one hundred 1
la ciencia science
cierto/a sure, certain, true; **es cierto** it's true 9; **por cierto** by the way
la cifra numeral
el cigarrillo cigarette
la cigüeña stork
el cine movie theater 3
la cinta tape, cassette 2
el cinturón belt 5, **~ de seguridad** seat belt 11
la cirugía surgery
la cita appointment; date 14; quote
la ciudad city 12; **~ universitaria** college campus
el/la ciudadano/a citizen
el clarinete clarinet 12
claro/a light 5; clear; **es claro** it's clear 9
Claro. Of course. 2; **¡ ~ que no!** Of course not!; **¡ ~ que sí!** Of course! 2
la clase lesson; class 3
clasificar to rate
el claustro cloister
la cláusula clause
clavar to fix upon; to nail down
el/la cliente client
el clima climate
cobarde cowardly 15
cobrar to charge; to collect
el cobre copper
cobro: llamada a ~ revertido collect phone call 7
el coche car 6
la cocina kitchen 8; **~ eléctrica/ de gas** electric/gas stove 8
cocinar to cook 9
el/la cocinero/a cook
el código postal postal/zip code
el codo elbow 4
el cognado cognate
el cojín pillow, cushion
cola: hacer ~ to stand in line 10
coleccionar to collect 9; **~ estampillas** to collect stamps 9; **~ monedas** to collect coins 9
el colegio mayor dormitory 1
colgar (o > ue) to hang
la coliflor cauliflower 12
la colina hill 12
el collar necklace 13
el colmillo (elephant) tusk; canine tooth, eyetooth
colmo: para ~ to top it all off 11
colocado/a positioned, arranged
la colonia cologne 2; colony
el color color 5; **¿De qué color es?** What color is it? 5
combatir to combat, fight
el combustible fuel
la comedia comedy
el comedor dining room 8
comentar to comment on; to gossip
el comentario comment
comenzar (e > ie) to begin 5
comer to eat 2
la comida meal 7
el comienzo beginning, start
como like, as; **~ consecuencia** as a consequence; **~ resultado** as a result; **~ si** as if
¿Cómo? What? / What did you say? 1; **¿ ~ estás/está?** How are you (informal/formal)? Pre.; **¿ ~ que . . . ?** What do you mean . . . ? 7; **¿ ~ se dice en español?** How do you say in Spanish? Pre.;

¿ ~ se escribe? How do you spell? Pre.; **¿ ~ se llama (usted)?** What's your name? (formal) Pre.; **¿ ~ se llega a . . . ?** How do you get to . . . ?; **¿ ~ te llamas?** What's your name? (informal) Pre.
la cómoda chest of drawers 8
cómodo/a comfortable
el/la compañero/a companion; partner
la compañía comercial company, business
comparar to compare
compartir to share
completar to fill out 16; to complete, finish
el comportamiento behavior
comprar to buy 2
comprender to understand Pre.
comprensivo/a understanding
comprobar (o > ue) to check
comprometido/a: estar ~ to be engaged 17
el compromiso engagement (for marriage) 17
la computadora computer 2
común common; **en ~** in common
la comunidad community
con with 3; **~ cuidado** carefully; **~ frecuencia** frequently, often 12; **~ mucho gusto** with pleasure; **¿ ~ quién vas?** With whom are you going? 3; **~ tal (de) que** provided that 16
el concierto concert 5
la concordancia concordance, harmony
concordar (o > ue) to agree
el concurso contest
condenar to condemn
conducir to drive 11
conectar to connect
la conferencia lecture, talk
la confianza confidence
conforme a according to
el congelador freezer 8
el conjunto group (musical) 12; outfit
conmover (o > ue) to move, affect, touch
conocer to know (a person/place/thing) 4; **dar a ~** to make known 17
conocido/a known
el conocimiento knowledge
la conquista conquest
conquistar to win, conquer, overcome
la consecuencia consequence; **como consecuencia** as a consequence
conseguir (e > i, i) to get, obtain 13
el/la consejero/a counselor
el consejo advice 8
la conservación conservation 15
conservar to conserve, preserve; to take care of 15
consignar to list
consistir en to consist of
constante constant
constantemente constantly 9
constituido/a (de) made (of)
construir to build
consultar to consult
el consultorio doctor's office 14
el consumidor consumer
el consumo consumption
la contaminación contamination, pollution 15
contar (o > ue) to tell; to count 6
contemporáneo/a contemporary
el contenido content
contento/a happy 3
el contestador automático answering machine
contestar to answer 6; **(Ana), contéstale a (Vicente) . . .** (Ana), answer (Vicente) . . . Pre.
continuamente continually 9
continuar to continue 12
contra: estar en ~ to be against
contradecir to contradict
la contraoferta counteroffer
contratado/a hired
contratar to contract, hire 16
la contratapa inside cover
el contrato contract 16
convencer to convince
conversar to converse, talk
convertir (e > ie, i) to convert; to become
la copa stemmed glass, goblet; **~ Mundial** World Cup (soccer)
la copia copy 17
el corazón heart 17
la corbata tie 5
el cordero lamb 12
corregir (e > i, i) to correct
el correo post office; mail 10; **~ electrónico** e-mail 10
correr to run 2
correspondiente corresponding
la corrida de toros bullfight
cortar to cut 9
la cortina curtain
corto/a short (in length) 3
la cosa thing
coser to sew 9
la costa coast 12
costar (o > ue) to cost 5; **Cuesta un ojo de la cara.** It costs an arm and a leg. 5
la costumbre custom, habit
cotidiano/a daily
la cotorra small parrot, parakeet
crear to create
crecer to grow
creciente growing, increasing
el crecimiento growth
crédito: la tarjeta de ~ credit card 14
creer to believe 7
creído/a vain, conceited 15
la crema de afeitar shaving cream 2
criar to breed, rear, raise
el croissant croissant 14
el crucero cruise
el crucigrama: hacer crucigramas to do crossword puzzles 9
la cruz cross
cruzar to cross (the street) 13
la cuadra city block 13
el cuadrado square
el cuadro painting 17; **de cuadros** plaid 5
¿Cuál? Which? 1; **¿ ~ es tu/su número de . . . ?** What is your . . . number? 1; **¿ ~ es la capital de . . . ?** What is the capital of . . . ? Pre.
cualquier any; whichever
cuando when; **de vez en ~** once in a while, from time to time 12
¿Cuándo? When? 2
¿Cuánto? How much?; **¿~ cuesta/n . . . ?** How much is/are . . . ? 5
¿Cuántos? How many?; **¿ ~ años tiene él/ella?** How old is he/she? 1
la cuaresma Lent
el cuarto room 8; **~ de hora** quarter (of an hour) 5; **~ de servicio** maid's room 8
cuarto/a fourth 8

el cuatro four-stringed guitar used in Andean and Caribbean music
cuatrocientos four hundred 6
los cubiertos silverware 9
cubrir to cover 12
la cuchara spoon 9
la cucharada spoonful
el cuchillo knife 9
el cuello neck
la cuenta check; account; bill; **~, por favor.** The check, please. 12; **darse cuenta de algo** to realize something 7; **tener en cuenta** to take into account, bear in mind
el cuento story
cuerdo/a sane
el cuero leather 5
el cuerpo body 4
el cuestionario questionnaire
el cuidado care; **con cuidado** carefully; **tener cuidado** to be careful
cuidar to care for, take care of; **~ plantas** to take care of plants 9
culpable guilty
culpar to blame
cultivado/a cultured, cultivated
la cumbre summit, height
el cumpleaños birthday 4; **Feliz cumpleaños.** Happy birthday.
cumplir ~ años to have a birthday 4
el/la cuñado/a brother-in-law/ sister-in-law 6
el cura priest
curar to cure, treat
la curiosidad curiosity; indiscretion; question
el curriculum (vitae) résumé, curriculum vitae 16
cursar to study, take
cursi overly cute; tacky, in bad taste 12
el curso course

la dama: la primera dama first lady
danés: gran ~ great dane
la danza dance
el daño damage, harm
dar to give 6; **~le a alguien las gracias** to thank someone 18; **~ a conocer** to make known 17; **~ de comer** to feed; **~ un paseo** to take a walk; **~le la vuelta** to turn over 9; **~ una excusa** to give an excuse: **~ una vuelta** to take a ride; to go for a stroll/walk 15; **~ vergüenza** to make ashamed; **~se cuenta de algo** to realize something 7
el dato fact, piece of information
de of; from 1; **¿~ acuerdo?** O.K.?, Agreed? 13; **~ compras** shopping; **~ cuadros** plaid 5; **¿~ dónde eres?** Where are you from? (informal) Pre.; **~ espaldas** back-to-back; **~ lunares** polka-dotted 5; **~ nada.** You're welcome. Pre.; **(~ parte) ~ . . .** It/This is . . . (on telephone) 7; **¿~ parte de quién?** May I ask who is calling? 7; **¿~ qué color es?** What color is it? 5; **¿~ qué material/tela es?** What material is it made out of? 5; **~ quien** about whom; **¿~ quién/es?** Whose? 2; **~ rayas** striped 5; **~ repente** suddenly; 6; **~ segunda mano** secondhand, used 8; **~ súbito** suddenly; **¿~ veras?** Really? 2; **~ vez en cuando** once in a while, from time to time 12
debajo de below 6
deber to owe; **~ +** *inf.* ought to/should + *v.* 4
debido/a due; **debido a** due to, because of
el/la decano/a dean
decidir to decide 6
décimo/a tenth 8
decir to say; to tell 5; **¿Cómo se dice . . . en español?** How do you say . . . in Spanish? Pre.; **Diga. / Dígame.** Hello? (on telephone) 7; **Dile a . . .** Tell . . . Pre.; **¡No me diga/s!** No kidding! 5; **¿Qué quiere ~ . . . ?** What does . . . mean? Pre.; **Se dice que . . .** They/People say that . . . 5
declararse a alguien to propose (marriage) to somebody
el dedo finger 4; **~ meñique** little finger; **~ del pie** toe 4
dejar to leave behind; to let, allow 6; **~ caer** to drop; **~ de +** *inf.* to stop, quit + *-ing* 10; **~ boquiabierto (a alguien)** to leave (someone) dumbfounded 16
del = de + el of
delante de in front of 6
deletrear to spell
delgado thin 3
demás remaining, rest
demasiado too much 3
democrático/a democratic
el demonio demon
¡Demonios! Damn! What the devil!
demorar to take (time), delay
demostrar (o > ue) to demonstrate
el/la dentista dentist 1
dentro: ~ de in, inside; **~ de poco** in a while
el departamento department; apartment
depender de to depend on
el deporte sport 10
el/la deportista athlete
el depósito security deposit 8
la derecha right-hand side; **a ~ de** to the right of 6
el derecho right; law; **~ penal** criminal law
derecho: seguir ~ to keep going straight 13
el derrame de petróleo oil spill
desafiante defiant
desafortunadamente unfortunately
la desaparición disappearance
desarrollado/a developed
desarrollar to develop
el desastre disaster
desayunar/se to have breakfast 4
el desayuno breakfast 7
descansar to rest
descartable disposable
el/la descendiente descendant
desconocido/a unknown
describir to describe
la descripción description
el descubrimiento discovery
descubrir to discover
el descuento discount
desde since, from; **~ hace** for (time duration); **~ . . . hasta** from . . . until; **~ luego** of course
desdeñoso/a disdainful, scornful
deseable desirable
desear to want; to desire 3
el desecho waste
el desempleo unemployment 16

desenterrar to unearth, dig up
el deseo wish, desire
desesperado/a desperate
desfilar to march
el desfile de modas fashion show
el desierto desert
desnudo/a naked
el desodorante deodorant
el desorden disorder
despacio slow, slowly; **Más ~, por favor.** More slowly, please. Pre.; **¿Puede hablar más ~, por favor?** Can you speak more slowly, please? 7
la despedida farewell
despedir (e > i, i) to fire 16; **~se** to say good-by
despejado/a clear, sunny; spacious
el desperdicio waste
despertar/se (e > ie) to wake someone up/to wake up 5
después after 3; **~ de que** after 15
destacarse to stand out, be outstanding
el destierro exile
el destino destination; destiny 7
destrozado/a ruined, destroyed
la destrucción destruction 15
destruido/a destroyed
destruir to destroy 15
desvelado/a watchful, careful
la desventaja disadvantage
el detalle detail
detener to detain
detenidamente thoroughly
determinado/a specific
detrás de behind 6
la deuda debt
el/la deudor/a debtor
devolver (o > ue) to vomit 11; to return, send back
el día day; **Buenos días.** Good morning. Pre.; **hoy (en) día** today; nowadays 12; **ponerse al día** to bring up to date; **todos los días** every day 3
el diablo devil
el diálogo dialogue
el diamante diamond 13
la diapositiva slide 16
diario/a daily
el diario diary, journal
diarrea: tener ~ to have diarrhea 11
dibujar to draw 17
el dibujo drawing, sketch 17
el diccionario dictionary 2
el dicho saying
el dictado dictation
el diente tooth 4; **~ de ajo** clove of garlic; **cepillarse los dientes** to brush one's teeth 4; **la limpieza de dientes** teeth cleaning 14; **la pasta de dientes** toothpaste 2
la diferencia difference; **a diferencia de** unlike; in contrast to
diferente different; **~ de** different from
difícil difficult
difundir to broadcast
el dinero money 2; **~ en efectivo** cash 14
el/la dios/a god/goddess; **¡Por el amor de Dios!** For heaven's sake! (literally, "For the love of God!") 8
la dirección address 1
directamente directly
el/la director/a director 1
dirigido/a directed
el disco record; **~ compacto** compact disc 2
discutir to argue; to discuss
el/la diseñador/a designer
disfrutar to enjoy
disminuir to lessen, lower, reduce
disparar to fire, shoot
disponible available
disputarse to argue
la distancia distance; **larga distancia** long distance 7
el distrito district
diurno/a diurnal, daytime
diversificar diversify
la diversión amusement, entertainment, recreation
divertido/a entertaining, amusing
divertirse (e > ie > i) to have fun 5
divinamente divinely 9
divino/a divine, wonderful
divorciado/a: está ~ (de) is divorced (from) 6
divorciarse (de) to get divorced (from) 17
el divorcio divorce 17
doblado/a dubbed (movie)
doblar to turn 13; to fold
doble: la habitación ~ double room 7
el/la doctor/a doctor 1
el documental documentary
doler (o > ue) to hurt 11
el dolor ache, pain; **~ de muela** toothache 14
doloroso/a painful
doméstico/a domestic
el domicilio residence
domingo Sunday 2; **el ~** on Sunday 2; **los domingos** on Sundays 2
don/doña title of respect used before a man/woman's first name
donde where
¿dónde? where?; **¿ ~ estás?** Where are you? 3; **¿De ~ eres?** Where are you from? (informal) Pre.; **¿De ~ es Ud.?** Where are you from? (formal) Pre.
dorado/a gilded, covered with gold
dormir (o > ue, u) to sleep 5
dormirse (o > ue, u) to fall asleep 5
el dormitorio bedroom 8
doscientos two hundred 6
dramático/a dramatic
la droga drug
la ducha shower 8
ducharse to take a shower 4
duda: no hay ~ (de) there is no doubt 9
dudar to doubt 9
dudoso: es ~ it's doubtful 9
el/la dueño/a de un negocio owner of a business 1
dulce sweet 14
el dulce: ~ de leche custard cream
durante during
durar to last
el durazno peach
duro/a hard 16; **huevo duro** hard-boiled egg 14

e and (before *i* or *hi*)
echar to throw; to put in, add; to throw out; **~ de menos** to miss (someone or something) 10; **~ la casa por la ventana** to go all out (literally, "to throw the house out the window") 6; **~ el mal de ojo** to put a curse ("the evil eye") on
la ecología ecology 15
la economía economics 2; economy
el/la economista economist 1

el ecuador: línea del ~ equator
ecuatorial: línea ~ equator
la edad age; **~ Media** Middle Ages
el edificio building 8
la editorial publisher
el (dinero en) efectivo cash 14
efectuar to carry out
ejecutar to execute
ejemplar exemplary, model
el ejemplo example; **por ejemplo** for example
el ejercicio exercise Pre.; **Mira/ Miren ~ . . .** Look at exercise . . . Pre.
el ejército army
el ejote green bean
el the (*m. sing.*) 2
él he 1
la electricidad electricity 8
los electrodomésticos appliances 8
el elefante elephant 15
elegir (e > i > i) to choose, select
ella she 1
ellos/as they 1
embarazada pregnant 11
embarazoso/a embarrassing
embargo: sin ~ however, nevertheless 12
el embrague clutch 11
la emergencia emergency
la emisora radio station
empacar to pack
el empaste filling 14; **caérsele un empaste** to lose a filling 14
el emperador emperor
empezar (e > ie) to begin 5
el/la empleado/a employee; **~ (de servicio)** maid 7
emplear to employ, use
el empleo job/position; employment 16
la empresa enterprise; company
en in; on; at; **~ barco/tren/etc.** by boat/train/etc. 6; **~ cuanto** when, as soon as; **~ general** in general; **~ lugar de** instead of, in place of; **~ peligro** in danger 15; **¿ ~ qué página, por favor?** What page please? Pre.; **¿ ~ qué puedo servirle?** How can I help you?; **~ realidad** really, actually; **~ seguida** at once, right away 17; **~ sus/tus propias palabras** in his/her/your own words
enamorado/a in love 3
enamorarse (de) to fall in love (with) 17
Encantado/a. Nice to meet you. 1
encantador/a enchanting, delightful 15
encantar to like a lot, love 10
encargar to entrust
encender (e > ie) to light, to ignite; **~ la candela** to start a fight (literally, "to light a candle/fire")
encendido/a lit
encerrar (e > ie) to lock up, confine
el enchufe socket; plug
las encías gums
enciclopedia: una ~ ambulante a walking encyclopedia 14
encima de on top of 6
encontrar (o > ue) to find 5
encontrarse con (alguien) (o > ue) to run into (someone)
el encuentro encounter, meeting
la encuesta inquiry, poll
la energía energy; **~ nuclear** nuclear energy 15; **~ solar** solar energy 15
enfadarse to get angry
enfermarse to become sick
la enfermedad sickness, illness 11
el/la enfermero/a nurse
enfermo/a sick 3
enfilado/a in rows
enfocar to focus 16
el enfoque focus 16
enfrente de facing, across from 6
enfurecerse to become enraged, angry
el enlace link, connection 10
enmudecer to become silent 18
enojado/a angry, mad 3
enojarse to become angry
la ensalada salad 9
ensangrentado/a stained with blood
ensayar to rehearse
el ensayo essay
enseñar to teach; to indicate, point out
entender (e > ie) to understand 5; **No entiendo.** I don't understand. Pre.
enterarse to find out, learn
el entierro burial
entonces then 1
la entrada entrance ticket 13; entrance
entrar (en) to enter 6
entre between, among
entregar to give, deliver
entrenar to train
entretener to entertain
entretenido/a fun, entertaining
la entrevista interview 16
el/la entrevistador/a interviewer
entrevistar to interview
entristecer to sadden
el envase container
enviado/a sent
la época time, season
el equipaje luggage 7
el equipo team; equipment, gear 10
equivocado: el número ~ wrong (phone) number 7
equivocarse to be wrong, make a mistake
la escala stop 7; **hacer escala** to make a stop 7
escalar to climb
la(s) escalera(s) stair(s), staircase 13
escalofríos: tener ~ to have the chills 11
escasear to be scarce
la escena scene 17
el/la esclavo/a slave
la esclusa lock (canal gate)
escoger to choose, select 8
escondido/a hidden
escribir to write 2; **~ cartas/ poemas** to write letters/poems 9; **Escribe./Escriban.** Write. Pre.
el/la escritor/a writer
el escritorio desk 2
la escritura writing
escuchar to listen 2; **Escucha./ Escuchen.** Listen. Pre.
la escuela school 3; **~ primaria** elementary school; **~ secundaria** high school
el/la escultor/a sculptor 17
la escultura sculpture 17
el esfuerzo effort
la esmeralda emerald 13
eso that 4; **por ~** therefore 2; that's why 15
el espacio blank, space

la espada sword
la espalda back 4; **de espaldas** back-to-back
el esparcimiento amusement
los espárragos asparagus 12
la especia spice
especial special
la especie species
específico/a specific
el espejo mirror 8; **~ retrovisor** rearview mirror 11
la esperanza hope 8
esperar to wait (for) 7; to hope 8
el espíritu spirit
el/la esposo/a husband/wife 6
el esqueleto skeleton
el esquema diagram; sketch; outline
el esquí skiing; ski
esquiar to ski 2
los esquíes: ~ de agua water skis 10; **~ de nieve** snow skis 10
la esquina corner 13
esta this; **~ mañana/tarde/noche** this morning/afternoon/evening 2
estable stable
establecer to establish 3
la estación season 4; station
estacionar to park
el estadio stadium 10
las estadísticas statistics
el estado state; **~ civil** marital status
la estampilla stamp 10
el estante shelf 8
estar to be 3; **~ a dieta** to be on a diet; **~ celoso/a (de)** to be jealous (of) 17; **~ comprometido/a** to be engaged 17; **~ de acuerdo (con)** to agree (with); **~ en** to be in/at 3; **~ embarazada** to be pregnant; **~ enamorado/a (de)** to be in love (with) 17; **~ listo/a** to be ready 3; **~ loco/a** to be crazy 3; **~ mareado/a** to be dizzy 11; **~ resfriado/a** to have a cold 11; **~ seguro/a (de)** to be sure (of) 9; **está casado/a (con)** is married (to) 6; **está divorciado/a (de)** is divorced (from) 6; **está nublado** it's cloudy 4; **¿Está . . . , por favor?** Is . . . there, please? 7
la estatua statue 17
el este east 12
el estéreo stereo 2
el esteroide steroid
el estilo style
estimado/a esteemed, respected
estimar to estimate
el estómago stomach 4
estornudar to sneeze 11
la estrategia strategy
la estrella star
el estreno debut
la estrofa stanza
el/la estudiante student 1
estudiar to study 2
el estudio study
la estufa stove 8
estúpido/a stupid 3
la etapa stage
étnico/a ethnic
evidente; es ~ it's evident 9
evitar to avoid
exactamente exactly
el examen examination; test
exceder to exceed
excéntrico/a eccentric
la excursión excursion, side trip 13
la excusa excuse
exento/a exempt
la exhibición exhibition 17
exigente demanding
existir to exist
éxito: tener ~ to be successful
el éxodo exodus
la experiencia experience 16
la explicación explanation
explicar to explain 6
la exposición exhibition 17
la expresión expression
expulsar to expel, throw out
externo/a external, outside
la extinción extinction 15
extraer to extract
extranjero/a foreign
el/la extranjero/a foreigner
extrañar/se to miss; to find strange
extraño/a strange

la fábrica factory 15
fácil easy
fácilmente easily 9
la facultad school of a university
la falda skirt 5
la falla fault line
fallecer to die
falso/a false
la falta lack
faltar to lack; to be missing 10
la familia family 3
famoso/a famous
fantasía: de ~ costume (jewelry) 13
el fantasma ghost
fantástico/a fantastic, great; **es ~** it's fantastic 9
la farmacia pharmacy, drugstore 3
fascinar to like a lot; to fascinate 10; **¡Me fascina/n!** I love it/them! 5
favor: por ~ please 1
favorito/a favorite
el fax fax 10
la fecha date 4
la felicidad happiness
felicitar to congratulate
feliz happy 17; **~ cumpleaños.** Happy birthday.
feo/a ugly 3
la fianza security deposit 8
la ficción fiction
la ficha record card, index card
la fiebre fever 11; **tener fiebre** to have a fever 11
fiel faithful, loyal
la fiesta party
la figura figure
la fila row, line
el filete fillet; sirloin 12
el fin end; **~ de semana** weekend 2; **al fin y al cabo** after all; **por fin** at last 7
el final ending; **al final de** at the end of
finalmente finally
fino/a fine, elegant
la firma signature 14
firmar to sign 14
flaco/a skinny 3
flamenco/a Flemish; Spanish dance
el flan Spanish egg custard 12
el flash flash (in photography) 16
la flauta flute 12
el flautín piccolo
la flor flower
el flujo flow, stream
fobia: tenerle ~ a . . . to have a fear of . . . ; to hate . . . 14
el folleto brochure, pamphlet

fomentar to promote, foster, encourage
el fondo bottom; background
forjar to forge, shape, make
formado/a formed
formar to form
el formulario form
fornido/a robust, stout
la foto(grafía) photograph; photography; **sacar fotos** to take pictures 16
el fracaso failure
la fractura fracture, break 11
franco/a frank, candid
la frase phrase
frecuencia: con ~ frequently, often 12
frecuente frequent
frecuentemente frequently 9
el fregadero kitchen sink 8
freír (e > i, i) to fry 9
el freno brake 11
la fresa strawberry 14
fresco/a fresh; cool; **Hace fresco.** It's chilly. 4
el frijol bean 12
frío/a cold; **hace frío** it's cold 4; **tener frío** to be cold 5
frito/a fried 14; **los huevos fritos** fried eggs 14
la frontera border
frustrado/a frustrated
frustrante frustrating
la fruta fruit 9
el fuego fire
la fuente fountain; source
fuerte strong
la fuerza strength, power, force
Fulano, Mengano y Zutano Tom, Dick, and Harry 8
fumar to smoke 7; **la sección de (no) ~** (no) smoking section 7
funcionar to function, work, run
el/la fundador/a founder
funerario/a funeral, funerary
el funicular cable car
el fusil rifle
el fusilamiento execution
el fútbol soccer 10; **~ americano** football 10
el futuro future

las gafas eyeglasses 16; **~ de sol** sunglasses 5
la galleta cookie; cracker 14
la gallina chicken 15
el gallo rooster
galopante runaway; galloping
el/la ganador/a winner
ganar to win; to earn 10; to gain
ganas: tener ~ de + *inf.* to feel like + *-ing* 6
la ganga bargain
el garaje garage 8
la garganta throat
el gas gas 8
la gaseosa soda
la gasolinera gas station
gastar to spend
los gastos expenses 8
el gato cat 15
el gemelo cufflink 13; twin
general: en ~ in general
generalmente generally 9
el género genre; gender
el/la genio genius
la gente people 8
el/la gerente manager
el gesto gesture
el/la gigante giant
la gira tour
el/la gitano/a gypsy
el/la gobernador/a governor
el/la gobernante person in power, ruler, governor
el gobierno government
el gol goal, point
gordo/a fat 3
gozar to enjoy
la grabación recording
el grabado etching
la grabadora tape recorder 2
grabar to record
Gracias. Thank you. Pre.; **Un millón de ~.** Thanks a lot. 4
gracioso/a funny
el grado degree; **Está a . . . grados (bajo cero).** It's . . . degrees (below zero). 4
graduarse to graduate
la gramática grammar
grande large, big 3; great
gratis free (money)
grave grave, serious
la gripe flu 11; **tener gripe** to have the flu 11
gris gray 5
gritar to shout, scream 6
el grupo group
el guante de béisbol/boxeo/ciclismo baseball/boxing/racing glove 10
guapo/a good-looking 3
guardar to keep, store
la guayabera specific style of men's shirt worn in the tropics
la guerra war
el/la guía guide; **~ turístico/a** tour guide 13
la guía guidebook 4
el guión script
el güiro musical instrument made from a gourd
el guisante pea 12
la guitarra guitar 2
gustar to like, be pleasing 2; **me gustaría** I would like 3; **No me gusta/n nada.** I don't like it/them at all. 5
el gusto taste; pleasure

haber to have (*aux. v.*) 13
había there was/there were 10
la habichuela green bean 12
la habitación room 2; **~ doble** double room 7; **~ sencilla** single room 7
el/la habitante inhabitant
habitar to inhabit
hablar to speak 2; **Habla . . .** It/This is . . . (on telephone) 7; **¿Puede hablar más despacio, por favor?** Can you speak more slowly, please? 7; **¿Quién habla?** Who is speaking/calling? 7; **Quisiera hablar con . . . , por favor.** I would like to speak with . . . , please. 7
hace (weather): **~ buen tiempo.** It's nice out. 4; **~ calor.** It's hot. 4; **~ fresco.** It's chilly. 4; **~ frío.** It's cold. 4; **~ mal tiempo.** It's bad out. 4; **~ sol.** It's sunny. 4; **~ viento.** It's windy. 4
hacer to do 2; to make; **~ artesanías** to make crafts 9; **~ caso (de)** to pay attention (to); **~ clic** to click 10; **~ cola** to stand in line 10; **~ crucigramas** to do crossword puzzles 9; **~ escala** to make a stop 7; **~ punto** to knit; **~ rompecabezas** to do jigsaw

puzzles 9; **hace tres días/meses/años** three days/months/years ago 6
hacia toward
el hall entrance hall 8
hallar to find
el hallazgo discovery, finding
el hambre hunger; **tener hambre** to be hungry 5
hasta until 6; **~ luego.** See you later. Pre.; **~ mañana.** See you tomorrow. Pre.; **~ que** until 15
hay there is/there are 4; **~ que** + *inf.* one/you must + *v.* 9; **No ~ de qué.** Don't mention it./You're welcome. 1; **no ~ duda (de)** there's no doubt 9
el helado ice cream 12
la hembra female
heredar to inherit
la herencia heritage
la herida injury, wound 11
el/la herido/a injured man/woman
herir to hurt, injure
el/la hermanastro/a stepbrother/sister 6
el/la hermano/a brother/sister 6
el hielo ice 10; **los patines de hielo** ice skates 10
el hierro iron
el/la hijastro/a stepson/daughter 6
el/la hijo/a son/daughter 6
hilar to spin (thread)
el hilo thread; theme; **~ dental** dental floss 14; **seguir ~** to follow (a story, train of thought)
hispano/a Hispanic
hispanoamericano/a Hispanic American
la historia history 2; story
el hockey hockey 10
el hogar home; fireplace, hearth
la hoja leaf; sheet (of paper)
Hola. Hi. Pre.
el hombre man; **~ de negocios** businessman 1
el hombro shoulder 4
el homenaje homage, tribute
honorífico/a honorable (title)
honrado/a honest 15
honrar to honor
la hora hour 5; **~ de salida** time of departure 7; **~ de llegada** time of arrival 7; **es ~ de** + *inf.* it's time + *inf.* 16; **No veo ~ de** + *inf.* I can't wait + *inf.* 17; **¿A qué hora . . . ?** At what time . . . ? 5; **¿Qué hora es?** What time is it? 5
el horario schedule
el horizonte horizon
el horno oven; **~ (de) microondas** microwave oven 8
el hospedaje lodging
hospedar to lodge, give lodging
el hospital hospital 3
el hostal inn
el hotel hotel 6
hoy today 2; **~ (en) día** today; nowadays 12
el hoyo hole
el huésped guest
el huevo egg 9; **los huevos (fritos, revueltos, duros)** (fried, scrambled, hard-boiled) eggs 14
humilde humble
el huracán hurricane
hurtar to hide

la ida one way; outbound trip 7
ida y vuelta round trip 7
la idea idea
la identidad identity
identificar to identify
el idioma language
la iglesia church 3
ignorante ignorant 15
igual equal, (the) same; **al ~ que** just like, whereas
Igualmente. Nice to meet you, too. / Same here. 1
ilimitado/a unlimited, boundless
la imagen image
imaginarse to imagine
impar odd (number)
el imperio empire
importante important; **es ~** it's important 8
importar to matter; **No importa.** It doesn't matter. 2
impresionante impressive
el impuesto tax 13
inca Incan; **el/la ~** Inca
incaico/a Incan
incierto/a uncertain
incluido/a included
incluir to include
el/la inculto/a uneducated person
indicar to indicate
el índice index
indiferente indifferent, apathetic 15
indígena indigenous, native
indio/a Indian 3; **el/la ~** Indian man/woman; **el/la indio/a americano/a** American Indian
inesperado/a unexpected 16
la inestabilidad instability
inexplicable unexplainable
el infarto heart attack
la infección infection 11
la influencia influence
influir to influence
el informe report
el/la ingeniero/a engineer 1
el inglés English language 2
ingresar to admit (as a patient)
los ingresos income, revenue
iniciar to initiate, start
la injusticia injustice
inmediatamente immediately 9
el inodoro toilet 8
inofensivo/a harmless
inolvidable unforgettable
insoportable unbearable 15
instalar to install
las instrucciones instructions, directions; **Lee/Lean ~.** Read the instructions. Pre.
el instrumento instrument 12
integrar to make up, compose
inteligente intelligent 3
intentar to try
el intercambio exchange
interesar to interest
interno/a internal
interrumpir to interrupt
la introducción introduction
inútil useless
inventar to invent
el invernadero greenhouse
la inversión investment
invertir (e > ie, i) to invest
la investigación research
el invierno winter 4
la invitación invitation
el/la invitado/a guest
invitar to invite 7; to treat 17
la inyección injection 11
ir to go; **~ a** + *inf.* to be going to . . . 2; **~ de compras** to shop; go shopping 5
irrespetuoso/a disrespectful
la isla island 12

el itinerario itinerary 13
la izquierda left-hand side; **a ~ de** to the left of 6

el jabón soap 2
jamás never
el jamón ham 9; **~ serrano** a country style of ham
el jarabe (cough) syrup 11
el jardín flower garden; lawn
la jardinería gardening 9
el/la jefe/a boss, chief 8
joven young 3
el/la joven youth, young person
las joyas jewelry
la joyería jewelry store
la judía verde green bean 12
el juego game; **~ electrónico/de video** electronic/video game 9
jueves Thursday 2; **el ~** on Thursday 2; **los jueves** on Thursdays 2
el/la juez judge
jugar (u > ue) to play (a sport or game) 5; **~se la vida** to risk one's life 11
el jugo juice 14
el juguete toy
el juicio trial
junto/a together
justo/a just, fair 15
la juventud youth

el kilómetro kilometer
el kleenex Kleenex, tissue 2

la the (*f. sing.*) 2
los labios lips 4
el lado side; **al lado de** beside 6; **por otro lado** on the other hand 14; **por todos lados** on all sides; **por un lado** on the one hand 14
ladrar to bark
el lago lake 12
la lágrima tear
la laguna lagoon, small lake
la lámpara lamp 2
la lana wool 5
la lancha boat, launch
el lápiz pencil Pre.
largo/a long 3; **a lo largo de** alongside; **larga distancia** long distance
las the (*f. pl.*) 2
lástima: es una ~ it's a shame/pity; **¡Qué lástima!** What a shame! 9
la lata: ~ de aluminio aluminum can
el lavabo bathroom sink 8
la lavadora washing machine 8
el lavaplatos dishwasher 8
lavar to wash 4
lavarse to wash up, wash (oneself) 4
leal loyal
la lección lesson
la leche milk
la lechuga lettuce 9
la lectura reading
leer to read 2; **Lee/Lean las instrucciones.** Read the instructions. Pre.
la lejía bleach
lejos de far from 6
la lengua tongue 4; language
el lenguaje language
la lenteja lentil 12
los lentes de contacto (blandos/duros) (soft/hard) contact lenses 16
lento/a slow
el león lion 15
el letrero sign
levantar to lift
levantarse to stand up Pre.; to get up 4; **Levántate./Levántense.** Stand up. Pre.
la ley law
la leyenda legend
libre free (with nothing to do) 13
la librería bookstore 3
el libro book Pre.; **Abre/Abran ~ en la página . . .** Open your book to page . . . Pre.; **Cierra/Cierren ~ .** Close your book. Pre.
la licencia (de conducir) driver's license 11
ligero/a light (weight)
limitar con to border on
el limpiaparabrisas windshield wiper 11
limpiar to clean 8
la limpieza de dientes teeth cleaning 14
lindo/a pretty
la línea line; **~ ecuatorial** equator **~ aérea** airline 7
lío: ¡Qué lío! What a mess! 11
la lista list
listo/a: ser ~ to be clever 3; **estar ~** to be ready 3
la literatura literature 2
el litoral shore (of an ocean)
la llamada telephone call; **~ a cobro revertido/para pagar allá** collect call; 7; **~ de larga distancia** long-distance call 7; **~ local** local call 7
llamar to call; to phone
llamarse to be called; **Me llamo . . .** My name is . . . Pre.
la llanta tire 11
la llave key
llegada arrival 7; **la hora de ~** time of arrival 7
llegar to arrive 6; **~ con atraso** to arrive late 7
llenar to fill, fill out
lleno/a full
llevar to carry, take along; to wear 2; **llevarle la contraria a alguien** to disagree with someone 18; **llevarse bien/mal (con alguien)** to get along/not to get along (with someone) 15
llorar to cry 6
llover (o > ue) to rain 4; **Llueve.** It's raining. 4
la lluvia rain; **~ ácida** acid rain 15
lo que what (the thing that)
Lo siento. I'm sorry. 7
loco/a crazy 3; **~ de atar** stark raving mad; **cada loco con su tema** to each his own (literally, "each crazy person with his own theme") 18; **¡Ni ~!** Not on your life! 14
el/la locutor/a (radio/TV) commentator
lograr to get, obtain, achieve
los the (*m. pl.*) 2
las luces headlights 11; lights
la lucha fight, struggle
luego later 5; **desde ~** of course; **Hasta ~.** See you later. Pre.
el lugar place
lujoso/a luxurious

la luna moon; **~ de miel** honeymoon 6
lunares: de ~ polka-dotted 5
lunes Monday 2; **el ~** on Monday 2; **los lunes** on Mondays 2
la luz electricity, light 8

el macho male
la madera wood
la madrastra stepmother 6
la madre mother 1
la madrina godmother; maid of honor
maduro/a ripe
el/la maestro/a teacher; **la obra maestra** masterpiece 17
mago: los Reyes Magos the Three Wise Men
el maíz corn
mal lousy, awful Pre.; **el ~ de ojo** a curse ("the evil eye") 9
la maleta suitcase 7; **las maletas** luggage
malo/a bad 3
la mamá mom, mother 1
mami mom, mommy
mandar to send 6; to command
el mandato command
manejar to drive 7
la manera way, manner
la manga sleeve 5
el manicomio insane asylum
la mano hand 4; **de segunda mano** secondhand, used 8
el manojo bundle
la manta blanket
mantener to maintain
la mantequilla butter 14
la manzana apple; block (of buildings)
mañana tomorrow 2; **Hasta ~.** See you tomorrow. Pre.; **la ~** morning 2; **por la ~** in the morning 5
el mapa map
maquillarse to put on makeup 4
la máquina machine; **~ de afeitar** electric razor 2; **~ de escribir** typewriter; **~ de fotos** camera 16
el mar sea 12
la maravilla wonder, marvel
maravilloso/a wonderful
la marca brand
marcar to mark; to dial; **~ directo** to dial direct 7; **~ un gol** to score a goal/point
marchitar to wither, fade
el marco frame 16
mareado/a: estar ~ to be dizzy 11
el mariachi mariachi musician/group
el marido husband
la mariposa butterfly
los mariscos shellfish
el mármol marble (the stone)
marrón brown 5
martes Tuesday 2; **el ~** on Tuesday 2; **los martes** on Tuesdays 2
más more 2; **¿Algo ~?** Something/Anything else? 11; **~ de** + *number* more than; **~** + *n./adj./v.* + **que** more . . . than; **~ o menos.** So-so. Pre.; **~ tarde** later 5
mascar to chew
la máscara mask; costume
la mascota pet
matar to kill
el mate maté (tea, plant), maté vessel
las matemáticas mathematics 2
la materia class; subject; material
la matrícula license plate 11; tuition
matrimonial: cama ~ double bed
el matrimonio marriage
la mayonesa mayonnaise
mayor old 3; older 6; **la ~ parte de** most of
la mayoría majority
la medialuna croissant 14
mediados middle, halfway through
mediano/a average
la medianoche midnight 5
las medias stockings; socks 5
la medicina medicine 11
el médico doctor 1
la medida measure, measurement
medio/a half; **media (hora)** half (an hour) 5; **La Edad Media** Middle Ages; **media pensión** breakfast and one meal included 7; **medio tiempo** part-time 16; **el medio ambiente** environment 15; **el medio de transporte** means of transportation; **en medio de** in the middle of
el mediodía noon 5
los medios means
medir (e > i, i) to measure
mejor better 12; **a lo ~** perhaps 10; **es ~** it's better 8
mejorar to improve, better
el melocotón peach; peach tree
melón melon
la memoria memory
memorizar to memorize
mencionar to mention
menor younger 6
menos less; **~ de** less than; **a ~ que** unless 16; **por lo ~** at least 15
el mensaje message; **~ electrónico** e-mail 10
el/la mensajero/a messenger
mensual monthly
la mente mind
mentir (e > ie, i) to lie 7
la mentira lie
el menú menu 12
menudo: a ~ often, frequently 12
meñique: el dedo ~ little finger
el mercadeo marketing
el mercado market
merecer to deserve, merit
la mermelada marmalade, jam, jelly 14
el mes month 4; **~ pasado** last month 6; **todos los meses** every month 12
la mesa table 2; **poner ~** to set the table 9
mestizo/a of mixed Indian and European blood
la meta goal
meter la pata to put one's foot in it, meddle, interfere
el método method
el metro subway 6
la mezcla mixture
mezclar to mix
mi/s my 1
el miedo fear; **tener miedo** to be scared 5
el miembro member
mientras while 11; **~ tanto** meanwhile 9
miércoles Wednesday 2; **el ~** on Wednesday 2; **los ~** on Wednesdays 2

mil one thousand 6
el milagro miracle
milagroso/a miraculous
la milla mile
un millón one million 6; **~ de gracias.** Thanks a lot. 4
el mínimo minimum
ministro/a: el/la primer/a ~ prime minister
la minoría minority
el minuto minute 5
mío/a mine 14; **el/la ~** mine 14
mirar to look (at) 2; **Mira/Miren el ejercicio/la actividad . . .** Look at the exercise/the activity . . . Pre.
la misa mass (church)
el/la mismo/a the same; **ahora mismo** right now 11
el misterio mystery
misterioso/a mysterious
la mitad half
mítico/a mythical
el/la mocetón/ona robust youth
la moda fashion, trend
los modales manners
el modelo model; **el/la modelo** (fashion) model 17
modificar to modify, alter
el modo manner, way
el mohín grimace, facial expression
el mole (poblano) black chili sauce
molestar to bother 10
momento: un ~ just a moment
el monaguillo altar boy
la moneda currency; coin 14; **coleccionar monedas** to collect coins 9
la monja nun
el mono monkey 15
el monstruo monster
la montaña mountain 12
montar to ride; **~ en bicicleta** to ride a bicycle 10; **~ en carro** to ride in a car
morado/a purple 5
morder (o > ue) to bite
moreno/a brunet/te; dark-skinned 3
morirse (o > ue, u) to die 5
el/la moro/a Moor; Moslem
la mosca fly
el mostrador check-in counter
mostrar (o > ue) to show
motivar to motivate
la moto/motocicleta motorcycle 6
el motor engine 11
el mozo waiter; young man
el/la muchacho/a boy/girl, young man/woman
mucho/a many, a lot (of) 2; very much Pre.; **muchas veces** many times 12; **Mucho gusto.** Nice to meet you. 1
mudar/se to move (houses)
los muebles furniture
la mueca (to make a) face
la muela molar 14; **~ de juicio** wisdom tooth 14; **el dolor de muela** toothache 14
la muerte death
muerto/a dead
la mujer woman; **~ de negocios** businesswoman 1
mulato/a dark-skinned, of mixed African and European blood
la multa fine (as for speeding)
el mundo world; **todo ~** everybody, everyone 13
la muñeca doll; wrist
el museo museum 3
la música music 2
muy very 3; **¡ ~ bien!** Very well! Pre.

nacer to be born 15
nacido/a born
el nacimiento birth
la nación nation
la nacionalidad nationality; **¿De qué nacionalidad eres/es?** What nationality are you? 3
nada nothing 6; **antes que ~** before anything else 16; **De ~.** You're welcome. Pre.
nadar to swim 2
nadie no one 6
el nailon nylon 5
la naranja orange 14
el naranjo orange tree
la nariz nose 4
narrar to narrate
natal native
la náusea nausea 11; **tener náuseas** to feel nauseous 11
navegable navigable
navegar to sail; **~ por Internet** to surf the Net 9
la Navidad Christmas
necesario/a necessary; **es necesario** it's necessary 8
necesitar to need 3
nefasto/a ominous
el negocio business; **el hombre/la mujer de negocios** businessman/woman 1
negrita boldface type
negro/a black 5
nervioso/a nervous
nevar to snow 4; **Nieva.** It's snowing. 4
la nevera refrigerator 8
¡Ni loco/a! Not on your life! 14
ni . . . ni neither . . . nor 12
ni siquiera not even
el/la nieto/a grandson, granddaughter
la nieve snow
el nilón nylon 5
ningún/ninguno/a (not) any; none/no one 7
el/la niño/a boy/girl
el nivel level
no no 1; **¿ ~ ?** right?, isn't it? 1
la noche night, evening; **Buenas noches.** Good evening. Pre.; **la Nochebuena** Christmas Eve; **por la noche** at night 5
nombrar to name
el nombre (de pila) first name 1
el norte north 12
nosotros/as we 1
la nota grade; note
notar to note, notice
la noticia news item
las noticias news 7
novecientos nine hundred 6
la novela novel 2
noveno/a ninth 8
el/la novio/a boyfriend/girlfriend 1; fiancé/fiancée; groom/bride 17
nublado: Está ~. It's cloudy. 4
el nudo knot (nautical)
nuestro/a our 3; ours; **el/la nuestro/a** ours 14
nuevo/a new 3
numerar to number
el número number; shoe size 5; **~ equivocado** wrong number 7
nunca never 6

nutrido/a de full of, abounding in
nutrir to nourish

o or 2; **~ sea** that is 8
o . . . o either . . . or 12
el obispo bishop
el objeto object
la obra work; **~ maestra** masterpiece 17
obstruir to obstruct
obtener to obtain 13
obvio: es ~ it's obvious 9
ocasionar to cause
el océano ocean 12
ochocientos eight hundred 6
octavo/a eighth 8
el/la oculista eye doctor 16
la ocupación occupation
ocupado/a busy 4
ocupar to fill (a position)
ocurrir to happen, occur
odiar to hate 7
el oeste west 12
la oficina office 3
ofrecer to offer 3
el oído inner ear 4
oír to hear 7; **¡Oye!** Hey!, Listen! 1
ojalá (que) + *subj.* I hope that . . . 8
el ojo eye 4; **Cuesta un ojo de la cara.** It costs an arm and a leg. 5; **el mal de ojo** a curse ("the evil eye") 9; **¡Ojo!** Watch out!
la ola wave
el óleo oil (paint)
la olla pot 9
olvidar to forget 13
opcional optional 13
el/la operador/a operator
oponer to oppose
la óptica optician's shop
la oración sentence
el orden order (sequence)
la orden order (command)
el ordenador computer
ordenar to arrange, put in order
la oreja ear 4
la Organización de las Naciones Unidas (O. N. U.) United Nations (U.N.)
organizar to organize
el orgullo pride
orgulloso/a proud 15
el origen origin 3
el original original 17
la orilla shore
el orisha god of Yoruba origin
el oro gold 13; **de oro** made of gold
la orquesta (sinfónica) (symphony) orchestra 12
oscuro/a dark 5
el oso bear 15
la ostra oyster
el otoño fall, autumn 4
otro/a other; another 3; **el uno al otro** each other; **otra vez** again
¡Oye! Hey!, Listen! 1

el padrastro stepfather 6
el padre father 1
los padres/papás parents 6
los padrinos best man and maid of honor; godparents
pagar to pay (for) 6
la página page Pre.; **Abre/Abran el libro en ~ . . .** Open your book to page . . . Pre.; **¿En qué página, por favor?** What page, please? Pre.
el pago payment
el país country
el paisaje landscape 17
el pájaro bird 15
la palabra word; **en sus/tus propias palabras** in his/her/your own words
palanca: tener ~ to know people in the right places
el palo de golf golf club 10
la pampa Argentine prairie
el pan bread 9
la pandereta tambourine
los pantalones pants 5
la pantera panther
el pañal diaper
la pañoleta scarf
el pañuelo handkerchief
la papa potato; **las papas fritas** potato chips; french fries 2
el papá dad, father 1
el papel paper Pre.; role
papi dad, daddy
el paquete package 10
par even (number)
un par (de) a pair (of)
para for; **~ colmo** to top it all off 11; **~** + *inf.* in order to + *v.*; **~ que** in order that 16; **¿ ~ qué?** for what (purpose)? 5; **¿ ~ quién?** for whom? 5
el parabrisas windshield 11
el paracaídas parachute
la parada stop
el parador inn, hotel
parar to stop
parecer to seem 10
parecido/a similar
la pared wall
la pareja couple; lovers (positive connotation) 17; significant other; pair
el/la pariente relative 6
el parque park 3
el párrafo paragraph
la parte: De parte de . . . It/This is . . . (on telephone) 7; **¿De parte de quién?** May I ask who is calling? 7; **por mi parte** as far as I'm concerned
participar to participate
particular private
el partido game, match 10; **~ (político)** political party
partir: a ~ de starting from
pasado/a: el (sábado/mes/año) pasado last (Saturday/month/year) 6; **la semana pasada** last week 6
el pasaje (plane) ticket 7
el/la pasajero/a passenger 7
el pasaporte passport 1
pasar to spend (time) 13; to happen, occur; **~ por** to pass by/through 13; **pasarlo bien/mal** to have a good/bad time 14
el pasatiempo pastime, hobby 9
pascua: la Pascua Florida Easter
pasear to take a walk
el paseo: dar un paseo to take a walk
el pasillo hallway 8
el paso step
la pasta de dientes toothpaste 2
la pastilla pill 11
la pata paw, foot
la patata potato (Spain) 2; **las patatas fritas** potato chips; french fries

paterno/a paternal 6
patinar to skate 10
los patines de hielo/de ruedas ice/roller skates 10
la patria homeland
el patrimonio heritage
paulatinamente slowly
el pavo turkey 12
la paz peace
el pedido request
pedir (e > i, i) to ask for 5
peinarse to comb one's hair 4
el peine comb 2
la pelea fight
pelearse (con) to fight (with) 17
la película movie 3
el peligro danger; **en peligro** in danger 15
peligroso/a dangerous
el pelo hair 4; **tomarle ~ (a alguien)** to pull someone's leg 16; **cepillarse ~** to brush one's hair 4
la pelota ball 10
la peluquería hair salon
la pena grief, sorrow; **(No) vale ~** + *inf.* It's (not) worth *-ing.* 11; **es una pena** it's a pity 9; **¡Qué pena!** What a pity! 9
el pendiente earring
el pensamiento thought
pensar (e > ie) to think 5; **~ (en)** to think (about) 5; **~** + *inf.* to plan to 5
la pensión boarding house; **media pensión** breakfast and one meal included 7; **pensión completa** all meals included 7
peor worse 12
el pepino cucumber
pequeño/a small 3
la percepción extrasensorial ESP
perder (e > ie) to lose 5; **~ el autobús/el avión/etc.** to miss the bus/plane/etc. 7
perdido/a lost
Perdone. I'm sorry./Excuse me.
perezoso/a lazy 15
perfecto/a perfect
la perforación drilling
el perfume perfume 2
la perfumería perfume shop
el periódico newspaper 2
el/la periodista journalist
la perla pearl 13
permanecer to stay, remain
la permanencia stay
el permiso de conducir driver's license 11
pero but 2
el perro dog 15
el personaje character (in a book)
la personalidad personality
personalmente personally
pertenecer a to belong to
la pesa weight 10
pesado/a heavy
pesar to weigh; **a ~ de que** in spite of
la pesca fishing
el pescado fish
pescar to fish 9
el peso weight
el petrodólar petrodollar (a unit of hard currency held by oil-producing countries)
el petróleo oil
el pez fish 15
picante spicy
el pico beak
el pie foot 4
la piedra rock, stone
la piel skin, hide
la pierna leg 4
la pila battery 16
la píldora pill 11
el pilote stilt
pilotear to fly a plane
la pimienta pepper 9
el pimiento (bell) pepper
pintar to paint 9
el/la pintor/a painter 17
pintoresco/a picturesque
la pintura painting 17
el piropo flirtatious remark
pisar to step on 11
la piscina pool 3
el piso floor 8
la pista clue; **~ de aterrizaje** landing strip
el pito whistle
la pizarra chalkboard
la placa license plate 11
placentero/a pleasant
el placer pleasure
el plan plan; diagram
planear to plan
el plano diagram
la planta plant 2; **~ baja** first or ground floor
plasmado/a formed, created
la plata slang for "money" (literally, "silver") **de plata** made of silver
el plátano plantain; banana
el plato course, plate 9; dish
la playa beach 3
la plaza plaza, square 3
la pluma pen
la población population
poblado/a populated
pobre poor
la pobreza poverty
poco/pocos a little/few 3; **dentro de poco** in a while; **poco a poco** little by little
el poder power; **~ adquisitivo** purchasing power
poder (o > ue) to be able, can 5; **¿Podrías** + *inf.***?** Could you . . . ? 4; **¿Puede decirme cómo . . . ?** Can you tell me how . . . ? 13; **¿Puede hablar más despacio, por favor?** Can you speak more slowly, please? 7; **No puedo más.** I can't take it anymore. 9
poderoso/a powerful
la poesía poem 9; poetry
el/la políglota polyglot, a person who knows several languages
el/la político/a politician
el pollo chicken 12
poner to put, place 3; **~ la mesa** to set the table 9; **~se al día** to bring up to date; **~se de moda** to become fashionable; **~se de pie** to stand up; **~se la ropa** to put on one's clothes 4; **~se rojo/a** to blush
por for; by 5; **~ algo será.** There must be a reason. 17; **~ aquí** around here; **~ avión** airmail; **~ barco/tren/etc.** by boat/train/etc. 6; **~ cierto** by the way; **~ ejemplo** for example; **¡~ el amor de Dios!** For heaven's sake! (literally, "For the love of God!") 8; **~ eso** therefore 2; that's why 15; **~ falta de** for lack of; **~ favor** please 1; **~ fin** at last, finally 5; **~ lo general** in general; **~ lo menos** at least 15; **~ lo tanto** therefore; **~ mi parte** as far as I'm

concerned; **~ otro lado** on the other hand 14; **~ (pura) casualidad** by (pure) chance 15; **~ si acaso** (just) in case 15; **~ suerte** luckily 15; **~ supuesto.** Of course. 2; **~ última vez** for the last time; **~ un lado** on the one hand 14
¿Por qué? Why? 3
el porcentaje percentage
porque because 3
portátil portable
el portero doorman; janitor 8; goalkeeper; **~ automático** intercom; electric door opener 8
la posesión possession 2
el posgrado graduate studies
posible possible 7; **es ~** it's possible 9
posiblemente possibly 9
postal: la (tarjeta) ~ postcard 10
el postre dessert 9
el pozo well
la práctica practice
practicar to practice
el precio price 7
precolombino/a pre-Columbian
predecir to predict
predilecto/a favorite
la preferencia preference
preferir (e > ie > i) to prefer 5
el prefijo prefix; area code (on telephone) 7
la pregunta question
preguntar to ask (a question) 6; **(Vicente), pregúntale a (Ana) . . .** (Vicente), ask (Ana) . . . Pre.
preguntarse to wonder
el premio prize
la prenda item of clothing
preocupado/a worried 3
preocuparse to worry; **No te preocupes.** Don't worry. 3
preparar to prepare
la presa dam
la presentación introduction
presentado/a presented
presidencial presidential
la presión pressure
prestado/a loaned; borrowed
prestar atención (a) to pay attention (to)
prevalecer to prevail
prever to foresee
previo/a previous
la prima bonus
la primavera spring 4
primer/a first 8; **el primer plato** first course 9; **los primeros auxilios** first aid
primero first 5
el/la primo/a cousin 6
el principio beginning
prisa: tener ~ to be in a hurry
probable: es ~ it's probable 9
probablemente probably 9
probar (o > ue) to taste 5
probarse (o > ue) to try on (clothes) 5
la procedencia (point of) origin
procedente de coming from, originating in
producir to produce 3
el/la profesor/a teacher 1
el/la programador/a de computadoras computer programmer 1
prohibir to prohibit 8
el promedio average
prometedor/a promising
prometer to promise
pronto soon
la propaganda advertising
el/la propietario/a landowner
la propina tip, gratuity 13
propio/a own
proponer to propose
el/la protagonista main character
proteger to protect
protegido/a protected
provenir (de) to come (from)
la provincia province
próximo/a next
el proyecto project
la prueba quiz
el/la psicólogo/a psychologist
el público audience
el pudor modesty 18
el pueblo town, village 12
el puente bridge 12
la puerta door 11; **~ (de salida) número . . .** (departure) gate number . . . 7
el puerto port 12
pues well (then)
el puesto job, position 16
la pulgada inch
el pulmón lung
la pulsera bracelet 13
el punto point
el puñado handful
la pupila pupil (of the eye)
el puro cigar

que that, who 8; **¡ ~ vivan los/las . . . !** Long live the . . . ! 18
Qué: ¿ ~ ? What? 2; **¡ ~** + *adj.***!** How + *adj.*! 4; **¡ ~** + *n.* + **más** + *adj.***!** What a + *adj.* + *n.*! 6; **¡ ~ barbaridad!** How awful!; **¡ ~ chévere!** Great! (Caribbean expression) 12; **¿ ~ hay?** What's up? 1; **¿ ~ hora es?** What time is it? 5; **¡ ~ lástima!** What a shame! 9; **¡ ~ lío!** What a mess! 11; **¡ ~ mala suerte!** What bad luck! 9; **¡ ~ más te da!** What do you care? **No hay de ~ .** Don't mention it. You're welcome. 1; **¡ ~ pena!** What a pity! 9; **¿ ~ quiere decir . . . ?** What does . . . mean? Pre.; **¿ ~ tal?** How are you? (informal) Pre.; **¿ ~ tiempo hace?** What's the weather like? 4; **¡ ~ va!** No way! 11
la quebrada stream, brook
quedar: Te queda bien. It looks good on you. / It fits you well. 5
quedarse en + *place* to stay in + *place* 10
la queja complaint
quejarse to complain 11
quemar to burn 13
querer (e > ie) to want; to love 5; **~ a alguien** to love someone 5; **quisiera/quisiéramos** I/we would like 7; **Quisiera hablar con . . . , por favor.** I would like to speak with . . . , please. 7
querido/a dear (term of endearment) 17
el queso cheese 9
quien who; **de ~** about whom 15
¿Quién/es? Who? 1; **¿De parte de quién?** Can I ask who is calling? 7; **¿De ~?** Whose? 2; **¿Quién habla?** Who is speaking/calling? 7; **¿Quién te dio vela en este entierro?** Who asked your opinion?
el quilate carat

químico/a chemical
quinientos five hundred 6
la quinta country house
quinto/a fifth 8
quitar to remove; to take away
quitarse la ropa to take off one's clothes 4
quizás + *subj.* perhaps/maybe 9

el/la radio radio 2
la radiografía x-ray 11
la raíz root
la rana frog
la ranchera Mexican country song
rápido/a fast
la raqueta racquet 10
el rascacielos skyscraper
el rasgo trait, characteristic
el rato period of time
el ratón mouse
el ratoncito tooth fairy
la raya stripe; **de rayas** striped 5
el rayo beam of light; lightning
la raza race, ancestry
la razón reason; **tener razón** to be right
real royal; true
la realidad reality; **en realidad** really, actually
realizar to accomplish
realmente really
reanudar to resume
la rebaja discount, sale
rebelde rebellious, rebel
la recámara bedroom
la recepción front desk 7
el/la recepcionista receptionist 1
la receta recipe; **~ médica** prescription 11
rechazar to reject
recibir to receive 3
el reciclaje recycling 15
reciclar to recycle 15
recién recently, newly
reciente recent
el recipiente container
el reclamo complaint
recoger to pick up, gather
recomendación: la carta de ~ letter of recommendation 16
reconocer to recognize
reconocible recognizable
recordar (o > ue) to remember
recorrer to traverse, tour; to look over
el recorrido route
recreativo/a recreational
recto/a straight
el recuerdo memory; memento
el recurso resource
la red web (www) 10
la redacción composition; editorial office
redondo/a round
referir/se (e > ie > i) to refer to
el reflejo reflection; reflex
el refrán proverb, saying
el/la refugiado/a refugee
regalar to give (a present) 6
el regalo present, gift 6
regatear to haggle over, bargain for
la regla rule
regresar to return 3
regular not so good Pre.
rehusar to refuse
la reina queen
reinvertir (e > ie, i) reinvest
la relación relation
relacionado/a related
relativamente relatively
rellenar to fill out 16
relleno/a filled
el reloj watch 13; clock 2
el remite return address 10
remojar to soak
renacentista Renaissance (*adj.*)
repente: de ~ suddenly 6
repetir (e > i > i) repeat 7; **Repite. / Repitan.** Repeat. Pre.
el/la reportero/a reporter
representar to represent
reprochar to reproach
el requisito requirement
res: la carne de ~ beef 12
la reseña description, review
la reserva reservation
resfriado/a: estar ~ to have a cold 11
resfrío: tener ~ to have a cold 11
la residencia (estudiantil) dormitory 1
respirar to breathe
responder to answer, respond
la responsabilidad responsibility
la respuesta answer Pre.; **(María), repite ~, por favor.** (María), repeat the answer please. Pre.
el restaurante restaurant 3
el resto rest, remainder
el resultado result; **como resultado** as a result
Resultó ser . . . It/He/She turned out to be . . . 16
el resumen summary
resumir to summarize
el retraso delay 7
el retrato portrait 17
el (espejo) retrovisor rearview mirror 11
revelar (fotos) to develop (photos) 16
revertido: la llamada a cobro ~ collect call 7
revés: al ~ backwards
revisar to check 11
la revista magazine 2
revolver (o > ue) to mix 9
revuelto/a scrambled 14; **los huevos revueltos** scrambled eggs 14
el rey king; **los reyes** king and queen; **los Reyes Magos** the Three Wise Men
rezongar to grumble, gripe
rico/a rich
el río river 12
la riqueza wealth, riches, richness
rítmico/a rhythmic
el ritmo rhythm
robar to steal
rocoso/a rocky
la rodaja slice
la rodilla knee 4
rojo/a red 5; **ponerse ~** to blush
el rollo (roll of) film 16
el rompecabezas: hacer rompecabezas to do jigsaw puzzles 9
romper/se to break 12; **romperse (una pierna)** to break (a leg) 11
el ron rum
la ropa clothes; **~ interior** men's/women's underwear 5; **ponerse ~** to put on one's clothes 4; **quitarse ~** to take off one's clothes 4
el ropero closet 8
rosa pink 5

rosado/a pink 5
el rubí ruby
rubio/a blond/e 3
la rueda wheel; **los patines de ruedas** roller skates 10
el ruido noise
la ruina ruin

sábado Saturday 2; **el sábado** on Saturday 2; **los sábados** on Saturdays 2
saber to know (facts/how to do something) 3; **¿Sabe(s) dónde está . . . ?** Do you know where . . . is? 13; **¿No sabías?** You didn't know? 9; **No sé (la respuesta).** I don't know (the answer). Pre.
la sabiduría learning, knowledge
sabroso/a tasty, delicious
sacar to get a grade; to take out 6; **~ de un apuro (a alguien)** to get (someone) out of a jam 13; **~ dinero del banco** to withdraw money from the bank 14; **~ la basura** to take out the garbage; **~ fotos** to take pictures 16; **Saca/Saquen papel/bolígrafo/lápiz.** Take out paper/a pen/a pencil. Pre.
el sacerdote priest
el saco sports coat 5
sagrado/a sacred
la sal salt 9
la sala living room 8; **~ de emergencia** emergency room
la salchicha sausage 14
la salida departure 7; **la hora de salida** time of departure 7
salir to leave, go out 2; **~ con (alguien)** to date, go (out) with (someone) 17; **~ de** to leave (a place) 6; **Te va a ~ caro.** It's going to cost you. 10
el salón hall, room for a large gathering; formal living room
la salsa style of Caribbean music; sauce
saltar to jump
el salto waterfall; jump, dive
la salud health; **tener buena salud** to be in good health 11
el saludo greeting Pre.
salvaje wild 15
salvar to save
sangrar to bleed 11
la sangre blood 11
la sangría sangria (a wine punch) 2
el/la santo/a saint
el sarampión measles
el/la sartén frying pan 9
satisfecho/a satisfied
el saxofón saxophone 12
el secador hair dryer
la secadora clothes dryer
secar to dry
la sección section; **~ de (no) fumar** (no) smoking section 7
seco/a dry
el/la secretario/a secretary 1
el secreto secret 6
secundario/a secondary
sed: tener ~ to be thirsty 5
la seda silk 5
seguida: en ~ at once, right away 17
seguir (e > i, i) to follow 7; **~ derecho** to keep going straight 13
según according to
segundo/a second 8; **de segunda mano** secondhand, used 8; **el segundo apellido** second last name (mother's maiden name) 1; **el segundo plato** second course 9
el segundo second (time) 5
la seguridad security
seguro/a safe; **estar ~ (de)** to be sure (of) 9
el seguro médico medical insurance 16
seiscientos six hundred 6
seleccionar to select
el sello stamp 10
la selva jungle 12
la semana week 2; **~ pasada** last week 6; **~ que viene** next week 2; **~ Santa** Holy Week
la semejanza similarity
la semilla seed
sencillamente simply
sencillo/a simple, easy; **la habitación sencilla** single room 7
la sensación feeling 5
sensato/a sensible 15
la sensibilidad sensitivity
sensible sensitive 15
sentarse (e > ie) to sit down 5; **Siéntate./Siéntense.** Sit down. Pre.
el sentido sense, feeling
el sentimiento feeling
sentir to feel sorry 9; **Lo siento.** I'm sorry. 7
sentirse (e > i, i) to feel 7
señalar to indicate, point out
señor/Sr. Mr. 1; **el señor** the man 1
señora/Sra. Mrs./Ms. 1; **la señora** the woman 1
señorita/Srta. Miss/Ms. 1; **la señorita** the young woman 1
separar/se (de) to separate (from) 17
séptimo/a seventh 8
ser to be 3; **~ + de** to be from 1; **~ celoso/a** to be jealous 17; **~ listo/a** to be clever 3; **Resultó ~ . . .** It/He/She turned out to be . . . 16; **Somos tres.** There are three of us. 9; **Son las . . .** It's . . . (time) 5
el ser humano human being
la serpiente snake 15
serrano: el jamón ~ a country style of ham
la servilleta napkin 9
servir (e > i, i) to serve 5; **¿En qué puedo servirle?** How can I help you?
setecientos seven hundred 6
el sexo sex
sexto/a sixth 8
si if 3
sí yes 1
siempre always 3
el siglo century
el significado meaning
significar to mean
siguiente following
silenciosamente silently
la silla chair 2; **~ de ruedas** wheelchair
el sillón easy chair, armchair 8
la similitud similarity
la simpatía sympathy
simpático/a nice 3
sin without; **~ embargo** however, nevertheless 12; **~ que** without
sino but rather; **~ que** but rather; on the contrary; but instead
el síntoma symptom 11

siquiera: ni ~ not even
el sitio place; site 10
sobre about
el sobre envelope 10
sobrepasar to surpass
sobresaliente outstanding
sobrevivir to survive
el/la sobrino/a nephew/niece 6
el socialismo socialism
la sociología sociology 2
el sofá sofa, couch 2
el sol sun; **las gafas de sol** sunglasses 5; **Hace sol.** It's sunny. 4
solamente only 9
el/la soldado soldier
la soledad loneliness 17
solicitar to apply for 16
la solicitud application 16
solitario/a lonely, solitary
solo/a alone 3
sólo only
soltar (o > ue) to let go, set free
soltero/a: es ~ is single 6
la sombra shadow
el sombrero hat 5
sonar (o > ue) ring, make a loud noise, sound
soñar (o > ue) (con) to dream (of/about)
la sopa soup 12
el soplón/la soplona tattletale
soportar to tolerate
sordo/a deaf
sorprenderse de to be surprised about 9
la sorpresa surprise
la sortija ring
soso/a dull
el/la sospechoso/a suspect
el sostén bra
el squash squash (sport) 10
su/s his/her/your (formal)/their 1
subir to go up, climb 4; to raise
súbito: de ~ suddenly
subrayar to underline, emphasize
el subtítulo subtitle
sucio/a dirty
el/la suegro/a father-in-law/mother-in-law 6
el sueldo salary 16
el suelo ground; floor
suelto/a separate, unmatched
el sueño dream; **tener sueño** to be tired 5
la suerte luck; **por suerte** by chance 15; **¡Qué mala suerte!** What bad luck! 9; **tener suerte** to be lucky 9
el suéter sweater 5
sufrir to suffer
la sugerencia suggestion
sugerido/a suggested
sugerir (e > ie, i) to suggest
la suma sum; amount
el supermercado supermarket 3
la supervivencia survival
suponer to suppose
supuesto: Por ~. Of course. 2
el sur south 12
surgir to emerge, arise
el suspenso suspense
suspirar to sigh
el sustantivo noun
la sutileza subtlety
suyo/a his/her/your (formal)/their 14; **el/la suyo/a** his/hers/your (formal)/theirs 14

el tablón de anuncios bulletin board
tacaño/a stingy, cheap
tachar to cross out
el tacón heel
tal vez + *subj.* perhaps/maybe 9
la talla size 5
el tamaño size
también too, also 1
el tambor drums
tampoco neither, nor
tan so 13; **~ . . . como** as . . . as 13
el tanque de gasolina gas tank 11
tanto: mientras ~ meanwhile 9; **por lo ~** therefore; **tanto/a . . . como** as much . . . as 13
tantos/as . . . como as many . . . as 13
tapar to cover
el tapiz tapestry
tardar to be late, to take a long time
tarde afternoon 2; late; **Buenas tardes.** Good afternoon. Pre.; **por la ~** in the afternoon 5
la tarea homework 2
la tarjeta card 10; **~ de crédito** credit card 14; **~ postal** postcard 10
el taxi taxi 6
el/la taxista taxi driver 13
la taza cup 9
el té tea 2
el teatro theater 3
el techo roof
el teclado keyboard
el/la tejedor/a weaver
tejer to knit; to weave 9
el tejido weave; fabric
la tela cloth, fabric, material
el telar loom
el/la teleadicto/a television addict
el teléfono telephone 1; **~ celular** cell phone 2
la telenovela soap opera
el televisor television set 2
el tema theme; **cada loco con su tema** to each his own (literally, "each crazy person with his own theme") 18
el temor fear
la temperatura temperature 4
el templo temple
la temporada season
temprano early 4
tenazmente tenaciously
tender (e > ie) to hang
el tenedor fork 9
tener to have 2; **~ . . . años** to be . . . years old 1; **~ buena salud** to be in good health 11; **~ calor** to be hot 5; **~ catarro** to have a cold 11; **~ celos (de)** to be jealous (of) 17; **~ diarrea** to have diarrhea 11; **~ en cuenta** to take into account, bear in mind; **~ escalofríos** to have the chills 11; **~ éxito** to succeed; **~ fiebre** to have a fever 11; **~ frío** to be cold 5; **~ ganas de** + *inf.* to feel like *-ing* 6; **~ gripe** to have the flu 11; **~ hambre** to be hungry 5; **~ lugar** to take place 5; **~ miedo** to be scared 5; **~ náuseas** to be nauseous 11; **~ palanca** to know people in the right places; **~ prisa** to be in a hurry; **~ que** + *inf.* to have to . . . 2; **~ que ver (con)** to have to do (with); **~ razón** to be right; **~ resfrío** to have a cold 11; **~ sed** to be thirsty 5; **~ sueño** to be tired 5; **~ suerte** to be lucky 9; **~ tos** to have a cough 11; **~ vergüenza** to be ashamed 5; **No tengo idea.** I

don't have any idea. 3; **~le fobia a . . .** to have a fear of; to hate . . . 14; **No, tiene el número equivocado.** No, you have the wrong number. 7
el tenis tennis 10
la tentación temptation
tercero/a third 8
terminar to finish 6
la ternera veal 12
el terremoto earthquake
terrestre terrestrial
el tesoro treasure
el texto text
el tiburón shark
el tiempo weather 4; time; tense; **a tiempo** on time 7; in time; **hace buen/mal tiempo** it's nice/bad out 4; **medio tiempo** part-time 16; **¿Qué tiempo hace?** What's the weather like? 4; **tiempo completo** full-time 16
la tienda store 3
tiernamente tenderly
tierno/a tender
la tierra earth
tinto: el vino ~ red wine
el tío uncle 3; **la tía** aunt 6
típico/a typical
el tipo type
tirar to pull; to throw out; **~ la casa por la ventana** to go all out 6
el título title; (university) degree 16
la toalla towel 2
tocar to play (an instrument); to touch 3
el tocino bacon 14
todavía still, yet 8; **~ no** not yet 8
todo/a everything; every, all 6; **todo el mundo** everybody, everyone 13; **todos** all 1; everyone 6; **todos los días** every day 3; **todos los meses** every month 12
la toma rough cut (when filming)
tomar to drink; to take (a bus, etc.) 6; **tomarle el pelo (a alguien)** to pull someone's leg 16
el tomate tomato 9
la tonelada ton
el tono tone
la tontería foolishness
tonto/a stupid 3
el torneo tournament 5
el toro bull 15
torpe clumsy, awkward
la torre tower
la torta cake 12
la tortilla (de patatas) (potato) omelette (in Spain) 2
la tortuga tortoise
tos: tener ~ to have a cough 11
toser to cough 11
la tostada toast 14
la tostadora toaster 8
totalmente totally
el tour tour 13
trabajar to work 2; **~ medio tiempo** to work part-time 16; **~ tiempo completo** to work full-time 16
el trabajo work
traducir to translate 3
traductor/a translator
traer to bring 3
tragar to swallow
el traje suit 5; **~ de baño** bathing suit 5
tranquilamente quietly 9
tranquilo/a quiet, tranquil
transporte: el medio de ~ means of transportation
trasero/a back, rear
el traslado transfer 13
el trastorno disturbance, problem
el tratado treaty
el tratamiento treatment
tratar de to try to
tratarse de to be about
a través de across, through
travieso/a mischievous
el tren train 6
trescientos three hundred 6
la tribu tribe
el trigo wheat
el trineo sled
triste sad 3
triturar to grind
triunfar to triumph
el trombón trombone 12
la trompeta trumpet 12
tronar (o > ue) to thunder
el trozo piece
el truco trick
tu/s your (informal) 1
tú you Pre.
la tumba tomb
el turismo tourism
tuyo/a yours (informal) 14; **el/la ~** yours (informal) 14

Ud. (usted) you (formal) Pre.
Uds. (ustedes) you (formal/informal) 1
últimamente lately, recently
último/a last, most recent; **la última vez** the last time 7
un, una a, an 2
el uniforme uniform 10
unir to unite, join together
la universidad university 3
uno one 1; **el ~ al otro** each other
unos/as some 2
urbano/a urban
usar to use 3
útil useful
utilizar use, utilize

la vaca cow 15
las vacaciones vacation 4
la vaina green bean
Vale. O.K. 2; **(No) ~ la pena.** It's (not) worth it.; **(No) ~ la pena** + *inf.* It's (not) worth + *-ing.* 11
valiente brave 15
el valle valley 12
el valor value
valorar to value, price
variar to vary
la variedad variety
varios/as several
vasco/a Basque
el vaso glass 9
¡Vaya! Wow! 8
veces: a ~ at times 12; **algunas ~** sometimes 12; **muchas ~** many times 12
el/la vecino/a neighbor
la vela candle; **¿Quién te dio vela en este entierro?** Who asked your opinion?
veloz swift, fast
vencer to conquer, overcome
el vendaje bandage 11
el/la vendedor/a seller; sales person
vender to sell 3
venir to come 5
la ventaja advantage
la ventana window; **echar la casa por ~** to go all out (literally, "to

throw the house out the window") 6
la ventanilla car window
ver to see 3; **A ~.** Let's see.; **No veo la hora de** + *inf.* I can't wait + *inf.* 17
el verano summer 4
veras: ¿De ~? Really? 2
la verdad the truth
¿verdad? right? 1; **es verdad** it's true 9
verdadero real, true 12
verde green 5
la verdura vegetable 12
la vergüenza shame; **tener vergüenza** to be ashamed 5
vertir (e > ie, i) to shed (a tear)
el vestido dress 5
vestirse (e > i, i) to get dressed 5
la vez: a ~ at the same time; **de vez en cuando** once in a while, from time to time 12; **en vez de** instead of; **la última vez** the last time; **por última vez** for the last time; **una vez** one time
la vía way, road
viajar to travel 6
el viaje trip 13; **el/la agente de viajes** travel agent 1
el/la viajero/a traveler; **el cheque de viajero** traveler's check 13
la vida life; **jugarse ~** to risk one's life 11
el video VCR; videocassette 2; **la cámara de video** video camera 16
viejo/a old 3
viento: Hace ~. It's windy. 4
viernes Friday 2; **el ~** on Friday 2; **los ~** on Fridays 2
el vinagre vinegar 9
vincular to link, tie
el vino wine 2; **~ tinto** red wine
el violín violin 12
el violonchelo cello 12
la viruela smallpox
la visita visit
el/la visitante visitor
visitar to visit 2
la vista view
la vivienda dwelling
vivir to live 3
vivo/a bright; alive
el volante steering wheel 11
el volcán volcano 12
el voleibol volleyball 10
volver (o > ue) to return, come back 5; **~ a** + *inf.* to do (something) again 13
volverse (o > ue) to become
vomitar to vomit 11
vosotros/as you (*pl.*, informal) 1
la votación vote
el/la votante voter
la voz voice
el vuelo flight 7
la vuelta return trip 7; **darle ~** to turn over, flip 9; **dar una vuelta** to take a ride; to go for a stroll/walk 15
vuestro/a your (*pl.* informal) 3; **el/la ~** yours (*pl.* informal) 14

y and 1
ya already; now 8; **~ no** no longer, not anymore 8; **~ que** since 13; **¡~ voy!** I'm coming! 14
la yerba herb; grass
yo I 1
el yogur yogurt 14

el zafiro sapphire
la zanahoria carrot 12
los zapatos shoes 5; **~ de tenis** tennis shoes, sneakers 5
la zona zone
el zumo juice 14

ENGLISH-SPANISH VOCABULARY

This vocabulary contains a selected listing of common words presented in the lesson vocabularies. Many word sets are not included, such as foods, sports, animals, and months of the year. Page references to word sets appear in the index.

Refer to page R16 for a list of abbreviations used in the following vocabulary.

@ arroba
able: be ~ poder (o > ue)
about sobre; **~ whom** de quien
above arriba
accent (*n.*) el acento; (*v.*) acentuar
accept aceptar
accident el accidente
accomplish realizar
according to según
account: take into ~ tener en cuenta
across a través de
action la acción
active activo/a
activity la actividad
actor el actor
actress la actriz
actually en realidad
add añadir
advantage la ventaja
adventure la aventura
advertise anunciar
advertisement el anuncio
advertising la propaganda
advise aconsejar; avisar
affair (love) la aventura amorosa
affect afectar
after después; **~ all** al fin y al cabo
afternoon la tarde; **Good ~.** Buenas tardes.
again otra vez
against: be ~ estar en contra
age la edad
agree (with) estar de acuerdo (con)
Agreed? ¿De acuerdo?
airmail por avión
alcoholic alcohólico/a
all todos
allow dejar
almost casi
alone solo/a
already ya
also también
alternate (*v.*) alternar
although aunque
always siempre
among entre
amusing divertido/a
ancient antiguo/a
Andean andino/a
angry: become ~ enojarse
anniversary el aniversario
announce anunciar
announcement el anuncio
answer (*n.*) la respuesta; (*v.*) responder, contestar
answering machine el contestador automático
antique antiguo/a
apathetic indiferente
appear aparecer
apply for solicitar
approximately aproximadamente
archaeologist el/la arqueólogo/a
architect el/la arquitecto/a
argue discutir
argument el argumento, la discusión
army el ejército
around alrededor; **~ here** por aquí
art el arte
as como; **~ . . . ~** tan . . . como; **~ a consequence** como consecuencia; **~ a result** como resultado; **~ if** como si; **~ many . . . ~** tantos/as . . . como; **~ much . . . ~** tanto/a . . . como
ask preguntar; **~ for** pedir (e > i, i); **Can I ~ who is calling?** ¿De parte de quién?
assimilate asimilarse
association la asociación
astute astuto/a
at en; **~ last** por fin; **~ least** por lo menos; **~ . . . o'clock** a la(s) . . . ; **~ once** en seguida; **~ the end of** al final de; **~ the same time** a la vez; **~ times** a veces; **~ what time . . . ?** ¿A qué hora . . . ?
athlete el/la atleta
ATM el cajero automático
attend asistir a
audience el público
avenue la avenida
average (*n.*) el promedio; (*adj.*) mediano/a
awful mal, fatal

backwards al revés
bad: It's ~ out. Hace mal tiempo.
bald calvo/a
banana el plátano
bargain la ganga; **~ for** regatear
bark (*v.*) ladrar
baseball el béisbol
bathe bañarse
battle la batalla
bay la bahía
be estar, ser; **~ able** poder (o > ue); **~ against** estar en contra (de); **~ ashamed** tener vergüenza; **~ called** llamarse; **~ careful** tener cuidado; **~ clever** ser listo/a; **~ cold** tener frío; **~ crazy** estar loco/a; **~ dizzy** estar mareado/a; **~ engaged** estar comprometido/a; **~ from** ser + de; **~ happy about** alegrarse de; **~ hot** tener calor;

~ hungry tener hambre; **~ in a hurry** tener prisa; **~ in/at** estar en; **~ in good health** tener buena salud; **~ jealous (of)** estar celoso/a (de), tener celos (de); **~ late** atrasarse; **~ lucky** tener suerte; **~ nauseous** tener náuseas; **~ on a diet** estar a dieta; **~ pregnant** estar embarazada; **~ ready** estar listo/a; **~ right** tener razón; **~ scared** tener miedo; **~ silent** callarse; **~ successful** tener éxito; **~ sure (of)** estar seguro/a (de); **~ surprised about** sorprenderse de; **~ thirsty** tener sed; **~ tired** tener sueño; **~ . . . years old** tener . . . años
bear in mind tener en cuenta
beautiful bello/a; **very ~** bellísimo/a
beauty la belleza
because porque
become volverse (o > ue); **~ angry** enojarse; **~ sick** enfermarse
bedroom la alcoba
before antes; **~ + *-ing*** antes de (+ *inf.*); **~ anything else** antes que nada
begin comenzar (e > ie), empezar (e > ie)
beginning el comienzo, el principio
behind atrás, detrás de
believe creer
below abajo, debajo de
beside al lado de
besides además
better mejor; **it's ~** es mejor
between entre
bilingual bilingüe
bill la cuenta
birth el nacimiento
birthday el cumpleaños; **Happy ~ .** Feliz cumpleaños.; **have a ~** cumplir años
blue azul
blush ponerse rojo/a
bored (estar) aburrido/a
boring (ser) aburrido/a
boss el/la jefe/a
bottle la botella
bra el sostén
brain el cerebro
brand la marca
break romper/se
bring traer; **~ up to date** poner(se) al día
buckle the seat belt abrocharse el cinturón
build construir
burn quemar
business el negocio
businessman/woman el hombre/la mujer de negocios
but pero; **~ instead** sino que; **~ rather** sino
buy comprar
by por; **~ boat/train/etc.** en barco/tren/etc., por barco/tren/etc.
by the way por cierto

calculus el cálculo
calendar el calendario
call llamar; **be called** llamarse
can: ~ I ask who is calling? ¿De parte de quién?; **~ you speak more slowly, please?** ¿Puede hablar más despacio, por favor?; **~ you tell me how . . . ?** ¿Puede decirme cómo . . . ?
capable capaz
capital (*city*) la capital; **What is the ~ of . . . ?** ¿Cuál es la capital de . . . ?
care el cuidado; **take ~ of** cuidar
career la carrera
careful: be ~ tener cuidado
carefully con cuidado
carrot la zanahoria
case: in ~ por si acaso; **in ~ that** en caso (de) que
castle el castillo
celebrate celebrar
celebration la celebración
cell phone el teléfono celular
cent el centavo
century el siglo
cereal el cereal
chalkboard la pizarra
champagne el champán
championship el campeonato
change cambiar; **changing the subject** cambiando de tema
chapter el capítulo
character el personaje
chat charlar
check la cuenta
chew mascar
chilly: It's ~. Hace fresco.
chimney la chimenea
choose elegir (e > i, i)
Christmas la Navidad
cigarette el cigarrillo
class la clase; la materia
clever: be ~ ser listo/a
click hacer clic
client el/la cliente
climate el clima
climb subir
close cerrar (e > ie)
closed cerrado/a
cloth la tela
clothes: ~ dryer la secadora; **put on one's ~** ponerse la ropa; **take off one's ~** quitarse la ropa
cloudy: It's ~. Está nublado.
clue la pista
clumsy torpe
cold: be ~ tener frío; **have a ~** tener catarro, estar resfriado/a; **It's ~ .** Hace frío.
collection la colección
cologne el agua de colonia
comb one's hair peinarse
combat combatir
come venir; **~ back** volver (o > ue)
comedy la comedia
comfortable cómodo/a
command el mandato
comment (*n.*) el comentario; (*v.*) comentar
common común; **in ~** en común
community la comunidad
compare comparar
complain quejarse
computer programmer el/la programador/a de computadoras
concert el concierto
conceited creído/a
confidence la confianza
congratulate felicitar
conquer conquistar
conserve conservar
consist of consistir en
constant constante
consult consultar
consumer el consumidor
continue continuar
contraceptive el anticonceptivo
contrast: in ~ to a diferencia de
converse conversar
convert convertir (e > ie, i)

correct corregir (e > ie, i)
cough (*v.*) toser; **have a ~** tener tos
Could you . . . ? ¿Podrías + *inf.*?
counselor el/la consejero/a
count contar (o > ue)
country el país
course el curso
court (for tennis, basketball) la cancha
craftsmanship la artesanía
crash chocar
crazy: be ~ estar loco/a
create crear
croissant el croissant, la medialuna
cross (*n.*) la cruz; (*v.*) cruzar
culture la cultura
current (*adj.*) actual
curse el mal de ojo; **put a ~ on** echar el mal de ojo
custom la costumbre

dance (*n.*) el baile; (*v.*) bailar
danger el peligro; **in ~** en peligro
dangerous peligroso/a
day el día; **~ before yesterday** anteayer; **every ~** todos los días
dead muerto/a
dear (term of endearment) cariño/a, querido/a
death la muerte
decide decidir
degree (temperature) grado; **It's . . . degrees (below zero).** Está a . . . grados (bajo cero).; **(university)** el título
delicious sabroso/a, delicioso/a
delightful encantador/a
demanding exigente
democratic democrático/a
department (of a university) la facultad; **~ store** el almacén
describe describir
desert el desierto
desperate desesperado/a
destroy destruir
detain detener
develop desarrollar
developed desarrollado/a
diarrhea: have ~ tener diarrea
die morir/se (o > ue > u)
diet: be on a ~ estar a dieta
difference la diferencia
different diferente
difficult difícil
dinner la cena; **have ~** cenar
disadvantage la desventaja
disaster el desastre
discover descubrir
distance: long ~ larga distancia
divine divino/a
divorced divorciado/a; **get ~ (from)** divorciarse (de); **is ~ (from)** está divorciado/a (de)
dizzy: be ~ estar mareado/a
do hacer; **~ crossword puzzles** hacer crucigramas; **~ jigsaw puzzles** hacer rompecabezas
doll la muñeca
dollar el dólar
domestic doméstico/a
Don't mention it. No hay de qué.
doubt: there's no ~ no hay duda (de)
draw dibujar
dream (*n.*) el sueño; (*v.*) soñar
drink (*n.*) la bebida; (*v.*) beber
drive conducir, manejar
driver's license el permiso/la licencia de conducir
drop dejar caer
dry (*adj.*) seco/a; (*v.*) secar
dryer: hair ~ el secador; **clothes ~** la secadora
dumbfounded: leave (someone) ~ dejar boquiabierto (a alguien)
during durante

each cada; **~ other** el uno al otro; **to ~ his own** cada loco con su tema
earn ganar
earring el arete, el pendiente
earth la tierra
earthquake el terremoto
Easter la Pascua Florida
easy fácil, sencillo/a
eat comer
either . . . or o . . . o
elegant fino/a
elevator el ascensor
e-mail el correo/mensaje electrónico
emergency la emergencia
end el fin
ending el final
engaged: be ~ estar comprometido/a
engagement (for marriage) el compromiso
enjoy disfrutar
enough bastante
enter entrar (en)
entertaining divertido/a
essay el ensayo
establish establecer
ethnic étnico/a
even (*adj.*) par; (*adv.*) aun
evening la noche; **Good ~.** Buenas noches.
every cada, todo/a; **~ day** todos los días; **~ month** todos los meses
everybody todo el mundo
everything todo
evident: it's ~ es evidente
example el ejemplo; **for ~** por ejemplo
exchange (money) cambiar (dinero)
exercise (*n.*) el ejercicio
exist existir

fabric la tela
fabulous fabuloso/a
fair justo/a
faithful fiel
fall caer; **~ asleep** dormirse (o > ue, u)
fan (sports) el/la aficionado/a
farmer granjero
fashion la moda
fast rápido/a
fax el fax
fear el temor; **have a ~ of . . .** tenerle fobia a . . .
feel sentir/se (e > i, i); **~ like + *-ing*** tener ganas de + *inf.*
feeling el sentido
fever: have a ~ tener fiebre
fight (*n.*) la lucha, la pelea; (*v.*) pelearse
fill (a position) ocupar; **~ out** completar, rellenar
find encontrar (o > ue); **~ strange** extrañarse
fine (as for speeding) la multa
finish completar, terminar
first name el nombre (de pila)
fish (*n.*) el pez; (*v.*) pescar

fit: It fits you well. Te queda bien.
fix arreglar
flight attendant el/la aeromozo/a, la azafata
floor el piso, el suelo; **first ~** el bajo
flower la flor; **~ garden** el jardín
flu: have the ~ tener gripe
fly la mosca
follow seguir (e > i, i)
following siguiente
foolishness la tontería
football el fútbol americano
for para, por; **~ example** por ejemplo; **~ heaven's sake!** ¡Por amor de Dios!; **~ lack of** por falta de; **~ the last time** por última vez; **~ what (purpose)?** ¿Para qué?; **~ whom?** ¿Para quién?
foreign extranjero/a
former anterior
fountain la fuente
frame el marco
free gratis; libre
frequently con frecuencia, frecuentemente, a menudo
friend el/la amigo/a
from de
front: in ~ of delante de
frustrated frustrado/a
fun: have ~ divertirse (e > ie, i)
function funcionar
funny gracioso/a
furnish amueblar
furnished amueblado/a
furniture los muebles

gas station la gasolinera
gears los cambios
general: in ~ en general, por lo general
gentleman el caballero
geography la geografía
geology la geología
get conseguir (e > i, i); **(a grade)** sacar; **~ angry** enfadarse; **~ dressed** vestirse (e > i, i); **~ off** bajar(se) de; **~ (someone) out of a jam** sacar de un apuro (a alguien)
gift el regalo
give dar; **~ a present** regalar
go ir; **~ all out** echar la casa por la ventana; **~ down** bajar; **~ out** salir; **~ (out) with (someone)** salir con (alguien); **~ to bed** acostarse (o > ue); **~ up** subir
goal **(sports)** el gol
good bueno/a; **~ morning/afternoon/evening/night.** Buenos días/Buenas tardes/noches.
gossip comentar
government el gobierno
grade la nota
graduate graduarse
granddaughter la nieta
grandson el nieto
Great! ¡Qué chévere! **(Caribbean expression)**
grief la pena
ground el suelo
group el grupo

habit la costumbre
hair dryer el secador
hair salon la peluquería
half la mitad
hand la mano; **on the one ~** por un lado; **on the other ~** por otro lado
handicraft la artesanía
happen ocurrir
happiness la felicidad, la alegría
happy: be ~ about alegrarse de; **~ birthday.** Feliz cumpleaños.
hate odiar
have (*aux. v.*) haber; tener; **~ a cold** estar resfriado/a, tener catarro; **~ a cough** tener tos; **~ a fear of . . .** tenerle fobia a . . .; **~ a fever** tener fiebre; **~ a good/bad time** pasarlo bien/mal; **~ diarrhea** tener diarrea; **~ food or drink** tomar; **~ fun** divertirse (e > ie, i); **~ just** + *past part.* acabar de + *inf.*; **~ lunch** almorzar (o > ue); **~ supper/dinner** cenar; **~ the chills** tener escalofríos; **~ the flu** tener gripe
health la salud; **be in good ~** tener buena salud
hear oír
heart attack el infarto
heat calor; calefacción (de la casa)
heavy pesado/a
help (*n.*) la ayuda; (*v.*) ayudar
here aquí
Hey! ¡Oye!
hidden escondido/a
hire contratar
Hispanic hispano/a
home el hogar; la casa
hot: be ~ tener calor; **It's ~ .** Hace calor.
How? ¿Cómo?; **~ are you (informal/formal)?** ¿Cómo estás/está?; **~ awful!** ¡Qué barbaridad!; **~ many?** ¿Cuántos?; **~ much?** ¿Cuánto?; **~ much is/are . . . ?** ¿Cuánto cuesta/n . . . ?; **~ old is he/she?** ¿Cuántos años tiene él/ella?
however sin embargo
hug (*n.*) el abrazo; (*v.*) abrazar
hungry: be ~ tener hambre
hunt cazar
hurricane el huracán
hurry: be in a ~ tener prisa
hurt doler (o > ue); herir (e > ie, i)

I love it/them! ¡Me fascina/n!
I would like me gustaría; **~ to speak with . . . , please.** Quisiera hablar con . . . , por favor.
ID card la cédula de identidad
identify identificar
if si
illiteracy el analfabetismo
I'm coming! ¡Ya voy!
I'm sorry. Perdone.
image la imagen
imagine imaginarse
in en; **~ a while** dentro de poco; **~ case** por si acaso; **~ case that** en caso (de) que; **~ contrast to** a diferencia de; **~ danger** en peligro; **~ front of** delante de; **~ general** por lo general, en general; **~ order that** para que; **~ spite of** a pesar de que
inch la pulgada
income los ingresos
increase añadir, aumentar
indicate indicar, señalar
indifferent indiferente
indigenous indígena
influence (*n.*) la influencia; (*v.*) influir
inhabitant el/la habitante
instability la inestabilidad
instead of en vez de
interest interesar

interrupt interrumpir
interview (*n.*) la entrevista; (*v.*) entrevistar
invent inventar
invest invertir (e > ie, i)
Is . . . there, please? ¿Está . . . , por favor?
It looks good on you. Te queda bien.
it's es; **~ a pity** es una pena/lástima; **~ a shame** es una lástima; **~ bad out** hace mal tiempo; **~ better** es mejor; **~ chilly** hace fresco; **~ cloudy** está nublado; **~ evident** es evidente; **~ going to cost you** te va a salir caro; **~ hot** hace calor; **~ nice out** hace buen tiempo; **~ (not) worth it** (no) vale la pena; **~ obvious** es obvio; **~ probable** es probable; **~ raining** llueve; **~ snowing** nieva; **~ sunny** hace sol; **~ true** es verdad; **~ windy** hace viento
It/This is . . . Habla . . .

jealous: be ~ (of) tener celos (de); estar celoso/a (de); ser celoso/a
joke el chiste
jot down anotar
journalist el/la periodista
jump saltar
just a moment un momento

keep going straight seguir (e > i, i) derecho
key la llave
kill matar
king el rey; **~ and queen** los reyes
kiss (*n.*) el beso; (*v.*) besar
knit hacer punto
know (facts/how to do something) saber; **(someone or something)** conocer; **You didn't ~ ?** ¿No sabías?; **Do you ~ where . . . is?** ¿Sabes dónde está . . . ?; **I don't ~ (the answer).** No sé (la respuesta); **~ people in the right places** tener palanca
known: make ~ dar a conocer

lack faltar; **for ~ of** por falta de
landing strip la pista de aterrizaje
language el idioma
last último/a; **for the ~ time** por última vez; **~ night** anoche
last name el apellido; **first last name (father's name)** el primer apellido; **second last name (mother's maiden name)** el segundo apellido
late (*adv.*) tarde; **be ~** atrasarse
lately últimamente
later luego, más tarde; **See you ~.** Hasta luego.
lawn el jardín
learn aprender
leave salir; **~ behind** dejar; **~ (someone) dumbfounded** dejar boquiabierto (a alguien)
lecture la conferencia
less menos; **~ than** menos de/que
lesson la clase, la lección
let's see a ver
lie (*n.*) la mentira; (*v.*) mentir (e > ie > i)
life la vida; **risk one's ~** jugarse (u > ue) la vida
light (*n.*) la luz; (*v.*) encender
like (*adv.*) como; (*v.*) gustar; **I don't ~ him/her.** Me cae mal.; **I ~ him/her a lot.** Me cae (la mar de) bien.; **I don't ~ it/them at all.** No me gusta/n nada.; **~ a lot** encantar, fascinar; **~ this/that** así
listen escuchar; **Listen!** ¡Oye!
little: a ~/few poco/pocos; **~ by ~** poco a poco
live vivir
long distance larga distancia
look for buscar; **look (at)** mirar
lose perder (e > ie)
lost perdido/a
lousy mal
love (*n.*) el amor; (*v.*) amar, querer; **I ~ it/them!** ¡Me fascina/n!
loyal fiel
luck la suerte; **What bad ~!** ¡Qué mala suerte!
lunch el almuerzo; **have ~** almorzar (o > ue)

maintain mantener
majority la mayoría
make hacer; **~ a stop over** hacer escala; **~ known** dar a conocer
male el macho
manner la manera
many: muchos/muchas; **as ~ . . . as** tantos/as . . . como; **~ times** muchas veces
map el mapa
married casado/a; **is ~ (to)** está casado/a (con)
mask la máscara
mean significar; **What do you ~ . . . ?** ¿Cómo que . . . ?
meaning el significado
meanwhile mientras tanto
measure medir (e > i, i)
member el miembro
memorize memorizar
memory el recuerdo; la memoria
mention mencionar
mess: What a ~! ¡Qué lío!
message el mensaje
middle mediados; **~ Ages** la Edad Media
mile la milla
mind la mente
minimum el mínimo
minority la minoría
miss (someone or something) echar de menos, extrañar
mix revolver (o > ue)
mixture la mezcla
model el/la modelo
modern moderno/a
monster el monstruo
month el mes
monthly mensual
morning la mañana; **Good ~.** Buenos días.
most recent último/a
motivate motivar
move (relocate) mudarse
murder el asesinato
must: One/You ~ + *v.* Hay que + *inf.*
mysterious misterioso/a
mystery el misterio

name: first ~ el nombre (de pila); **last ~** el apellido; **My ~ is . . .** Me llamo . . .
nation la nación
native indígena
nauseous: be ~ tener náuseas
necessary necesario/a
neck el cuello
neighbor el/la vecino/a
neighborhood el barrio

neither tampoco; **~ . . . nor** ni . . . ni
nervous nervioso/a
never nunca
nevertheless sin embargo
news la(s) noticia(s)
news item la noticia
next próximo/a
nice: It's ~ out. Hace buen tiempo.
night noche; **Good ~ .** Buenas noches.
no longer ya no
No way! ¡Qué va!
noise el ruido
nor tampoco
not even ni siquiera
note (*n.*) la nota, el apunte; (*v.*) notar; **take notes** apuntar, tomar apuntes
nothing nada
now ahora
nowadays hoy (en) día
number (*n.*) el número; (*v.*) numerar; **You have the wrong ~ .** Tiene el número equivocado.
nurse el/la enfermero/a

O.K. Bien., De acuerdo., Vale.
obtain conseguir (e > i, i), obtener
obvious: it's ~ es obvio
occupation la ocupación
occur ocurrir
of de (del/de la)
Of course. ¡Claro!, ¡Por supuesto!, ¡Claro que sí!; **Of course not!** ¡Claro que no!
offer ofrecer
often a menudo, con frecuencia
old man/woman el/la anciano/a
on en; **~ all sides** por todos lados; **~ the one hand** por un lado; **~ the other hand** por otro lado; **~ time** a tiempo
once: at ~ en seguida; **~ in a while** de vez en cuando
One/You must + *verb*. Hay que + *inf.*
only solamente, sólo
open abierto/a
option la opción
optional opcional
or o
order el orden
organize organizar
origin el origen
other otro/a
ought to + *v.* deber + *inf.*
outstanding sobresaliente
over there allá
owe deber
own (*adj.*) propio/a

pair (of) un par (de); la pareja
paragraph el párrafo
park (*n.*) el parque; (*v.*) estacionar
participate participar
partner el/la compañero/a
pass by/through pasar por
path el camino
paw la pata
pay pagar; **~ attention (to someone)** hacerle caso (a)
peace la paz
peasant el/la campesino/a
pen la pluma
people la gente
percentage el porcentaje
perfect perfecto/a
perhaps a lo mejor, tal vez + *subj.*, quizás + *subj.*
personality la personalidad
pet la mascota
phone (*n.*) el teléfono; (*v.*) llamar
phrase la frase
pick up recoger
pictures: take ~ sacar fotos
picturesque pintoresco/a
pity: it's a ~ es una pena/lástima; **What a ~!** ¡Qué pena!
place el sitio; **take ~** tener lugar
plaid de cuadros
plan (*n.*) el plan; (*v.*) planear
plantain el plátano
play (a sport or game) jugar (u > ue); **(an instrument)** tocar
pleasant agradable
please por favor
point el punto; **~ out** señalar
polka-dotted de lunares
population la población
possibly posiblemente
poster el afiche, el cartel
power el poder, la fuerza; **purchasing ~** el poder adquisitivo
practice (*n.*) la práctica; (*v.*) practicar
predict predecir
prefer preferir (e > ie, i)
preference la preferencia
pregnant: be ~ estar embarazada
prepare preparar
prescription la receta médica
present-day actual
preserve conservar
previous anterior
pride el orgullo
priest el cura
prize el premio
probable: it's ~ es probable
probably probablemente
produce producir
program el programa
prohibit prohibir
project el proyecto
promise (*n.*) la promesa; (*v.*) prometer
proud orgulloso/a
provided that con tal (de) que
province la provincia
psychologist el/la psicólogo/a
pull tirar; **~ someone's leg** tomarle el pelo (a alguien)
purchasing power el poder adquisitivo
put poner; **~ a curse ("the evil eye") on** echar el mal de ojo; **~ on one's clothes** ponerse la ropa; **~ someone to bed** acostar (o > ue)

quantity la cantidad
question la pregunta
quiet tranquilo/a

race la carrera
reading la lectura
ready: be ~ estar listo/a
real verdadero/a
reality la realidad
realize something darse cuenta de algo
really en realidad; **Really?** ¿De veras?
reason la razón
recent: most ~ último/a
recipe la receta
recognize reconocer
record grabar
recording la grabación
refer to referir/se (e > ie, i)
rehearse ensayar
reject rechazar

relation la relación
relatively relativamente
remember acordarse (o > ue) de; recordar (o > ue)
remove quitar
rent (*n.*) el alquiler; (*v.*) alquilar
repeat repetir (e > i, i)
report el informe
reporter el/la reportero/a
request el pedido
requirement el requisito
research la investigación
reservation la reserva
respond responder
responsibility la responsabilidad
rest descansar
return devolver (o > ue); volver (o > ue)
rice el arroz
rich rico/a
ride montar; **~ a bicycle** montar en bicicleta
right el derecho; **be ~** tener razón; **~ now** ahora mismo; **right?** ¿verdad?; **on the ~** a la derecha
risk one's life jugarse la vida
road el camino, la carretera
rock la piedra
roof el techo
room la habitación; **single ~** la habitación sencilla; **double ~** la habitación doble
round redondo/a
royal real

safe seguro/a
saint el/la santo/a
same: the ~ el/la mismo/a; igual
satisfied satisfecho/a
save salvar
say decir; **How do you ~ ?** ¿Cómo se dice ~ ?
scared: be ~ tener miedo
scarf la pañoleta
schedule el horario
science la ciencia
search engine el buscador
secondary secundario/a
secondhand de segunda mano
see ver; **Let's ~ .** A ver.; **~ you later.** Hasta luego.; **~ you tomorrow.** Hasta mañana.
seem parecer
select seleccionar
sell vender
send mandar
sensitivity la sensibilidad
sentence la oración
separate (from) separar/se (de)
serious grave
serve servir (e > i, i)
set the table poner la mesa
several varios
sex el sexo
shame la vergüenza; **it's a ~** es una lástima; **What a ~ !** ¡Qué lástima!
share compartir
shave afeitarse
shaving cream la crema de afeitar
shellfish los mariscos
shoot disparar
shopping de compras
show mostrar (o > ue)
sick: become ~ enfermarse
side el lado; **on the other ~** por otro lado; **on all sides** por todos lados
significant other la pareja
silent: be ~ callarse
similar parecido/a
simple sencillo/a
simply sencillamente
since ya que, desde
sing cantar
singer el/la cantante
single soltero/a
single room la habitación sencilla
sit down sentarse (e > ie)
situation la situación
skin la piel
slash la barra (http://www)
slave el/la esclavo/a
sleep dormir (o > ue, u)
slow lento/a
smoke fumar
snow (*n.*) nieve; (*v.*) nevar
snowing: It's ~. Nieva.
so tan
soap opera la telenovela
soccer el fútbol
sock el calcetín, la media
soda la gaseosa
soldier el/la soldado
some algún, alguno/a
someone alguien
something algo; **~ else?** ¿Algo más?
sometimes algunas veces
song la canción
soon pronto
sorry: I'm ~ . Perdone. Lo siento.
source la fuente
speak hablar; **Can you ~ more slowly, please?** ¿Puede hablar más despacio, por favor?; **I would like to ~ with . . . , please.** Quisiera hablar con . . . , por favor.
special especial
specific específico/a
spend (money) gastar; **(time)** pasar
spice la especia
spicy picante
spite: in ~ of a pesar de que
stand in line hacer cola
start (*n.*) el comienzo; (*v.*) comenzar (e > ie), empezar (e > ie); **~ the car** arrancar
starting from a partir de
stay in + *place* quedarse en + *place*
steal robar
step on pisar
still aún, todavía
stingy tacaño/a
stone la piedra
stop (*n.*) la parada; **stop + *-ing* (*v.*)** dejar de + *inf.*
story el cuento
straight recto/a; **keep going ~** seguir (e > i, i) derecho
strange extraño/a
strength la fuerza
striped de rayas
strong fuerte
struggle la lucha
study estudiar
subject (school) la asignatura, la materia
succeed tener éxito
successful: be ~ tener éxito
suddenly de repente
suffer sufrir
sugar el azúcar
suggest sugerir (e > ie, i)
suggestion la sugerencia
summary el resumen
sunny: It's ~ . Hace sol.
supper: have ~ cenar
suppose suponer
sure: be ~ (of) estar seguro/a de
surf the net navegar por Internet
surgery la cirugía

surprise la sorpresa
surprised: be ~ about sorprenderse de
suspect el/la sospechoso/a
switch roles cambiar de papel

take (a bus, etc.) tomar; **~ a walk** dar un paseo; **~ care of** cuidar; **~ into account** tener en cuenta; **~ notes** anotar, tomar apuntes; **~ off one's clothes** quitarse la ropa; **~ out** sacar; **~ out the garbage** sacar la basura; **~ pictures** sacar fotos; **~ place** tener lugar
talk conversar, hablar
taste probar (o > ue)
tasty sabroso/a
teach enseñar
tear la lágrima
television la televisión; **~ set** el televisor
tell contar (o > ue); decir; **Can you ~ me how . . . ?** ¿Puede decirme cómo . . . ?
that que; (*adj.*) ese/a, aquel, aquella; (*pron.*), ése/a, eso/a, aquél, aquélla, aquello; **~ is** o sea
that's why por eso
theme el tema
then entonces
there allí; **~ is/~ are** hay; **~ must be a reason.** Por algo será.; **~ was/~ were** había
therefore por eso, por lo tanto
there's no doubt no hay duda (de)
thing la cosa
think pensar (e > ie); **~ about** pensar en
thirsty: be ~ tener sed
this (*adj.*) este/a; (*pron.*) éste/a, esto
those (*adj.*) esos/as, aquellos/as; (*pron.*) ésos/as, aquéllos/as
those (over there) (*adj.*) aquellos/aquellas; **~ ones (over there) (*pron.*)** aquéllos/aquéllas
throat la garganta
through a través de
throw: ~ out echar, tirar
ticket el boleto
time: on ~ a tiempo; **What ~ is it?** ¿Qué hora es?
times: many ~ muchas veces
tired: be ~ tener sueño
title el título
to a; **~ top it all** para colmo
together junto/a
tomorrow mañana; **See you ~.** Hasta mañana.
too también; **~ much** demasiado
touch tocar
tour la gira, el tour
tourism el turismo
translate traducir
travel viajar
tree el árbol
true cierto/a, real; **it's ~** es cierto, es verdad
truth la verdad
try intentar; **~ on (clothes)** probarse (o > ue); **~ to** tratar de
turn: ~ off apagar; **~ over** darle la vuelta
TV channel el canal de televisión
typical típico/a

unbearable insoportable
uncertain incierto/a
understand comprender, entender (e > ie)
understanding comprensivo/a
underwear (men's) los calzoncillos; **(women's)** los calzones
unexpected inesperado/a
unexplainable inexplicable
uniform el uniforme
unknown desconocido/a
unless a menos que
until hasta (que)
up arriba
upon + *-ing* al + *inf.*
use usar
useful útil
useless inútil

vacation las vacaciones
vain creído/a, vanidoso/a
value el valor
variety la variedad
vary variar
very muy; **~ well!** ¡Muy bien!
view la vista
visit (*n.*) la visita; (*v.*) visitar
voice la voz
vomit devolver (o > ue)

wake up despertarse (e > ie); **wake someone up** despertar (e > ie)
walk andar; **take a ~** dar un paseo
wall la pared
want desear, querer
war la guerra
warm caliente
water el agua (*f.*)
way la manera; **No ~!** ¡Qué va!
web (www) la red
weekend el fin de semana
weigh pesar
weight el peso
well (then) pues
What? ¿Qué?, ¿Cómo?; **~ a mess!** ¡Qué lío!; **~ a pity!** ¡Qué pena!; **~ a shame!** ¡Qué lástima!; **~ bad luck!** ¡Qué mala suerte!; **~ color is it?** ¿De qué color es?; **~ do you mean . . . ?** ¿Cómo que . . . ?; **~ is the capital of . . . ?** ¿Cuál es la capital de . . . ?; **~ is your . . . number?** ¿Cuál es tu/su número de . . . ?; **~ time is it?** ¿Qué hora es?; **What's the weather like?** ¿Qué tiempo hace?; **What's up?** ¿Qué hay?
when cuando; **When?** ¿Cuándo?
where donde; **Where?** ¿Adónde? ¿Dónde?; **~ are you from?** ¿De dónde eres?
Which? ¿Cuál/es?
while mientras; **in a ~** dentro de poco
who quien, que; **Who?** ¿Quién? ¿Quiénes?; **~ is speaking/calling?** ¿Quién habla?
whom: For ~ ? ¿Para quién?
Whose? ¿De quién/es?
Why? ¿Por qué?
win ganar
window la ventana
windy: It's ~. Hace viento.
winner el/la ganador/a
with con; **~ pleasure** con mucho gusto
without sin

wonder preguntarse
wonderful divino/a, maravilloso/a
work (*n.*) el trabajo; (*v.*) trabajar; **~ part-time** trabajar medio tiempo; **~ full-time** trabajar tiempo completo
worth: It's (not) ~ it. (No) vale la pena.
Wow! ¡Vaya!
wrist la muñeca
write escribir; **~ letters/poems** escribir cartas/poemas
writer el/la escritor/a
wrong: You have the ~ number. Tiene el número equivocado.

year el año; **last ~** el año pasado; **next ~** el año que viene; **New Year's Day** el Año Nuevo
yesterday ayer
yet aún, todavía; **not ~** todavía no
young person el/la joven
younger menor
You're welcome. De nada., No hay de qué.
youth la juventud

zip code el código postal
zone la zona

INDEX

Permissions and Credits

The authors and editors thank the following persons and publishers for permission to use copyrighted material.

Text Permissions

Chapter 6: pp. 149–150, "Lugares de interés turístico." Reprinted from Secretaría de Turismo, Mar del Plata, Argentina. **Chapter 7:** p. 175, Text on Alojamientos: Secretaria de Turísmo/Turespaña, Ministerio de Industria, Comercio y Turismo. **Chapter 8:** pp. 200–201, "No quiero," from *Obras completas* by Ángela Figuera Aymerich (Ediciones Hiperión, 1st Edition 1986, 2nd Edition 1999). Reprinted by permission of Ediciones Hiperión; p. 202, Copyright © 1986 by Houghton Mifflin Company. Adapted and reprinted by permission from the American Heritage Spanish Dictionary; **Chapter 9:** pp. 227–228, "¿Para qué sirven las telenovelas?" by Luis Adrián Ysita from *Impacto,* April 5, 1998, pp. 24–25. **Chapter 10:** p. 252, "El fútbol y yo," from *El País,* No. 179, July 24, 1994, Año XIX, p. 42. Used by permission. **Chapter 11:** p. 276, "Tragedia" by Vicente Huidobro. Reprinted by permission of La Fundación Vicente Huidobro, Santiago, Chile. **Chapter 12:** pp. 301–304, Rubén Blades, "El Padre Antonio y su monaguillo Andrés." Copyright by Rubén Blades Publishing. Reprinted by permission. All rights reserved. **Chapter 13:** pp. 326–327, From "Fragments from Cuban Narratives: A Portfolio" by Eduardo Aparicio, *Michigan Quarterly,* University of Michigan, Vol. XXIII, no. 3, Summer 1994. Used with permission from the author. **Chapter 14:** pp. 353–354, Espasa-Calpe, S.A. *Beatriz (Una palabra enorme)* by Mario Benedetti. Copyright © Mario Benedetti: "Primavera con una esquina rota" Ediciones Alfaguara, Madrid 1983, 3ª edición. Reprinted by permission. **Chapter 15:** p. 377, Adapted by permission from Pobre Tierra 1, Revista *Debate,* No. 77, Año XVI, May–June 1994, p. 33, Lima, Peru. **Chapter 16:** p. 396, Excerpts from article, "¡Magnífico Tikal!," from *La República,* No. 355, p. 9, Año 1; p. 397, Excerpts from article, "Familia Calabay Sicay," from *El País,* No. 186, September 11, 1994, pp. 66–67. **Chapter 17:** pp. 418–419, Brochure text from the exposition "Fernando Botero, Pinturas, Dibujos, Esculturas," Reprinted by permission of the Ministry of Culture, Spain. **Chapter 18:** pp. 437–442, *Estudio en blanco y negro* by Virgilio Piñera. Permisco concedido por herederos de Virgilio Piñera y Agencia Literaria Latinoamericana.

Photo Credits

Preliminary Chapter: p. 1, Ulrike Welsch; p. 4 top left, Kathy Squires, p. 4 top right, Frerck/Odyssey/Chicago; **Chapter 1:** p. 15, Esbin-Anderson; p. 16, Beryl Goldberg; p. 22, Ulrike Welsch; p. 32 left, Bello/Allsport; p. 32 right, Roland Garros/Allsport; p. 34 top row from left to right: Jacques M. Chenet/Gamma Liaison; Tom & Michelle Grimm/Tony Stone Images; Beryl Goldberg; Claudia Parks/The Stock Market; p. 34 bottom row from left to right: Frerck/Odyssey/Chicago; Robert Fried; Beryl Goldberg; Ulrike Welsch; p. 37, VPG Boston; **Chapter 2:** p. 38, Michel Friang; p. 47, Jonathan Daniel/Allsport; p. 56, F. Origlia/Sygma; p. 59 top, Beryl Goldberg; p. 59 bottom, Steve Vidler/The Stock Market; **Chapter 3:** p. 61, Robert Fried; p. 64 top, Robb Kendrick; p. 73 left, Susan Greenwood/Gamma Liaison; p. 73 right, Blake Little/Sygma; p. 79, Ulrike Welsch; p. 80, Ulrike Welsch; p. 85, VPG Boston; **Chapter 4:** p. 87, Kenneth Garrett/ National Geographic Image Collection; p. 88, Bruce Klepinger/Adventure Photo; p. 96, Vince Streano/The Stock Market; p. 98 top, Robert Fried; p. 98 bottom, Ulrike Welsch; p. 103, Ulrike Welsch; **Chapter 5:** p. 110, Beryl Goldberg; p. 111, Wolf/Monkmeyer Press; p. 121, Todd Smitala; p. 125, Ulrike Welsch; p. 126, Joe Polollio/Tony Stone Images; p. 127 bottom, L. J. Regan/Gamma Liaison; p.128, John Betancourt; pp. 134, 136, VPG Boston; **Chapter 6:** p. 137, Robert Fried; p.138, David R. Frazier Photolibrary; p. 140 top, James Blair/National Geographic Image Collection; p. 140 bottom, Luis Villota/The Stock Market; p. 149 left, James Blair/National Geographic Image Collection; p. 149 right, James Blair/National Geographic Image Collection; p. 154, Peter Menzel/Material World; **Chapter 7:** p. 161, Robert Fried; p. 162, Steve Vidler/Leo de Wys, Inc.; p. 164, Robert Fried; p. 175 top, Frerck/Odyssey/Chicago; p. 175 bottom, Robert Fried; p. 179, Frerck/Odyssey/Chicago; p. 187, VPG Boston; **Chapter 8:** p. 188, Beryl Goldberg; p. 189, Montero/DDB Stock Photo; p. 205, Bryant/DDB Stock Photo; p. 207, Inga Spence/DDB Stock Photo; **Chapter 9:** p. 214, Ulrike Welsch; p. 217, Corbis-Bettmann; p. 222, Wolfgang Kaehler/Gamma Liaison; p. 228 right, Courtesy of Miguel Sabido; p. 228 left, Eduardo Gill/Black Star/PNI; p. 231 bottom, John Williamson; p. 236, Robert Fried/Stock Boston; p. 241, VPG Boston; **Chapter 10:** p. 242, Ulrike Welsch; p. 243, Ulrike Welsch; p. 248, Randall Hyman/ Stock Boston; p. 252, Duomo; p. 259, Bill Frakes/Sports Illustrated; p. 256, Ulrike Welsch; p. 261, Frerck/Odyssey/Chicago; **Chapter 11:** p. 263, Robert Frerck/Tony Stone Images; p. 268 bottom, Frerck/Odyssey/Chicago; p. 280, Victor Englebert; p. 282; David R. Frazier Photolibrary; p. 283, Eduardo Aparicio; **Chapter 12:** p. 289, Adriana Groisman/Contact Press Images; p. 291, Oberto Gili/Barbara von Schreiber, Ltd.; p. 293, Owen Franken/Stock Boston; p. 294, Ed Clark/Time-Life Syndication; p. 301, AP/Wide World; p. 303, Esdras Suarez/Gamma Liaison; p. 307, Frerck/Odyssey/Chicago; p. 308,

Bryant/DDB Stock Photo; p. 313, Breck P. Kent/Earth Scenes; **Chapter 13:** p. 315, Taylor/Fabricius/Gamma Liaison; p. 317, Frerck/Odyssey/Chicago; p. 323, Travelpix/FPG International; pp. 326 and 327, Eduardo Aparicio; p. 331 top, Martin Rogers/Stock Boston; p. 335, VPG Boston; **Chapter 14:** p. 342, Francisco Rangel; p. 343, Ilene Perlman/Stock Boston; p. 346, David R. Frazier Photolibrary; p. 353, Todd Smitala; p. 357, Frerck/Odyssey/Chicago; **Chapter 15:** p. 364, Bryant/DDB Stock Photo; p. 365, James Nelson/Tony Stone Images; p. 367, Chip & Rosa Maria Peterson; p. 368, Frans Lanting/Minden Pictures; p. 369, Victor Englebert; p. 371, Barbara Alper/Stock Boston; p. 379, Superstock; p. 380, Degas Parra/ASK Images/The Viesti Collection; p. 383, Joe Viesti/The Viesti Collection; **Chapter 16:** p. 386, Lois Barbazza/Tony Stone Images; p. 387, Rob Crandall/Stock Boston; p. 396, Frerck/Odyssey/Chicago; p. 397, Fairbanks/Material World; p. 401, Hans Strand/Tony Stone Images; **Chapter 17:** p. 408, David R. Frazier Photolibrary; p. 409, Eric Lessing/Art Resource, NY; p. 412, William A. Cotton/Colorado State University; p. 413 top, Courtesy of Luz Rios Duarte; p. 413 bottom left, Private Collection/Marlborough Gallery; p. 413 bottom right, Courtesy Museo de Arte Costarricense; p. 418, Private Collection/Marlborough Gallery; p. 419, Private Collection/Marlborough Gallery; p. 420, Gift of Mr. and Mrs. Burton S. Stern, Mr. and Mrs. Bernard Shapiro, and the M. & M. Karolik Fund, Courtesy of the Museum of Fine Arts, Boston; p. 423, ©1995 ARS, N.Y./SPADEM, Paris; p. 431, VPG Boston; **Chapter 18:** p. 432, Beryl Goldberg; p. 436, Robert Fried; p. 442, Beryl Goldberg.

Realia Credits

p. 22, Festejos M.A.R., C.A.; p. 50 left, "Psicoanálisis," *Guía del Ocio*, Edición Número 965, página 49, Semana junio 13–19 de 1994. Used by permission; p. 50 center, *Venezuela Farándula;* p. 50 right, Instituto de estudios norteamericanos; p. 51, Gregory E. Robins, D.D.S.; p. 74, Courtesy Yahoo! Inc., Santa Clara, CA.; p. 114, Revista *Estar Viva*/Editorial G + J; p. 124, Copyright Diario *El País,* SD.; p. 132, Revista NOTICIAS-Editorial Perfil S.A.; p. 165 top left, Minicines Astorias; p. 165 top right, Peluqueros Pedro Molina; p. 165 bottom left, Restaurante El Hidalgo; p. 165 bottom right, Librería Compás; pp. 165, 166, Secretaría General de Turismo/Turespaña, Ministerio de Industria, Comercio y Turismo; p. 192, Copyright Diario *El País,* SD.; p. 198, bottom, Courtesy Segundamano, Madrid, Spain; p. 256, Courtesy Alcalá, Madrid, Spain; p. 266, Courtesy Concesion Salinas; p. 269, *El País,* Sunday, March 28, 1993, p. 12; p. 279, Courtesy Ford Motor Co.; p. 298, Slim International Esthetic Center de Argentina; p. 330, Christian Duvenet; p. 337, Courtesy of United Airlines; p. 344, Espasa-Calpe, S.A.; p. 358, Courtesy Netscape, Mountain View, CA.; p. 370 left, Asociación Conciencia-Folleto de Campaña "Vivamos en un paisaje limpio," Argentina; p. 370 right, Fundación Vida Silvestre Argentina; p. 391, Unicentro de la Visión; p. 400 left, Gerardo Huidibro Ruiz; p. 400 right, Carlos Cueva; p. 411 bottom, Museo Rufino Tamayo; p. 415, Club Los Globos; pp. 418–419, Brochure text from the exposition "Fernando Botero, Pinturas, Dibujos, Esculturas." Reprinted by permission of the Ministry of Culture, Spain.

AMÉRICA DEL SUR